유전의 정치학, 우생학

**강제 불임에서
나치의 대학살까지**

**유전의 정치학,
우생학**

강제 불임에서
나치의 대학살까지

초판 1쇄 2020년 9월 10일

글쓴이 | 김호연
펴낸곳 | 도서출판 단비
펴낸이 | 김준연
편 집 | 이범수
출판신고 | 2003년 3월 24일(제2012-000149호)
주 소 | 경기도 고양시 일산서구 일중로 30, 503동 404호(일산동, 산들마을)
전 화 | 02-322-0268
팩 스 | 02-322-0271
전자우편 | rainwelcome@hanmail.net

ISBN 979-11-6350-027-8 (93900)

유전의 정치학,
우생학

강제 불임에서
나치의 대학살까지

김호연 지음

단비
danbi

개정판에 부쳐

1.

최근 우리 사회에서는 성별이나 장애, 성적 취향, 비정규직, 난민 등 사회적 약자와 소수자에 대한 편견과 혐오 문화가 확산하고 있다. 혐오는 기본적으로 편견에서 비롯하고, 편견은 잘못된 정보에 기인한다. 편견에 기초한 혐오는 나쁜 인식이자, 틀린 생각이다. 이런 인식의 바탕에는 정상과 비정상이 따로 있고, 이는 우열로 가를 수 있으며, 이로써 세상에는 적격한 존재(the fit)와 그렇지 못한 타자(the unfit)가 있다는 믿음이 있다. 이런 믿음은 때때로 과학의 이름으로, 즉 자연의 법칙에 기초한 자명한 사실처럼 받아들여진다. 또한 이런 믿음은 살아야 할 생명과 살 가치가 없는 생명이라는 식의 극단적인 논리로 확장하기도 한다. 그뿐 아니라 생물학적으로 우월한 존재들이 더 행복한 삶을 살아갈 것이라는 불명확한 믿음도 유행하고 있다. 강화인간이나 포스트휴먼(post-human)에 대한 과도한 욕망은 이를 예증한다.

생물학적 질이나 조건이 인간 삶의 향상이나 인간의 운명을 결정하는 가장 중요한 기초라는 인식이 커져만 가고 있다. 이는 과거 우생학(eugenics)의 논리와 별반 다르지 않다. 탄생 당시 우생학은 생명에는 우월한/열등한 유전자가 있고, 그 등급에 따라 인간 역량이나 지위도 가늠할 수 있으며, 이에 따른 기회와 결과의 불평등은 자연의 법칙이라고 역설했다.

이는 지금-여기 우리 삶을 관통하고 있는 많은 논쟁적 사안들이 우생학의 기본 테제와 밀접한 연관이 있음을 말해 준다. 다 알다시피, 우리는 과거라는 거울에 비추어 볼 때, 현실을 더욱 명징하게 자각하고 성찰할 수 있다. 이것이야말로 미래 희망의 초석이 된다. 따라서 우생학의 역사와 그 과오를 살피는 것은 지금 여기의 우리에게 다가온 다양한 윤리적·정치적·사회문화적 난제들에 대한 시사점을 얻는 좋은 방법 가운데 하나일 것이다.

과거 우생학은 다양한 역사적 맥락에서 각 국가의 현실적 필요에 따라 다른 방식으로 활용되었다. 따라서 과학과 이념, 유전과 환경, 보수와 진보, 그리고 찬성과 비판이라는 이분법적이고 대립적인 시선은 우생학의 역사 이해에 별반 도움이 되지 못한다. 우생학의 역사는 단선론적 시선보다는 두텁게 살펴야 한다. 어떤 이는 이런 접근이 자칫 나치(Nazi)와 같은 극악무도한 세력에게 면죄부를 줄 수 있다고 우려한다. 그러나 이는 우생학이라는 과학이자 이념이 남긴 폭력적인 흔적을 생물학적 국가주의(biological statism)라는 역사적 맥락 속에서 논하기 위함이다. 그 까닭은 과거 우생학이 보수 우익과 같은 특정 세력의 전유물도 아니었고, 나치의 몰락과 함께 사라지지도 않았기 때문이다. 더불어 이는 오늘날 급속도로 발전하고 있는 생명공학 기술과 연동된 여러 국가 정책의 본질적 성격과 그 함의를 이해하는 데도 유효하기 때문이다.

다 알다시피, 역사 속에서 국가인종주의 또는 국가민족주의라는 틀 내에서는 언제나 개인의 안녕보다는 집단의 이익에 더 높은 가치가 부여되었다. 이런 흐름 속에서는 누군가는 이득의 수혜자가 될 것이지만 다른 누군가는 치명적인 손실을 입을 것이었다. 손실은 당연히 타자로 낙인찍힌, 즉 사회 속의 소수자와 사회적 약자 몫일 수밖에 없었다. 그렇다면, 과연 공공복리란 누구를 위한 것이고, 기회와 결과의 평등은 실현될 수 있는 것이며, 그리고 국가란 누구를 위한 장치이고, 우리에게 무엇인가라는 의문을 품을 수 있다. 필자는 우생학 역사를 통해 이런 물음들에 답해 보고 싶었다. 이를 위해 중요한 것은 도대체 '왜' 20세기 내내 체제를 달리하는 많은 국가들에서, 다양한 이념적 세력들이 우생학에 매력을 느꼈었는지 물음을 던져 보고, 이에 답하면서 그것이 지금-여기의 우리에게 알려 주는 역사적 함의는 무엇인가라는 문제의식을 갖는 것이다. 과거 다양한 이념적 세력과 서로 다른 역사적 경험을 지닌 국가들이 우생학에 왜 사로잡혔는지를 특정한 요인만으로는 설명하기는 어렵다. 넓게 보아, 과학에 대한 무한 신뢰, 인구 집단의 생물학적 질 관리, 국가 효율, 사회 진보, 그리고 인간 완전성에 대한 욕망이 역사적 맥락 속에서 착종되어 여러 형태와 다양한 정책으로 발현되었다고 말할 수 있을 뿐이다.

지금, 여기는 어떠한가? 과학에 대한 맹목적 신뢰, 경제성, 효율, 국가 경쟁력, 심지어 개인의 행복마저도 생의학적 기술을 이용한 생명 질 개선과 관련이 있다는 믿음이 강한 현실 아니던가. 이러한 현실은 과거 우생학이 유행하던 시절과 유사한 역사적 상황이다. 그렇다면 어쩌면 우생학적 논리와 그것에 기초한 폭력적 결과가 언제든, 물론 은밀하게, 회귀할 가능성이 있는 것은 아닐까? 개인의 자발적인 선택 행위가 첨단 과학기술에 기초한 의료 서비스의 수요와 공급이라는 시장 논리와 연동하여 이루어지고, 그것이 생명의 질을 결정지으며, 이 것이 대물림되는 상황이 이루어지면서 우리 삶의 질과 위계를 규정한다면 우리는 이를 어떻게 볼 것인가? 최근 점증하고 있는 생물학적 조건에 기초한 배제와 차별 그리고 혐오 문화는 또 어떠한가?

이런 물음들은 타자로 낙인찍힌 수많은 이들과 함께 살아가는 우리에게 던져진 윤리적·정치적·사회문화적 난제가 아닐 수 없다. 따라서 우생학의 역사를 비판적으로 살펴보는 것은 우리가 결코 지나칠 수 없는, 그리고 지나쳐서도 안 되는 우리 삶의 가장 중요한 현실적 문제들을 살피는 것과 다르지 않다. 우리 모두는 정의란 무엇인가를 다시 물으며, 모두의 좋은 삶을 지향하면서, 무엇을 어떻게 할 것인가 를 숙고해야 할 책임과 의무가 있다. 부디 이 책이 희망을 만들어 가는 길에 조금이나마 도움이 되기를 소망한다.

2.

초판은 필요에 의해 얼렁뚱땅 출간했다. 엉성하기 짝이 없었다. 개정판이라고 하지만, 표지를 바꾸고, 오타를 바로잡는 등 사소한 변경에 그쳤다. 여전히 부끄럽다. 대신 「우생학 실험: 미국 오네이다(Oneida) 공동체」, 「코로나바이러스(Covid-19), 인종주의, 그리고 우생학」 및 「우생학 연구 노트」를 더했다. 새 책을 쓰고 있다. 이 책에서 다루지 못했던 이야기들과 더욱 진전된 연구를 담아 다시 찾아뵐 것을 약속한다.

모두의 좋은 삶을 기원하며

김호연 적음

추천사

16세기, 17세기 과학혁명 이래 눈부신 성공을 거둔 과학은 19세기 말, 20세기 초에 이르러 과학주의의 전성기를 가져왔다. 노벨은 물리과학의 발전이 산업 개발뿐만 아니라 전쟁에도 이용되는 것을 개탄했거니와 같은 시기에 생명과학도 사회다윈주의를 통해 같은 길을 갔던 것이다.

우생학은 '좋은 탄생'이라는 그 어원에도 불구하고 더러운 말이 되었다. 우생학 운동의 전개는 과학의 대표적인 악용 사례들을 기록으로 남겼다. 미국의 국적별 이민 할당법은 비앵글로색슨에 대한 명백한 차별이었다. 1930년대 유럽과 미국의 거세법은 무서운 인권 유린이었다. 나치 독일은 1934-1939년에 사회부적격자와 정신박약자 40만 명을 거세했다. 같은 때 나치와 일본 관동군 731부대의 잔인한 인간 생체실험 만행도 이와 무관하지 않다. 20세기 후반의 생명공학 붐도 그 연장선상에 있다. 한동안 자취를 감추었던 우생학이 새 우생학으로 다시 주목을 끌고 있다.

한국도 서양사, 여성학, 과학사 분야에서 우생학에 대한 관심이 높아 가는 것은 반가운 일이다. 김호연 박사는 화학과 서양사를 배경으로 10여 년 동안 우생학사에 전력투구해 온 야심찬 과학사학자다. 박사학위논문 이후 발표한 논문들을 묶어 단행본을 내는 것은 중간 결산의 뜻이 있다. 2009년은 다윈의 해로 온 세계가 들떠 있다. 우생학이 다윈주의의 한 부산물이라는 점에서 이 책의 출간에서 또 다른 의의를 본다. 학계에 큰 자극이 될 것을 믿으며 그의 연구가 라틴 나라들을 포함한 유럽 전역으로 확대되기를 기대한다.

2009년 4월 12일

이탈리아 피자에서

송상용

한국과학기술한림원 원로회원

책 머리에

생물학적 지식이 인간을 이해하는 데 도움을 주고, 인간에게 적용될 수 있다는 사실은 익히 알려진 바다. 실제로 19세기 후반 다윈 (Charles Darwin, 1809-1882)의 진화론을 인간과 사회에 적용하여 인간 형질과 사회현상을 과학적으로 분석하려던 사회다윈주의(social Darwinism)로부터 최근의 사회생물학(sociobiology)에 이르기까지 인간과 사회를 생물학적으로 설명하려는 수많은 시도들이 있어 왔다. 이러한 시도들은 당대의 사회적 가치나 시대정신과 모종의 연관성을 갖고 있었다. 이 책에서 다루고 있는 우생학의 역사가 이를 예증하고 있다, 이는 오늘날 인간의 육체적 형질은 물론이고 심리나 정서까지도 생물학적으로 환원하여 생물학적 과정에 의해 결정론적으로 인간을 해석하려는 모든 움직임에 좋은 교훈이 될 것이다.

그간 필자는 과학이 사회 속에 투영되는 다양한 모습과 영향, 특히 생물학주의라 말할 수 있는 시도들이 보여 준 역사 속 사례들과 그것

를 탓할 수밖에 없다. 그럼에도 불구하고 현재 국내에는 이렇다 할 우
생학 관련 개설서도 하나 없을 정도로 연구 현실이 빈곤하기에 용기
를 내 본다. 부족하거나 잘못된 점은 다음 기회에 수정할 것이라는 얄
팍한 변명을 해 본다. 눈 밝은 독자들로부터 쏟아질 비판과 질책은 필
자에게 값진 지적 자극이 될 것이니 고마운 마음으로 감사히 받아들
이리라.

서양사와 과학사에 대한 통찰력뿐만 아니라 인간 존재로서 제구실
을 할 수 있도록 평생의 후견인 역할을 해 주고 계신 권오신 선생님과
송상용 선생님께 이 자리를 빌려 깊은 감사의 말씀을 드린다. 학문 연
구자로서 성숙할 수 있도록 여러 측면에서 도움을 주고 계신 김기윤
선생님과 분에 넘치는 경험을 쌓을 수 있도록 배려해 주신 이상욱 선
생님께도 고마운 마음을 전한다. 그 밖에도 지금까지 살아오면서 이
름을 일일이 열거할 수 없는 분들께 입은 은혜는 평생 잊지 못할 것이
며, 영원한 내 편이라 믿는 윤일구, 이기동 선생님, 그리고 나의 가족
들에게는 미안함과 고마움과 존경스러움을 전한다.

이 책이 세상에 나올 즈음, 언제나 내 편인 나의 그림자를 창공에
담을 수 있기를 바라며….

봄내에서

김호연 적음

차 례

들어가며

통상 많은 이들이 과학을 객관적이고, 확실하며, 가치중립적인 지식이라 여긴다. 이는 과학적 언어를 객관성의 언어이자 실재로 인식하는 바탕이 된다. 하지만 우리의 상식적인 생각과는 달리, 과학은 사회문화적 가치나 이념으로부터 자유로울 수 없다. 이는 지극히 당연한 일이다. 왜냐하면 과학 역시 인간 활동의 산물이기 때문이다. 따라서 만일 과학적 언어에 특정한 사회적 이념이나 가치가 반영된다면, 그 과학적 언어는 인식론적 차원을 넘어 사회적·도덕적 차원의 의미까지 담을 수 있게 된다. 이 과정에서 어떤 과학은 그릇된 사회적 편견을 반영하여 사회적 약자를 강제하는 수단으로 활용될 수도 있을 것이다. 이는 과학 또는 과학자들이 그 책임으로부터 자유로울 수 없음을 의미한다. 달리 말해, 어떤 과학은 당대의 사회문화적 컨텍스트와 교감하며 가치가 개입할 수 있는 것이다. 이 때문에 우리는 과학에 내재된 이념이나 가치를 비판적으로 검토해야만 하며, 과학이 특정 이념의 근거로 사용되어 사회적·정치적 편견을 정당화할 가능성에 대해서 경계의 눈빛을 거두지 말아야 한다. 과학은 이미 색이 입혀진 안경을 통해 세계를 바라볼 수 있다는 사실을 눈 밝은 독자들이라면 익히 알고 있을 터이다. 19세기 말 영국에서 탄생하여 전 세계로 확산한 우생학(eugenics)[1]은 과학이 하나의 세계관이자 문화이며 실천적 도구일 수 있음을 분명하게 알려 주었다.

우생학은 선택과 배제의 원리를 토대로 영국에서 탄생한 과학이자 이념이었다. 우생학의 등장은 19세기 중엽 영국의 시대적 상황과 밀접한 관련이 있다. 우생학은 당시 영국 사회에서 새롭게 부상하고 있던 중산계급의 이해를 대변한 측면이 많았다. 찰스 다윈(Charles Darwin, 1809-1882)은 『종의 기원』(The Origin of Species, 1859)에서 생존경쟁을 통한 자연선택이 생물 종의 진화를 결정한다고 주장했다. 당시 다윈의 진화론은 자유방임주의적 시대 분위기와 잘 맞아떨어졌고, 이는 다윈의 진화론이 생물학의 영역을 넘어 사회에도 영향을 미치는 기회가 되었다. 19세기 중반 영국의 자유주의자들은 토지귀족 같은 유한계층의 나태함을 비난하고, 노동자나 극빈층은 사회에 짐만 부과하는 쓸모없는 존재라고 하면서, 전문직 종사자, 즉 새롭게 부상한 중산계층이 사회를 주도해야 한다고 역설했다. 당시 허버트 스펜서(Herbert Spencer, 1820-1903)는 게으르고 나약한 존재들의 소멸은 자연의 법칙이며, 사회적 약자를 도와주는 복지 정책은 최적자생존(survival of the fittest)의 법칙에 위배된다는 주장을 내세우고 있었다.

중산계급의 논리와 스펜서의 주장은 상호 보완적인 측면이 있었고,

이는 사회다윈주의(social Darwinism)[2]의 형성으로 이어졌다. 사회다윈주의는 생존경쟁과 최적자생존 테제를 기초로 인간 사이의 차별성을 강조하며, 인간을 서열화했다.

우생학은 생물학을 근거로 사회적으로 제거되어야 할 운명에 있는 다양한 부적격자들, 이를테면 빈곤자들이나 신체적 불구자들의 운명은 유전에 의한 결과라며, 이들의 출산을 제한해야 한다는 주장을 펼쳤다. 우생학자들은 문명화에 방해가 되는 생물학적 해로움을 사회에서 제거함으로써 효율적인 사회를 건설하자고 역설했다. 그 수단은 과학이었다.[3] 이런 점에서 우생학은 사회다윈주의의 또 다른 기획이었고, 우생학은 생물학, 즉 과학의 이름으로 사회에서 적격자는 선택하고, 부적격자는 제거함으로써 당면한 사회 문제들을 생의학적으로 해결하려 했던 그 시대의 산물이었다.

우생학의 탄생은 생존경쟁에 의한 자연선택을 인위선택으로 전환시키는 것을 의미했다. 이는 사회다윈주의가 개개인의 생존경쟁을 최고의 가치로 삼으며 자유방임을 주장하던 차원에서 정부와 사회의 간섭을 허용하는 집단 이데올로기로 전환되었음을 알리는 것이기도 했다. 우생학 탄생 이후 유럽 사회는 자유방임적 정치경제학이 지배적이던 흐름에서 생물학에 기초한 사회유기체론적 집단주의에 경도된 사회로 변모해 갔다.[4] 이런 흐름 속에서 우생학은 자유주의 쇠퇴를 극복하고 새 시대를 견인할 과학이자 이념으로 발전해 갔다.

탄생 당시 우생학의 기본적인 전제는 사회적 부적격자들을 제거하는 것이 사회 진보와 문명화 달성에 필수적이라는 것이었다. 이는 스펜서가 상정했던 완전사회로의 진화와 동일한 주장이었다. 둘 사이에 차이가 있다면 생존경쟁과 최적자생존의 대상이 개인이냐, 집단이냐의 문제였을 뿐이다. 우생학자들은 객관적 과학을 표방하면서, 인간의 본능마저도 과학적 조작과 사회적 개입을 통해 개선할 수 있고, 이를 통해 효율적인 사회를 건설할 수 있다고 강조했다.

우생학의 목적은 유전적 요인의 통제를 통해 인간의 타고난 질을 개선하는 데 있었다. 사실 인간 개선이나 우생 인간의 창조라는 욕망은 서구 사회에서 오래된 전통이었으나, 골튼(Francis Galton, 1822-1911)에 이르러서야 그 욕망은 체계적이고 과학적인 현실로 다가서기 시작했다. 당시 골튼은 우생학을 "미래 세대 인종의 질을 개선하거나 저해하는 사회적으로 통제 가능한 모든 수단에 관한 연구"[5]이며, "인종의 타고난 질을 개선하는 모든 영향을 다루는 과학이자, 인종의 타고난 질을 최대한으로 이롭게 발전시키는 모든 요인을 연구하는 과학"[6]이라고 정의했다. 골튼은 생존에 유리한 개인들과 불리한 개인들의 비율을 유전 이론을 활용하여 인위적으로 조절하려는 시도를 했다. 이 점에서 골튼이 주창한 우생학은 인간을 포함한 유기체의 변이와 유전을 설명하는 단순한 과학 이론이 아니라, 사회적 실천을 수반하는 연구 프로젝트였다고 할 수 있다.

실천적인 우생학에 대한 골튼의 정의는 포괄적인 것이었다. 이는 우생학이 과학적 담론으로서만이 아니라 사회적 이념으로 발전할 수 있는 여지를 내포한 것이었다. 실제로 우생학은 유전론에 기초하여 열성 형질 또는 부적격자의 제거를 강조하며 계급 및 인종 차별을 정당화하는 이념으로 기능했고,[7] 환경 개선을 통해 인간 삶의 질을 개선하려는 세력들의 이론적 근거가 되기도 했으며,[8] 우생학을 수용한 국가의 정치적·사회적·문화적 특성과 주도 세력의 이념적 지향에 따라 다양한 함의를 지니는 사회 이념으로 각광을 받았다.[9] 물론 모든 우생학자는 생물학적 결정론에 기초하여 유전이 인간 퇴화의 원인이며, 퇴화된 인간 종을 과학적 방식으로 관리·통제함으로써 인간의 질적 진보와 이를 통한 사회 진보를 달성할 수 있다는 의식만큼은 공유하고 있었다. 결국 이는 개체의 사적인 생식 권리를 부정하고, 퇴화자로 규정된 이들을 배제하고 살육하는 결과로 이어져 지우기 힘든 잔혹한 역사를 쓰고 말았다.

과거 우생학에 내재되었던 생물학적 결정론에 대한 믿음은 우리의 일상과 관념을 여전히 지배하고 있다. 근거가 없음에도 유행하고 있는 혈액형별 성격 유형이나 효과와 안정성이 불분명한 줄기세포를 이용한 질병 치료와 생명 연장에 대한 기대 속에는 생물학적 차원의 구분 짓기나 완전성에 대한 욕망이라는 우생학적 논지가 깔려 있다. 이런 최근의 경향과 맞물려 다행스럽게도 한국 학계에서 우생학에 대한 연구가 확대되고 있다. 주로 영국과 미국의 우생학을 분석하는 상황이지만, 우생학의 이념적 성격에 대한 비판적 연구로부터 우생학의 다양한 실천 양상과 함의에 대한 분석, 그리고 우생학과 여성주의 및 성 담론 사이의 관계에 이르기까지 최근 몇 년 동안 다양한 층위에서 우생학 연구의 지평이 넓어지고 있다.[10] 하지만, 아직 갈 길이 멀다.

서구 역사 속에서 과학과 이념 그리고 담론과 실천이 혼재되며 선택과 배제의 원리로 작용했던 우생학의 탄생과 전개는 20세기의 가장 잔혹한 역사 그 자체였다. 무엇이 반(反)인간적인 살육의 역사를 가능하게 했던 것일까? 이에 답하기 위해 이 책에서는 우생학의 형성, 이론적 근거, 다양한 실천, 그리고 사회적 영향을 영국, 미국, 그리고 독일을 중심으로 고찰하고자 한다. 이를 통해 우리는 우생학의 역사가 어떻게 작동해 왔는가를 살피면서, 그것이 21세기를 살아가는 우리에게 던지는 메시지를 발견할 수 있을 것이다. 이는 인간과 사회를 생물학적으로 파악하려는 모든 시도를 비판적인 시선으로 바라볼 수 있는 단초가 될 것이다.

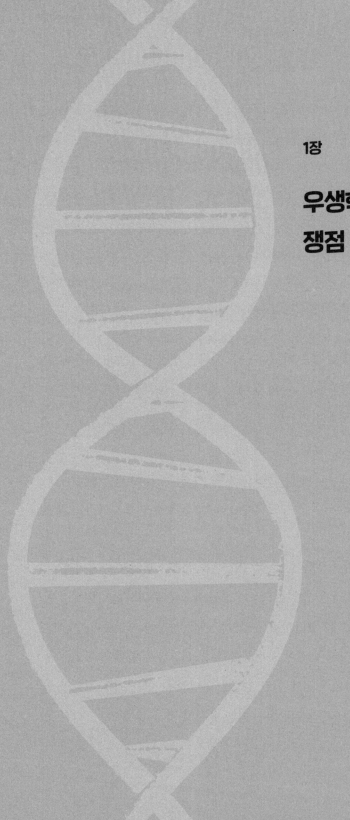

1장

우생학 연구의
쟁점

과연 인간의 능력은 타고나는가, 아니면 만들어지는가. 이른바 천성(nature)과 양육(nurture)의 문제는 동서고금을 막론하고 초미의 관심사였다. 서양에서 인간의 생물학적 질을 개선하여 우성 인간을 창조하려는 시도는 그리스의 플라톤(Plato)부터 르네상스 시대의 캄파넬라(Tomasso Campanella, 1568-1639)를 거쳐 노이스(J. H. Noyes, 1811-1886)가 설립한 미국 오네이다(Oneida) 공동체에 이르기까지 오래된 역사를 갖고 있다.[1]

물론 이들의 욕망은 한낱 꿈이었으나, 이제는 현실로 다가서 있다. 이들이 꿈꾸었던 우성 인간으로 구성된 새로운 문명사회가 현실적 가능성이 된 것은 다 알다시피 유전학 분야의 성장에 기인한다. 1950년대 이후 눈부시게 발전한 분자생물학과 그 성과에 힘입은 새로운 생명공학이 등장한 덕분에 인간 형질을 판별할 수 있는 기초 자료인 인간 유전자 지도가 완성되었다. 이는 유전자 검사 및 치료, 그리고 유전 상담 등이 대중적으로 유행하는 계기가 되었다. 인류는 생명 복제마저 성공함으로써 스스로의 유전자 구성까지 조작하고, 생식 문제를 인위적으로 통제하며, 생물학적 진화 과정을 직접 제어할 수 있는 기회를 맞이하여 포스트휴먼(post-human)의 탄생까지 욕망하고 있다. 이제 새로운 우생 인간의 창조는 더 이상 무모한 이상이 아니라 우리 삶의 일부분이 된 것이다.[2]

새로운 생명공학의 등장은 인간 능력의 확대와 새로운 문명사회 건설이라는 긍정적 기대에도 불구하고, 이전에는 없었던 새로운 문제들을 야기하는 현대판 판도라의 상자를 열어젖힌 것과 다르지 않다는 비판에 직면해 있다. 생물학의 맨해튼 프로젝트(Manhattan Project)로 불리는 인간 유전체 계획(Human Genome Project)은 인간의 염기서열을 분석하여 유전자 지도를 완성함으로써 인류에게 자신의 유전적 구성을 인위적으로 통제할 수 있다는 희망을 제공했다. 하지만 이는 수많은 윤리적·법적·사회적 차원의 문제(ELSI)를 양산하는 계기가 되었다. 이를테면, 유전자 지도가 만들어져 누구든지 마음만 먹으면 자신의 유전적 구성을 알 수 있고 타인의 유전자 정보까지 활용하여 질병 치료에 활용할 수 있는 길이 열렸지만, 자칫 유전자 정보는 정치적·사회적 차별을 낳는 출발점이 될 수 있다.[3] 이는 오늘날 새로운 유전학(new genetics)을 둘러싼 여러 논쟁의 중심 문제에 속한다. 오늘날 제기되는 생명 윤리를 둘러싼 핵심 논쟁의 한가운데에 우생학이 자리하고 있는 것이다.

오늘날 많은 사람들이 새로운 유전학의 발달에 대해 느끼는 정서적 우려와 공포의 이면에는 19세기 말 영국에서 탄생하여 미국에서 가장 대중화되었으며 나치(Nazi)의 잔혹한 대량 학살에 이르러 그 폭력성을 여실히 보여 준 우생학에 대한 부정적 인식이 짙게 깔려 있다. 물론 20세기 전반에 전 세계적 차원에서 정치적·사회적 운동으로 발전했던 과거의 우생학은 나치로 인해 역사적 단죄를 받아 이미 추악한 용어로 전락했다. 그 후로도 나치의 대량 학살은 유전에 기초한 인간 이해와 개입, 그리고 그에 따른 생명의 등급화에 대한 대중의 심리적 거부감을 유발시키는 원천이 되어 왔다. 이는 오늘날 개인주의적 선택이라는 이름 아래 전개되고 있는 새로운 유전학에 대해 비판적인 입장을 견지하는 핵심적인 이유이기도 하다.[4] 왜냐하면 인종 개선이라는 미명 아래 전개된 배제와 차별, 나아가 살육의 잔혹한 역사는 재현의 위험이 크기 때문이다. 따라서 우리는 유전학의 세기를 맞이하여 우리 역시 위험한 비탈길을 따라 과거 우생학의 악몽 속으로 빠져들고 있는 것은 아닌지 돌아볼 필요가 있다.[5] 우리는 과거의 잘못을 그대로 답습할 것인지 아니면 새로운 대안을 제시할 수 있을 것인지를 세심하게 살펴야 할 순간과 마주하고 있는 것이다.

이 책에서 다루고 있는 선택과 배제의 원리로서의 우생학, 그것의 역사는 고대로까지 소급될 수 있다. 인간의 근원적 욕망의 하나였던 우생 인간의 창조는 다윈의 진화론이 등장하면서 새로운 전기를 맞이했다. 다윈의 사촌이었던 골튼은 다윈의 진화론을 근거로 인간의 육체적·정신적·도덕적·사회적 특질이 유전된다고 확신했고, 이는 우생 담론이 근대적 형태의 체계를 갖춘 과학으로 발전하는 기본 전제가 되었다. 골튼은 인류 스스로 진화에 대한 책임이 있으며, 이 책임을 다하기 위해서는 유전 원리에 대한 이해뿐만 아니라 인간 진화의 방향을 인위적으로 통제할 수 있는 정책적·실천적 수단을 강구해야만 한다고 역설했다.[6] 골튼의 야심찬 우생학 프로젝트는 당시 과학자 사회에서 신뢰할 만한 연구 분야로 수용되었고, 유전 원리를 기초로 삼는 강력한 정치사회적 운동으로까지 확장되어 갔다. 다윈의 진화론에서 모티브를 얻었던 골튼은 인간의 불량한 형질을 제거하고, 인종의 질을 개선하기 위해서는 선택적인 생식 프로그램이 필요함을 주장했다. 자신의 가설과 이론을 증명하는 과정에서 골튼은 우생학을 과학적 담론으로서만이 아니라 구체적인 사회적 개입의 방법론으로 확장했다. 이는 후일 다양한 가치 지향을 담은 우생학 운동을 낳는 근거가 되었다.

생물학이라는 학문적 영역에서 논의되던 골튼의 우생학은 사회적 영역으로 확대되면서 거듭된 진화의 과정을 거쳤다. 골튼의 우생학은 서로 다른 정치적·사회적·문화적 경험을 가지고 있던 많은 나라에 수용되어 다양한 형태의 대중 운동, 사회 이념, 그리고 국가 정책으로까지 발전했다. 20세기 전반 서구에서 정치적·사회적·문화적 운동으로 확장된 우생학은 인종, 국가, 그리고 성 등을 둘러싼 이데올로기와 밀접하게 연관되었고, 인구 조절(산아 제한)이나 공중보건 및 위생 등 다양한 보건복지 정책 속에도 자연스레 스며들게 되었다.[7]

과학적 담론의 영역에서 사회적 실천의 영역으로 확장된 우생학은 많은 나라에서 여러 모습으로 변용되며 20세기 전반까지 강력한 영향력을 행사했다. 사정이 이러함에도, 우생학에 대해 본격적 논의가 학계에서 시작된 지는 그리 오래되지 않았다. 이는 나치의 대량 학살이 가져온 충격 때문이었다. 제2차 세계대전 이후 한동안 우생학이란 용어는 모든 공식적인 매체에서 사라졌다. 우생학은 나치와 연관된 사이비 과학 또는 가짜 과학으로만 간주되었고, 나치의 잔혹한 행위는 권력을 잡은 일부 광적인 정치가들의 잘못된 행위로만 여겨져 학문적 연구의 대상으로 여겨지지 않았다. 그러다가 1970년대를 지나면서 독일의 과거사 문제에 대한 논의가 조심스레 터져 나오기 시작했고, 이 과정에서 우생학 연구도 조금씩 구체화되기 시작했다.[8] 이를 통해 우생학이 독일뿐만 아니라 많은 나라에서 상당한 정치사회적 대중 운동으로 발전했었던 과학이자 이념이었다는 사실이 밝혀졌다. 최근 들어서는 급속히 성장한 생명공학 기술과 관련된 수많은 논의들이 우생학과 직간접적으로 관련되어 있음이 알려지고 있다. 그만큼 최근의 연구들은 다양한 문제의식과 방법론적 접근을 통해 새로운 유전학이 현대 사회에서 어느 정도의 과학적 정당성을 가질 수 있는지에 대한 통찰을 보여 주면서 생물학과 이념 사이의 관계에 대한 논의의 지평을 확장하고 있다. 여기서는 다양한 논의와 대상, 그리고 범위를 설정하여 진행되어 온 기존의 우생학 연구를 다섯 가지 쟁점으로 나누어 간략하게 정리해 보겠다.

우생학 실천의 다양성

우생학은 역사 속에서 다양한 실천적 모습을 보여 주었다. 일반적인 우생학 연구는 영미의 우생학을 원형으로 간주하고, 그것을 독일의 우생학과 직접적으로 연결하는 해석을 한다. 이는 우생학이 영국과 미국, 그리고 독일에서 가장 대중적인 성공을 했다는 사실에 기인한다. 그러나 이는 다소 결과론적인 역사 해석이고, 이러한 단선론적 해석은 두텁게 살펴야 할 우생학의 역사를 단순화시킬 위험이 있다.[9]

아담스(Mark B. Adams)는 우생학 운동에 덧씌워진 신화와 오해들을 세밀하게 검토하여 우생학이 단일한 모습을 띤 영미 중심의 운동이었다는 종래의 해석은 재검토되어야 한다고 주장한다.[10] 왜냐하면 우생학은 30여 나라에서 각기 다른 모습으로 전개된 대중 운동의 성격이 강했기 때문이다.[11] 따라서 우생학 연구에서 중요한 것은 우생학이 각 나라의 특수한 사회적·역사적 지형에 따라 서로 다른 가치와 방향성을 담고 있었고, 이에 따라 그 전개 방식과 결과가 사뭇 달랐을 수 있음을 인식하는 것이다.

유전인가, 환경인가

다음으로 우생학의 본질적 성격, 즉 이론적 전제가 무엇이었는가를 둘러싼 논쟁이 있다. 이는 우생학의 실천적 방법이나 정치사회적 함의가 무엇이었는가라는 문제와 관련하여 대단히 중요한 사안이다. 전

세계적 차원에서 대중 운동으로 발전했던 우생학은 이론적 전제의 측면에서 사뭇 다양한 모습을 보여 주었다. 대개의 연구들은 우생학이 본질적으로 골튼에서 바이스만(August Weismann, 1834-1914)의 생식질 연속설(Germ Plasm Theory)을 거쳐 멘델주의(Mendelism)로 이어지는 유전론적 성격을 가졌다고 파악한다.[12]

그러나 이러한 분석은 우생학을 유전론의 테두리 속에 가두는 한계를 안고 있다. 물론 우생학이 유전학과 쌍둥이처럼 발전했던 것은 부인할 수 없지만, 각 나라의 사례를 분석해 보면 우생학은 유전론적 입장뿐만 아니라 환경론적 입장, 즉 라마르크주의에 천착한 경우도 많았다는 것을 알 수 있다.[13] 프랑스는 라마르크주의 우생학의 대표적인 사례 국가이다. 이는 프랑스에서는 의료적 차원에서 우생학이 전개되었기 때문인 것으로 보인다.[14] 프랑스 우생학의 영향을 많이 받은 것으로 알려진 라틴 아메리카의 우생학도 라마르크주의적 경향이 강했다.[15] 러시아에서도 환경 개선을 강조하는 라마르크주의적 우생학이 상당했었는데, 이는 사회주의적 인간 육성을 목표로 삼았기 때문이다.[16]

네거티브(제거)와 포지티브(향상)

네거티브 우생학(negative eugenics)과 포지티브 우생학(positive eugenics)은 우생학의 이론적 전제가 무엇이었는가라는 사안과 연관된 논쟁이다.[17] 이는 우생학의 실천적 프로그램이나 방법론, 그리고 목적과 연관된 문제이다.

미국이나 독일에서는 강제 불임화 수술법(Sterilizations Law), 결혼 금지법(Marriages Law), 그리고 이민 제한법(Immigration Restriction Act) 등 강제적인 우생학 입법이 이루어졌다. 우생학적 입법의 목적은 부적격자의 제거를 통해 인종적 질을 보존하고, 국가 효율을 확보하려는 것이었다. 이들 나라에서는 이른바 네거티브 우생학이 전개된 것이다. 스칸디나비아 우생학의 경우, 우생학적 강제 불임화 수술법이 미국이나 독일과 달리 사회적 합의와 동의에 의해 제정되었지만, 퇴화된 인종이나 부적격자를 제거함으로써 사회 효율을 달성하려는 그 목적은 동일했다.[18]

하지만, 네거티브 우생학 못지않게 포지티브 우생학도 무시할 수 없을 정도로 유행을 했었다. 이를테면 유전론적 우생학이 강했던 영국, 미국 그리고 독일에서조차도 개선이나 향상을 도모하려는 포지티브 우생학이 전개되었다. 영국 우생학의 경우, 영국이 우생학의 본고장이었기에 유전론적 우생학에 기댄 네거티브 방식의 제거적 우생학이 강했을 것 같지만, 영국에서는 특수한 역사적 환경과 정치제도 등으로 인해 공중보건이나 환경 개선 같은 포지티브 우생학이 상당한 영향력을 발휘했다.[19] 미국 역시 환경론적 우생학에 천착한 포지티브 우생학에 대한 관심이 20세기 초반까지 유지되었다.[20] 독일의 경우도 가장 극단적인 네거티브 우생학이라고 할 수 있는 나치의 대학살이 있었지만, 그 출발점은 공동체 전체의 질을 담보하기 위해 시행된 공중보건 우생학이었다. 이는 독일 인종위생의 탄생이 기본적으로 의학

의 발전과 불가분의 관계에 있었기 때문이다.[21]

과학인가, 이념인가

네 번째로는 우생학의 정치적·윤리적 함의와 관련된 논쟁이 있다. 이는 우생학이 다양한 이념적 스펙트럼 속에서 여러 모습으로 윤색되었기 때문이다. 많은 우생학 연구는 접근 방법에 있어서 정치적·윤리적 문제점들을 부각시키며 우생학이 정치적으로 보수적인 우파의 이데올로기로 사용됨으로써 과학성이 결여된 사이비 과학 혹은 가짜 과학으로 기능했다는 해석을 하고 있다.[22] 즉, 우생학은 결정론적 시각에 근거하여 인간의 유전적 구성을 개선하고 더 나은 양육 조건을 형성한다는 명분을 내세웠지만, 결과적으로는 사회적 부적격자들을 제거하려는 보수주의자와 인종주의자에게 과학적 은신처를 제공했던 것에 불과하다는 것이다.[23]

하지만 우생학은 현대 유전학의 맹아 또는 최초 형태로 볼 수 있고, 의학이나 생물학 분야 일반의 지적 발전과 불가분의 관계를 맺으며 성장했다.[24] 따라서 단정적으로 우생학의 비과학성을 주장하며 우생학을 이념으로서만 파악하는 것은 지나치게 협소한 해석일 수 있다. 유전학이 과학으로서 미성숙했던 상황에서 이념으로서의 우생학과 과학으로서의 유전학을 구별하기란 근본적으로 어려운 일이었다. 더구나 우생학은 우파뿐만 아니라 좌파에게도 매력적인 사회 개혁의 도구였다.[25] 이런 점에서 우생학 연구는 여러 나라의 특수한 정치 지형이나 문화적 전통, 그리고 인접 과학의 성숙도 등을 종합적으로 고려하면서 이루어져야 할 필요가 있다.

우생학과 새로운 유전학

마지막으로 최근의 우생학 연구는 그동안 우생학 연구에서 간과했던 주제들, 이를테면 우생학적 부적격자를 넓은 의미의 장애자로 규정하고 이를 통해 정상과 병리의 문제를 다루는 연구, 종교와 우생학의 관련성이나 우생학적 문화에 대한 연구, 그리고 다양한 성 담론과 연관하여 여성주의적 시각에서 우생학을 다루는 연구 등 주제와 대상 면에서 그 연구 지평을 넓혀 가고 있다.[26] 물론 최근 우생학 논의는 과거 우생학과 새로운 유전학 사이의 연관성이나 차별성과 관련한 문제에 집중되어 있다. 이는 과거 우생학이 오늘날의 새로운 유전학에 던지는 함의가 크기 때문이다. 따라서 많은 우생학 연구는 인간에 대한 인위적 조작 문제를 어떻게 볼 것인가를 두고 윤리적 측면에서 진행되고 있다. 무엇보다 인간에 대한 인위적 조작 문제에 대해 거부감을 표현하는 연구들이 많다. 이는 과거 우생학이 보여 준 역사적 폐해에 기인한다. 의료 유전학(medicine genetics)의 외양으로 가장한 채 과거의 우생학이 회귀할 가능성에 대해 많은 연구들에서 경고하고 있다. 이는 새로운 유전학에서 추구하는 목표와 그리고 우생학이 제기했던 주장이 본질적으로 다르지 않다는 전제에서 비롯한다. 이 때문에 많은 연구들은 새로운 유전학이 과거의 우생학을 그대로 답습할 소지가 있다는 우려를 표명하며, 산전 검사, 인간 유전체 계획, 그리고 유전자 치료 등 일련의 새로운 유전학이 야기할 수 있는 정치적·사회적· 윤리적 함의에 관심을 집중하고 있다.[27]

반면 공중보건이나 건강 개선의 측면에서 인간에 대한 유전적 개입을 긍정하는 입장도 많다. 이들은 기본적으로 과거 우생학의 실패가 그것의 목적이나 함의 때문이 아니라 나치와 같은 야만적인 전체주의 탓이라고 본다. 만일 정치적·범죄적 오용으로부터 우생학이 자유로울 수 있다면, 인간 개선은 거부할 이유가 없는 인류의 이상이라는 입장을 개진한다.[28]

그러나 과거 네거티브 우생학에 의해 실행된 부적격자에 대한 제거는 현실에서 재현될 가능성이 큰 만큼, 새로운 유전학의 정치적· 사회적·윤리적 함의에 대해서는 더 비판적인 태도를 견지해야 할 필요가 있다. 새로운 유전학과 관련된 일련의 행위들에 더 명확하고 철저한 윤리적인 가이드라인이 필요한 것은 이 때문이다.[29] 단순한 윤리적 차원의 문제를 넘어서 보편적인 인권의 차원에서 우생학을 비롯한 인간 복제, 유전자 정보, 그리고 유전적 개선 등 새롭게 제기되는 오늘날의 생명공학의 문제에 대해 폭넓은 논의를 수행하여 평등이나 인권의 관점에서 우생학을 살펴야 할 필요도 있다.[30] 그뿐만 아니라 새로운 유전학이 전개하고 있는 인간에 대한 조작이 이루어질 경우, 이는 인간에 대한 존재론적 의미를 둘러싼 논쟁으로 이어질 수 있기 때문에, 더욱 치밀한 인식론적 접근이 이루어져야 할 것이다.[31]

지금까지 살펴본 것처럼, 우생학은 다양한 층위에서 복잡한 논쟁을 야기할 만큼 포괄적인 성격이 강했다. 이는 우생학이 여러 나라에서 다양한 방식으로 수용되어 각기 다른 전제와 목적을 추구하는 프로그램으로 변용될 수 있는 이유였다. 다만 우생학자들은 인간이 퇴화하고 있으며, 퇴화는 유전에 의한 것이라는 결정론적 사고만큼은 공유했다.[32] 이런 전제 위에서 우생학자들은 마치 자신들이 자연의 법칙에 근거해 객관적 진술을 하는 것처럼 대중을 기만했고, 또한 개인의 생식 권리를 부정하면서 사회에서의 실패와 성공이 모두 개인의 책임임을 증명하려 애를 썼다.[33]

우생학을 둘러싼 다양한 논쟁을 살펴보면서 향후 우리는 어떤 시선과 접근을 시도해야 할 것인가? 필자는 무엇보다 골튼의 우생학 자체를 연구할 필요성을 제기하고 싶다. 국내에서 골튼의 우생학 자체를 본격적으로 연구한 사례는 아직 없다. 이 과정에서 문제의식도 전환해야 할 것이다. 기존 우생학 연구들의 해석은 우생학에 내재된 다양한 함의를 양극화함으로써 피상적인 수준의 우생학에 대한 이해를 도모하거나, 긍정 아니면 부정이라는 극단적 대립을 유발할 가능성이 많다. 필자는 우생학 연구에서 중요한 것은 우생학을 이분법적 논리 속에서 바라보는 시선을 해체하는 것이라고 보며, 이를 위해서는 골튼의 우생학 자체에 대한 연구가 선결되어야 한다고 본다. 골튼의 우생학을 세밀하게 살펴보면, 우생학이 인간을 포함한 유기체의 변이와 유전에 대하여 설명하는 과학적 이론으로서의 성격과 사회적 실천을 수반하는 이념으로서의 성격을 동시에 갖고 있었음을 알게 될 것이다. 사실 오늘날 이루어지는 과학 연구도 순수한 지적 탐구와 사회적 응용이라는 이분법적 구도 속에서 파악하고, 양자를 명확하게 구분하기란 쉬운 일이 아니지 않은가.

기존의 우생학 연구가 가진 한계를 다소나마 해소하고, 새로운 의제를 발굴하기 위해서는 문제의식을 전환하는 것이 필요하다. 특정 과학 이론의 형성에는 그 시대의 시대정신(Zeitgeist)이나 과학적인 패러다임(paradigm)이 동시에 영향을 미친다는 사실을 눈 밝은 독자들이라면 잘 알고 있을 것이다. 우선은 과학 이론의 형성과 응용이 사회경제적 배경이나 주도적인 사회 세력의 가치 지향과 불가분의 관계를 맺으면서 이루어진다는 것을 간과하지 말아야 한다. 즉, 그 시대의 어떤 사회적 요인이 그런 과학 연구를 촉진시켰는가, 또는 어떤 경제적인 요구가 그런 과학 연구를 출현시켰는가 하는 점, 즉 과학 연구의 주제나 대상은 현실의 사회적 관계 속에서 선택되는 경향이 크다. 다른 한편 과학 이론의 형성을 이해하기 위해서는 당시의 지적 배경도 간과할 수 없다. 알다시피, 특정 과학 영역에서의 문제 선택, 결정, 해결 방법, 그리고 방향은 특정한 과학적 패러다임 안에서 이루어진다. 따라서 우생학이 진정한 과학이었는가 아니면 사회적 이념의 표출이었는가라는 식의 이분법적 논의는 더 이상 우생학 연구에서 핵심 사안이 될 수 없다. 이보다는 골튼의 우생학이 얼마나 과학적이며, 얼마나 이념적인지 또는 골튼의 우생학이 얼마나 유전론적이며, 얼마나 환경론적인지와 같은 중층적인 접근을 시도하는 것이 더 유의미하다고 본다.

요컨대 골튼의 우생학 자체에 대한 세밀한 연구와 문제의식의 전환은 기존 우생학 연구가 안고 있던 많은 문제점을 해결해 줄 것이다. 특히 정치사나 사회사 전공자가 간과하기 쉬운 과학 이론의 형성과정에 대한 이해, 즉 특정 과학 이론의 형성에는 과학적인 패러다임이 중요한 영향을 미친다는 사실을 구체적으로 인지할 수 있는 계기를 만들어 줄 것이다. 이는 그동안 우생학의 사회적 영향에만 주목해 온 연구의 경향을 과학 내용 자체에 대한 관심으로 유도함으로써 우생학에 대한 이해를 폭넓은 견지에서 도모할 수 있는 기회가 될 것이다. 나아가 골튼의 우생학에 대한 연구는 새로운 유전학 관련 분야의 수많은 후속 담론들을 생산함으로써 최근 중요한 사회적 이슈로 등장한 유전자 조작, 유전 상담, 그리고 인간 복제 등과 관련한 담론들을 체계적으로 분석하고 비판할 수 있는 열린 논의의 마당을 확장하는 기초가 될 것이다. 이는 이민이나 인종, 성, 건강 등 일련의 보건복지 정책 속에 은폐된 우생학적 폭력성을 간파하는 시발점이 될 수도 있다.

　과연 무엇이 정상이고, 누가 부적격한 존재이며, 국가는 과연 누구를 위해 존재하는 것인가. 이것이 이 책을 통해 필자가 던지고 싶은 핵심적인 물음이다.

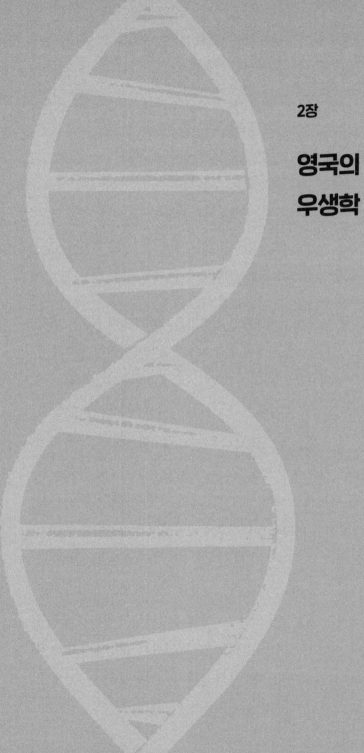

2장

**영국의
우생학**

기존의 영국 우생학 연구에서는 일반적으로 우생학의 사회적 실천 과정에서 드러난 이념적 성격이 부각되어 우생학이 사이비 과학의 성격이 짙고, 본질적으로는 계급 차별적이며 인종주의적인 보수적 이데올로기였다는 시각을 견지해 왔다.[1] 그러나 이러한 시각은 다양한 층위에서 해석될 수 있는 우생학 담론을 너무 단순화시킬 수 있다. 우생학 연구가 지나치게 우생학의 이념적 성격에 주목하게 된 이유는 나치가 보여 준 극단적 형태의 우생학에 대한 거부감 때문이었다. 그로 인해 과학으로서의 의미가 상대적으로 간과되었기 때문이다. 하지만 우생학은 20세기 초 유전학이 태동하기 전에 탄생했고, 유전학이 탄생한 이후에도 상당 기간 두 학문은 밀접한 연관을 맺고 있었기 때문에 과학으로서의 유전학과 이념으로서의 우생학을 명확하게 구분하기는 어렵다. 이런 점에서 우생학은 현대 유전학의 맹아 내지 최초 형태라고 볼 수 있는 것이다. 따라서 우생학의 비과학성을 지나치게 강조하여 이념적 차원에서만 우생학을 파악하려는 시도는 경계해야 할 필요가 있다. 물론 과학의 측면에서만 우생학을 다루는 연구도 문제의 여지가 있다.[2] 이는 과학적 담론과 사회적 실천이라는 문제를 양극화하여 과학 또는 이념의 어느 한 면을 극단적으로 부각시키게 되어 우생학에 대한 피상적인 수준의 긍정이나 부정으로 귀결될 가능성이 많기 때문이다.

당시의 우생학을 이념적으로 우익에 서 있는 사람들하고만 연결시키는 것도 문제가 있다. 물론 대부분의 나라에서 살펴볼 수 있는 배제나 제거를 목표로 삼는 우생학적 조치들과 나치의 잔학 행위를 고려한다면 이는 분명 타당한 주장일 수 있다. 그러나 영국에서 우생학은 다양한 형태와 방법론을 가지면서 일부 개혁 세력과 정치적 좌파에게도 매력적인 담론이었다는 점을 상기해 본다면, 이런 시각은 설득력이 약하다.[3] 우생학 연구의 역사가 그리 길지 않은 한국 학계의 연구도 이와 같은 분석을 뒷받침하고 있다. 국내의 연구들은 영국의 우생학이 개혁주의적 세력에게 수용되어 공중보건 운동이나 산아 제한 운동, 모성주의, 이혼법, 불임화 수술, 매춘 등 일련의 페미니즘적 운동과도 친숙할 수 있는 과학 이론이었다는 사실을 밝힘으로써 우생학 논의의 지평을 한층 넓히고 있다.[4] 따라서 우생학은 정치적으로 대단히 유연한 성격을 띠고 있었다고 볼 수 있다. 이는 본질적으로 골튼의 우생학적 함의가 포괄적이었기 때문이었다. 따라서 영국 우생학의 본질적 성격을 규명하기 위해서는 일차적으로 골튼의 우생학 자체에 대한 더 세밀한 연구가 필요하다.[5]

우생학은 다양한 세력들이 활용했던 포괄적 함의를 가지는 다면적 차원의 과학이자 이념으로 파악해야 할 필요가 있다. 물론 이들은 사회에 대한 생물학적 통제를 통해 사회 진보와 안정을 추구한다는 공유된 의식을 가지고 있었다. 따라서 영국 우생학을 둘러싼 논의에서 정작 중요한 문제는 다음과 같은 것이다. 우생학이 과학의 이름으로 적격자와 부적격자라는 새로운 사회적 범주를 만들어 냈고, 이에 근거를 두고서 다양한 세력들이 인간 종 사이에 생물학적인 적격자와 부적격자가 존재한다고 선전하며, 자의적 판단에 의거해 정책적 차원에서 부적격자를 차별하고 제거하려 했다는 사실이다. 즉, 영국 우생학은 인간의 몸, 특히 사회적 약자에 대한 과학적 관리와 통제를 정당화하고, 사회적 불평등을 고착화하는 이데올로기적 기능을 수행함으로써 과학 이론이 이론적 정당성 차원을 넘어서 그 자체로 심각한 사회적 실천의 문제를 함축할 수 있음을 명백하게 보여 준 역사적 사례였다.

19세기 말, 20세기 초 영국의 우생학자들이 품었던 생각, 즉 인간 종 사이에는 우성과 열성이 있으며, 우성 인간만으로 세상을 구성한다면 더 나은 세계가 다가오리라는 발상은 오늘날에도 여전히 우리의 일상과 관념에 지대한 영향력을 행사하고 있다. 이 때문에 우생학이 새롭게 부활하고 있는 것 아니냐는 우려의 목소리가 높다.[6] 더구나 유전학 또는 생명공학은 최근 우리 사회에서 가장 중요한 국가 효율 또는 경제적 수익 창출의 도구로 각광을 받고 있다. 이런 상황에서 그리 오래되지 않은 과거에 국가 효율을 위한 도구로서 과학을 상정하며,

과학의 이름으로 인간의 몸을 통제하고 관리하려 했던 영국의 우생학을 살펴보는 것은 현실적으로 의미 있는 노력이 될 것이다.

여기서는 19세기 말 국가 효율에 대한 사회적 열망과 과학에 대한 신뢰 속에서 우생학이 과학 이론으로 탄생하여 사회적 실천의 이념으로 확장되는 모습을 그려 볼 것이다. 이는 과학과 사회가 조응하는 모습을 이해하는 가운데 우리의 현재를 비판적으로 성찰할 수 있는 단초를 마련해 줄 것이다. 또한 이는 인간의 몸이 과학과 이념에 의해 통제되고 관리되는 또 다른 방식을 보여 줌으로써 우생학 연구의 지평을 넓히는 계기가 될 것이다.

19세기 말 영국의 사회적 상황

19세기 후반 영국 사회는 물질적 번영의 영광을 뒤로하고, 쇠퇴와 위기 국면을 맞이한다. 이즈음 영국에서는 산업혁명 이후 하나의 도그마였던 물질적 번영과 자유, 그에 토대를 둔 사회적 진보라는 이상은 비관적인 전망 속에 갇혀 버리기 시작했다. 물론 당시 영국은 여전히 부동의 세계 제1의 산업화 국가였다. 이 때문에 영국인들은 자부심과 제국 건설을 가능하게 했던 군사력을 토대로 낙관론적 전망을 피력하고 있었다. 하지만 위기의 징후는 곳곳에서 감지되고 있었다.[7]

경제적인 측면에서 영국은 1870년대 이후 세계 무대에서의 독점적인 지위를 상실하기 시작했다. 대외적으로 새롭게 등장한 후발 자본주의 국가들의 도전은 영국의 위상을 여지없이 흔들어 버렸다. 특히 1871년 독일의 통일은 세계 경제 무대에서의 세력 균형을 무너뜨리고, 그동안 세계 시장에서 영국이 누리던 독점적인 지위를 위협하기에 충분했다. 독일을 비롯한 후발 산업 국가들의 참여는 새로운 형태의 세력 균형을 가져왔다. 이에 따라 세계 경제의 구조는 영국이 독주하던 독점적 세계 경제 체제에서 다양한 국가들의 분화된 세계 경제 체제로 이동하기 시작했다. 세계는 경제적 이해관계를 둘러싼 무한경쟁의 시대로 접어들었고, 영국도 새로운 시대의 출발에 발맞추어 무엇인가 새로운 것을 모색해야 할 입장에 처한 것이다.[8] 영국은 세계 경제 체제에서의 독점적 지위를 유지하기 위한 새로운 대안을 제시해야 할 상황에 직면한 것이다.

대내적으로도 영국은 산업자본주의의 발전에 따라 필연적으로 발생할 수밖에 없는 과잉생산과 과잉자본의 지속적인 형성 때문에 이른바 대불황(Great Depression, 1873-1896)이라는 사상 초유의 경제적 침체를 경험하기 시작했다. 더욱이 영국의 산업자본주의가 점차 독점적 단계로 이행하면서 노동의 일반적 조건은 최악의 상황으로 치달아 갔다.[9] 경제적 차원의 위기 상황은 다양한 정치사회 문제를 드러냈다. 특히 경제적 침체와 노동 조건의 악화로 인하여 대규모 실업과 빈곤이 야기되었고, 이는 노동계급의 현실 정치 참여를 강화하는 이유가 되었다. 이러한 상황은 영국 자유주의 체제에 대한 우려를 넘어 도전으로 발전해 갔다. 이는 자유주의가 변모하는 시대적 상황에 능동적으로 대처할 수 없는 이념적·현실적 한계를 가진 이념임을 여실히 드러내었다.

사회적으로 볼 때, 당시 가장 중요한 문제 가운데 하나는 빈곤 문제였다. 이미 19세기 전반부터 영국 사회에서는 대중 빈곤의 문제가 폭로되기 시작했었다. 그러나 빈곤 문제는 19세기 중반 영국 자본주의의 지속적인 성장 속에서 팽배해진 사회적 진보에 대한 낙관론적 전망 때문에 큰 반향을 일으키지는 못했다. 하지만 1870년대 초반 대불황이 전개되면서 영국의 무한한 경제적 성장이라는 신화가 깨지기 시작했고, 이즈음 촉발된 대규모의 실업과 빈곤은 가장 심각한 사회 문제의 하나로 영국인들의 이목을 집중시켰다.[10] 대불황 기간 동안 영국 사회는 저임금과 높은 실업률에 시달리면서 지속적으로 빈곤이 심화되었다. 1882년 『옥스퍼드 사전(OED)』에 처음으로 실업이란 용어가 등장했고, 이는 광범위하게 대두된 빈곤이 실업 문제와 연관하여 사회적 안정을 위협하는 중요한 요인으로 인식되기에 이르렀다는 사실을 극명하게 보여 주는 것이었다.[11]

그동안 영국의 물질적 번영과 진보를 약속했었던 자유주의에 대한 회의가 싹트면서 많은 사람들이 자유주의에 근거한 낙관론적 전망과 실제 상황과는 큰 간격이 있음을 인식하기 시작했다. 특히 1880년대에 집중적으로 발표된 통계 자료들은 대중 빈곤에 대한 관심을 증폭시켰다. 이후 빈곤 문제는 종교적이고 인도적인 차원의 관심과 연관되어 세간의 이목을 집중시켰고, 경제적 번영이 오히려 빈곤을 심화시킨다는 주장까지 나왔다. 특별히 구세군 창설자인 부스(William Booth, 1829-1912)가 1886년에서 1902년에 걸쳐 런던 대중이 처한 빈곤의 실상과 원인에 관한 체계적이고 실증적인 조사를 수행해 빈곤의 참상을 고발함으로써 빈곤을 둘러싼 문제는 더욱 중요한 사회 문제로 대두했다. 부스는 실증적인 조사를 통해 『런던 시민의 생활과 노동』(Life and Labour of the People in London, 1889-1903)을 출간하였다. 여기서 부스는 빈곤의 상황보다는 빈곤의 원인 문제에 더욱 관심을 기울였고, 빈곤의 원인을 노동 조건의 악화, 즉 실업에서 찾았다. 빈곤은 도덕적 타락보다는 경제적 침체가 가져온 대규모의 실업 때문이라는 것이었다. 부스의 결론은 빈곤이 개인적인 차원의 문제가 아니라 사회적인 문제라는 인식을 증폭시켰고, 결국 이는 영국 산업자본주의의 구조적 한계에 의한 것이라는 비판으로까지 발전했다.[12]

풍요 속의 빈곤이라는 실상이 부스를 비롯한 많은 지식인들에 의해 파헤쳐지면서, 산업 발전을 토대로 물질적 번영과 사회적 진보를 낙관하고 있던 자유주의적 태도는 비판의 도마 위에 오르게 되었다. 기존의 자유주의적 낙관론은 이제 근본적 수정이 불가피하다는 인식으로 발전했다. 이에, 빈곤에 대한 대중의 자각은 지속적인 경기침체, 그에 따른 실업률의 증가, 그리고 국가 효율 저하가 빚은 대중적 우려 등과 맞물려 새로운 처방책이 필요하다는 인식을 확산시켰다. 다양한 이해관계를 가진 모든 세력은 기존의 자유주의를 수정하거나 대체하려는 목적을 가지고, 나름의 이론과 실천적 방법론을 제시하기 시작했다.

풍요 속의 빈곤에 대한 폭로와 반성은 정치적 차원의 갈등으로까지 번져 나갔다. 영국 사회는 산업화의 결과, 이전보다 명확한 계급구조가 안착된 사회가 되었다. 산업화를 통해 부를 축적한 자본가 및 중산계급 등과 새롭게 역사의 무대에 등장한 노동자라는 자본주의적 계급질서가 명확하게 자리를 잡은 것이다. 번영과 성장을 구가하던 영국 사회에는 19세기 중반 이후 부의 분배와 정치적 불평등의 문제가 심각하게 제기되기 시작했다. 당시 장시간의 노동을 강요당한 노동자와 값싼 노동력의 주요 제공자였던 미성년자와 여성은 산업자본가의 무자비한 착취에 의해 물질적·정신적·육체적으로 절박한 상태에 놓여 있었다. 노동자들의 열악한 사회적 여건은 그들을 계급의식으로 무장하게 만들었다. 점차 성숙되어 가는 계급의식은 그들의 이해와 권리를 위한 정치적·사회적 요구를 강요했고, 노동자들은 투쟁의식을 고양하기에 이르렀다. 투쟁의식이 고양된 노동운동의 전개와 계급구조의 고착화는 이후 사회주의와 결합함으로써 이전과는 질적으로 다른 노동조합운동의 폭발로 이어졌고, 궁극적으로는 노동조합의 정치세력화로 이어졌다.[13]

　당시 영국의 산업자본가들은 장기 침체와 대외 무역에서의 첨예한 경쟁으로 곤란을 겪고 있었다. 영국 산업자본가들은 새로운 기계와 기술의 도입 그리고 과학적 경영관리 기법의 수용 등을 통해 돌파구를 마련하고자 했다.[14] 이러한 산업자본가들의 경제적 위기에 대한 대응은 노동계급의 불안과 불만을 증폭시켰고, 이는 기존의 숙련공과 미숙련공 사이의 대립과 갈등을 봉합시키는 메커니즘으로 작용하기도 했다. 이와 같은 노동계급의 성장과 노동계급 의식의 성장은 19세기 말 발생한 '신조합주의(New Unionism)' 운동에서 찾아볼 수 있다.[15] 즉, 노동자의 계급의식이 1870년대 이후 확산된 실업과 빈곤, 그리고 경영 측의 대응에 의해 더욱 명확하게 된 것이다.

빈곤 및 실업과 연동된 노동계급 의식의 변화는 영국 자유주의의 변모를 불가피한 것으로 만드는 또 하나의 중대한 요인으로 작용하였다. 노동계급 의식의 변화와 신조합주의 운동의 탄생 등 노동계급 내부에서 일어난 일련의 새로운 상황 변화는 영국의 자유주의적 시스템이 노동계급 내부에서도 더 이상 효력을 발휘하기 어려워졌다는 것을 의미한다. 더불어 이는 노동계급의 정치의식을 고양시키는 주요한 기폭제로 작용하기도 했다. 특히 1880년대 후반부터 경제 환경의 급격한 변화와 더불어 선거권이 노동계급으로 확대되고 선거구제가 바뀌면서 노동계급의 투표 성향이 변화하기 시작하였다. 1884년 제3차 선거법 개정으로 노동계급의 참정권이 보장되었다. 이는 노동계급의 정치적 역량이 강화되는 계기를 만들어 주었다.[16]

사실 1880년대 후반까지 노동계급의 이해는 중산계급의 이해와 대립적인 것만은 아니었다. 이를테면, 1860-1870년대 노동자들은 대다수가 아직은 완전한 산업노동자라고 할 수 없었으며, 전형적인 노동자들이란 역시 숙련노동자나 독립 소생산자였다. 당시 노동계급은 대체로 중산계급의 경제관과 정치관을 따르고 있었고, 따라서 이 집단들은 여전히 중산계급의 생활신조라 할 수 있는 근검과 자조를 통한 자수성가라는 꿈을 갖고 있었다. 즉, 소생산자로서 그들은 중산계급의 개인주의적 이상을 공유했고, 자본가를 적대적인 계급으로 인식하지도 않았다. 그러므로 당시 노동 지도자들은 오직 산업 활동만이 노동자의 경제적 목표를 달성할 수 있다고 믿었고, 따라서 1880년대 말에 이르기까지는 중산계급의 경제적 자유주의에 동조했다. 아직까지 그들에게 정치는 경제적 목적의 도구로서 인식되지 않은 상황이었던 것이다.[17]

하지만 1880년대 후반으로 들어오면서 노동계급의 성분이 바뀌고, 이제 본격적인 대규모 공장의 근로자들이 산업노동자의 다수를 차지하게 되었다. 그들은 과거 소규모 생산체제 아래에서 노동자들과는 달리 계급의식을 가진 노동자들로 변모하여 이제는 과거와 같이 중산계급의 이상과 가치관을 더 이상 추종하지 않았으며 자신의 계급에 알맞은 독자노선을 추구하기 시작했다. 점점 첨예화되는 노동과 자본 사이의 대립은 두 진영 사이의 타협 분위기를 약화시킴과 동시에 기득권 손실을 우려하는 중산계급에 위협적인 요소로 다가왔다. 이러한 현상은 물질적 번영과 성장으로 끊임없는 진보를 낙관했던 영국 사회를 점점 비관적으로 몰아갔다. 번영과 자유, 그리고 진보로 상징되던 영국의 '빅토리아 시대'는 이제 후기로 접어들면서 비관주의와 회의감이 감도는 시대로 변모하게 된 것이다.[18]

영국 사회의 사회·경제적 환경 변화에 의해 야기된 비관적 시대 분위기는 지금까지 번영과 자유의 모티브를 제공해 온, 산업사회 발전의 주요한 이데올로기였던 자유주의에 대한 회의를 낳을 수밖에 없었다. 빈민 구호, 공중보건과 공장 환경 개선 등을 위한 빅토리아 시대의 법률들은 바로 이와 같은 시대적 여망의 반영이었다. 이런 면에서 중산계급적 자유주의 역시 사회 개혁을 지향하는 급진주의적 요소를 그 속에 포함한 이념이었다는 점만큼은 부정할 수 없다. 그러나 급진주의의 내용도 사실은 귀족계급과 특권층의 이익을 대변하는 정부에 대한 중간계급의 공격을 뒷받침하는 논리였다. 벤담(Jeremy Bentham, 1748-1832)의 공리주의와 밀(John S. Mill, 1806-1873)의 자유주의적 이상론도 19세기 말에 이르러서는 그 한계가 여실히 드러나고 있었다. 헨리 조지(Henry George, 1839-1897)나 그린(T. H. Green, 1836-1882), 그리고 토인비(Arnold Toynbee, 1852-1883) 등 당시의 많은 사람들은 기존의 자유주의에 대한 다양한 해결책을 제시하려고 했다. 그러나 당시 빈곤과 사회 문제에 대해 문제를 제기한 토인비 등 당대의 이론가들은 사회 문제에 관한 지식인들과 일반의 관심을 촉발시키는 데는 크게 기여했지만, 여전히 한계가 있었다.[19]

19세기 말 영국에서 발생한 일련의 위기는 물질적 번영과 성장으로 끊임없는 진보를 낙관했던 영국 사회를 점차 비관적 분위기로 몰아갔고, 이는 오랫동안 번영과 자유의 모티브를 제공했던 자유주의에 대한 회의를 낳는 계기가 되었다. 이미 1860년대부터 표명되어 왔던 영국의 국가 효율에 대한 논의가 설득력을 더해 갈 수 있는 상황이 도래한 것이다. 여러 위기를 초래한 기존 체제에 대한 비판과 사회적 능률, 그리고 국가 효율에 대한 관심은 19세기 말 보어전쟁(Boer War, 1899-1902)에서의 패배로 인해 더욱 증폭되었고, 이는 열등한 인종적 질에 대한 개선 또는 제거의 필요성을 더욱 강화시키는 계기가 되었다.[20]

당시 영국에서 국가 효율론을 주창했던 이들은 기본적으로 과학을 신뢰하며, 국가를 창조적이며 도덕적인 기능자라고 규정했고, 정치 관행 및 기구의 효율 제고를 목적으로 삼았으며, 국민의 삶의 효율을 높이기 위해 제국적 인종을 육성한다는 목표를 세우고 있었다.[21] 이런 목소리는 정치적인 이념에 관계없이 수용된 측면이 있었는데, 페이비언(Fabian)이었던 웹(Sydney Webb, 1859-1947)은 열정적으로 국가효율과 영 제국의 유지를 주창하며 영국인들의 생활 수준 개선을 주문했다.[22] 웹은 영국이 제국주의적 경쟁에서 승리하고, 제국을 보전하기 위해서는 국가 효율을 높여야 한다고 보았다. 이를 위해서 웹은 생활 수준의 보장과 함께 우수한 인종을 육성하기 위한 위생 개선, 교육부문의 개혁, 빈민법 제정 및 주택의 개선 등이 필요하다고 주장했다. 웹의 국가 효율 달성을 위한 개혁적 방안은 건강하고 효율적인 군대의 육성을 통해 영 제국을 유지하기 위한 것이었다.[23]

당시 영국 사회에서 촉발된 국가 효율 담론은 이념적 지향을 떠나 영 제국의 보전을 원하던 많은 세력들이 공유하던 시대적 화두 가운데 하나였다. 국가 효율을 달성하려는 다양한 세력들은 저마다 대안을 내놓기 시작했다. 그중 가장 근거 있는 현실적 대안으로 떠오른 것 가운데 하나가 과학이었다. 산업혁명의 여파로 급격하게 독서 대중이 팽창되기 시작하였고, 이들에게 읽을거리를 제공하는 다양한 인쇄매체가 등장함으로써, 과학이 19세기 영국의 지적 분위기 형성에 중요한 영향력을 행사하는 국면이 만들어졌으며, 이는 과학이 일상화되는 계기가 되었다.[24] 당시 많은 사람들은 과학 지식의 진보가 낙관주의적 미래를 가져다줄 것이라 확신하였다. 따라서 모든 지적 활동을 과학과 연관하여 설명하려 했다. 자연과 사회의 그 어떠한 현상도 보편적인 과학의 법칙에서 벗어나는 일은 없으며, 자연과학의 방법만이 인간과 사회에 효용이 있다는 것을 의심하지 않았다. 과학은 사회적·경제적 상황에 의해 변화된 사회상을 반영하는 가장 중요한 지식이자 사회를 변화시키는 추동력으로까지 평가받게 된 것이다.

이런 상황에서 영국인들에게 가장 설득력 있는 과학 이론으로 다가선 것이 바로 다윈의 진화론이었다. 다윈의 진화론은 이념적 지향에 관계없이 사회경제적 위기 상황에서 돌파구를 마련하려는 많은 세력들에게 수용되었고, 이들은 다윈의 진화론을 근거로 사회유기체론적 전망에서 다양한 대안과 방법론을 제시했다.[25] 즉, 다윈의 진화론이 역사적·사회적 현상을 자연적이고 유기적인 성격을 띠는 문제로 해석하는 도구로 활용되고, 사회유기체론적 전망의 핵심 이론으로 기능하게 되었다. 그 이유는 이미 오래전부터 진화에 대한 논의가 영국의 지배 담론들 가운데 하나로 활발하게 논의되고 있었기 때문이다.

19세기에 들어서면서부터 영국의 많은 사상가들은 야만적이고 위협적인 도시 노동자들의 빈곤, 폭력, 범죄 성향 등을 생물학적 과정을 통해 설명함으로써 사회적 특질을 생물학적 차원의 논의로 환원시키려는 시도를 벌이고 있었다. 포문을 연 것은 맬서스였다. 맬서스에 따르면 자연은 우리가 생각하고 있는 만큼 풍요롭지도 못할 뿐만 아니라 악, 불행, 전쟁, 기아 그리고 죽음 같은 것들은 자연의 피할 수 없는 결과이다. 다시 말하면, 자연의 조화는 완전하지 않다고 주장함으로써 인간에 대한 신의 자비심에 의문을 제기한 것이다. 신은 모든 생명체를 위한 음식을 제공하지 않고, 사용 가능한 음식보다 더 많은 생명체를 창조했다. 이는 결국 개인의 경우이든 국가의 경우이든 가난한 사람의 운명을 더욱 비참하게 한다는 것이다. 따라서 자연의 이미지는 맬서스에 의해 조화로운 존재가 아니라 수요와 공급의 불균형을 초래하는 냉혈한으로 바뀐다. 인간과 자연은 조화를 이루고 있지 않기 때문에 불행이 상존할 수밖에 없다는 맬서스의 주장은 19세기에 이르러 진보의 필연성을 내세우기 시작하여 진화론의 촉매가 된다. 자연이 인간에게 호의적이지 않다는 사실이 제시됨으로써 본격적인 진화론에 대한 의견이 개진될 가능성이 열린 이후, 라이엘(Charles Lyell, 1797-1875)의 『지질학 원론』(*Principles of Geology*, 1830), 익명으로 발표된 체임버스(Robert Chambers, 1802-1871)의 『창조의 자연사적 흔적』(*The Vestiges of the Natural History of Creation*, 1844), 그리고 월리스(A. R. Wallace, 1823-1913)의 「자연선택에 관한 기고」(*Contributions to the Theory of Natural Selection*, 1858) 등의 출간은 진화 담론이 영국의 지식 사회에서 수용되고 정착되는 데 중요한 영향을 끼쳤다.[26] 이러한 지적 분위기는 많은 세력들이 다윈의 진화론을 근거로 사회 유기체론적 전망을 내세우는 자연스러운 분위기를 형성해 갔다.

요컨대, 19세기 말 영국이 처한 일련의 위기상황 속에서 심화된 국가 효율 담론, 과학에 대한 대중적 신뢰, 그리고 다윈의 진화론에 기반을 둔 사회 유기체론적 전망의 대두는 우생학이 과학적 담론으로서, 또 사회적 실천의 이념으로서 안착할 수 있는 좋은 토양을 마련해 주었다.

맬서스, 다윈, 그리고 스펜서의 영향

골튼의 우생학은 19세기 말 영국이 산업화의 위기에 처한 역사적 상황에서 다윈의 진화론을 근거로 탄생하였다. 이후 골튼의 우생학은 자유주의의 위기 상황에 처한 영국 사회에서 효용적인 과학적 담론으로 인식되었고, 다윈, 맬서스, 그리고 스펜서의 지적 논리와 결부되어 다양한 세력에 의해 변용되었다.[27] 여기서는 다윈 진화론의 성립과 맬서스 및 스펜서의 연관을 살펴봄으로써 우생학이 탄생할 수 있었던 이론적 배경은 무엇이었는지를 살펴보도록 하자.

1) 다윈의 『종의 기원』 출간

다윈은 1859년 출간된 『종의 기원』에서 현존하는 생물의 종은 영원불변한 것이 아니라 환경의 변화에 적응하는 과정을 통하여 진화해 왔다는 자연선택설을 제시했다. 물론 다윈은 자연선택설을 인간에게 적용하는 데는 주저하고 있었다. 그렇기에 다윈은 『종의 기원』 마지막 장에서 자연선택설의 발견으로 "인간의 기원과 그 역사에 빛이 비추어질 것"[28]이라고만 언급했을 뿐이었다. 그러나 결과적으로 다윈의 『종의 기원』 출간은 자연에서의 인간의 위치 문제와 인간 사회에 진화론을 적용하는 문제에 대한 광범위한 관심을 촉발시키는 출발점이 되었고, 이로써 다윈의 진화론은 19세기 말 등장한 다양한 사회 이론의 이론적 근거로 활용되었다. 특히 사회다윈주의는 다윈 진화론의 근거로 선택과 제거의 논리를 사회적 약자에게 적용함으로써 우생학,

인종주의, 제국주의 등을 정당화하는 이데올로기로 기능했다.

오늘날 다윈 산업으로까지 불리며 다윈을 둘러싼 논쟁이 오래도록 지속되는 이유는 다윈의 진화론이 당시까지 서구 사회에 전통적으로 이어져 내려오던 가장 기본적인 신념들에 도전했기 때문으로 볼 수 있다. 다윈의 진화론은 과학을 자연신학(natural theology)으로부터 분리하는 데 결정적 역할을 수행했고, 이로써 인간은 진화법칙에서 독특하고, 독립적인 존재로서의 지위를 상실하게 되었다. 당시 다윈도 첫째, 세계는 변하지 않고 고정되어 있다는 믿음, 둘째, 세계는 전지전능한 신에 의해 창조되었다는 믿음, 셋째, 우주는 신에 의해 설계되었다는 믿음, 넷째, 신이 창조하고 설계한 세계에서 인간은 독특한 위치를 점하고 있다는 믿음 등에 직면하여 상당한 고민을 하고 있었다.[29]

이런 점에서 1859년 다윈의 『종의 기원』 출간은 당시까지 신의 창조라는 유형적 사고를 신봉하고 있던 서구 세계 사람들에게 크나큰 충격이었다. 『종의 기원』 이전 서구 세계의 자연관은 본질적으로 기독교적 교리에 중심을 두고 있었다. 즉, 그들의 자연관은 신의 섭리에 의해 창조된 완전한 우주의 중심에 지구가 위치하고 있으며, 지구는 인간의 창조, 멸망, 구원의 신적 구현이 전개되는 무대로 인식되고 있었다. 나아가, 인간은 위계적인 자연의 질서 속에서 살아 있는 모든 생명체를 통합하는 존재의 사다리(scale of being)에서 최고의 지위를 누리며, 창조주인 신을 경배하도록 신에 의해 설계된 지배자로 군림한다고 인식되고 있었다.

이러한 자연관은 서양의 세계는 반드시 하나의 목적을 지니고 있으며, 세계 속에서 나타나는 변화는 특정한 사물이나 현상이 궁극적인 목표를 향해 움직인다고 인식하는 목적론적인 전통과 관계되어 있다. 『종의 기원』 출간 이전 서구 세계의 거의 모든 사람은 자연계에 존재하는 모든 것은 미리 결정되어 있는 목표를 향해 변화하고 있다고 믿어 왔던 것이다.

물론 다윈도 처음부터 신의 창조를 거부하고 종의 변화를 생각했던 것은 아니었다. 다윈도 처음에는 그 당시 생물학자들처럼 종이 보이지 않는 신의 섭리에 의해 의도적으로 창조되었다고 믿었다. 즉, 모든 생명현상에서의 암묵적인 목적론을 받아들이고 있었다.

이러한 다윈의 태도는 19세기 초 영국의 지배적인 자연관을 형성하였던 자연신학적 관념들에 기인한 것이었다. 당시의 자연신학적 관념은 자연을 구성하는 무생물계(inorganic world)와 생물계(organic world) 사이에는 조화가 존재하며 생물계는 무생물계에 완전하게 적응한다고 보았다.[30] 다윈은 이러한 사고에 기초하여 조화와 완전 적응을 전제로 삼고 진화에 대한 자신의 사고를 발전시켰다. 그러나 다윈에게 종의 변이현상이 주어진 환경에 대한 적응으로 이해되면서 점차 목적론을 거부하게 되었다. 특히 다윈이 전제로 삼았던 조화의 개념은 1838년 맬서스의 『인구론』(An Essay on the Principle of Population, 1798)을 읽은 이후 거부되었고, 『종의 기원』에서 완전 적응은 상대적 적응으로 대체되었다.[31]

다윈이 점차로 이전의 목적론적인 사고를 거부하고 자연선택이라는 자신의 진화 사상을 개진한 이면에는 다윈의 집안 분위기 및 지적

내력도 어느 정도 영향을 미쳤다고 볼 수 있다. 다윈의 조부인 에라스무스 다윈(Erasmus Darwin, 1731-1802)은 독자적인 연구를 통해 진화의 과정에 대해서는 설명하지 못했으나, 진화를 자연선택 혹은 성선택(sexual selection)으로 인식하였다. 그러나 그는 이러한 선택을 획득형질의 유전으로 설명함으로써, 라마르크(Jean Baptiste Lamarck, 1744-1829)와 비슷한 결론에 도달하였다. 물론 일부 학자들은 라마르크의 가설은 다윈에게 변이의 원천으로서뿐만 아니라 종의 변이에 대한 직접적인 영향으로서도 작용했다고 주장하기도 한다. 즉, 다윈이 자연선택의 환경적 영향을 무시하는 대중들에게 호소할 수 있었던 이유는 바로 라마르크의 가설 때문이라는 것이다.[32]

그러나 훗날 다윈의 이론이 탄생되는 데 더욱 중요했던 것은 아마도 피츠로이(Robert Fits-Roy) 함장과 함께 박물학자(naturalist)로서 비글호(H.M.S. Beagle)를 타고 남아메리카를 여행한 기간(1831-1836)을 전후로 한 경험들이었을 것이다. 비글호 항해를 통해 다윈은 화석으로만 보던 동물들을 직접 관찰하였고, 인접한 지역에서도 각각 다른 종류의 동물과 식물들이 서식하는 것을 목격하였다.[33] 이를 통해 다윈은 종의 진화에 대해 확신을 갖게 되었고, 지역에 따른 종 간의 차이가 주위 환경에의 적응을 통해서 일어나는 것으로 파악하였다. 왜냐하면 각각의 종들이 다른 환경에 적응하는 과정에서 다른 형태의 진화가 일어날 것이기 때문이었다.

환경에 대한 직접적인 반응을 진화의 원인으로 파악하기 시작한 다윈은 "사육(breed)과 변화된 환경들에 의해 생산된 무수한 변이들은 환경에 적응함에 따라서 계속해서 생산된다. 그러므로 종들의 사멸은 환경에 대한 비적응의 결과"[34]라고 확신하게 되었다. 유기체는 환경에 대한 직접적인 반응을 통해서 진화적 변화를 달성한다는 다윈의 믿음은 『종의 기원』에 잘 나타나 있다. "가축의 경우 사용하는 부분은 강하고 커진다는 것, 사용하지 않는 부분은 작아진다는 것, 그리고 이러한 변화가 유전한다는 것은 거의 틀림없는 사실이라고 나는 생각한다. 자유로운 자연 상태에서는 우리는 조상의 형태를 모르기 때문에, 오래 계속된 사용 또는 불사용의 삭용을 판단할 수 있는 비교 기준을 세울 수가 없다. [⋯] 땅 위에서 먹이를 구하는 큰 새는 위험을 피할 때를 제외하고는 거의 날지 않기 때문에 맹수가 살지 않는 대양의 많은 섬에 살고 있거나, 최근까지 살았던 몇 종의 조류는 거의 날개가 없는 상태나 마찬가지라고 할 수 있는데, 이는 날개를 사용하지 않았기 때문이라는 것은 사실인 것 같다."[35]

한편, 이즈음 우연하게(어쩌면 예정된 독서일 수도 있다) 접한 맬서스의 『인구론』은 다윈이 이전에 가졌던 목적론적인 사고를 뛰어넘어, 자연세계의 현상은 신의 섭리가 아니라 자연선택이라는 자연의 법칙에 의해 작동된다고 생각하게 하는 계기가 되었다. 이후 다윈은 1842년 「스케치」(Sketch)에서 처음으로 자연선택설의 대강을 기술하고, 이를 보완하고 확장하여 1844년 「개요」(Essay)를 완성하였다.[36] 다윈은 이 「개요」의 결론이 확실하다고 믿었으나, 거의 20년에 가까운 기간 동안 진화에 관한 자신의 이론을 출판하지 않았다. 이 기간 동안 다윈은 지질학과 박물학에 관한 연구와 실험에 몰두해 있었다.

그러던 1858년 6월 다윈은 동인도제도에 있는 월리스로부터 한 통의 편지를 받았다. 그 속에는 월리스가 다윈에게 보낸 원고가 들어 있었고, 월리스는 다윈이 이 원고를 읽고 출판할 수 있는 잡지에 투고해 줄 것을 요청하였다. 월리스의 원고를 받아 본 다윈은 놀라지 않을 수 없었다. 월리스가 독자적으로 연구해서 제시한 진화 이론이 자신의 자연선택설과 거의 유사했기 때문이었다. 이에 다윈은 자신이 오랫동안 준비해 오던 저술을 포기하려고 하였다. 당시 월리스가 쓴 「변종이 원래의 형태에서 무한히 멀어지는 경향에 대하여」(On the Tendency of Varieties To Depart Indefinitely From the Original Type)라는 논문은 그 내용을 비롯한 여러 면에서 다윈의 학설과 일치하고 있다.

후커(Joseph D. Hooker, 1817-1911)와 후일 다윈의 불독으로 불리는 헉슬리(Thomas Henry Huxley, 1825-1895)는 출판을 포기하려는 다윈을 설득했다. 그들의 도움으로 다윈은 자신의 이론을 1858년 7월 1일 린네 학회(Linnean Society)에서 월리스의 논문과 함께 발표했다. 여기서 발표한 것은 다윈의 1844년 「개요」의 일부, 1857년 다윈이 그레이(Asa Gray)에게 보낸 편지, 그리고 월리스의 논문이었다.[37]

이제 다윈의 진화론은 세상에 알려지게 되었고, 다윈은 종에 관한 기념비적 업적을 종결하겠다는 생각을 버리고 요약본을 정리하기에 이르렀다. 바로 이 요약본이 1859년 출간된 『종의 기원』이다.

2) 다윈과 맬서스: 생존경쟁과 자연선택설

후일 사회다윈주의자들의 주요한 슬로건이 되었던 '생존경쟁'이라는 문구는 다윈이 우연하게 접하게 된 맬서스의 『인구론』에서 차용한 것이었다. 이는 다윈과 맬서스의 지적 연관에 대한 논쟁의 출발점이 되었고, 이후 수많은 논쟁이 계속되었다. 이는 다윈과 맬서스의 지적 연관 문제가 내적으로는 자연선택설의 개념적 출처를 밝히는 데 있어서 중요한 부분이며, 외적으로는 과학 이론에 대한 사회 이론의 영향이라는 측면에서도 중요한 부분이기 때문이다.[38]

먼저 드 비어(Sir Gavin de Beer)는 다윈이 자연선택설을 형성할 수 있었던 것은 당시의 과학적인 압력만으로도 충분했으며, 맬서스는 그러한 압력에 단지 적은 자극 혹은 촉매로서만 기능했다고 주장하며, 맬서스의 다윈에 대한 영향을 과소평가하였다.[39]

반면 마르크스주의적 접근법을 보이는 영(Robert M. Young)은 자연을 바라보는 다윈의 시각은 사회에 대한 맬서스의 인식과 별반 다르지 않음을 주장하였다. 영은 다윈주의는 과학은 물론이고, 심리학이나 사회 이론들과의 연관 속에서 파악할 때 그 본질을 이해할 수 있다고 보았다. 더욱이 영은 다윈의 연구 성과에 대해 당시 영국의 정치경제학, 특히 맬서스적 레토릭이 침윤되어 있는 것이기 때문에 과학과 당대의 이데올로기를 이와 무관한 것으로 볼 수는 없다고 주장하였다.[40] 그래서 영은 "다윈주의는 사회적이다(Darwinism is social)"라고 말한다. 이는 다윈에 대한 맬서스의 영향을 결정적인 것으로 파악하는 입장이라고 할 수 있다. 하지만, 영의 주장은 다윈의 생존경쟁에 대한 중요성을 다소 과장해서 해석한 측면이 있다는 점은 부인할 수 없다. 즉, 다윈이 『종의 기원』에서 "나는 생존경쟁을 통한 자연선택이 변이의 주요한 원인이라고 확신하지만, 그것이 절대적인 것은 아니다"라고 분명히 밝히고 있듯이, 생존경쟁이란 관념이 『종의 기원』에서 중요한 것은 사실이지만, 그것이 다윈의 진화론을 모두 설명할 수 있는 가장 절대적인 기제는 아닐 수 있다.

이런 극단적인 대립이 존재하면서도, 최근 대부분의 연구자들은 맬서스의 다윈에 대한 영향의 정도에 관계없이 다윈이 맬서스의 생존경쟁 논리를 차용함으로써 자연선택설을 창안하게 된 것에 대해서는 모두 동의하고 있다. 즉, 맬서스의 영향이 결정적이었든 제한적이었든 다윈은 맬서스의 『인구론』으로부터 동물 세계와 식물 세계에서의 생존경쟁의 원리를 이해하게 되었다고 볼 수 있다. 만일 자연 상태의 거의 모든 인간에 대한 제한된 식량 공급 때문에 서로 간의 생존경쟁이 유발된다면, 나약한 것들은 그것에 대한 급부로써 사멸하게 될 것이라는 맬서스의 주장은 자연 상태의 동물들 속에서 생존에 유리한 개체(favorable individual)와 불리한 개체(unfavorable individual) 간의 차이를 유발하는 영향을 탐구하고 있던 다윈에게 직접적으로 영향을 주었던 것이다. 즉, 인구 원리를 기반으로 한 생존경쟁 관념의 강조가 다윈이 자연선택설을 정식화하는 데 제공된 맬서스의 주요한 역할이었다고 볼 수 있다.

생존경쟁 관념의 강조라는 다윈과 맬서스의 지적 관련을 입증하는 사례는 적지 않다. 먼저 다윈이 1859년 4월 월리스에게 보낸 편지를 보자. 다윈은 "사육된 생물들, 즉 가축 연구로부터 나는 선택이 변화의 원리라는 결론에 이르렀다. 그리고 그때 맬서스의 『인구론』을 읽었고, 나는 즉시 어떻게 이 원리가 적용되는지를 인식하였다"[41]고 언급하면서 월리스에게 어떻게 자신이 생존경쟁을 통한 자연선택을 기반으로 진화론을 발견했는가를 설명하고 있다. 이후 다윈은 『종의 기원』 서문에서도 "세계의 모든 생물이 높은 기하급수적 비율로 증식하는 결과 일어나는 '생존경쟁'을 다루려 한다. 이는 맬서스의 원리를 모든 동식물계에 적용한 것이다. 아마 모든 종에서 생존할 수 있는 것보다 훨씬 많은 개체가 태어나고, 따라서 자주 생존경쟁이 일어나기 때문에, 어떤 점에서 조금이라도 유리하게 변이하는 생물은 복잡하고, 때로는 변화하는 생활 조건 속에서 생존 기회가 더 많은 것이고, 그리하여 '자연적으로 선택'된다"[42]라고 하며 재차 자신이 맬서스의 원리를 인용하고 있음을 명백히 표출하였다. 말년에 쓴 자서전에서도 "연구를 시작한 지 15개월 후인 1838년 10월 우연히 접한 맬서스의 『인구론』으로부터 계속된 장기간의 동물과 식물의 습성에 관한 연구로부터 모든 곳에서 생존경쟁이 일어난다는 생각을 하게 되었고, 그러자 나에게는 이러한 환경에서 유리한 변이들(favourable variations)은 보존되는 경향이 있고, 불리한 변이들은 파멸되는 경향이 있다는 생각이 떠올랐다. 이러한 결과로 새로운 종이 형성된다는 것이다. 여기서 마침내 나는 연구를 통한 나의 이론을 형성했다"라고 하며 자신의 자연선택설 성립 과정을 술회하고 있다. 이런 사례를 볼 때, 맬서스의 원리가 유기적 종의 진화이론에 대한 오래 고민을 다윈이 해결하는 데 중요한 실마리를 제공했던 것은 틀림이 없다.

중요한 것은 맬서스의 원리가 다윈에게 영향을 주었던 구체적인 실마리는 무엇이었는가라는 문제일 것이다. 이는 인구에 대한 식량의 압력이라는 맬서스주의적인 수량적 묘사였을 것이다. 이미 맬서스를 읽기 전에 다윈은 종들이 환경에 유리한 적응을 통해 번식하고, 새로운 종의 형태가 발생한다는 사실을 인식하고 있었다. 그 상황에서 맬서스를 접하게 된 다윈은 수량적 비율에 근거한 맬서스의 생존경쟁 개념을 수용하여 자신의 이론을 확립했던 것이다. 그래서 다윈은 생존경쟁의 근본적인 발생 이유를 모든 유기체가 높은 증가율로 번식한다는 사실로 설명하고 있다. 다윈의 『종의 기원』에서 이를 확인할 수 있다. "생존경쟁은 모든 생물이 높은 비율로 증식하는 경향에 따라 불가피하게 일어나는 결과이다. 모든 생물은 생애를 통해 다수의 알이나 종자를 생산하는데 그 생명의 어떤 시기 또는 어떤 계절, 어떤 해에 죽음을 맞이하지 않으면 안 된다. 그렇지 않으면 기하급수적인 증가의 원리에 따라 이들의 개체수는 급속히 증가하여 어떤 지역에서도 그 많은 수를 수용할 수 없게 될 것이다. 생존할 수 있는 수보다 더 많은 개체가 생산되기 때문에, 같은 종 내부의 서로 다른 개체들, 혹은 다른 종들의 개체들, 혹은 서로 다른 물리적 환경 등 모든 경우에 있어서 생존경쟁이 발생하기 마련이다. 이는 모든 동물계와 식물계에 적용되는 맬서스의 원리이다."[43] 물론 다윈은 생존경쟁을 모든 고난과 악의 원인으로 지목했던 맬서스와의 달리 동식물계에서 생물학적으로 환경에 부적응된 존재들을 제거하는 원리로 파악하였다.

요컨대 다윈의 진술이나 다윈과 맬서스 사이의 지적 연관에 대한 많은 연구들로 미루어보았을 때, 어떤 형태나 방식으로든 다윈은 맬서스의 원리로부터 생존경쟁이란 개념을 인지하고, 이를 활용하여 자연선택 개념을 유추한 것이라 할 수 있다.

다른 한편, 다윈이 주장했던 생존경쟁 개념의 다층적 성격에 대한 논쟁도 있다. 먼저 보울러(Peter J. Bowler)는 맬서스의 생존경쟁 개념은 맬서스의 저작 속에서는 보조적인 위치를 점하지만 다윈의 이론에서는 중요한 위치를 점하고 있다고 말하면서, 각각의 생존경쟁 개념에 대해 비교 분석하였다. 보울러는 경쟁(struggle)이라는 단어는 문맥에 따라서 여러 가지 의미로 사용되는 것이 허용되기 때문에 다윈 이론에서 생존경쟁의 역할을 한마디로 규정하기는 어렵다고 주장하였다. 그는 생존경쟁의 본질적인 핵심이 생존과 재생산을 함께하는 같은 종 내부(the same species)의 서로 다른 개체들 간의 생존경쟁이라고 주장하며, 이것이 바로 다윈이 의도한 생존경쟁의 개념이라고 분석하였다.[44] 반면 맬서스의 『인구론』에서 나타나는 생존경쟁의 함의는 과잉재생산의 경향성 때문에 모든 종들이 식량과 공간의 부족에 직면하게 된다는 것이며, 논리적으로 이것이 반드시 종 내부의 생존경쟁을 뒷받침할 수는 없다고 주장하였다. 그러므로 맬서스가 의도했던 생존경쟁은 종 내부의 생존경쟁이라기보다는 종들 간에 벌어지는 생존경쟁(inter-species struggle)이라고 파악하였다. 그러나 이러한 상이한 개념에도 불구하고 다윈은 생존경쟁 관념이 강조된 『인구론』의 함의 속에서 종 내부의 개체들은 제한된 공급물이 충분한가를 결정하기 위해서 그들 사이에서 틀림없이 생존을 위해 경쟁한다고 확신했다는 것이다.[45]

반면 히멜파브(Gertrude Himmelfarb)는 다윈이 『종의 기원』에서 설파한 종들 사이의 생존경쟁이란 개념은 종 내부의 개체적 생존경쟁뿐만 아니라 종들 간의 집단적 생존경쟁도 함의하고 있었다고 주장하였다. 히멜파브는 다윈의 책 제목을 분석하여 두 가지 종류의 생존경쟁 개념에 대한 예증을 들었다. 『종의 기원』의 주제목인 '자연선택에 의한 종의 기원(The Origin of Species by Natural Selection)'은 같은 종 내부에서의 생존경쟁을 함의하고 있으며, 부제인 '생존경쟁에서의 유리한 종족의 보존(The Preservation of Favoured Races in the Struggle for Life)'은 다양한 종 사이의 생존경쟁을 함의하고 있다는 것이다. 이러한 분석으로부터 전자는 자유방임 이데올로기를 정당화하는 것으로 해석되는 반면, 후자는 민족주의, 제국주의, 군국주의 등 집단주의적 이데올로기를 정당화하는 기제로 작용된다고 주장하였다.[46]

누구의 주장을 따를 것인가라는 문제와는 관계없이, 이들의 논쟁을 통해 알 수 있는 사실은 생존경쟁이라는 문구와 개념은 사용자의 시각에 따라 혹은 그 의도에 따라 다양하게 해석될 가능성이 많다는 사실일 것이다. 생존경쟁에 대한 다양한 해석 가능성은 후일 다윈의 진화론이 다양한 이해관계를 가진 세력들에게 정당화의 논리를 제공하게 된 원천이었다. 다윈 자신도 생존경쟁이라는 문구와 개념에 대한 다양한 해석 가능성에 빌미를 제공한 측면이 있다. 즉, 다윈은 『종의 기원』에서 생존경쟁을 세 가지 차원, 다시 말해 같은 종 내부의 서로 다른 개체들 간의 생존경쟁, 혹은 다른 종들 간의 생존경쟁, 혹은 서로 다른 물리적 환경에 대한 생존경쟁 등으로 설명한 바 있다. 이는 생존경쟁이라는 개념의 다양한 함의와 그에 따른 사회적 실천을 이미 내포하고 있었다는 사실을 알려 주는 것이다. 다윈은 『종의 기원』 초판에서 "서로 다른 것들 사이에서 하나의 존재의 독립성을 포함하여, 개체의 생활뿐만 아니라 남아 있는 자손들의 계승도 (이것이 더 중요하다) 포함하여 나는 생존경쟁이란 용어를 광범위하고 비유적인 견지에서 사용"[47]한다는 점을 밝히고 있다.

지금까지의 논의를 토대로 보면 다윈의 생존경쟁 관념이 맬서스적 원리와 개념적 관련성을 갖고 있다는 점을 분명히 알 수 있다. 이제 다윈의 생존경쟁이란 문구와 개념은 최적자생존의 관념과 결부됨으로써 차별의 이데올로기로 전환될 수 있는 전기를 맞이하게 된다.

다윈과 스펜서: 최적자생존과 자연선택설

다윈의 진화 이론이 근대 사상에 미친 심대한 영향력은 무엇보다도 그의 자연선택설에 있었다. 생존경쟁이 야기한 자연선택이라는 개념으로부터 다윈은 생물의 진화 현상을 설명할 수 있었다. 자연선택설의 핵심은 무엇보다도 종 내부에서 발생하는 변이의 성공 혹은 실패로부터 결과한 재생산 비율에 달려 있다. 다윈은 유리한 변이를 가진 동물, 즉 환경의 변화에 잘 적응된 동물은 자신들의 형질을 공유하는 더 많은 수의 자손을 생산할 것이라고 하였다. 반대로 불리한 변이를 가진 동물은 환경에 대한 비적응의 결과로 식량 부족을 경험할 것이고, 나약해지고, 더 적은 수의 자손을 생산하여, 결국은 모두가 사멸

할 것이라고 주장하였다.[48]

다윈은 자연선택을 다음과 같이 정의하였다. "모든 생물의 상호관계, 또는 그들의 물리적 생활조건에 대한 상호관계는 모든 불일정한 복잡성과 밀접한 적합성을 가지고 있으며, 따라서 변화하는 생활환경 속에 있는 생물의 경우에는 그 구조에 무한히 변화할 수 있는 다양성이 있다는 것을 기억해 두자. 그런데 여기서 인간에게 유익한 변이가 일어나는 것을 볼 수 있으므로, 각 생물에게 있어서 거대하고 복잡한 생존 싸움을 위해 도움이 되는 다른 변이가 수많은 세대를 거듭하는 동안에 일어난다고 생각할 수는 없을까? 만일 그런 일이 일어난다면, 다른 개체보다 조금이라도 이점을 가진 개체가 생존과 번식을 위한 절호의 기회를 가장 많이 가진다고 생각해 볼 수는 없을까? 생존 가능한 수보다 훨씬 더 많은 개체가 태어난다는 것을 상기한다면 말이다. 이와는 반대로 조금이라도 유해한 변이는 엄격하게 파괴된다는 것은 확신할 수 있다. 이렇게 유익한 개체의 차이와 변이는 보존되고, 유해한 변이는 버려지는 사실을 나는 자연선택이라고 부른다."[49]

그러나 다윈은 자연선택이라는 용어에 대해 많은 사람들로부터 부적절하다는 반대에 직면한다. 다윈도 처음에는 이러한 반대에 완전히 수긍했던 것 같지는 않다. 다윈은 1860년 라이엘에게 보낸 편지에서 자연선택이 나쁜 용어였다고는 생각하지만, 지금에 와서 그 용어를 바꾼다면 혼란을 더욱 복잡하게 만들 것이며, 또한 더 좋은 용어를 생각할 수도 없다는 입장을 밝혔다. 나아가 다윈은 라이엘이 권한 '자연보존(natural preservation)'이란 문구는 특수한 변이의 보존을 함축하지 못하여 진부한 문구가 될 것이며, 인간과 자연의 선택을 하나의 관점 아래서 파악하지 못할 것이라고 분명히 했다. 하지만 얼마 지나지 않아 다윈은 뭔가 심경의 변화를 일으켰고, 자연보존이라는 용어를 보조적으로 사용하는 것에 대해 고민하기 시작했다.

다윈이 자연선택이라는 용어를 고수했던 것은 오랫동안 자신이 인위선택(artificial selection)을 연구하면서 그에 대비되는 개념으로 자연선택을 상정했기 때문이었다. 다윈은 자연선택이라는 용어가 당시 사육과 자연에서의 다양한 종들 간의 관계를 동시에 설명해 줄 수 있나고 믿었기 때문에, 자연선택이란 용어에 친숙하면서도 우호적이었다.

그러나 월리스가 1866년 다윈에게 보낸 편지에서 자연선택이라는 용어는 진화의 과정에서 불리한 종들이 제거되는 만큼 유리한 종들이 선택된다는 것을 의미하는 것은 아니므로 부적절한 용어라고 언급하며, 차라리 자연선택이라는 용어보다는 스펜서가 사용한 '최적자생존'이라는 용어를 사용할 것을 권고하자,[50] 다윈도 심경의 변화를 겪으며 최적자생존이라는 용어가 가진 개념적 확실성과 이해의 편리성에 대해 진지하게 고민하게 되었다. 그래서 다윈은『종의 기원』제5판 (1869)부터 최적자생존을 자연선택이라는 용어와 병기하여 사용하기 시작하였다.

자연선택과 최적자생존을 동등하게 사용하기로 한 다윈의 결정은 사회다윈주의가 탄생하는 결정적인 이론적 토양으로 작용했다고 볼 수 있다. 더욱이 이러한 다윈의 용어 사용은 생물학적 진화와 사회적 진보를 동일한 시각에서 바라볼 수 있는 계기로 작용했다는 점에서 다윈의 진화론과 사회사상, 즉 과학과 사회의 상호작용을 간과할 수 없게 만드는 결과를 낳았다. 사회다윈주의자들의 주장은 이로부터 생존경쟁에 의한 최적자생존이 자연의 법칙이므로 사회에서도 그것은 적용 가능한 원리이고, 이는 불리한 변이들은 제거되거나 복종당하며, 더 유리한 변이들은 유지되고 보존될 수밖에 없다는 논리로 귀결되었다. 이에 따라 사회적 불평등은 자연의 원리이므로 필연적인 것이고, 사회적 계층구조는 영속될 수밖에 없다는 논리가 성립되어 갔다. 요컨대 다윈의 진화론은 맬서스나 스펜서의 사상 및 용어와 결합됨으로써 사회다윈주의자들에게 사회의 부적격자를 제거하거나 복종시키는 논거로, 그래서 사회적 계층화를 정당화하는 논거로 더 손쉽게 활용될 수 있었다.

다윈이 자연선택설을 설명하기 위해 스펜서의 최적자생존 문구를 활용하면서 스펜서의 사회 진보에 대한 신념과 다윈의 생물학적 진화 개념이 동일한 차원의 논의로 대중에게 인식되는 특징적인 현상이 생겼다. 이는 자연과 사회 모두에 적용되는 보편적인 과학의 법칙이 존재한다고 믿는 사고, 즉 과학주의와도 연관된 것이었다. 대중에게 생물학적 진화와 사회적 진보의 관념이 동등한 수준의 것으로 인식됨으로써 다윈의 진화론은 단순한 자연과학의 이론이 아니라 사회를 이해하는 도구로 기능하기 시작했다. 사실 진화와 진보의 동일화 경향은 다윈이 맬서스의 생존경쟁이라는 개념을 차용함으로써 생긴 필연적인 귀결이었다. 왜냐하면 생존경쟁은 필연적으로 선택되는 자와 도태되는 자를 결과함으로써 최적자생존을 정당화하기 때문이다. 따라서 다윈의 이론과 스펜서의 이론은 동일한 논리적 구성을 보여 주는 것으로 대중에게 인식될 수밖에 없었다. 최적자생존이라는 용어에서 최적자는 최상을 함축하는 것으로 판단될 소지가 크다. 생존경쟁을 통해서 선택된 존재, 즉 최적자는 자연의 법칙에 의해 권위를 부여받게 되었고, 자연적 과정과 동일한 형태로 진행되는 사회적 진보는 과학 이론과 같은 보편적인 진리로 인식되었다. 생존경쟁과 최적자생존에 의한 사회적 진보는 당시의 시대적 화두가 된 것이다.

생존경쟁 논리와 현상 유지의 정당화를 위한 이론적 무기가 필요했던 당시의 사회다윈주의자들은 다윈이 사용한 생존경쟁과 최적자생존이라는 두 테제를 중심으로 스펜서의 진보 이론을 인간 사회에 적용함으로써 자유방임주의 및 사회적 계층화를 정당화했다.

다윈과 스펜서의 연관을 살펴보자. 스펜서는 빅토리아 시대 영국 사상계를 지배한 사회진화론자들 중에서도 가장 대표적인 사상가이다. 스펜서의 사상은 동시대의 다윈과 연결되어 영국 빅토리아 시대의 가장 지배적인 사상으로 기능하였다. 당시 스펜서가 끼친 영향은 러시아에서 미국에 이르기까지 광범위하였고, 스펜서의 사상은 오늘날에도 여전히 관심의 대상이 되고 있다. 다윈이 활약하던 19세기 중반 이후는 다양한 사상들이 타당성 확보 경쟁을 벌이던 시대로 평가되기도 한다. 자유주의의 위기라는 상황에서 이에 대한 대안으로 제시된 대부분의 이론들과 사상들은 다윈의 진화론과 스펜서의 사상에 영향을 받으며 성장하였다. 19세기 후반 이후 서구사회는 생존경쟁적 시대 분위기가 대체로 심화되고 있었다. 특히 영국은 내부적으로 산업자본주의의 발전에 따라 냉혹한 자유경쟁이 가속화되고, 국제적으로는 식민지 쟁탈 등 일련의 국가 차원의 경쟁이 빈발하던 시기였다. 따라서 영국인을 비롯한 서구인들에게 생존경쟁과 최적자생존이란 관념은 아주 일상적인 것이었다. 이러한 사회적 분위기는 다윈의 생존경쟁에 의한 자연선택이라는 관념과 스펜서의 사회진보 논리를 더욱 견고하게 결합시켜 주었다. 다윈 이론과 스펜서 이론의 혼합은 시대적 열망의 반영이었던 셈이다.

스펜서의 저작을 살펴보면 지적 차원에서도 다윈과 스펜서의 결합을 가능하게 한 요인들을 발견할 수 있다. 당시 스펜서 사상의 핵심적인 주제는 발전가설(development hypothesis)에 입각한 중단 없는 사회 진보와 자유방임주의, 그리고 국가불간섭주의였다. 스펜서 사상의 핵심적 주제들은 그의 진화에 대한 입장과 연관이 있다.

스펜서는 『발전가설』(The Development Hypothesis, 1852)에서 자신의 진화론적 태도를 명확히 밝힌 바 있다. 이 책은 스펜서를 진화철학자로 불리게 한 최초의 저술이다. 여기서 스펜서는 적응 개념을 통해 진화를 설명했다.[5] 스펜서의 적응 개념은 생존경쟁을 통한 부적격자의 제거와 연관되어 있었다. 적응 개념을 통해 진화를 설명하기 시작한 스펜서는 「동물의 다산성에 관한 일반법칙으로부터 추론된 인구론」(A Theory of Population, Deduced from the General Law of Animal Fertility, 1852)에서 처음으로 최적자생존이라는 용어를 사용했다. 적응 개념을 통해 생존경쟁을 설명하고, 그에 따른 부적격자의 제거를 논했던 스펜서는 이제 논리적 귀결로서 최적자생존을 언급하게 된 것이다. 자신의 진화론적인 관점을 인구론과 접목시킨 이 책은 다윈이나 월리스의 진화론과 별로 다르지 않았다.[52] 하지만 당시 스펜서는 자신의 진화적 태도를 인간 사회로까지 확대해서 적용하지는 않았다.

이후 스펜서는 『사회학 연구』(The Study of Sociology, 1873)를 통해 자신의 진화적 태도를 인간 사회로까지 확장시켰다. 스펜서는 초식동물과 육식동물의 다양한 생존경쟁, 즉 환경에 대한 생존경쟁, 초식동물과 육식동물 사이의 생존경쟁, 그리고 동물 내부에서의 생존경쟁을 탐구하였다. 스펜서는 다양한 생존경쟁이 존재한다는 것을 설파하면서도, 종의 진화를 가져오는 직접적인 요인은 종 내부의 개체들 사이의 생존경쟁이라고 확신하였다. 이러한 결론에 따라 스펜서는 인류도 다른 동물들과 똑같은 정도로 생존경쟁에 예속되어 있으며, 동물들 사이에서처럼 인간들 사이에서의 싸움도 인류의 진보를 가져온다고 주장하였다. 이때부터 스펜서에게 진화는 자연과 인간, 둘 다에 적용되는 보편적인 현상으로 인식되기 시작했다. 이제 스펜서는 진화의 개념을 인간 사회로까지 확대 적용하였고, 이를 '군사사회(militant society)'와 '산업사회(industry society)'의 비교를 통해 논증하려 했다. 군사사회는 사회의 능률을 위해 무력전쟁을 일삼는 사회이며, 아직 개선되지 않은 사회이다. 이후, 전쟁을 통한 정복이 일단락되면, 군사사회는 산업사회로 이동해 간다. 산업사회는 산업적 경쟁이 중심이 되는 사회이며 고등한 사회 상태를 이루는 사회이다. 군사사회에서 산업사회로의 전환은 진화의 과정으로 볼 수 있고, 따라서 생존경쟁은 필연적인 것이다.[53] 결국 스펜서는 사회도 자연처럼 생존경쟁을 통해 진보한다는 결론에 이르렀다. 이제 스펜서에게 진화는 모든 변화를 포괄적으로 설명할 수 있는 메커니즘을 제공해 주었고, 진화는 점진적 개선과 고도의 형태를 지향하는 변화로 인식되었다. 진화는 저급 단계에서 고급 단계로 발전함으로써 열등 상태에서 우월 상태로의 직선적 진보를 함축하는 것이었다. 이는 스펜서가 상정했던 완전사회로의 발전이라는 목적과도 부합하는 것이었다.

당시 스펜서의 인식은 맬서스의 『인구론』과도 관련이 있었다. 맬서스는 『인구론』에서 비관론적인 차원에서 인구 압력을 상정했지만, 스펜서에게 중요했던 문제는 진보 그 자체였다. 따라서 스펜서는 인구 과잉이 생존경쟁을 야기하고, 그에 따른 최적자 생존은 장기적으로 '사회선택(social selection)'을 초래할 것이라고 파악하였다. 이는 부적격자의 제거 또는 부적격자의 생식 능력 감소를 염두에 둔 것으로 뒤에서 보게 될 골튼의 우생학적 사고와도 연관이 있다. 이와 같은 스펜서의 진화적 태도와 다윈의 진화론이 결합됨으로써 생물학적 진화와 사회적 진보가 점점 하나의 사실로 인식되기 시작했다. 이는 진화론에서 개진된 생물학적 논의를 사회적 차원으로 옮겨 사회적 계층화와 부적격자의 제거를 정당화할 수 있는 더 없이 좋은 지적 토대를 마련해 주었다.

더욱이 스펜서의 진화적 태도는 자유방임주의 이데올로기와 연관된 것이었기 때문에 사회적 계층화와 부적격자의 제거는 개인주의적 생존경쟁에 의한 당연한 결과로 인식되었다. 스펜서의 자유방임주의 사상을 간단하게나마 살펴보자. 스펜서는 자유방임주의가 완전사회로의 발전이라는 진화적 과정의 최종 목적을 달성할 수 있는 유일한 길이라고 판단했다. 모든 개인이 자신의 고유한 능력을 자유롭게 개진할 수 있는 사회야말로 가장 완전한 평형상태에 도달한 사회라는 것이다.[54] 이는 스펜서가 완전사회로의 목적을 담고 있다고 상정한 진화에 대한 관념과 자유방임주의가 통일적 구조를 이루고 있음을 시사하는 것이다. 스펜서는 사회의 구성원은 자유롭게 경쟁하도록 내버려 두어야 하고, 이를 통해 살아남을 만한 능력을 가진 자만이 살아남아야 한다고 주장했다.[55]

스펜서가 국가불간섭주의를 제창한 것은 필연적인 귀결이었다. 사회 구성원 사이의 자유로운 경쟁을 주장했던 스펜서는 국가가 개인들에게 자유롭게 경쟁할 기회를 부여하는 역할만을 수행해야 하며, 단지 국가는 외부의 침입으로부터 시민을 보호해야 할 의무와 외부의 침입을 방어해야 할 의무만을 가지는 것으로 인식하였다.[56] 따라서 국가의 역할은 최소한의 기능에만 머물러야 하며, 국가는 사회의 조화와 진보를 위해 개인들의 생존경쟁을 가능하게 하는 여건을 제공하는 심판에 불과하다는 것이다. 스펜서의 논리에 의한다면, 사회에서 생존경쟁의 성공과 실패에 대한 책임은 전적으로 개인적 차원의 문제이다. 결국 이는 사회에서 성공한 개인은 최적자이며, 실패한 개인은 부적격자에 불과하다는 논리로 귀결된다.

스펜서의 국가불간섭주의는 『사회학 원리』(Principles of Sociology, 1876)에서 언급한 군사사회와 산업사회의 비교에서 더욱 뚜렷하게 나타난다. 스펜서는 군사사회를 강제적 협동과 집단적 생존의 추구를 핵심적 역할로 삼는 사회로 규정하였다. 이 사회는 전제적 중앙집권의 사회이며, 개인적 행동의 무제한적 통제가 이루어지는 사회이기도 하다.[57] 따라서 군사사회에서는 개인의 의지는 무시되고 정부의 의지만이 의미 있다.[58] 군사사회에서의 개인은 무의지적 존재인 반면, 국가는 개인들의 자율성을 침해하는 사회 통제적 기능을 행하는 존재로 파악한 것이다. 그러나 군사사회에서 생존경쟁이 반복되면, 평형 과정을 통해 산업사회로 진화해 간다. 진화의 결과 형성된 산업사회는 자발적 협동과 개인적 자유를 기반으로 신분과 계서제보다는 계약과 능력에 기초한 사회였다. 산업사회는 군사사회의 전제적 정치형태로부터 탈피한 사회이며, 개인적 행동을 억압하는 정치권력을 제한하는 사회이기도 했다.[59] 산업사회에서 자연선택은 군사사회와는 완전히 다른 개인적 특질들을 산출하여 개인들의 자유와 재산을 위한 사회적 안정을 도모하는 메커니즘으로 작동한다는 것이다. 스펜서가 완전한 이상사회로 상정한 산업사회는 자유방임주의 사회임과 동시에 산업자본주의적인 부르주아 사회였던 것이다. 이는 사회적 질서를 자연적 과정과 동일한 것으로 파악했던 스펜서에게는 당연한 논리적 귀결이었다. 국가가 다양한 제도들을 통해 생존경쟁에 의한 최적자생존의 원리를 규제한다는 것은 자연의 법칙에 위배되는 것으로 있을 수 없는 일이었다.

요컨대 스펜서는 자연의 진화와 사회의 진보를 동일한 과정으로 인식하면서 생존경쟁이 최적자생존을 야기하고, 최적자생존이 인간 사회의 진보를 가져온다는 논리를 설파하였다. 스펜서의 관념은 자유주의의 위기 상황에 직면한 중산계급 이데올로그들에게 곧바로 각인되었다. 그들에게 스펜서의 개인주의적 자유방임주의 사회는 자신들의 산업적 생존경쟁을 정당화하는 것으로 파악되었다. 즉, 스펜서가 최적자생존에 의한 사회적 질서를 자연적 과정으로 인식한 것은 중산계급 이데올로그들이 사회적 계층화를 정당화하는 데 더없이 좋은 도구로 작용하였다. 그러나 역사는 이 이상을 요구하고 있었다. 현상유지의 논리를 넘어 새로운 돌파구가 필요한 시대적 상황이 전개되었고, 이는 우생학이 탄생하여 사회정책으로 기능하는 주요한 이유가 되었다.

골튼 우생학의 형성과 발전

다윈과 스펜서의 이론에 기초하여 변용된 생존경쟁과 최적자생존이라는 문구는 심각한 사회적 영향을 끼쳤다. 즉, 다윈의 진화론을 근거로 생존경쟁과 최적자생존을 통해 위계적 질서에 입각한 인간의 차별성이 강조된 것이다. 특히 사회다윈주의자들은 사회 내에서 인간들 사이의 서열을 전제하여 사회적 차별을 정당화하고 현상 유지를 방어했다. 사회다윈주의자들은 사회 속에는 자연적으로 우월한 자가 존재한다고 가정함으로써, 사회를 자연스럽게 상층사회와 하층사회로 구분하였다. 이러한 사고는 상이한 인종들 사이에도 적용되어 인종의 서열화 경향을 증폭시켰으며, 나아가 열등한 인종들은 제거되어야 할 대상으로 전락시키기까지 하였다.

1870년대를 지나 1880년대 들어서면서 증폭된 빈곤과 실업, 그리고 계급정치의 심화 등 다양한 사회 문제를 해결하고 기득권 유지를 도모하려는 일단의 중산계급 이데올로그들은 새로운 차원의 논리적 정당성을 확보해야 할 상황에 직면하게 되었다. 이들은 자유방임적 자본주의 질서를 옹호하던 현상 유지 차원의 논의로부터 집단적 차원의 논의로 국면을 전환시키고, 개인적 차원의 문제보다는 사회적 차원의 문제를 거론하며 사회와 정부의 간섭과 통합력을 호소하는 데로 관심을 유도해 갔다. 이와 같은 사고는 구체적으로 우생학, 인종주의, 그리고 제국주의 등을 정당화하고 옹호하는 이념으로 발전했다. 이제 다윈이 함의했던 종 내부의 개체적 생존경쟁보다는 종 사이의 집단적 경쟁이 중요한 사회적 화두가 되었다. 이것은 당대의 시대적 상황과 조응하여 대내외적으로 기득권 집단의 차별적 논리를 정당화하는 논리로 기능하기 시작했다.

호프스태터(R. Hofstadter)는 다윈과 스펜서가 언급한 부적격자의 제거라는 관념을 자본주의 사회에서 발생하는 생존경쟁과 연결해 분석하면서, 가장 중요한 생존경쟁은 개체들 사이에서 발생하지 않고, 민족들 또는 인종들 사이에서 발생한다고 주장하였다. 호프스태터는 다윈주의적 용어와 스펜서적 논리가 자유방임주의뿐만 아니라 집단적 차원의 생존경쟁, 즉 제국주의, 식민주의, 그리고 노예제도 등 비인도적 차별 논리를 정당화했다고 보았다.[60] 집단적 차원의 생존경쟁과 그에 따른 최적자집단의 생존이라는 관념을 이론적으로 정당화했던 것이 바로 우생학이었다. 이제 생존경쟁에 의한 최적자생존이라는 자연선택은 우생학적 조치를 통한 인위적 선택으로 전환되었다. 따라서 우생학의 형성과 발전은 사회다윈주의가 자유방임을 주장하며 현상 유지를 옹호하던 차원에서 정부와 사회의 간섭을 허용하는 국면으로 전환되었다는 것을 의미하는 것이었고, 개인적 이해보다는 사회적 이익이나 사회적 책임성이 더욱 중요한 문제라는 것을 함축하고 있는 것이었다. 골튼의 우생학은 자유방임적 정치경제학이 대세를 이루던 사회에서 생물학에 근거한 사회유기체론적 집단주의가 지배하는 사회로의 이전을 의미하는 것이기도 했다. 이제 우생학은 새로운 시대의 가치관에 조응하기 시작했고, 그것은 적격자에 의한 새로운 사회적 질서의 추구로 발전해 갔다.

물론 반니스터(Robert C. Bannister)처럼 사회다윈주의의 자유방임적 형태는 적어도 영미 사상에 있어서는 거의 존재하지 않았다고 주장하는 학자도 있다. 반니스터는 기본적으로 사회다윈주의라는 용어 자체가 그들의 논리에 반대하는 사람들에 의해 만들어졌고, 또 적어도 앵글로색슨 사회에서는 많은 수의 개혁 세력들이 다윈의 진화론을 활용(reform Darwinism)하였기 때문에, 사회다윈주의를 생존경쟁 관념과 결부된 부정적 차원의 이데올로기로만 재단하는 것은 문제가 있다고 보았다.[6] 즉, 사회다윈주의는 오히려 우생학, 인종주의, 그리고 제국주의 등을 거부하려는 움직임과도 관련이 있다는 주장이다. 다윈의 진화론은 그 개념적 다양성 때문에 각자의 이해관계에 따라 다르게 해석될 수 있었기 때문에, 사회다윈주의가 보수적 차원의 성격뿐만 아니라 개혁적 이데올로기를 반영하고 있다는 반니스터의 주장은 무리한 것이 아니며 상당한 설득력이 있다.

이와 같은 논쟁은 우생학의 본질적 성격을 규명하는 문제와도 관련이 있다. 호프스태터의 분석을 지지하는 연구자들은 유전론적 우생학의 입장에서 의견을 개진하지만, 이에 반대하는 이들은 환경론적 우생학의 중요성을 강조한다. 하지만 앞서 살펴보았듯이 19세기 말 많은 사람들에게 생물학은 운명과도 같은 것이었다. 많은 우생학자들은 생물학을 근거로 사회적으로 제거되어야 할 운명에 있는 다양한 부적격자의 군상들, 즉 빈곤자들과 정신적 결함자들의 운명은 유전에 의한 결과라고 확신하였다는 점에서 반니스터의 주장은 설득력이 약하다고 볼 수 있다. 정작 중요한 것은 유전론인가 환경론인가라는 문제보다는 생물학이라는 과학을 근거로 적격자와 부적격자라는 새로운 사회적 범주를 만들어 냈다는 사실일 것이다. 결국 이 세상에는 생물학적인 적격자와 부적격자가 존재하고 부적격자는 제거되거나 개선되어야 할 존재로 인식되는 운명에 처한 셈이다. 이것이 우생학이 가진 가장 본질적이고 심각한 문제점 중 하나일 것이다. 요컨대 우생학은 적격자와 부적격자라는 위계적인 인간 존재의 구분에 기반하여 적격자의 생식은 장려하고, 부적격자의 생식은 제한해야 한다고 주장함으로써 자기 논리를 정당화했고, 특히 부적격자의 제거에 깊이 천착했었다.

앞서 간략히 밝혔듯이 19세기 말 영국 사회는 기존 영국 사회를 지배하던 자유주의적 가치에 대한 비판적 검토와 그 한계를 넘어서려는 일단의 노력을 주문하고 있었다. 이런 상황에서 위기의 돌파구를 마련해 준 것이 과학 이론을 통한 현실 개혁이라는 주장이었고, 우생학은 그런 시도들 가운데 하나였다. 우생학자들은 우생학이 객관적 과학이고, 인간의 본능마저도 과학적 조작과 사회적 조치를 통해 개선할 수 있으며, 이는 국가 효율 달성을 통한 사회적 진보의 최선책이라 역설했다. 사회적 부적격자를 제거함으로써 사회적 진보를 달성하겠다는 우생학의 논리는 산업혁명이 진행되면서 촉발된 다양한 도시문제로 인한 사회적 타락을 인간의 생물학적 개량을 통해 해결해야만 한다는 사실을 대중에게 각인시켰다. 이제 공공의 이익에 부합할 수 있는 우생학의 논리는 더 나은 사회를 건설하고 인간 행동을 더욱 생산적인 것으로 조절하려는 이상을 품은 많은 사람들이 주목하는 과학적 방법론으로 자리 잡게 되었다.

우생학이 대중적 신뢰를 얻으며 과학적 담론에만 머무르지 않고 사회적 실천의 이념으로 확장될 수 있었던 이유는 우생학이 다윈의 진화론을 토대로 하고 있었기 때문이다. 골튼은 다윈의 『종의 기원』을 읽고, 현재 비참한 상태에 처한 저급한 인간 종을 개선할 수 있다는 확신을 갖게 되었다.[62] 당시 골튼은 다윈의 진화론을 기초로 인간의 열등한 유전 형질이 확산되는 것은 인종을 퇴화시키는 사회적 공포이므로 제거되어야 하며(negative eugenics), 고차원적 수준의 능력을 소유한 전문직 계층의 출산율 저하 경향을 적극적으로 조절할 필요가 있다(positive eugenics)는 논리를 폈다.[63]

골튼이 이런 주장을 하게 된 배경에는 능력주의 사회에 대한 열망이 자리 잡고 있었다. 무능한 토지 귀족에 대한 골튼의 적대감은 이를 잘 보여 준다. 골튼은 "문명사회에서는 금전과 제도가 자연선택의 법칙과 그 법칙의 정당한 희생자들 사이에 방패막이로 끼어들어 있다. 궁핍한 집안 출신의 건강하고 우수한 자보다, 병약하고 타락한 유복한 귀족의 자제가 생존과 번식 전략에서 승리를 거두고, 그 결과 인간이라는 종의 퇴화가 일어난다"[64]라며 귀족에 대한 적대감을 숨기지 않았다. 골튼을 비롯한 많은 우생학자들은 영국의 귀족들이 돈 많은 미망인과 결혼을 함으로써 금전적 행운을 얻으려는 시도는 건전한 인간을 게으름과 사치에 몰두하도록 부추김으로써 인종의 퇴화를 가져올 것이고, 귀족 사회를 금권정치적 사회로 전환시킬 것이라며 비난하기도 했다. 골튼은 성공과 출세를 좌우하는 것은 실력이어야 하며 전문적 능력을 갖춘 엘리트가 사회의 지배층이 되어야 한다고 주장했다. 엘리트 집단의 재생산과 충원에 토지귀족의 영향력이 강했던 영국적 풍토에서 골튼의 실력주의는 개혁주의를 지향했다. 이런 의미에서 우생학은 전문직 중간계급의 실력주의 이데올로기이며, 과학이라는 이름의 새로운 종교이기도 했다.[65] 골튼을 비롯한 우생학자들은 거대 자본에도 우호적이지 않았다. 이들은 자본주의의 발전은 거대한 산업 예비군 집단을 필요로 하기 때문에 자본주의는 필연적으로 부적격자의 다산을 야기할 것이라며 비판했다. 이는 자본주의가 이윤과 단기적인 경제적 이득에만 집착하기 때문에, 인종적 차원의 질적 진보에는 오히려 방해가 된다고 보았기 때문이었다.[66]

능력주의 사회를 꿈꾸던 골튼은 "좋은 출생(well-born)"을 의미하는 우생학이란 용어를 창안했고, 그것을 "미래 세대 인종의 질을 개선 또는 저해하는 사회적으로 통제 가능한 수단에 관한 연구"[67]로 정의했다. 후일 골튼은 우생학을 "인종의 타고난 질을 개량하는 모든 영향과 그 질을 최대한으로 발전시키는 모든 요인에 관해 연구하는 학문"[68]이라고도 정의했다. 이는 골튼이 과학적 지식을 수단으로 초기에는 불리한 유전 형질의 확산을 억제하는 데 초점을 두었다가, 후기로 갈수록 인간 사회에서의 긍정적인 유전 형질의 연속성을 보호하고 증진시키는 데 몰두하였음을 보여 준다. 즉, 골튼은 부적격자의 제거는 어느 정도 자연선택에 맡기고, 동식물의 품종 개량처럼 우수한 형질을 장려하는 방향으로 인간의 생식에 대한 인위적인 개입을 추진하는 것이 적합한 해결책이라고 인식했던 것이다.[69] 그 여정을 좀 더 구체적으로 따라가 보자.

서양에서 유전적 구성에 근거하여 어떻게 사회 개혁을 이룰 것인가라는 우생학적 사고는 오래된 전통을 갖고 있었다. 플라톤은 이상적인 폴리스 설계를 통해 천부적인 능력과 재능을 겸비한 최상층 계급 남녀의 선택적인 결혼을 법률화할 것을 주장하면서 일면 육종이나 인위선택의 가능성을 제시한 바 있다. 아리스토텔레스(Aristoteles) 역시 하층계급의 과잉 인구가 폴리스 내부의 빈곤과 범죄를 양산하고 혁명의 온상으로 발전할 가능성이 크다면서 하층계급의 산아 제한을 주장하기도 했다. 이들은 인구를 아주 긴요한 자원의 하나로 인식하고 있었고, 따라서 산아 제한이나 현명한 선택적 결혼을 통한 인구의 질적 상승이 폴리스의 자원을 풍부하게 함으로써 이상적인 도시국가의 모습을 유지할 수 있다고 믿었다.[70] 물론 골튼이 그리스 시대 이후 개진되어 온 우생 사상들을 참조했는지는 분명하지 않다. 골튼의 동료였던 피어슨이 "플라톤의 저서들을 읽었는데, 플라톤의 책에 있는 우생학 관련 문장들은 모든 퇴화자들을 식민지라고 이름 붙여진 곳으로 방출함으로써 도시국가의 순수성을 유지하는 것"[7]이었다고 골튼에게 편지를 썼으나, 이에 대해 골튼은 직접적인 언급을 하지 않았다.

과학적 담론으로서의 우생학이 정착되는 데는 무엇보다 다윈의 영향이 컸다. 다윈의 진화론이 확산됨에 따라 다양한 사회적 논제들은 과학적 담보물을 제공받기 시작했다. 이제 사람들은 퇴화로부터 인간을 구원하려는 목적을 가진 과학 연구를 자신들의 주된 연구 주제로 상정하게 되었고, 유전 메커니즘과 유전 형질의 질적 평가를 수행하려는 더 학문적인 형태의 우생학이 등장하게 되었다. 이러한 맥락에서 체계적이고 학문적인 형태의 우생학을 처음으로 고안한 인물은 골튼이다. 물론 골튼과 다윈의 하층계급의 출산율에 대한 대응은 사뭇 달랐다. 당시 골튼은 다윈보다 적극적으로 하층계급의 출산율 증가에 대응했다. 다윈은 하층계급의 출산율 문제를 다분히 학문적 차원에서 접근하여 생물학적 지식, 특히 생식에 대한 교육의 중요성을 강조했다. 그 반면, 골튼은 인간 생식의 통제를 위한 정책적 필요성을 제기했다. 골튼은 인종은 인위적으로 개선될 수 있으며, 인간 진화의 미래는 인간 스스로 제어해 나갈 수 있다고 믿었던 것이다. 두 사람은 접근 방식과 현실적 실천의 모습에선 서로 달랐지만, 두 사람 모두 빅토리아 후기 시대의 위기적 징후와 중산 계급적 정서를 공유하고 있었던 것만큼은 분명하다.

골튼은 생존에 유리한 개인들과 불리한 개인들의 비율을 적절하게 조절하는 실천적이고 적극적인 활동이 필요하고, 인간의 열등한 유전 형질이 확산되는 것은 인종을 퇴화시키는 사회적 공포이므로 제거되어야 하며, 고차원적 수준의 능력을 소유한 전문직 계층의 출산율 저하 경향을 적극적으로 조절할 필요가 있다고 생각했다. 골튼은 자연선택의 맹목성과 인위선택의 현명함을 대비시켜 설명하면서 선택적인 결혼의 중요성을 강조했다.[72] 이처럼 골튼이 인위선택을 통해 인간의 형질을 개선하려고 했던 것은 이후 모든 우생학 운동의 토대로 작용했다.

골튼이 인간 개선의 목적을 담고 있는 우생학을 창시하게 된 배경에는 개인적 이력도 상당한 영향을 끼쳤다. 사실 다윈과 골튼은 이론적 연관성뿐만 아니라 사촌관계에 있었기 때문에 오랫동안 여러 면에서 영향을 주고받을 수 있는 위치에 있었다. 골튼이 케임브리지에서 수학을 공부할 수 있었던 것도 다윈의 노력이 컸는데, 이곳에서 골튼은 인간의 육체적 적합성이 정신적 능력만큼이나 중요하다는 사실을 떠올리게 된다. 더욱이 인간의 특질을 수학적 원리에 의해 설명하고 분석할 수 있다는 사고 역시 케임브리지에서 수학하면서 진전된 관념이었다.[73] 어려서부터 정량적 사고에 관심이 많았던 골튼의 노력은 통계학의 창시로까지 이어졌다. 이는 골튼 자신이 유전적 특질의 연구를 위해 가계 정보를 수집하는 데 활용되었다. 골튼이 통계학적 방법론을 활용한 것은 자신의 연구를 과학적 유효성이 있는 것으로 만들려고 했기 때문이었다.[74]

당시의 사회적 분위기도 골튼이 우생학적 사고를 개진하는 데 중요한 역할을 했다. 19세기 후반 골튼을 비롯한 많은 영국의 지식인들은 일찍이 없었던 경제 발전과 상대적으로 안정된 정치 상황을 경험하면서 과연 사회적 진보의 동력은 무엇인가라는 문제에 골몰하고 있었다. 당시의 많은 지식인들은 서구, 특히 영국의 경제 발전은 과학의 진보에 의한 것이라며, 서구인들의 지적 수준을 사회적 진보의 동력이라고 파악했다.[75] 골튼 역시 과학의 진보라는 지적 수준의 실천적 활동에 관심을 표하면서 지능에 큰 관심을 갖기 시작했다. 지능의 중요성과 유전적 사고에 대한 믿음은 골튼 개인의 가정 분위기에 의해 더욱 강화되기도 했다. 골튼은 퀘이커(Quaker) 집안에서 태어나 비국교도적 전통에도 강한 영향을 받고 있었다. 당시 영국의 퀘이커 교도들은 자유주의자이면서 반노예주의자였고, 급진주의적 경향을 띠고 있었다. 이들은 전통에 근거한 사회적 지위보다는 산업과 전문성을 담보로 축적된 부를 찬미했으며, 능력주의적인 사회를 꿈꾸고 있었다. 따라서 골튼이 전통적인 사회 가치에 대해 의구심을 표했던 것은 아주 자연스러운 일이었고, 골튼은 기존 종교의 역할이나 종교와 연관된 도덕성의 문제에 대해서도 회의적이었다.[76] 골튼은 종교의 가치와 도덕성의 문제를 검증하기 위해 경험적 조사들을 진행하기도 했고, 유아 살해와 같은 것은 부모의 종교적 경건성이나 도덕성과는 무관하게 이루어진다는 것을 발견하기도 했다.[77] 이러한 골튼의 사고는 종교 무용론으로 발전했고, 과학이 종교의 역할을 대신할 수 있다는 사고로 발전해 갔다. 골튼에게는 과학이 곧 종교였던 셈이다.[78] 이런 골튼의 반종교적 성격은 다윈이 골튼에게 끼친 가장 큰 영향 중 하나였을 것이다. 즉, 다윈의 『종의 기원』은 생물학에 드리워진 신학적 족쇄를 풀어 줌으로써 골튼의 우생학이 더 과감하게 발전할 수 있는 길을 열어 주었던 것이다.

다양한 요인들에 영향을 받은 골튼은 특히 『종의 기원』을 읽고 인생의 전환점을 맞이했다. 물론 골튼은 오래전부터 유전적 특질, 특히 지적 능력의 차이에 관심을 기울이고 있었다. 이는 골튼의 자신의 가계에 대한 관심, 외조부인 에라스무스 다윈 그리고 찰스 다윈의 영향에 기인한다.[79] 이들의 영향을 직간접적으로 받았던 골튼은 실증적 자료를 통해 본격적 연구를 하기 이전부터 이미 천성이 양육보다 우월하다고 생각하고 있었다.[80] 골튼은 인간 종의 특성, 기질, 정력, 지적 또는 육체적 능력은 태어날 때부터 어떤 분명한 형질에 의해 부여되는 것이고, 다양한 특질들이 시민적 가치를 규정한다고 생각했다.[81] 골튼은 단순한 과학적 지식의 증진보다는 사회와 인간 진보에 더욱 관심을 기울이게 되었다.

재능과 특질의 유전이라는 신념을 굳게 갖기 시작한 골튼은 「유전적 재능과 특질」(Hereditary Talent and Character, 1865)이라는 논문에서 우생학적 사고를 처음으로 개진했다. 다윈의 『종의 기원』을 읽고 난 후, 골튼은 오랫동안 고민했던 인종의 개선 가능성과 유전이라는 주제에 더더욱 관심을 갖게 되었고, 이러한 골튼의 관심이 구체적으로 표명되기 시작했던 것이다.[82] 사실 골튼은 양육이 아닌 천성이 유전적 능력을 규정한다고는 생각했지만 이것을 어떻게 증명할 것인가는 알지 못했다. 그러나 골튼은 멘델의 유전 원리를 알고 있지 못한 상황이었음에도 라마르크주의적 유전 이론은 거부하고 있었다. 물론 이러한 거부는 경험주의적 연구 결과보다는 단순한 가정에 근거하고 있었다.[83]

골튼의 핵심적인 주장은 인간의 사회적 성공 능력은 불평등하고, 이 불평등은 유전에 기인하며, 유전적 불평등은 연속적으로 나타난다는 것이었다. 즉, 부모가 사회적 지위가 높을 경우, 그 자손은 평범한 부모의 자손보다 훨씬 유리한 위치를 점할 수 있다는 것이다. 따라서 골튼은 현재의 전문직 계급과 고위층 가문을 조사하는 것이 필요하다고 보았다. 골튼은 1453년에서 1853년 사이의 저명한 사람들 중 605명의 전기를 발췌했고, 6명 중 1명꼴로, 즉 605명 중 102명이 친족관계를 맺고 있는 점을 밝혀냈다.[84] 골튼은 4세기 동안 유럽에서 교육받은 학생들을 대상으로 동일한 집단 내부에서 발현되는 재능 있는 개체들의 빈도를 측정하려고도 했다. 임의적인 선택을 통해 연구한 골튼은 1,300명 당 1명꼴로 성공한 사람들이 나온다며, 유전의 영향을 일반적인 것으로 인식하였다.[85] 골튼은 사회적 저명함과 인간의 재능을 연결시킴과 동시에 알코올 중독이나 성욕, 빈곤, 폭력적 범죄성, 그리고 사기 등과 같은 인간의 행동적 특성도 유전되는 것으로 판단했다.[86] 골튼은 인간의 육체적·정신적·사회적 특질 모두가 유전의 영향을 받는 것으로 생각했다.

이 논문에서 가장 주목할 부분 중 하나는 초보적인 형태의 유전 이론을 언급하고 있다는 사실이다. 골튼은 개인의 특질은 양쪽 부모의 영향을 합친 것이고,[87] 자손이 부모보다 재능이 떨어지는 이유는 뛰어난 부모에 비해 평균적으로 질이 떨어지는 조상의 특질로 돌아가려 한다는 이른바 격세유전(atavism; 또는 귀선유전)을 주장했으며, 획득 형질의 유전을 강하게 부정했다.[88] 결론적으로 골튼은 자손의 배아와 부모의 배아 사이의 연속적 상관관계를 주장했다. 이러한 가정은 바이스만의 생식질 연속설이 실험적으로 증명되기 무려 20년 이전의 것이었다. 후일 골튼의 이러한 사고는 개체의 유전 형질의 절반은 부모로부터 기원하고, 4분의 1은 조부모로부터 유전되며, 이리한 패턴은 반복된다는 유전 이론으로 발전했다.

한편 1867년 일련의 '개혁법(Reform Act)'이 불러온 자유주의에 대한 위기론은 사회적 비관주의를 더욱 부채질했다. 이는 골튼이 『유전적 천재』(Hereditary Genius: An Inquiry into Its Laws and Consequences, 1869)를 통해 더 구체적인 우생학적 사고를 전개하는 계기로 작용했다. 이 책은 방대한 양의 가계 자료를 취합하면서 분석 방법으로 정상분포(normal distribution)를 적용한 최초의 사례로 판단된다.[89] 골튼은 벨기에의 왕립 천문학자인 케틀레(Adolph Quetelet)가 스코틀랜드 병사의 신체 치수를 조사해 정상분포를 이용한 것에 자극받았고, 이에 골튼도 정신 능력을 정상분포를 이용해 설명할 수 있으리라 믿고 직접 이것을 실험해 보기도 했다.[90]

골튼은 『유전적 천재』의 첫 머리에서 "내가 이 책에서 제시하려는 것은 인간의 타고난 능력은 모든 생명체의 형태와 신체적 특성이 유전되는 것과 정확히 동일한 범주로 유전된다는 점이다. 따라서 이 범주에도 불구하고 특히 경주에 소질이 있는 개나 말의 불변적 종을 세심한 선택을 통해 만들어 내는 것이 용이하기 때문에[…], 여러 세대에 걸쳐 연속적으로 선택적인 결혼(judicious marriages)을 시킴으로써 지능이 높은 인간 종을 충분히 만들어 낼 수 있을 것이다. 나는 결과가 거의 예측될 수 없는 통상적인 사회적 작용이 인간 본성을 지속적으로 파괴하기도 하고 다른 한편으로는 개선시키기도 한다는 점을 지적하고자 한다"[91]고 언급하고 있다. 골튼은 이러한 자신의 유전론적 입장을 증명하기 위해 사회 저명인사의 가계를 연구했고, 이를 통해 이들 대부분이 혈연관계였다는 것을 밝혀냈다. 골튼은 유전이 육체적인 특성뿐만 아니라 개인적 재능과 성격까지도 결정한다고 결론지었다. 나아가 골튼은 이 결과를 근거로 우수한 남녀 사이의 선택적인 결혼을 몇 세대만 수행해도 우수한 인종을 얻는 것이 가능하다고 주장했다. 골튼은 세제 감면과 같은 정책적 조치를 통해 이것을 실현할 수 있다는 구체적 방안까지도 제시한 바 있다. 이렇게 본다면 우생학을 제기하던 초창기의 골튼은 이른바 포지티브 우생학 역시 상정하고 있었던 셈이다.

이 책에서는 골튼의 인종주의적 사고와 통계학에 대한 구체적인 관심도 살펴볼 수 있다. 골튼은 『유전적 천재』의 1892년판 서문에서 근대 유럽인들은 하층 인종의 사람들보다 더욱 많은 능력을 소유하고 있다고 주장했고, 특히 영국 지식인들을 최상의 인종으로 상정했다.[92] 골튼은 인종 사이에는 천부적인 정신적 능력의 차이가 있으며, 이는 백인종(Caucasus)과 노예의 상하관계를 표현해 주는 것이라 생각했다. 당시 미국인들이 인상이나 육체적 능력의 차이 같은 표현형적 특질을 바탕으로 인종 사이의 위계와 차이를 설명한 데 반해, 골튼은 지적 능력과 관계된 정신적 특질을 상정했다는 점에서 다소 다른 양상을 보였다. 어쨌든 골튼 역시 인종주의로부터 자유로울 수 없었던 것이다. 골튼은 정신적 능력도 키나 가슴 크기와 같은 외형적 특질처럼 통계학적 방법을 통해 규명할 수 있다고 주장했다.[93]

간략히 살펴본 두 저술에서 골튼이 제기하고 구체화시킨 일부 가정들은 새로운 유전 이론이나 유전 개념의 등장, 그리고 통계학의 정착에도 불구하고 우생학 운동의 전 과정을 통해 지속적으로 영향을 미쳤다. 골튼이 당시 구체화했던 가정들은 우생학의 정치적·사회적·이념적 차원의 논의를 규정하는 데 중요하다. 크게 세 가지로 정리할 수 있다.

첫째, 골튼은 정신적 능력도 유전의 대상임을 명확히 했다. 골튼은 과학적 방법을 동원해 인간의 능력이나 지능이 유전되며, 개체나 집단 사이에 유전적 특질의 차이가 있다고 가정했다. 나아가 골튼은 천성과 양육의 이분법적 구분을 통해 환경의 역할보다는 유전적 영향을 더 강조했다. 따라서 골튼의 우생학은 유전론적 성격이 강했던 것이다.

둘째, 골튼의 행동적인 특질의 유전에 대한 판단은 다분히 자의적이고 주관적인 차원의 것이었다. 골튼은 인간 재능과 특질의 유전 문제를 판단하는 데 구체적이고 객관적인 기준을 마련하지 못했다. 그럼에도 골튼은 사회적인 성공을 재능의 근거로 삼아 부모와 자손의 유전적 상관관계를 밝혔던 것이다. 골튼이 통계학적 방법을 도입한 것은 이러한 한계를 다소나마 극복하기 위해서였다. 따라서 골튼의 가정은 외형적 특질을 가치판단의 범주로 설정하고, 자의적인 판단을 내림으로써 왜곡된 결과를 도출하기에 충분한 것이었다. 이는 우생학 운동의 한계를 여실히 보여 주는 것이었고, 자의적인 범주의 설정과 주관적인 가치판단의 문제는 우생학 운동의 지속적인 문제 가운데 하나였다.

셋째, 골튼은 인간 특질의 유전이라는 가정을 통해 정치사회적인 결론을 도출하기도 했다. 특히 골튼은 선택적인 생식이 집단의 유전적 특질의 유전을 규정하는 가장 중요한 것이라 가정했고, 계급 사이의 우열의 차이 역시 유전에 의해 설명할 수 있다고 가정했다. 골튼은 문명화된 사회에서 생물학적 약자들과 부적격자들이 자연선택에 의해 제거되는 것이 아니라 오히려 그들의 생존과 생식이 허용되고 있는 상황을 개탄했었다.[94] 따라서 골튼은 진화와 유전 과학에 기초하여 사회적 찌꺼기들을 제거하는 것 역시 우생학에 부여된 사명이라고 생각했다.

하지만 골튼이 『유전적 천재』에서 설파한 가정들과 주장들은 당시 환영받지 못했다. 우생학의 과학적 전제가 불명확했고, 특히 우생학이 제안한 현명한 결혼을 통한 선택적인 생식이라는 간섭 행위는 더 큰 문제였다. 월리스는 결혼에 대한 간섭은 혐오스러운 권리 침해라며 우생학의 입장에 반대했고, 헉슬리도 이런 조치에 부정적이었다.[95] 특히 월리스는 계급 사이의 출산율 차이를 우생학적 방법으로 해결하는 것은 오히려 사회 개혁을 후퇴시킬 것이고, 우생학적 방법론은 전체주의적인 것에 불과하다는 비판을 하기도 했다.[96] 다윈은 자연선택이 사회에서도 작동하여 부적격자를 제거해 줄 것이라는 낙관주의적 입장을 갖고 있었다. 당시 다윈은 골튼의 주장처럼 지적 능력이 유전되고, 약자의 사회적 보호가 문명화에 장애가 된다고 생각했지만, 골튼이 제기했던 인종 개선이라는 이상주의적 계획의 실천에는 그다지 적극성을 보이지는 않았다.

당시의 반대에도 불구하고 골튼은 자신이 상정했던 가정과 유전론적 사고를 더욱 강화시켜 갔다. 다윈의 『인간의 유래』(The Descent of Man and Selection in Relation to Sex, 1871)가 골튼의 유전론적 사고를 강화하는 데 중요한 역할을 했다. 다윈은 『인간의 유래』에서 문명화된 사회에서의 자연선택을 논하면서 계급 사이의 출산율 차이에 대한 우려, 결혼의 중요성, 그리고 장애를 가진 사회적 약자에 대한 사회적 보호가 자연선택에 장애가 된다는 언급을 했다.[97] 이런 다윈의 언급은 골튼이 현명한 결혼의 중요성을 우생학적 조치의 필요조건으로 상정한 것과 깊은 관련이 있다. 물론 인구 압력에 대한 입장에서는 다윈이 생존경쟁은 자연선택을 유도할 것이라고 본 데 반해, 골튼은 양적 차원의 인구 성장이 유발할 위험성을 강조했다.

한편 골튼은 다윈의 '범생설(hypothesis of pangenesis)'을 검토하면서 자신만의 독자적인 유전 이론을 구성하기 시작했다. 범생설은 다윈이 자연선택에 의한 변이의 문제를 해결하는 과정에서 나온 가설이다. 당시 다윈은 신체의 세포는 제뮬(gemmule)이라는 입자를 생성하고, 각각의 세포는 서로 다른 제뮬을 생성한다고 보았다. 제뮬은 일종의 소형 복제물로서 신체를 구석구석 돌아다니다가 스스로 분열해서 증식하고, 적당한 환경이 주어지면 세포로 발전한다. 신체의 모든 부분에 있던 제뮬이 모여지면 이는 성적 요소를 형성하고, 이것이 다음 세대의 후손을 형성한다. 또한 다윈은 범생설에서 제뮬의 형성과 획득형질의 유전 사이의 관계를 설명하고, 자손에 전달된 일부 제뮬만이 세포로 성장한다면서 격세유전도 설명한 바 있다.[98] 다윈의 이론은 골튼의 호기심을 자극했다.[99] 당시 골튼은 피부색과 같은 특질은 혼합유전의 성격을 갖지만, 눈 색깔 같은 경우는 입자에 의해 유전된다고 생각하기 시작했다. 골튼은 유전의 단위를 입자라고 상정한 다윈의 관념을 수용하고, 토끼를 이용한 수혈 실험을 통해 제뮬의 효과를 실험적으로 증명하려 했다. 그러나 골튼은 다윈의 이론을 증명하지 못했고, 다윈의 범생설에 의구심을 표하기도 했다.[100] 골튼은 이 과정에서 잠복된 형질(latent traits)과 발현된 형질(patent traits)이라는 관념을 도출했고, 어렴풋이나마 성체의 발현된 형질은 잠복된 형질로부터 기원하지만, 그 반대는 일어나지 않는다는 가정을 했다.[101] 이러한 골튼의 인식은 후일 요한센(Wilhelm L. Johannsen, 1857-1927)이 유전형적 특질(genotype)과 표현형적 특질(phenotype)을 구분한 것과 유사한 것이었다.

이후 골튼은 다양한 신체의 외형적 특질은 각각의 유전적 형질로부터 기원하고, 부모와 자손 사이에는 발현된 형질이 아닌 일종의 유전 정보가 계승되는 것이라고 보았다. 그러면서도 부모의 유전적 형질 전부가 자손의 외형적 특질로 발현되는 것은 아니라고 판단했다.

당시 골튼은 부모의 유전적 형질을 제뮬의 총합 정도로 인식하고 있던 상태였다. 이후 골튼은 유전 단위로 스터프(stirp)라는 것을 제안했는데, 이는 유전적 싹(germs)의 총합이며 난자나 정자에 집중되어 있다고 주장했다. 이는 다양한 싹으로 이루어진 많은 개체들을 포함하고 있고, 수많은 세포가 스터프 안에 있는 독립된 싹으로부터 생성된다고 보았다. 그리고 뿌리는 몸에 있는 세포보다 훨씬 많은 싹을 포함하는데, 이 중 일부만이 세포로 성장한다고 주장했으며, 잠복된 싹(latent germs)만이 다음 세대로 전달된디고 주장했다. 골튼은 이것을 사회로 확장시켜 뿌리를 국가로 보고, 싹이 최상의 인간 발전을 달성할 수 있는 기본 요인이라고 보았다. 그리고 골튼은 질병의 원인을 외국인들의 뿌리 안에 있는 싹 때문이라고 상정하며 사회적 편견을 노골적으로 보이기도 했다.[102] 어쨌든 골튼은 이와 같은 일련의 과정을 통해 획득형질의 가능성을 거의 완전히 제거해 버렸다.

사실 골튼이 부모와 자손 사이의 유전적 상관관계를 외형적으로 발현된 형질이 아니라 잠복되어 있는 형질로 가정한 것은 바이스만이 주장한 생식질 연속설과 크게 다르지 않다. 바이스만은 1889년 2월 23일 골튼에게 보낸 편지에서 "[…] 당신의 논문에서 표현한 입장은 내가 착상한 생식질 연속설의 주된 사상과 거의 유사했음에도 이전에 알지 못한 것이 아쉽다"[103]라고 밝힌 바 있다. 골튼은 인종주의적 면모가 엿보이는 『영국의 과학 지식인: 천성과 양육』(English Men of Science: Their Nature and Nurture, 1874)에서 자신의 유전 이론에 근거하여 천성(nature)과 양육(nurture)을 구분했다. 골튼은 "'천성과 양육'

은 인간을 구성하고 있는 수많은 요소들을 구분하는 두 갈래의 근원
이다. 천성은 인간이 태어날 때부터 갖고 있는 것이고, 양육은 인간이
태어날 때 영향을 미치지 않았던 모든 영향"[104]이라고 명확하게 개념
을 규정하고 있다. 특히 골튼은 쌍둥이 연구를 통해 천성과 양육의 문
제를 실험적으로 검증하려고 노력했다.

  골튼은 통계학적 방법론을 이용해 자신의 유전 이론을 증명하려
했다. 특히 골튼은 가계 정보를 이용한 유전 연구가 효과적일 것으로
판단했고, 강낭콩(sweet pea)을 대상으로 실험을 진행했다. 강낭콩 씨
의 무게와 크기 측정을 통해 부모와 자손의 상관관계를 파악한 골튼
은 아주 재미있는 결과를 얻었다. 씨의 크기 분포는 부모 세대와 동일
한 양상을 보였으나, 씨의 크기 자체는 격세유전되었던 것이다.[105] 사
실 격세유전은 자연선택을 통한 점진적인 진화라는 사고와는 다소 상
이한 것이기 때문에 중요한 발견이다. 후일 골튼이 보였던 연속적 변
이와 불연속적 변이의 혼동은 격세유전의 발견에서 비롯된 것일 수
있다. 이러한 골튼의 혼동은 우생학 내부의 치열한 지적 논쟁의 발단
이 되기도 했다.

  골튼은 『인간의 재능과 개발에 관한 연구』(Inquiries into Human
Faculty and Its Development, 1883)를 출간하면서 처음으로 우생학이라
는 용어를 사용하였고, 인간 능력의 유전성을 보다 강력히 주장했다.
골튼은 우생학을 바람직한 혈통이 덜 바람직한 혈통에 비해 보다 신
속하게 퍼져 나갈 수 있게 도모하는 과학으로 정의했다. 여기서 골튼
은 사람마다 유전적 재능은 다르고, 가계와 인종 사이에도 차이가 있

음을 밝히려 했다. 이것을 통해 골튼은 인간 진화의 방향을 조절하는 방법을 고민했었다.[106] 쌍둥이 연구의 결과물이기도 한 이 책에서 골튼은 우생학을 생물측정학(biometrics), 심리학, 인종, 그리고 인구 등과 연관하여 설명하였다. 특히 골튼은 1885년 국제 건강 박람회를 통해 우생학적 신조를 더욱 강하게 견지해 갔다. 당시 골튼은 인체 측정 부스를 개설하고, 다양한 방법으로 9,337명에 달하는 개인들의 신체적 특징을 조사했다. 특히 골튼은 외형적으로 측정할 수 있는 신체 기관 사이의 상관관계에 관심을 가졌다. 이를테면 머리 너비와 폭 또는 머리 길이와 키 사이의 상관관계를 실험적으로 파악해 보려 했다. 마치 골상학(phrenology)을 연상시키는 부분이다.[107] 골튼은 수집된 자료를 바탕으로 격세유전이 인간에서도 발현된다는 것을 설명할 수 있었지만, 자의적이고 임의적인 선택 기준에 의한 것이기 때문에 한계가 있을 수 있다.

1889년 출간된 『천성적 유전』(Natural Inheritance)은 골튼의 이력에서 가장 영향력 있는 과학 저작 중 하나이다. 골튼은 『천성적 유전』의 첫 문장에서 "지금까지 유전과학에 기초하여 내가 관심을 가져 왔던 문제들과 그 문제들을 통해 고민했던 다양한 기술적 메모들을 출간한 것이고, […] 이 책은 지금까지와는 다른 훨씬 더 중요한 결과물들을 포함하고 있고, 새로운 방법도 포함되어 있다"[108]라고 밝히고 있다. 따라서 이 책은 그동안의 연구를 정리하는 성격의 것이라는 점에서도 중요하고, 자신의 유전 이론과 통계학적 방법론(도수분포와 정상변이)을 구체적으로 연결했다는 측면에서 중요하다.[109] 또한 이 책에서 골튼은 격세유전에 대해 자세히 거론하면서 연속적 변이와 불연속적 변이의 문제도 다루고 있다.[110] 후일 이는 피어슨(Karl Pearson, 1857-1936) 계열의 생물측정학 옹호자들과 베이트슨(William Bateson, 1861-1926)을 위시한 멘델주의자 사이의 치열한 지적 논쟁거리를 제공했다는 점에서도 주목할 만하다.

이후 골튼의 유전론적 우생학은 바이스만의 생식질 연속설에 의해 과학적인 정당성을 확보하기 시작했다. 당시 통계학적 방법을 이용해 유전 이론을 설명했던 골튼의 주장에 대해 회의적인 시각도 있었다. 관성적으로 라마르크주의적 유전을 믿고 있던 사람들은 골튼의 우생학이 인위적 형태의 인간 육성 계획이라는 점에서 충격을 받기도 했다. 이러한 회의적인 시각을 상쇄하는 데 결정적인 영향을 끼쳤던 것이 바로 바이스만의 생식질 연속설이었다. 당시 바이스만은 생식세포의 기원 연구에 매달리고 있었고, 이 과정에서 생식질이라는 관념을 도출했다. 그가 상정한 생식질이라는 개념은 골튼의 이론과 유사한 것이었고, 이는 환경과는 무관한 것이었다. 이 이론에 의하면 획득형질은 유전되지 않고, 유전 과정에서 발생하는 변이는 내부적 유전 과정의 결과이며, 생식질만이 세대를 통해 유전된다. 바이스만의 이론은 라마르크주의에 대한 부정이었고, 당시의 많은 생물학자들에게 열정적으로 수용되었다. 바이스만의 이론은 우생학자들이 환경적 개혁은 인간의 타고난 특질을 변경할 수 없다는 결론을 도출하는 데 도움을 되었다. 간단히 말해, 바이스만주의는 생물학 내부의 유전론적 경향을 강화시켰고, 자연선택의 중요성을 강조함으로써 오랫동안 인간의 신체적·행동적 특질과 환경 사이의 상호 관련을 부정하는 근거로 사용되었다.[111] 이러한 바이스만의 이론이 등장함으로써 우생학은 더 객관적인 과학으로 인식되기 시작했다.

골튼 자신의 생물측정학도 우생학에 대한 부정적인 인식을 제거하는 데 기여했다. 골튼은 다윈이 말했던 것처럼 진화와 유전이 소규모적이고 연속적인 변이로 설명될 수 있다고 확신했고, 이것을 수학적인 통계학적 방법에 의해 규명함으로써 자신의 주장이 과학적 근거가 있는 것임을 밝히려 했다. 골튼은 개체 사이의 유사성이 갖는 상관관계를 수치화하기 위해 노력했다.[112] 이러한 노력의 결과 생물측정학이라는 과학적 방법론이 창안되었고, 이를 통해 자신의 우생학적 주장이 과학적 차원의 논의일 뿐만 아니라 통계 자료에 입각한 객관성까지 담고 있다는 사실을 부각시킴으로써 자신의 이론을 정당화할 수 있었다. 피어슨은 골튼이 제시한 통계학적 방법을 이용해 인간 특질의 분석을 시도했고, 이를 통해 인간 형질의 개선 전망을 밝히기도 했다. 후일 생물측정학은 집단유전학의 기원이 되기도 했다. 그러나 유전학의 미래는 멘델주의의 것이었다. 멘델주의는 진화와 유전을 둘러싼 생물학자들의 오래된 딜레마를 해결했고, 식물이나 동물, 인간마저도 간단한 수학적 비율로 설명할 수 있다는 희망을 주었다. 1900년 이후 생물측정학과 멘델주의는 우생학 내부에서 치열한 지적 논쟁의 주요한 대상이 되었다.

바이스만의 생식질 연속설의 등장으로 유전론적 우생학이 발전의 모티브를 얻은 것과 함께 세기 전환기에 영국이 처했던 이른바 국가 효율의 위기라는 문제도 우생학이 과학적 담론의 영역을 넘어 사회적 실천의 장으로 발전해 가는 중요한 계기로 작용했다. 앞서 살펴본 바와 같이 이미 1880년대부터 제기된 사회 문제 중 가장 중요한 문제는 빈곤과 실업, 그리고 육체적 퇴화의 문제였다. 도시의 빈곤과 실업은 육체적 퇴화와 맞물려 국가 효율과 건강성을 약화시킨다는 주장이 제기되기도 했다. 1880년대 이후 노동계급과 빈곤 계층에 대한 우려가 점증하면서 빈곤 퇴치를 위한 윤리적이고 도덕적인 차원의 정서적 공감대가 형성되기 시작했다.

이러한 상황에서 보어전쟁에서의 패배가 불러온 대중적 위기의식은 열등한 인종적 질에 대한 대중의 관심을 증폭시켰고, 당시 군대에 지원했던 노동계급의 열등한 질적 특이성에 대해 피어슨이 제시한 실증적 자료는 이러한 분위기를 한층 더 가속화시켰다. 특히 인구 관련 연구들은 출산율과 사회경제적 지위 사이에 일련의 역관계가 존재하며, 이는 인종적·국민적 퇴화의 원인이 될 수 있다는 정서를 부추겼다.[113] 당시 영국의 주요 신문과 잡지에는 국민의 퇴화를 우려하는 논설이 게재되는 등 여론이 들끓기 시작했다. 실증적 자료에 의해 밝혀진 바에 따르면 군 입대 지원자의 상당수가 신체검사에서 불합격 판정을 받았고, 징고이즘(Jingoism)의 물결 속에서 군 복무를 할 수 없을 만큼 허약한 국민의 신체는 영 제국의 존망을 위협하는 현상으로 받아들여졌으며, 영국민의 건강, 특히 병사를 공급하는 하층계급의 건강상태가 심각한 위험에 처해 있다는 불안이 확산되었다.[114] 문제는 하층계급의 출산율이 중산계급의 그것보다 상대적으로 높다는 사실이었다.

이미 19세기 후반기부터 사회 문제로 대두하기 시작한 빈곤과 실업이라는 산업화의 위기 상황 속에서 많은 개혁가들은 빈곤계층의 무능력을 유전적 요인으로 설명하고 있었던 터였다. 그뿐만 아니라 수용시설에 격리되어 있던 정신이상자들과 정신박약자들로 인한 전문직 계급의 세금 부담으로 인한 불만의 목소리가 높아지는 추세이기도 했다. 따라서 산업화의 위기가 불러온 중산계급의 불만과 보어전쟁에서의 패배라는 국가적 위기는 나약한 형질을 가진 빈곤계층 때문이라는 주장이 설득력을 얻을 수 있었다.

이와 같은 국가적 위기의식은 정부의 책임성을 강화하기 시작했다. 구빈법(Metropolitan Poor Act, 1867)의 제정 이후, 저능아법(Idiots Act, 1886)이 제정되어 사회적 정신적 장애가 될 여지가 있는 사람들에 대한 광범위한 제도적 조치가 마련되었다. 치우(imbeciles), 백치(idiots), 정신이상, 정신박약 등 실제로 광범위한 정신적·육체적 장애가 체계적인 차원에서 분류되기 시작했다. 법적 장치의 마련과 함께 제도적 차원에서도 육체적 퇴화의 문제를 해결하려는 움직임이 나타났다. 이는 수용시설의 제도화로 이어져 대중에게 상당한 공감대를 얻었다. 당시 대중은 체계적으로 분류된 정신적·육체적 장애자들이 공동체의 이익에 부합하지 않으며, 따라서 이들은 특별 치료의 대상이라는 인식이 사회적으로 공감대를 얻고 있었다. 이러한 사회적 정서는 신체적 장애뿐만 아니라 사회적 범죄 역시 유전적 기초에 의한 것이라는 주장이 설득력을 얻으면서 감옥과 수용소 같은 공공 수용시설들이 확대되었다. 하지만 그 이면에는 제도적 시설의 확대가 불러온 비용 부담의 증가 문제도 도사리고 있었다. 이는 수감시설의 피수용자에 대한 치료를 무익하고 회의적인 문제로 보는 중요한 이유가 되었다.[115]

우생학이 사회적 공감대를 얻고 확대될 수 있었던 또 하나의 이유는 19세기 말에 과학이 제도화되기 시작하면서 과학자가 전문직업의 하나로 정착되었기 때문이다. 과학은 대학에서 확고한 위치를 점하기 시작했고, 우생학의 인접 분야인 생물학과 의학이 과학적 훈련을 받은 전문 과학자들에 의해 연구됨으로써 우생학은 더 확실한 제도적 기반 위에서 발전할 수 있었다. 이제 과학자는 전문직 중산계급으로서의 사회적 지위와 권위를 더 확대할 수 있는 제도적 기반을 얻게 된 것이다.

이와 같은 여러 요인들이 어우러지면서 우생학은 광범위한 대중적 여론과 연결고리를 가진 사회적 운동으로 발전할 수 있었다. 이런 상황에 1900년 멘델의 법칙이 재발견되자 우생학의 사회적 침투는 더욱 가속화되었다. 우생학자들은 본격적으로 멘델주의 유전학을 인간의 유전 문제에 적용하기 시작했다. 우생학은 과학적 담론의 영역을 넘어서 사회적 실천의 장으로까지 영향력을 확장했다. 우생학자들은 유전자가 인간의 신체적 특성을 결정한다고 주장했으며, 행동적 특성까지도 결정한다고 믿었다. 우생학은 멘델의 법칙을 기초로 좋은 유전자와 나쁜 유전자를 구별하고, 유전자의 전달을 선별적으로 증감하는 것을 목표로 삼았다. 결과적으로 다윈에서 멘델로 이어지는 일련의 유전 이론의 발전은 생물학에 기댄 권위주의적 집단주의를 창출하는 데 중요한 기여를 했다.

이제 영국 사회는 환경적 개선의 중요성보다는 유전의 중요성, 즉 유전자에 의한 사회적 선택을 강조하는 국면으로 전환되기 시작하였다. 영국인들은 생물학적 전망의 포로가 된 것이다. 세포가 생물체에 속해 있듯이 개인은 사회-국가, 국민, 민족 등-에 속해 있으며, 따라서 개인의 삶은 사회나 국가, 민족과 같은 집단의 삶이나 생존을 위해 필요한 요구에 예속될 수밖에 없다는 유기체론적 전망 속에 갇히게 되었다.

우생학이란 용어는 1904년 5월 16일에 열린 제1회 영국 사회학회에서 한 「우생학: 정의, 전망, 목적」(Eugenics: Its Definition, Scope, and Aims)이라는 강연을 통해 널리 대중화되었다.[116] 골튼 자신도 우생학을 대중화하기 위해 많은 노력을 했다. 골튼은 자신의 사상을 전파하기 위해 강연을 하기도 하고,[117] 사재를 털어 최초로 우생학 연구 기금을 조성했으며, 이를 통해 런던의 유니버시티 칼리지(University College)에 우생학 기록 사무국(Eugenics Records Office, 1904)을 창설했다. 1907년 이것이 국가 우생학을 위한 골튼 연구소[118]로 전환되어 피어슨이 책임자가 되었다. 또한 1907년 런던에서 우생학 교육 협회(Eugenics Education Society)가 설립되어 활발한 대중 운동 차원으로 발전하기 시작했고, 1908년에는 골튼이 우생학 교육 협회의 명예 회장으로 추대되었다.[119]

우생학은 전체적인 인간 종의 질을 개선하는 영향력 있는 수단으로서 선택적인 생식 방법에 대한 견고한 믿음, 성인의 육체적, 생리적, 그리고 정신적 특질을 유전이 직접적으로 규정한다는 강력한 확신,

인종이나 민족 그리고 계급 사이에 우열이 존재한다는 고유한 신념, 다양한 형태의 정신질환과 사회 문제를 해결하는 데 과학이 필요하다는 신뢰 등 다양하게 이데올로기적이고 사회운동화된 형태로 20세기 전반의 서구 세계를 휩쓸게 되었다. 골튼의 우생학은 1920년대에 이르면 영국에서 전세계로 확산되어 과학의 외피를 쓴 사회 개혁 운동의 일환으로 각광을 받게 된다. 이는 골튼의 우생학에 대한 정의가 포괄적인 것이었기 가능한 것이었다.

골튼은 자신의 인생 마지막 해에 소설 한 편을 썼다. 이 소설은 우생학적 유토피아(eugenic Utopia)에 대한 자신의 견해를 밝힌 글이다. 이곳에 사는 사람들은 반드시 유전적으로 면밀한 검사를 받아야 했다. 사회적 실패자들은 열등한 유전적 물질을 가지고 있는 것이어서, 이들은 조건이 좋지 않고 독신이 강제된 노동 식민지로 격리되었다. 2류 계급 증명을 받은 사람들은 조건부로 생식이 허가되었다. 최고 등급을 받은 사람들은 우생학 칼리지(Eugenics College)에서 명예시험을 치르고, 육체적으로나 정신적으로나 유전적 재능을 인정하는 졸업증서를 받았다. 이런 엘리트들은 그들만의 결혼이 허용되었다.[120] 소설 속에서 골튼이 펼친 유전적 적격자들만의 우생학 유토피아는 우리 앞에 현실로 다가서고 있다.

우생학의 다양한 실천

골튼에 의해 제기된 우생학 프로젝트는 이후 영국 사회의 주도적인 담론의 하나로 기능하며 사회적 실천 프로그램으로 발전하게 된다. 우생학은 인간 유전의 과학이라는 외피를 두른 채 명확한 프로그램을 설정하여, 인간 집단의 바람직하거나 그렇지 않은 특질의 유전적 성격을 탐구하고, 개개인의 변이성 또는 개개인의 분류를 목적으로 삼는 활동을 전개했다. 정신적 능력, 도덕적 특질, 정신이상, 범죄성, 일반적인 신체적 퇴화 등은 생물측정학이나 멘델주의적 방법에 의해 연구되었다. 정치적·사회적 측면에서 우생학자들의 임무는 과학적 결과물을 대중화하고, 적격자의 출산은 장려하고 부적격자의 출산은 제한하는 체계를 논의하며, 일반적인 견지에서 유전학의 정치사회적 중요성을 환기시키는 것이었다. 과학 프로그램으로서 그리고 정치적 프로그램으로서 우생학에 대한 평가는 단순히 우생학 교육 협회의 규모로서만 판단할 수는 없을 것이다. 우생학 교육 협회는 크기는 작았지만, 질적으로는 당시 유력한 영국의 모든 학자들과 사상가들이 참여했을 정도로 대단했다.[12] 물론 골튼의 우생학이 다윈의 진화론처럼 다양한 이념적 스펙트럼을 가진 정치가들에 의해 남용될 것을 예견했던 것은 아니었다. 당시 다양한 배경을 가진 협회 구성원들의 면면은 영국 우생학 운동이 상대적으로 응집력이 취약했음을 보여 주는 것이기도 했다. 다른 나라들에 비해 균질적이지 못한 영국 우생학 내부의 다양한 담론들은 때로는 효과적인 우생학 실천 활동의 장애로 작용했다.

영국의 우생학 운동은 다양한 이해관계를 갖는 세력에 의해 다양한 모습으로 전개되었는데, 전성기의 우생학에는 당대의 주도적인 과학자들 대부분이 직간접적으로 참여하기도 했다. 우생학은 다양한 이념적 스펙트럼을 보이기도 했다. 다양한 세력과 방법론에도 불구하고 이들은 인간 유전의 중요성과 정신적 퇴화자들의 제거라는 이상을 통해 우생학이라는 깃발 아래 뭉칠 수 있었다. 다른 측면에서 보면 이것이 우생학의 강점이었을 수도 있다. 이념적 지향에 관계없이 많은 사람들이 우생학에 경도되었을 만큼 우생학은 정치적으로 유연한 생물학 이론이었던 것이다. 결국 우생학은 과학적 취약성의 문제와는 관계없이 정치적 유연성을 확보하며 당시 사회 문제의 해결책으로 제시되었다. 이렇게 본다면 우생학은 그것의 과학적 함의와 정치사회적 함의를 동시에 다루어야 할 주제라고 볼 수 있다.

대부분의 우생학자들은 우생학을 실천적 과학이라고 생각하며, 과학의 사회적 역할을 긍정하고 있었다. 그들에게 우생학은 인간을 구원할 과학이었지만, 구체적으로 유전 메커니즘이 어떻게 작동하고 있는지, 유전 물질은 무엇인지에 대해서는 제대로 알지 못했다. 결국 그들에게 중요했던 것은 우생학이 설파하고 있었던 인간 형질의 유전성이라는 신념이었다. 이것이 다양한 배경을 가진 우생학자들을 하나로 묶어 준 이유였다. 이들에게 유전은 일종의 숙명과도 같은 것이었고, 이러한 사고를 토대로 우생학자들은 결핵, 알코올 중독, 영국 인구의 퇴화, 그리고 계급별 출산율 차이 등 다양한 사회 문제를 유전론적 방식으로 해결하려고 했던 것이다.

앞서 살펴본 대로 영국에서 우생학이 대중화되는 중요한 계기를 이루었던 사건은 보어전쟁이었다. 당시 영국 정부는 보어전쟁에서의 패배로 곤란에 빠져 있었고, 이는 국민적 퇴화라는 대중적 위기의식을 부채질하기에 충분했다. 보어전쟁은 영국군에 지원한 가난한 사람들의 육체적 허약을 폭로하는 계기가 되었고, 이는 영국 사회에서 사회위생(social hygiene)이 관심을 끌게 되는 계기가 되었다. 사람들은 영국의 제국적 위대함이 도시 산업근로자들의 열악한 육체적 허약으로 인해 위협받는다고 생각했다. 영국이 다른 주요한 적들보다 경제적·정치적으로 우월해야 한다고 믿는 국가 효율의 지지자들은 사회 개혁을 어떠한 형태로든 요구하게 되었다.[122]

이에 영국 정부는 대중적 위기감의 확산을 막기 위해 '육체적 퇴화에 관한 조사 위원회(Interdepartment Committee on Physical Deterioration, 1903)'를 구성했다. 이 위원회는 국민 건강의 악화 및 출산율 저하의 원인을 둘러싸고 환경론과 유전론이 대립하는 토론장이 되었다. 이후 우생학 관련 단체들이 속속 등장하기 시작했고, 1907년에 우생학 교육협회가 설립되면서 우생학은 사회운동으로서의 면모를 갖추기 시작했다.

우생학 교육 협회는 우생학의 성장과 쇠퇴와 그 역사를 같이했다고 해도 과언이 아니다. 당시 우생학 교육 협회의 구성원은 대부분이 전문직 중산계급 출신이었고, 그 가운데 절반은 여성이었다. 사실 양적인 차원에서 본다면 최대 700명밖에 되지 않는 협회의 실상은 그다지 주목할 만한 것이 못 된다. 그러나 구성원의 면면을 본다면 이러한 판단은 적절하지 못한 것이라고 할 수 있다. 우생학 교육 협회의 성원에는 다양한 사회적 명망가를 비롯해 사회학자, 생물학자 등의 학자 그룹, 페이비언이나 페미니스트 등 사회 개혁가 집단 등이 망라되어 있었다.[123] 이들은 유전성의 사고를 기초로 공동체 전체의 집단적 이익과 능력주의 사회를 갈망했다는 공통점을 가지고 있다. 집단주의적 생존경쟁에 의한 최적자 집단의 생존이라는 논리적 연쇄를 발견할 수 있는 부분이다. 바로 우생학의 최대 흠결 중 하나가 바로 개체의 중요성보다 집단의 우월성을 강조했다는 것이었다. 이제 공동체 전체에 위협이 되는 이른바 사회적 질병의 보균체로 간주된 존재들은 개인의 자율성을 보장받지 못했고, 오로지 선택과 배제의 논리에 기초한 과학적 통제와 정치사회적 차별의 객관화된 대상으로서만 인식되기 시작했다.

우생학 교육 협회의 목적은 우생학의 과학적 담론을 대중화하는 것이었다. 따라서 이들은 과학적 차원의 유전 논의나 진화의 방식에는 관심이 없었고, 이러한 상황은 우생학 운동의 말기까지 지속되었다. 우생학적 수사를 바탕으로 우생학 교육 협회는 다양한 사회적 실천을 벌였다. 이 협회는 순회강연, 팸플릿 제작, 도서나 문서, 그리고 영화 등을 통해 우생학 담론을 대중에게 전파했고, 다양한 전시회나 박람회에서 우생학 관련 자료들을 전시하기도 했다.[124]

우생학 교육 협회가 대중 운동을 전개하기 이전부터 특수 교육 부문에서 일련의 우생학적 실천이 전개되었다. 일부 우생학자들은 정신박약자, 청각장애인, 벙어리, 시각장애인 등의 교육 문제에 관심을 가지며, 이들을 격리된 특수학교에서 독립적으로 교육시킬 것을 주장했다. 이미 1893년 제정된 '초등 교육법(Elementary Education Act)'에서 시청각 장애 아동들을 정부에서 운영하는 특수학교나 사설 기관에서 교육하도록 명문화했고, 1902년의 '교육법(Education Act)'에서는 시청각 장애자를 위한 특수교육이 대학에까지 확대될 정도였다. 그런데 문제는 우생학자들이 자의적인 판단에 의거해 다양한 신체적·정신적 장애자들을 특수 교육기관에 격리할 것을 주장하고 나섰다는 사실이다.[125] 이처럼 자의적인 판단에 근거하여 우생학자들이 특수학교에서의 장애 아동 교육을 통해 현실적으로 이들을 사회로부터 격리시키는 결과를 도출했다는 점에서 장애 아동 대상의 특수교육은 네거티브 우생학의 일면이 엿보인다고 할 수 있다. 장애 아동에 대한 격리된 시설에서의 특수교육은 제2차 세계대전 발발 직전까지 지속되었다. 선택과 제거라는 우생학의 기본 원리가 충실하게 이루어진 것이다.

영국에서 가장 성공한 우생학적 실천 운동은 정신박약자(the feebleminded) 문제를 제도적으로 정착시킨 일이었다. 19세기 말을 지나면서 증폭된 인종적 퇴화와 그로 인한 사회적 위기의식의 증대는 영국 정부가 영국 인종에 대한 지적·신체적 조건에 관심을 갖도록 부추겼고, 이는 1903년 '육체적 퇴화에 관한 조사 위원회(Interdepartment Committee on Physical Deterioration)'의 설립으로 발전했다. 이 위원회는 1904-1906년 사이 도시 빈곤자들의 건강 상태를 대대적으로 조사하여, 1908년 '정신박약자의 통제와 치료를 위한 왕립 위원회(Royal Commission on the Care and Control of the Feebleminded, 1908)'에 보고했고, 이는 큰 대중적 공감대를 형성하며 '정신 결함법(Mental Deficiency Act, 1913)'의 제정으로 이어졌다.[126] 이

법의 제정이 갖는 중요성은 정부 당국이 일련의 우생학적 실천 과정에 관심을 보였다는 사실이다. 그런데 이것은 우생학자들의 대중적 활동을 통해 영국에서 유일하게 제정된 처음이자 마지막인 우생학적 법이었다. 이처럼 정신박약자 처리 문제에서 보여 주었던 정부 당국의 우생학에 대한 관심은 협회가 산아 제한 운동을 전개하는 토양으로 작용하기도 했다. 물론 미국이나 독일과 달리 영국의 우생학 운동은 대부분 민간단체의 주도로 진행되었기 때문에 사회적 영향 면에서 볼 때 영국의 우생학 운동은 미국이나 독일에 비해 상대적으로 미미할 수밖에 없었다.

당시 영국에서의 강제 불임화 수술법 제정 운동은 우생학 교육 협회의 대중적 활동과 로비를 통해 전개되었으나 실패했다. 영국에서 1931년 7월 21일 의회에 '자발적 강제 불임화 수술법안(Voluntary Sterilization Bill)'이 제출될 수 있었던 것은 정신박약을 의료의 관리 아래 두고 효과적으로 감소시키려는 의료 전문가들의 의욕에 우생학 교육 협회의 적극적인 선전활동이 가세한 결과였다. 그러나 투표 결과 노동당 위원들의 반대에 부딪쳐 167대 89로 부결되고 결국 법제화에는 이르지 못했다.[127]

이미 1910년대부터 우생학 교육 협회는 사회경제적 비용 문제나 산업의 합리화 문제와 연관하여 불임화 수술 필요성을 제기한 바 있다. 이러한 꾸준한 노력에도 불구하고 영국에서 강제 불임화 수술법이 제정되지 못했던 여러 이유가 있다. 당시 우생학자들이 주장했던 정신박약의 유전성 문제는 의료 전문가 내부에서 광범위한 동의를 얻지 못했다. 영국의 의사 협회는 불임화 수술에 대한 공식적 지지를 천명하지 않았었고, 경제적 비용 지출의 이유로 치료를 포기하는 것은 책임 회피라는 비난도 일고 있었다. 더군다나 우생학 교육 협회는 노동자계급의 하층부를 겨냥한 계급 차별 입법이라는 노동당의 비난을 잠재우지 못했다. 노동당은 사회 문제 집단과 하층 노동자를 동일시하는 우생학을 비난했다. 협회가 애써 불임화 수술의 자발성을 강조하더라도 실시 과정에서 강제성을 가질 위험성이 농후하다는 혐의와 비난을 면하기는 어려웠다. 영국의 엘리트 충원 시스템은 마치 사회적 지위가 세습되는 것처럼 보일 정도로 불평등이 구조화되어 있었다. 따라서 우생학이 주장하는 것처럼 개인의 지적 능력이나 사회적 가치가 유전되는 것처럼 보일 수 있는 토양이 존재했음을 부정할 수 없다. 그러나 이러한 구조적 불평등은 개인의 자유를 보호하는 법률적 장치와 유연한 의회 민주주의에 의해 상쇄되고 있었음을 잊어서는 안 될 것이다. 1930년대 중반 이러한 미묘한 균형이 1918년 이후 대중 민주주의의 대두라는 변화 속에서 방향타를 잡고 실업자 300만이라는 사회적 긴장을 헤쳐 나가고 있었다. 강제 불임화 수술법이 제정되려면 이런 정치적 균형을 깨뜨려야 하는데, 이는 가능하지 않았다.[128] 그러나 실제로는 우생학적인 이유로 불임화 수술이 행해지고 있었다.

사실 산아 제한 운동의 성과는 운동 주체 측의 기대에 못 미치는 소극적이고 불완전한 것이었다고는 하지만 산아 제한에 대한 보건부의 긍정적 반응은 국가와 의료 전문가가 주도하는 가족계획 정책으로 이행하는 계기가 되었다. 산아 제한을 우생 정책으로 이용하기 위해서는 국가 정책으로의 진입이 필요했다. 따라서 협회는 피임 지식 보급과 피임약 개발을 위해 민간 산아 제한 단체와 협력하는 한편 강제 불임화 수술법 제정을 위한 캠페인을 추진하게 되었다.[129] 1880년대부터 본격화된 산아 제한 운동은 적극적인 피임을 강조했던 신맬서스주의 (Neo-Malthusian)와 우생학을 기초로, 심신장애가 있는 인간의 불임화 수술을 의무화하고, 빈곤층의 출생률은 억제하며, 우수한 사람에게는 출산을 권장하는 반면에 열등한 사람에게는 피임을 강제하는 활동을 전개했다. 자율적인 모성 선택권을 중요하게 생각했던 일부 신맬서스주의적 페미니스트들은 우생학의 우수종족 재생산 이론을 수용하여 여성들이 자신의 몸에 대한 통제권과 출산에 대한 자율권을 보장받아야 한다고까지 주장했다.[130] 이러한 논리에 기초해 우생학 교육 협회는 의료 전문가들과 합세하여 강제 불임화 수술법 제정 운동을 펼쳤으나, 정신박약자를 대상으로 하는 '자발적 강제 불임화 수술법안 (Voluntary Sterilization Bill)'은 법제화로 이어지지 못했다. 뒤에서 살펴보겠지만, 미국이나 독일의 경우, 강제 불임화 수술법의 제정은 공공이익의 실현이라는 명분으로 주 정부나 국가 차원에서 이루어졌기 때문에 처음부터 강제적인 차원의 불임화 수술 시술로 발전할 개연성이 컸다. 반면 영국은 우생학 운동의 초창기부터 강제적인 불임화 수술에 대해서는 부정적이었고, 강제 불임화 수술법 제정 운동이 실패함으로써 두 나라에서 볼 수 있었던 강제적인 우생학적 불임화 수술 시술은 발생하지 않았다.

비록 자발적 강제 불임화 수술법안의 제정은 수포로 돌아갔지만, 산아 제한 운동은 우생학이 모성주의적 담론과도 연결될 수 있음을 보여 주는 계기가 되었다. 당시 골튼 우생학의 목적은 뛰어난 재능을 가진 우수한 개체로 하여금 생식에 성공하여 자손을 남기게 하는 것이었다. 따라서 우생학의 논리 구조상 적격자의 생산과 양육을 담당하는 모성이 중요하지 않을 수 없다. 모성주의적 우생학은 출산과 육아를 사회에 대한 공헌, 종을 위한 공헌이라고 찬양했기에 여성의 존재 가치에 대한 적극적인 평가가 될 수 있다. 하지만 이는 여성을 모성의 역할에 가두어 버리는 양날의 칼이었을 수도 있다. 생물학적 성별 분업론에서 벗어나지 못하는 우생학의 논리로 기존의 전통과 관습에 도전하는 것에는 명백한 한계가 존재했기 때문이다.[131] 이런 점에서 우생학과 결부된 산아 제한 운동은 여성의 권익 실현과는 거리가 멀어 보인다. 산아 제한 운동의 주요 대상이 남성이 아니라 여성이었고, 여성의 출산 자율권은 오히려 여성의 불임화 수술 시술을 당연시하는 결과를 낳았으며, 산아 제한을 위한 피임은 여성들의 성적 욕구를 정당화하기 위한 부도덕하고 음란한 행위로 인식되었다.[132] 골튼 역시 여성의 사회적 역할이나 유전에의 기여도는 철저하게 무시하는 경향을 보였다는 점에서도 우생학적 논리가 침윤된 산아 제한 운동은 여성 권익 실현을 위한 실천이 되기에는 한계가 있었다.[133]

우생학에 내재한 선택과 제거의 논리는 환경론적 입장에서 사회 개혁을 설파했던 세력들에서도 발견된다. 대개 우생학과 환경론적 입장의 공중보건 운동은 서로 조응할 수 없는 것으로 생각되지만, 양자는 오히려 협조적인 측면이 많았다.[134] 앞서 우생학 내부에서는 생물 측정학과 멘델주의가 상호 경쟁하고 있었고, 적어도 제1차 세계대전 이전까지 라마르크주의적 환경론이 제공하는 레토릭은 여전히 상당한 영향력을 갖고 있었다. 더욱이 우생학 교육 협회의 구성원들과 공중보건 운동의 주도 세력은 대부분 전문직 중산계급으로서 하층계급에 대한 연민과 동정을 가지면서도, 빈곤자들을 멸시하는 계급적 편견을 동시에 갖고 있었다. 따라서 이들은 장래 영국 인종의 인종적 질을 개선하거나 보완할 필요가 있다는 의식을 쉽게 공유할 수 있었다.[135] 더구나 유전학이 미처 정립되기 이전에 유전과 환경의 개념은 모호하고 혼동된 개념이었고, 우생학을 창안한 골튼 역시 유전의 중요성을 강조하면서도 교육 또는 환경적 조건을 무시하지 않았다는 점을 상기해 본다면,[136] 유전주의적 우생학과 환경주의적 공중보건을 명확하게 구분하는 것은 무리이다. 따라서 주택 개선, 위생 개혁, 영양 공급, 유아 보호, 정신건강 등 포괄적인 사회적 보건 프로그램을 개진했던 공중보건 운동의 기본적 전제는 우생학과 별반 다르지 않았고, 우생학자들의 실천도 포괄적인 사회위생의 차원에서 이해될 수 있는 측면이 있었다.

예를 들어 페이비언이면서 우생학자였던 살리비(Caleb Williams Saleeby, 1878-1940)는 공중보건의 차원에서 예방 우생학(preventive eugenics)을 주장하며, 결핵, 매독, 납 중독, 알코올 중독 같은 인종적 독소를 미연에 방지하기 위해서는 환경적(양육적) 개선도 중요함을 역설한 바 있다.[137] 이는 살리비가 인간 개선이나 건강 문제에 있어서 유전과 환경(양육)이 상호의존적으로 작용한다고 생각했기 때문에 가능한 주장이었다. 우생학이 건강한 종의 재생을 목표로 한다는 점에서 살리비의 주장은 지극히 당연해 보인다. 살리비는 이러한 주장을 토대로 우생학과 공중보건의 확대를 위한 복지 정책의 강화를 주장했으나, 유전론적 우생학자들의 반대로 큰 반향을 일으키지는 못했다. 살리비는 우생학 교육 협회에서 비주류였던 것이다.[138] 결국 살리비는 1910년경 우생학 교육 협회를 탈퇴했고, 이후 라마르크주의적 우생학은 멘델주의적 우생학이 주류인 상황에서 여전히 비주류로 기능할 수밖에 없었다.[139] 살리비의 주장에서 특기할 만한 사실은 이미 태어난 자를 놓고 적격자와 부적격자로 가르는 것은 도덕적으로 문제가 있기 때문에 차라리 우생학이 과학적 지식을 이용해 건강하지 못한 아이가 태어나지 않게 하는 것에 관심을 두는 것이 옳은 태도라 주장한 점이다.[140] 사실 이는 일면 최근의 착상전 유전자 검사를 통한 부적격 배아의 폐기를 연상시킨다.

이렇듯 우생학의 종주국이라 할 수 있는 영국에서도 환경론을 강조하고, 더 온건한 형태로 전개된 우생학의 양상이 분명히 있었다. 다만 골튼이 우생학을 탄생시킬 때 가지고 있었던 기본적인 신념에는 계급적·인종적 편견이 침윤되어 있었고, 이러한 편견이 멘델주의의 도래와 함께 강화되어 우생학의 본질적인 측면으로 작용했던 것이다. 따라서 우생학은 유전론과 결부된 계급적이고 인종적인 편견을 대중적으로 설파한 측면이 강했다. 즉, 영국 사회에서 전개된 다양한 형태와 내용을 가진 우생학적 실천은 기본적으로 중산계급의 계급적 성향의 반영에 불과한 것이었다. 19세기 중반 영국의 중산계급은 위로는 전통적인 귀족세력, 아래로는 조직화되는 노동계급 사이에서 자신들의 사회적 기반을 더욱 공고히 할 필요성을 절감하고 있었다. 특히 전문직 중산계급은 급속도로 성장하며 조직화되는 하층 계급이나 정신박약자들의 출산율 증가가 자신들의 이해관계에 치명적일 수 있다는 판단을 했고, 이러한 판단은 우생학 운동의 뿌리가 되었다. 따라서 우생학 운동은 당시 다양한 직업군의 중산계급이 공유하고 있던 사회적 열망을 표현한 많은 운동들 가운데 하나였던 것이다.[141]

중산계급의 의식을 반영했던 영국의 우생학 운동은 다른 나라들과 마찬가지로 인종적 차별의식과도 관련을 맺고 있었다. 다윈의 생존경쟁과 최적자생존이란 문구와 연결된 우생학적 사고는 인종 사이에도 적용되었고, 이는 인위적인 분류에 의한 자의적인 판단에 의거해 인종 사이의 위계를 정당화했다. 기본적으로 우생학자들은 열등한 인종은 사회적 제도의 영향보다는 원래 선천적으로 열등하게 태어난다고 생각했는데, 이러한 바람직하지 않은 혈통은 제거되어야만 하는 것이었다. 많은 우생학자들은 백인종을 최상위에 위치시키고, 백인종 가운데에서도 앵글로색슨과 게르만족이 다른 인종보다 우월하다는 논리를 전개하기도 했다. 이와 같은 우생학자들의 인종주의적 사고는 이민을 제한하는 '외국인법(Aliens Act, 1905)'으로 발전하기도 했다. 당시 영국은 미국처럼 주요 도시에 이민자들이 그렇게 많지 않았지만, 1890년대 일시적으로 동유럽으로부터 이민 온 유대인들이 노동자들 사이에 위기를 고조시키면서 반유대주의가 일어났던 적이 있었다. 이는 실업 문제 때문이었고, 이것이 이민 제한으로 발전했던 것이다.[142] 사실 영국 우생학에서의 계급 담론은 쉽게 인종적 차원으로 발전할 수 있었다. 사회적 계급이 차별화된 사회적 가치를 가지는 것처럼 인종도 동일한 것이었고, 이러한 사고는 영국 우생학 운동의 지속적인 특징이었다.

사실 골튼은 처음부터 인종과 우생학의 관계를 논했다. 골튼은 인종의 역사에 대한 이해를 통해서 우생학적 신조의 필요성을 개진했던 측면도 있다. 골튼의 인종적 사상이 형성되는 데는 1850-1852년 사이 남서아프리카를 여행했던 경험이 무엇보다 중요했다.[143] 이때의 경험은 골튼에게 인종 사이에는 가치의 차이가 있음을 명확히 해 주는 계기가 되었다. 골튼은 『유전적 천재』에서 장기간의 역사를 통해 형성되어 온 인종은 자연선택에 의해 환경에 생물학적으로 적응해 왔다고 주장하면서 인종 사이의 차이에 대해 논했다. 이런 견지에서 각 인종은 적격자인 것이다. 그러나 인간 전체를 대상으로 문명화와 관련된 능력을 종합적으로 분석해 보면 인종 사이에는 엄청난 차이가 존재한다는 것을 알 수 있다는 것이다. 골튼은 흑인의 평균적인 능력은 백인종보다 두 단계 또는 그 이상 낮다고 판단했다. 호주 원주민들도 마찬가지다. 한편 고대 그리스인들은 유럽인들보다 두 단계 높은 것으로 골튼은 평가했다. 인종 사이의 능력 차이는 하등 인종이 왜 진화론적 투쟁에서 패배할 수밖에 없는지를 설명해 주는 지표이고, 백인종이 도덕적 문화와 문명화를 달성할 수 있었던 이유이다. 자연은 하층계급이 생존경쟁에서 패배해 제거되는 상황을 보장한다. 정작 중요한 것은 하층계급의 제거보다는 국내의 문명화된 백인종을 전 세계로 확산하는 것이다. 만일 우생학 프로그램을 통해 더욱 능력 있고 적합한 개체들이 부적격자들보다 더 빠른 속도로 많이 생식된다면, 백인종의 평균적인 능력은 올라갈 수 있을 것이다. 아테네의 몰락은 생물학적 유전의 영향을 무시한 결과이다. 이민과 혼혈의 결과 아테네는 인종의 순수성을 잃어버렸고, 이 때문에 그리스 문명은 쇠퇴했다.[144] 그러나 여기서 골튼이 규정한 인종은 단순히 지리적 차원의 개념이었고, 인종 사이의 정신적 능력 차이에 대한 납득할 만한 근거는 제시하지 못했다.

이와 같은 골튼과 영국 우생학의 인종주의적 사고는 일면 지극히 당연한 것이었는지도 모른다. 19세기 초 이후 인종적 위계라는 사상이 전 유럽을 휩쓸고 있었고, 이는 이민 문제를 인종적 혼합과 연결지어 사고하려는 경향을 낳았으며, 나아가 우생학 개념의 주요 구성분이 되기도 했다. 따라서 영국 우생학만 인종주의로부터 자유로울 수는 없었다. 유전론적 우생학을 주장하며 신체적 퇴화의 문제를 거론했던 렌토울(Robert Reid Rentoul)은 정신박약의 유전 문제를 하층계급보다는 이민자와 연관하여 설명하는 등 인종주의적 입장을 명확히 하기도 했다. 특히 그는 혼혈의 문제를 가장 심각한 퇴화의 원인으로 상정하고, 혼혈로 인한 인종적 퇴화자들에 대한 불임화 수술을 주장하기도 했다.[145] 더욱이 그는 인종적 퇴화와 성욕을 연관시켜 하층계급이나 이민자들의 높은 출산율을 성도착(sexual pervert)이라고까지 언급한 바 있다. 렌토울의 주장은 영국보다는 미국에서 더욱 각광을 받았다. 그의 주장은 미국의 우생학자들을 고무시켜, 많은 주들에서 강제 불임화 수술법이 제정되는 계기를 만들기도 했다.[146] 렌토울은 많은 수의 이민자들이 귀화하면서 이름을 영국식으로 변경하여 누가 이민자인지를 인식하지 못하는 것이 더욱 위험하다는 언급을 하면서 이민자들로 인한 세금 부담의 증가보다는 그들 때문에 야기되는 인종적 퇴화의 문제가 더욱 중요하다고 주장했다.

유사한 주장이 암스트롱(Charles W. Armstrong)에 의해서도 제기되었다. 그는 인도주의적 정책은 자연선택의 법칙을 왜곡시켜 나약한 존재들의 생존과 생식을 보장해 준다고 비판했다.[147] 루도비치(Anthony Mario Ludovici)는 우생학 교육 협회의 공식적인 입장이었던 자발적인 불임화 수술을 반대하고, 극단적인 네거티브 우생학을 주장하기도 했다. 그는 강자와 약자의 차별은 필연적인 것이고, 생존과 생식은 법률로 명확히 규정할 필요가 있다고 주장했다. 특히 인종적 퇴화자들의 생식은 국가의 짐이기 때문에 확실하게 금지해야만 한다고 주장했다.[148] 물론 그의 주장은 너무 급진적이었기 때문에 우생학 운동 내부에서는 호응 받지 못했다. 맥두걸(William McDougall)은 인종 사이의 정신적 차이가 중요하다는 점을 더욱 강조했다. 그는 영국 제국의 시민으로서 우생학자들은 인종 사이의 정신적 능력의 차이가 존재한다는 것을 연구해야만 한다고 주장했다. 정신적 능력이 다른 두 종류의 인종이 있다는 것이다.[149]

대표적인 몇 사람만을 언급했지만, 영국 우생학 운동 내부에는 인종주의적 편견에 기울어진 우생학자들이 많았다. 사실 영국의 우생학 담론을 계급문제에만 한정시킨 것은 역사 해석의 오류이자 의도된 역사적 사기의 면모가 엿보이는 대목이다. 즉, 독일=인종, 영국과 미국=계급이라는 구분은 제2차 세계대전 이후 영국의 우생학을 혐오스러운 나치의 인종주의적 우생학으로부터 구출하기 위한 일부 우생학자들의 그릇된 판단에서 비롯된 측면도 있다. 홀로코스트가 가져다준 충격으로부터 영국의 우생학을 구원하고자 했던 일부 학자들은 영국의 우생학을 계급문제에 한정함으로써 본질을 희석시킨 측면이 있다. 사실 당시 영국에서 가장 온건했던 우생학자들도 인종적·계급적 편견으로부터 자유로울 수는 없었다. 따라서 계급적 편견이 영국 우생학자들의 실천과 활동의 중심에 있었다고 말할 수 있을지는 모르지만, 그것이 영국 우생학 운동의 유일한 측면은 아니었다고 할 수 있다. 영국 제국의 보전이라는 정치적 열망은 영국 인종의 우월성에 기댄 인종주의적 신념을 강화시켰고, 이는 이민과 인종 사이의 결혼으로부터 영국 인종을 보호할 필요성을 증폭시켰다.[150] 사실 영국 우생학이 정치적 이념에 관계없이 폭넓게 수용된 이유 중 하나는 국가 효율이라는 담론과 결부된 영국 제국의 보전의 절박성 때문이었다. 즉, 우생학은 중산계급의 이상, 영국 제국의 보전이라는 사회적 열망, 그리고 인종주의 등과 중층적으로 결합됨으로써 사회적으로 큰 반향을 일으킬 수 있었던 것이다.

요컨대 영국 우생학은 다양한 세력에 의해 다양한 형태로 전개되었다. 정치적 스펙트럼도 극에서 극이었고, 과학자와 의학자 등 다양한 직업을 가진 사람들이 우생학에 기울었다. 분명 우생학은 다양한 계급과 직업의 이해와 연관되어 있었고, 인종주의자들이나 제국주의자들의 이데올로기와도 연결되어 있었다. 즉, 영국 우생학자들의 계급적 편견은 인종적 편견과 혼합되어 있었기 때문에 사실상 양자를 분리하여 설명할 수 없고, 오히려 양자는 상호 작용을 통해 시너지 효과를 발휘한 것으로 보아야 할 필요가 있다.

물론 우생학 운동에 부정적인 시선도 만만치 않았다. 과학자들과 유전학자들의 이름으로 수행된 야만주의에 저항했던 일부 과학자들과 유전학자들도 많았다. 물론 우생학에 다소 무기력하게 대응한 것은 틀림이 없지만, 그들이 우생학이라는 악의적인 담론에 도전하는 역할을 한 것만은 부정할 수 없다. 일부 유전학자들과 의학자들은 이전의 우생학과는 다른 형태의 우생학을 고안했다. 이른바 '개량 우생학(reform eugenics)'이다. 정치적·사회적·인종적 편견에 사로잡힌 이전의 우생학은 이제 점점 미몽 속에서 깨어나기 시작한다.

일면 과학은 과학 그 자체만으로는 과학의 성격을 파악하기 어려운 측면이 있다. 우생학 자체의 지적 정도만으로는 생물학자들이 우생학에 보였던 태도를 설명할 수 없다. 따라서 과학 그 자체가 아닌 생물학자 자신들의 이데올로기적 편향이 우생학의 가치문제를 판단하는 잣대로 작용했을 가능성이 높다. 즉, 정치적 우파는 지속적으로 우생학을 지지했지만, 정치적 좌파는 우생학에 대한 비판의 강도를 높여 갔다. 특히 좌파와 관련을 맺고 있던 일단의 과학자 그룹, 즉 개량 우생학자 그룹은 우생학 비판의 주도 세력이었다. 홀데인, 헉슬리, 그리고 호그벤(Lancelot Hogben)을 주축으로 하는 개량 우생학자 그룹은 우생학 담론이 담고 있는 부정적 측면을 제거하려고 했다.[15] 그 런데 사실 어떤 측면에서 보면 이들은 우생학 자체를 거부했다기보다 는 우생학에 대한 사회적 비판을 불식하려고 노력했던 것으로 볼 수 있다. 이들은 우생학이 인종이나 계급, 그리고 성과 관련한 문제들에 서 사회적 편견과 차별을 드러냄으로써 우생학이 본래 담고 있던 인 간 개선이라는 목적을 왜곡시켰다고 판단한 것이다. 따라서 이들은 인간 개선의 열망이라는 우생학의 목적을 달성하려는 신념에서 우생 학을 비판했던 것이다. 결과적으로 이들의 주장은 정부의 강제적 수 단에 의해 집단적인 인종 개량을 추구했던 우생학에서 개인의 자발적 상담을 통해 출산과 관련한 유전질환 문제의 해결을 모색하는 유전 상담으로의 이행을 돕는 계기로 작용했다. 유전질환 퇴치를 목적으로 하는 오늘날의 인간유전학은 이러한 움직임에 그 뿌리를 두고 있다.

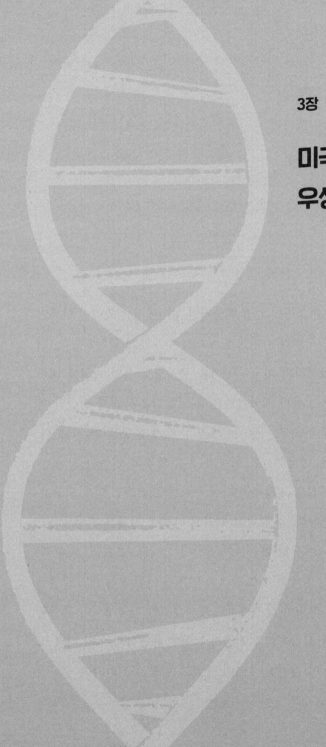

3장

미국의
우생학

미국은 골튼의 우생학이 가장 대중적인 차원에서 성공했던 나라였고, 상대적으로 영국보다 유전론적 우생학이 강하게 발전하였다. 멘델의 법칙이 재발견되자 미국 과학계를 중심으로 유전 형질에 대한 관심이 증폭되었고, 사회 개혁가들은 유전 형질을 둘러싼 일련의 과학적 논의를 대중 사회로 이전시켜 활발한 우생 운동을 전개하였다. 이 과정에서 많은 미국인들은 혈통과 유전 형질이 인간의 신체적·정신적·사회적 특질을 결정하는 가장 중요한 요소라고 믿게 되었고, 인종과 민족도 혈통과 유전 형질에 의해 사회적 지위가 결정된다고 믿었다.[1] 물론 미국에서도 환경론의 입장에서 사회 개혁을 도모한 우생 운동이 있었고, 영국처럼 성 담론과 연계된 여권 운동과도 밀접한 연관을 맺으며 우생학이 발전하기도 했다.[2] 또한 미국에서의 우생학은 20세기 초엽부터 급속히 발전하기 시작한 유전학 분야의 지적 성장과 연관을 맺으며 발전한 측면이 강했고, 이는 유전학과 우생학의 구분을 모호하게 만드는 이유가 되었다.[3] 정리해 보면, 미국의 우생학은 멘델의 유전법칙이 발견됨으로써 발전의 계기를 맞이했고, 이는 문화적으로도 유전 형질을 둘러싼 담론의 형성에 중요한 기폭제가 되었다. 당시의 대중문화는 이를 여실히 보여 준다.[4] 이런 점에서 20세기 전반 미국인들은 요람에서 무덤까지 유전 담론의 영향 속에 있었다고 해도 과언이 아닐 것이다.

여기서는 다윈의 이론이 미국 사회에 수용되는 역사적 맥락과 그 성격을 살펴보고, 이 과정에서 재발견된 멘델의 법칙으로 인해 미국의 우생학이 발전해 가는 역사적 과정을 고찰할 것이다. 또한 과연 미국의 우생학은 어떤 방식으로 누구에 의해서 대중화되었으며, 그것의 구체적인 결과는 무엇이었는가를 살펴보도록 하겠다.

섬너와 개인주의적 경쟁

미국도 다윈의 진화론의 세례를 받았다. 19세기 말 미국에 수용된 다윈의 진화론은 미국 사회의 정치사회적 맥락과 조응하여 나름대로의 모습으로 변용되었다. 미국에서 다윈의 진화론은 영국과 마찬가지로 스펜서의 권위와 결부되어 막강한 영향력을 발휘하였다. 다윈주의적 진화와 스펜서적 진보의 혼합은 영국과 마찬가지로 생존경쟁과 그에 따른 최적자생존을 정당화해 주었고, 부적격자에 대한 적격자의 승리를 보장하는 논리적 토대로 작용하였다. 특히 미국은 생존경쟁과 최적자생존의 원리를 개인주의적 생존경쟁의 차원에서 수용했고, 이

는 19세기 말 미국의 급속한 산업화와 결부되어 기업가들의 승리를 정당화하는 이념으로 발전했다.[5]

다윈의 진화론과 스펜서의 진보 이론이 수용될 당시의 미국은 정치적으로는 보수주의적 흐름이 전개되고 있었고, 경제적으로는 자유방임주의가 지배하던 상황이었다. 19세기 말 미국에서는 급속한 산업화와 도시화, 그리고 대규모의 이민이 전개되고 있었고, 급속한 산업화가 야기한 다양한 사회 문제들이 드러나고 있었다. 미국의 급속한 산업화는 정치적 부패, 도시의 슬럼화, 그리고 독점 기업의 출현 등과 연관하여 '도금시대(Gilded Age)'를 만들어 가고 있었다. 이러한 상황은 다윈의 진화론과 스펜서적 진보 이론이 미국 사회에 침투하는 좋은 토대로 작용했다. 다윈과 스펜서의 논리는 급속한 산업화와 그에 따른 부의 축적을 합리화하는 이론적 도구가 되었고, 그에 따라 미국의 자본주의 문명은 지적 정당성을 확보할 수 있었다. 부의 축적은 사회적 진보의 부산물로 인식되었고, 성공한 개인은 생존경쟁에서 승리한 적격자로 평가받았다. 산업화에 따른 부익부 빈익빈 현상과 그에 따른 사회적 위계는 자연의 법칙에 근거한 숙명이 된 것이다.

일부 학자들은 이러한 분석에 반대하기도 한다. 이들은 다윈주의가 다양한 이념적 스펙트럼을 가진 사람들에게 수용되었고, 제국주의나 인종주의 등 차별적이고 위계적인 사상을 보조했다는 것은 인정한다. 다만 미국 사회 내부에서 전개된 이른바 미국의 사회다윈주의는 다윈주의적인 성격보다는 오히려 스펜서주의적인 성격이 짙었다는 것이다. 따라서 미국에 끼친 다윈의 영향과 스펜서의 영향은 명확히 구별해야 할 필요가 있다는 것이다. 19세기 후반 미국인들은 생존경쟁에 의한 성공이라는 이데올로기를 수용했지만, 그것이 다윈주의적 전제들에 근거하고 있었는지는 명확하지 않다는 것이다.[6] 하지만 이미 영국처럼 미국에서도 다윈의 용어는 스펜서적 논리와 결부되어 대중화되었고, 특히 미국은 급속한 산업화라는 사회경제적 상황과 조응하여 다윈의 용어가 상대적으로 빠르게 수용되었다는 점을 상기할 필요가 있다. 미국에서의 사회다윈주의는 다윈주의적 생물학의 유효성을 정치경제적 차원으로 확장시켰던 것이다.

19세기 말 산업화라는 사회적 상황과 조응하여 다윈의 용어들은 스펜서적 논리에 근거해 변용되었다. 이는 다윈의 진화론이 미국에 수용되기 이전부터 이미 스펜서의 지적 영향이 미국에서 상당히 컸기 때문이었다. 스펜서 자신도 미국 방문을 통해 이를 확인한 바 있다.[7] 카네기(Andrew Carnegie)는 스펜서의 논리를 충실히 좇아 생존경쟁과 최적자생존이 최상의 가치를 갖는 것으로 평가하기도 했다.[8] 이렇듯 스펜서적 논리가 지배하던 미국에 수용된 다윈의 진화론은 미국의 급속한 산업화와 그에 따른 결과를 더 확실하게 입증하는 역할을 했다.

다윈의 진화론이 미국에 전파되는 데는 과학에 대한 점증하는 사회적 관심도 중요한 역할을 했다. 남북전쟁 이후의 미국인들은 종교 잡지와 대중잡지를 통해 다윈의 이론을 접했고, 진화와 관련된 다양한 서적들이 출간되면서 진화에 대한 대중의 관심은 점점 커졌다. 미국의 유명한 역사가인 애덤스(Henry Adams)는 "1867년에서 1900년 사이 미국 젊은이들에게 진화는 하나의 법칙이었다"[9]라고 기록할 정도로 19세기 말 미국 사회에 불어닥친 진화론의 영향은 컸다.

　진화에 대한 관심은 주로 대학을 중심으로 촉발되었고, 다양한 논의들이 지속적으로 전개되었다. 특히 섬너(William Graham Sumner, 1840-1910)는 진화론을 가장 열렬하게 지지하며, 왕성한 활동을 벌인 학자였다. 영국에서 다윈의 이론이 사회적으로 확산되는 데 스펜서의 역할이 중요했다면, 미국에서는 섬너가 그 같은 역할을 수행한 인물이었다. 일부 학자들은 섬너가 다윈과 스펜서의 사상을 수용한 것은 사실이지만, 그것이 섬너 사상의 핵심적인 것은 아니었다고 지적한다. 섬너의 다윈주의적 용어, 특히 스펜서의 최적자생존에 대한 관심은 특정한 시기에 일시적으로 발현된 것에 불과하다는 것이다.[10] 그러나 섬너는 개인의 자유와 사회적 불평등, 그리고 최적자생존의 중요성을 누구보다 강조했던 인물이었고, 그의 사상은 19세기 말 미국 사회에 상당한 영향을 미쳤다.

　19세기 후반 다윈의 진화론과 자연주의 사상의 미국 유입은 전통적인 기독교적 세계관의 혼란을 초래했고, 이는 사회적·도덕적 혼란을 야기하며 일종의 지적 위기를 촉발시켰다. 이러한 상황에서 섬너는 진화론적 차원의 미국 역사성에 대한 인식으로부터 돌파구를 찾으려고 했다.[11] 섬너는 당시 스펜서의 이론에 심취해 있었고, 스펜서의 이론을 토대로 최적자생존의 원리를 거부한다면 부적격자의 생존이 야기될 것이고, 이는 사회적 퇴화를 유발할 것이라고 주장하였다. 따라서 섬너는 부적절한 존재들의 사회적 도태는 필연적인 것이며, 이는 사회 발전에 이로운 것이라고 주장했다. 섬너에게 자유방임주의적

생존경쟁과 그것에 의한 최적자생존 그리고 부적격자의 제거는 자연의 법칙이었던 것이다.[12]

섬너는 스펜서의 『사회학 연구』(The Study of Sociology, 1873)를 통해 자신의 사회철학과 진화적 관점을 융합시켰고, 다윈, 헤켈(Ernst Haeckel, 1834-1919), 그리고 헉슬리로부터도 진화주의적 논리를 흡수했다. 진화론적 사상에 심취하기 시작한 섬너는 특히 주변 환경에 대한 인간들의 적응을 강조하였는데, 이는 스펜서가 진화를 적응에 의한 것으로 파악한 것에 영향을 받은 것이었다.

섬너도 다윈이나 스펜서처럼 맬서스의 영향을 받았다. 섬너는 맬서스를 중심으로 다윈과 스펜서의 생물학적 추론과 그것을 통한 사회적 적용 문제들을 분석하기 시작했다. 이러한 분석을 통해 섬너는 생존수단을 구하려는 인간이 환경에 적응하는 과정에서 필연적으로 생존경쟁이 유발된다고 파악했다. 즉, 환경에의 적응을 진화의 본질로 파악했던 섬너에게 중요한 생존경쟁은 인간이 자연에 대해 행하는 생존경쟁이었던 것이다. 이후 섬너는 생존경쟁을 자신의 사회철학을 구성하는 가장 주요한 주제로 설정했고, 인간은 생존경쟁을 피할 수 없다고까지 주장하였다.[13]

진화에 대한 규정과 생존경쟁을 자연에 대한 인간의 투쟁으로 규정한 섬너의 관점을 토대로 본다면, 섬너는 다윈의 세 가지 생존경쟁 관점 중 종 내부의 서로 다른 개체들 사이의 생존경쟁이나 서로 다른 종 사이의 생존경쟁보다는 일차적으로 물리적 환경에 대한 종의 생존경쟁을 강조했던 것으로 파악할 수 있다. 섬너는 자연에 대한 종의 생존경쟁이라는 관점을 견지함으로써 자본가의 재산 축적을 정당화할 수 있었다. 즉, 자본가가 축적한 부는 노동자에 대한 착취의 결과가 아니라 자연에 대해 행한 자본가의 근면에 기인한다는 것이다. 그리고 자연에 대한 생존경쟁은 필연적으로 개체 사이 또는 종 사이의 생존경쟁을 유발할 것이고, 이는 불리한 개체 또는 종의 제거로 발전할 것이라고 보았다.[14] 섬너는 맬서스적 인구 압력이 야기할 수 있는 최악의 상황을 굳게 믿었던 것이다.

섬너는 인간 사회에서 가장 중요한 요소를 인간과 토지의 상대적인 비율이라고 상정했다. 궁극적으로 인간은 토지를 근간으로 생활을 영위하고, 그 과정에서 인간은 상호관계를 맺으며 살아간다는 것이다. 따라서 상대적으로 토지가 풍부한 지역에서는 생존경쟁의 정도가 약하고, 덜 야만적인 형태를 띠며, 민주주의적 제도의 정착이 훨씬 쉬울 것이다. 반대로 인구 압력이 토지의 공급을 초과하는 지역에서는 기아에 허덕이며, 종 사이의 생존경쟁이 강화되어 군국주의와 제국주의는 번영할 것이라고 보았다.

섬너는 자연에 대한 인간의 생존경쟁에서 가장 중요한 요소가 자본이라고 보았다. 자본은 인간 노동의 결과를 배가시키고, 진보를 위한 수단들을 제공해 준다는 것이다. 섬너는 과거 생존경쟁에서 패배해 재화의 축적이 중단된 원시인들은 퇴보를 면치 못했다는 것을 지적했다. 이는 섬너가 당시 미국 사회의 급속한 경제적 발전에 가장 중요한 원동력을 자본으로 파악했기 때문이었다.[15] 따라서 자본을 소유한 국가와 존재들은 필연적으로 생존경쟁에서 유리한 위치를 점할 것이고, 자본이 사회에서 유발되는 자연선택의 메커니즘으로 작용한다는 것이 섬너의 생각이었다. 섬너는 자본의 소유 여부가 사회적 적격자와 부적격자를 판단하는 가장 중요한 근거라고 생각했고, 거대한 부의 축적은 승자에게 주어지는 합법적인 보상으로 간주했다. 섬너에게 백만장자는 자연선택에 의한 결과물이었고, 생존경쟁을 통한 문명사회의 꽃이었다.[16] 결국 섬너는 부의 축적을 자연의 법칙에 의거한 정당하고 자연스러운 결과로 파악했던 것이다.[17]

섬너의 인식은 그가 견지했던 진화론적 관점의 귀결점이었다. 섬너는 사회적 관습을 세대에서 세대로 전달되는 진화의 메커니즘으로 파악했고, 이와 같은 진화의 과정을 통해 인간 사회가 발전해 온 것으로 보았다. 특히 이전 세대가 자연에 대한 생존경쟁의 과정에서 형성한 사회적 관습은 생존에 필요한 정보를 다음 세대에게 전달해 줄 것이라고 믿었다.[18] 이러한 분석 과정에서 도출한 결과가 바로 자본의 중요성이었다. 섬너는 『민습』(Folkways, 1906)에서 자본이 인류 발전사에서 가장 중요한 생존경쟁의 수단이었음을 역설했다. 야만 단계에서는 화폐가 식량 공급을 위한 교환의 매개체로 사용되지는 않았지만, 삶의 유지에 절대적으로 필요한 도구였음에는 틀림이 없다. 야만 단계에서 화폐는 생존에 필요한 기본적인 자산으로서 아내를 구하거나 가정을 구성할 때 필수적인 수단이었다는 것이다.[19] 더욱이 화폐 또는 자본은 인간의 진화적 역사 발전에서 형성된 가장 중요한 사회적 관습의 한 부분이었고, 초역사적인 사회적 권위를 지녔으며, 화폐 또는 자본의 소유 여부가 부의 차이를 판가름하는 가장 중요한 잣대였다는 것이다.[20] 따라서 섬너에게 자본은 인간의 이해관계가 만들어 낸 산물이자, 인간 적응의 필수적인 요소였으며, 인간의 생존력을 판단하는 근거였다. 이러한 섬너의 주장은 자본주의를 필연적인 역사적 산물로 이해한 것이고, 이는 자본주의를 옹호하는 보수주의자들에게 큰 환영을 받았다. 이들은 섬너의 주장을 근거로 생존경쟁과 최적자생존을 자연의 법칙에 근거한 당위적 요소로 받아들였고, 자본주의야말로 자연선택 과정에 의해 인간 사회에서 형성된 가장 위대한 결과물이라고 생각했다.

섬너는 민주주의에 대해서도 회의적이었다. 그는 민주주의라는 용어가 정치적인 전략의 일환에서 사회적 갈등의 치유책처럼 사용되고 있지만, 그것은 이제 더 이상 설득력이 없는 시효가 지난 용어라고 주장했다. 오히려 민주주의라는 말은 노예해방이라는 용어와 마찬가지로 자유에 대한 환상만을 심어 줄 뿐이고,[21] 민주주의적 이념은 일시적으로 경제적 자유를 확보하기 위한 필요에서 도입한 것에 불과하다는 것이다.[22] 섬너가 민주주의에 대해 회의적이었던 것은 세 가지 이유에서였다. 첫째, 미국은 민주주의를 정착시킬 만큼 아직 역사적인 경험이 부족하다. 정치 제도를 수립한 지 불과 100~200년밖에 안 되었기 때문에 민주주의는 시기상조라는 것이다. 둘째, 미국의 민주주의에서 가장 중요한 문제는 그것이 원인이 아니라 결과라는 점이다. 즉, 민주주의는 자본주의적 발전의 산물이라는 것이다. 따라서 가장 먼저 해야 할 일은 경쟁에 기초한 자본주의 또는 산업주의 체제를 완성하는 것이었다. 셋째, 미국의 민주주의는 순수하지 않다는 데 문제가 있다. 그것은 영국식 민주주의, 즉 산업주의와 귀족주의가 결부된 민주주의와 연관을 맺고 있기 때문이다. 그 대안으로 섬너는 미국의 정치 체제로서 금권정치(plutocracy)를 제안하기도 했다.[23] 섬너가 경쟁과 자본의 중요성을 얼마나 강조했는지 알 수 있는 대목이다.

이와 같은 견지에서 섬너는 민주주의적 제도 자체의 불필요성을 역설하기도 했다. 이는 확실히 스펜서의 영향이다. 민주주의라는 미명 아래 전개되는 정부의 간섭은 필연적으로 사회적 악을 창출할 것이기 때문에 불필요하다는 것이다. 그래서 섬너도 스펜서처럼 자유방임만이 인류 역사의 진보를 가져올 것이라고 주장했다. 인간 사회에서 진행되는 선택의 과정이 만일 정부의 간섭에 의해 왜곡된다면, 인간 사회의 진보는 중지될 것이라고 경고하기도 했다. 정부의 불간섭을 천명했던 섬너는 국가 사이의 교역 활동에도 동일한 논리를 적용했다. 섬너는 자유무역을 단순한 사회적 필요의 산물이 아니라 지적 근거를 갖는 자명한 원리로 인식했기 때문에 정부의 간섭은 불필요하다고 보았다. 정부가 국제교역에 간섭하게 된다면 이것 역시 인류 전체의 물질적 진보를 가로막을 것이고, 따라서 보호무역주의는 인류가 피해야 할 악의 일종이라는 것이다. 섬너는 정부의 간섭은 생존경쟁을 왜곡시키는 것이고, 이는 사회주의 정부에서나 가능한 것이라고 판단했다.[24] 따라서 섬너는 사회주의를 자유를 소멸케 하는 인류의 적으로 상정하고, 사회주의는 종국에 가서 사회적 퇴화를 야기할 뿐이라고 주장했다. 왜냐하면 사회주의는 자연의 법칙인 생존경쟁에 의한 최적자생존의 원리를 인위적으로 파괴하는 것이기 때문이다.[25] 섬너는 생존경쟁의 패배가 전적으로 자연의 법칙에 의거하기 때문에 인위적인 제도나 간섭에 의해 되돌릴 수 있는 것이 아니라고 판단했다. 따라서 섬너에게 생존경쟁은 "중력만큼이나 보편적이고 사멸하지 않는"[26] 객관적인 자연의 법칙이었다. 섬너가 제시한 무제한적 생존경쟁에 의한 최적자생존이라는 자연선택의 과정은 사회적 진보를 위한 전제였고, 생존경쟁에 의한 최적자생존은 그 자체로 문명화를 달성하는 자연의 법칙과 다르지 않았다.

생존경쟁과 그에 따른 최적자생존이라는 섬니의 사상은 급속한 산업화의 과정에 있던 미국인들에게 자연스럽게 흡수되었고, 카네기가 주장했던 이른바 부의 복음(Gospel of Wealth)과 함께 남북전쟁 이후 형성된 미국의 탐욕스러운 물질주의에 용해되어 갔다. 부의 복음은 생존경쟁을 통해 성공한 사람들이 사회에 그들의 부를 다시 반환한다는 개념으로 본질적으로 스펜서의 논리와 다를 바 없었다. 다만 부익부 빈익빈 현상의 심화를 제어하기 위해 성공한 사람들이 패배한 사람들에게 부조한다는 점에서만 차이가 있을 뿐이었다.[27]

섬너의 사상은 산업 발전을 가속화하고, 그로 인해 부를 축적한 미국인들에게 강력하게 각인되었다. 스펜서가 영국에서 생존경쟁과 최적자생존의 원리를 대중화하고 자유방임주의자들에게 이론적 토대를 제공하였던 것처럼, 섬너는 미국에서 동일한 역할을 수행했던 것이다. 생존경쟁과 최적자생존의 원리를 문명화의 법칙으로 상정한 섬너의 사상은 미국의 기업가와 성공한 자들의 정당화 선언이 되었다. 인류 역사의 진보는 끊임없는 자연적 선택과정에 의해 달성되며, 사회주의는 자유를 소멸하게 하는 인류의 적이라고 파악한 섬너의 신념은 미국인들에게 생존경쟁과 최적자생존의 원리를 각인시킴으로써 자본주의 질서를 정당화하는 수단으로 기능하였다.

유전과 환경 그리고 이념

19세기 말 미국 사회는 남북전쟁 이후 상당한 기간 동안 혼란을 경험했다. 급속한 산업화와 도시화로 인한 다양한 사회 문제들(매춘, 각종 범죄, 알코올 중독, 전염성 질병 등), 노동 착취로 인한 전투적인 노동 조직의 부상, 가격 변동으로 인한 은행의 파산, 그리고 1870년대의 경기 침체 등은 19세기 말 사회적 혼란의 주요한 원인들이었다. 19세기 말의 사회적 혼란은 1900년대 초에도 개선되지 않았고, 1890년대부터 급속히 증가한 남동유럽인들의 대규모 이민은 더 큰 사회적 압박의 빌미를 제공했다.[28] 이러한 상황에서 혁신주의자들은 효율의 극대화를 추구하며, 사회에 대한 과학적 관리의 중요성을 피력했다. 급속한 산업화와 그로 인한 다양한 부작용과 폐해를 수정하려 했던 혁신주의 개혁은 공중위생이나 주택 개조, 독과점 근절, 노동문제에 대한 정부의 개입, 그리고 여성주의 운동 등 다양한 방식으로 전개되었다. 이 과정에서 우생학은 미국인들을 위협한다고 생각되었던 경제적 불평등과 사회악을 일소할 수 있는 현실 가능한 과학적 대안으로 떠올랐고, 일부 개혁가들은 우생학에 관심을 표명하기 시작했다.

미국의 우생학은 이와 같은 풍토에서 정착하고, 대중 운동으로 발전했다. 우생학이 미국에서 대중적으로 수용될 수 있었던 이유는 다윈의 영향, 좀 더 구체적으로는 사회다윈주의의 영향이었다고 볼 수 있다. 물론 일부 학자들은 다윈의 용어와 스펜서적 논리로 윤색된 미국의 사회다윈주의는 우생학과 대립적이라고 파악하기도 한다. 즉, 사회다윈주의는 현상 유지 차원의 논의인 반면에, 우생학은 과학을 도구로 삼아 사회 개혁이나 진보를 이루려는 변화를 전제한 실천 활동이었다는 것이다. 더군다나 사회다윈주의는 기본적으로 자유방임적이었기 때문에 정부 간섭을 주장했던 우생학과는 양립할 수 없다는 것이다.[29] 그러나 20세기 전반 미국인들의 문화 속에 굳건하게 자리 잡은 우생학은 다윈의 영향 아래 가능한 것이었고, 사회다윈주의는 새로운 사회경제적 환경에 조응하여 자기 진화를 했다는 측면에서 본다면 사회다윈주의와 우생학을 대립적인 것으로 파악하는 것은 무리가 있다. 섬너의 사상에서 살펴볼 수 있었던 미국의 사회다윈주의적 사상은 우수한 인종적 가치의 보존, 우수한 가계의 유전, 그리고 개인적 재능의 보존이라는 우생학적 논의를 증폭시키는 데 중요한 역할을 했고, 이는 더 객관적인 과학적 진술로 표현되기 시작했다.

　미국에서 전개된 우생학의 성격이나 활동에 대해 많은 연구자들은 미국의 우생학 역시 환경적 요인보다는 유전론에 기대었던 것으로 파악해 왔다.[30] 구체적으로 살펴보자. 19세기 말 등장한 바이스만의 이론과 20세기 초에 재발견된 멘델의 법칙은 라마르크의 환경결정론을 비판적으로 바라보는 시각을 낳았다. 멘델의 법칙은 유전이 인간의 육체적·정신적 특질의 가장 강력한 결정인자라는 인식을 강화했다.

당시 멘델주의적 유전론의 실제적 적용 가능성을 가장 먼저 타진했던 분야는 농업 분야였다. 이는 식량 문제와 연관되어 있었다. 육종가 집단은 미국의 풍토에 적합한 새로운 품종을 만들기 위해 멘델의 법칙, 즉 농작물의 유전성에 주목하기 시작했다. 이러한 농업 분야에서의 현실적 필요는 다윈주의적인 자연선택은 물론이고, 인위선택의 가능성을 타진하려는 유전학적 연구를 증폭시키는 이유가 되었다.[31] 결과적으로 미국의 농업 분야 육종가들은 유전학이 발전할 수 있었던 사회적 환경 조성에 중요한 역할을 했다. 이는 훗날 우생학적 관심이 발전하는 중요한 토양이 되었다.

농업 분야를 시작으로 본격화된 멘델법칙의 수용과 유전의 중요성 강조는 사회적 영역으로 확장되어 갔다. 멘델법칙을 토대로 유전의 중요성을 신뢰하고 있었던 미국의 초기 우생학자들은 유전이 인간 행동과 사회 진화에서 강력한 영향을 미친다고 생각했다. 이에 따라 유전에 대한 연구는 사회를 개선하고 인간의 행복을 증진시키는 가장 유용한 분야로 간주되었다. 당시 미국의 우생학자들은 인간의 모든 특질을 유전에 의해 고정된 것으로 파악하고, 이러한 유전성은 유기체의 자유의지나 환경의 압력에 의해서도 변화될 수 없는 성질의 것이라고 판단했다. 초기 우생학자들은 오래전부터 전승되어 오던 악과 원죄에 대한 종교적 도그마와 유전 이론을 결부시키기도 했다.[32] 하지만 재발견된 멘델의 법칙은 인간 유전의 메커니즘에 대한 기존의 인식체계와 혼재된 상태에서 발전함으로써 인간 특질의 기원과 가변성의 문제에 큰 혼란을 초래하는 계기를 제공하기도 했다. 멘델의 법칙이 재발견되기 이전 많은 사람들은 라마르크주의에 근거해 천성과 양육의 문제를 다뤘고, 획득 형질의 유전이 가능한 것인지에 대해서도 명확한 결론은 나오지 않은 상황이었다. 바이스만의 이론이 등장한 이후 획득 형질의 유전은 설득력을 상실하기 시작했지만, 많은 생물학자들은 20세기 초까지도 획득형질의 유전을 수용했었다.[33] 그래서 미국의 과학자 사회에는 환경론자들과 유전론자들이 혼재되어 있었다. 환경론자들은 교육 및 기회의 균등, 그리고 인간 본성의 유연성을 강조했던 반면, 유전론자들은 선천적 형질, 출산율 치이, 그리고 유선 결정론에 주목했다. 하지만 두 그룹은 유전성의 사고만큼은 공유하고 있었다. 즉, 획득형질이건 유전적 개선에 의한 형질이건 모두 유전된다고 생각했던 것이다. 따라서 두 그룹은 방법론적인 차원에서 서로 다른 접근을 했을 뿐이다.

미국에서 우생학적 담론이 대중화될 수 있는 계기를 만들어 주었던 더그데일(Richard L. Dugdale)의 『주크 가(家): 범죄, 빈곤, 질병, 그리고 유전 연구』("The Jukes": A Study in Crime, Pauperism, Disease, and Heredity, 1877)는 환경론적 차원의 우생학적 사고가 미국 우생학의 발전에서 중요한 역할을 했음을 보여 주는 사례 가운데 하나이다. 더그데일은 13개 주의 구치소 수감자들을 인터뷰한 뒤, 몇 세대 이전의 가계를 추적해 가족의 범죄 경력을 조사했다. 주크(Juke)라는 남성은 폭력, 살인, 강간, 그리고 강도 등으로 유죄 선고를 받은 인물이었는데, 당시 그는 미국인들에게 공포의 대명사였다. 더그데일은 주크를 모델로 연구를 진행하여 주크 가계의 범죄 행위 경향은 유전된다는 결론을 얻었다. 하지만 그 경향은 쉽게 바꿀 수 있다고 결론지었다. 더그데일은 환경의 중요성을 강조하며, 라마르크주의적 사고를 견지하고 있었던 것이다. 따라서 더그데일은 교육과 공중보건 등 환경론적 차원의 우생학을 지지하고, 환경은 유전적 경향을 뛰어넘을 수 있는 요인이라 주장했다.[34]

일군의 미국 생물학자들도 인간 개선의 방법론으로 환경 개선의 필요성을 강조했다. 조던(H. E. Jordan)은 적합한 환경이 사회 안정성 확보의 필수적인 요소라고 주장했고, 유전과 환경의 상대적 가치는 그다지 중요한 문제가 아니며, 오히려 유전과 환경 둘 다 본질적인 것이기에 비교의 대상이 될 수 없다고 주장했다. 이는 오늘날처럼 생명체를 유전과 환경의 상호작용의 결과물로 인식한 결과였다.[35] 콩클린(Edwin G. Conklin) 역시 유전과 환경의 영향을 뚜렷이 구분할 수는 없기 때문에 사회 개혁의 방법론은 두 가지 측면 모두에서 제시되어야 한다고 주장했다.[36] 리처드(Ellen S. Richard)는 '환경우생학(euthenics)'을 강조하며, 공중보건, 가정관리 등을 통해 성공적인 사회 개혁을 도모할 수 있음을 역설했다.[37] 물론 전반적으로 20세기 접어들어 많은 생물학자들이 획득형질의 유전에 대해 의구심을 표했지만, 이를 완전히 배제하거나 철회한 것은 아니었다. 20세기 초 모건(T. H. Morgan, 1866-1945)도 획득형질의 유전에 대해 의혹을 가지고 있었지만, 명확한 유전 이론이 확립되지 않은 상황에서 획득형질의 유전이 유전 메커니즘의 하나로서 작동할 수도 있다는 가능성은 인정하고 있었다.[38] 이는 현실적으로 환경우생학적 실천이 즉각적이고도 가시적인 성과를 보여 줄 수 있었던 강점이 있었기 때문이다.

　미국에서 19세기 말, 20세기 초엽 유행했던 신라마르크주의도 유전과 환경의 논의에서 빼놓을 수 없다. 당시 신라마르크주의는 유전론적 관점에 가장 분명한 대안으로 부각된 이론이었다. 물론 이 이론은 문화적 진화와 생물학적 진화의 과정을 혼동한 측면이 있지만, 더 나은 환경이 인간 개선의 주요한 요인일 수 있음을 주장하며 유전론적인 견해를 비판했다는 점에서 의미가 있다. 이들이 펼친 인간 개선에 대한 낙관론적 견해는 워드(Lester F. Ward)를 시작으로 다양한 분야의 사람들에게 영향을 미침으로써 20세기 초 미국에서 상당한 영향력을 발휘했다. 이들은 교육을 통해 얻은 인간의 형질이 유전될 수는 없다고 하더라도, 학습할 수 있는 능력은 획득형질의 유전으로 개선될 수 있을 것이고, 이는 인종 전체에 이익이 될 것이라고 보았다. 즉, 획득형질도 자연선택과 마찬가지로 인간의 진보를 설명할 수 있는 유전 이론임을 천명했던 것이었다.[39] 제1차 세계대전을 즈음해서 라마르크주의에 대한 관심이 줄어들었지만, 당시 유행했던 라마르크주의의 영향과 그 사회적 함의는 무시할 수 없다.

　이론의 차원을 넘어 사회적 실천의 과정에서 일단의 개혁가들이 보여 준 모습들도 환경론의 역할을 무시할 수 없게 한다. 이들은 교육을 덜 받은 사람들, 범죄자들, 가난한 사람들의 환경을 개선함으로써 그들의 삶의 질을 짧은 기간에 고양시킬 수 있을 뿐만 아니라 그들 자손의 생물학적 형질도 개선시킬 수 있다고 믿었다. 일련의 자선단체와 사회복지 단체들은 무지와 빈곤, 범죄행위가 자연적 법칙에 의한 것이 아니라 해로운 환경의 소산이라 주장하였다. 19세기 말 20세기 초엽 전개된 이른바 슬럼 개선 운동은 도시 문제를 중심으로 다양하게 전개된 미국에서의 사회 개혁 운동 세력의 일부가 그 의도가 무엇이었든 환경적 수단에 의해 사회 개혁을 이루려는 모습을 견지하고 있었음을 잘 보여 주는 사례다.[40] 따라서 적어도 미국에서 우생학이 도입되어 혁신주의 시대를 거쳐 발전해 갈 무렵의 우생학은 유전적 개혁뿐만 아니라 환경적 개혁도 추구하는 중층적인 차원의 운동이었다는 점을 지적할 수 있다.

미국에서 개념적 모호성에도 불구하고 우생학 담론이 대중화될 수 있었던 이유는 무엇보다 혼란한 사회적 상황이 야기한 위기의식의 증폭 때문이었다. 당시 많은 사람들은 범죄자, 정신이상자, 정신박약자, 질병자 등 사회적 능률을 떨어뜨리는 사회적 부적격자들의 증가가 사회적 혼란의 주된 원인이라 여겼다. 이에 따라 우생학자들은 이들의 처리 문제를 어떤 방식으로 해결할 것인가를 둘러싸고 의견이 분분한 상황이었다. 환경론적 우생학과 유전론적 우생학의 문제는 순수한 과학적 차원의 문제만이 아니라 정치적·사회적 함의를 갖는 문제이기도 했다. 유전과 환경이 사회를 해석하는 분석 도구로 활용되면서 다양한 세력은 각자의 이해관계에 따라 유전과 환경을 선택적으로 활용했을 뿐이다.

유전과 환경이 혼재되어 있었던 미국의 우생학은 사이비 과학으로 간주되는 경향도 있지만,[41] 이는 우생학이 태생부터 과학으로서의 성격과 이념으로서의 성격이라는 이중적 성격을 동시에 지니고 있었다는 점을 간과한 분석이다. 과학 담론들도 이데올로기적 맥락에서 확장되거나 재구성될 수 있는 측면이 있음을 상기한다면, 우생학을 사이비 과학으로 단정하려는 주장은 다소 무리한 것이다. 따라서 우생학에 대한 접근은 과학과 이념이 혼재되어 있었던 것으로 파악해야 할 필요가 있고, 과학이 사회와 맺는 관련성 정도에 따라 과학에 내재된 이념적 성격이 더욱 분명하게 확장될 수 있다는 시각을 견지해야 할 필요성도 있다.

요컨대 미국 사회는 19세기 후반기부터 다윈의 진화론을 차용하여 생존경쟁과 최적자생존의 논리에 의거해 자유방임적 자본주의 질서를 옹호했다. 이후 급속한 산업화가 양산한 다양한 사회 문제의 대두와 그에 대한 대응책으로 등장한 혁신주의적 개혁 운동은 생존경쟁과 최적자생존의 논리를 더 적극적인 선택의 방향으로 선회시키는 계기가 되었다. 이제 사회의 질서는 단순히 자연의 법칙에 의해 정당성을 부여받는 것이 아니라 인위적인 형태의 선택을 통해 새롭게 구성되는 형국으로 국면이 전환되었다. 이 과정에서 개인주의적 차원의 생존경쟁과 최적자생존의 논리는 집단주의적 차원의 논리로도 발전해 갔다. 그 가운데 재발견된 멘델의 법칙은 생존경쟁과 최적자생존의 논리를 더 확실하게 예증하는 이론적 근거를 제공했다.

물론 앞서 살펴본 바와 같이 환경론에 기댄 우생학과 유전학 분야의 지적 성장이 멘델주의에 천착한 유전론적 우생학과 긴장과 대립 그리고 갈등 관계에 놓여 있었던 것이 사실이다. 그러나 제1차 세계대전의 발발, 그리고 이후 미국의 참전은 상황을 사뭇 다른 방향으로 몰고 갔다. 퇴화에 대한 공포나 정치사회적 변동에 힘입어 사회이념과 강력하게 결부된 유전론적 입장이 더욱 강화되기 시작했다. 즉, 제1차 세계대전 이전 미국의 우생학은 유전론적 입장의 우생학과 환경론적 입장의 우생학이 공존을 모색하다가 제1차 세계대전이라는 역사적 사건을 통해 이전부터 멘델주의에 천착하면서 유전론적 입장을 견지해 왔던 이들이 미국 우생학 운동의 주류로 등장하게 된 것이다. 이제 우생학은 과학적 담론의 영역을 벗어나 점점 정치적인 차원의 길을 걸어가기 시작했다. 많은 학자들은 제1차 세계대전을 기점으로 점점 보수적으로 발전해 가는 우생학 운동에 과학적·도덕적 비판을 가했지만, 그들은 과학적 담론의 기능을 상실한 이념으로서의 우생학을 막을 수 없었다. 이제 우생학의 이니셔티브는 학자가 아닌 정치가가 잡게 되었고, 이는 우생학의 대중화 과정에서 비인도주의적인 차별로 발전해 가는 중요한 분수령이 되었다. 요컨대 미국 우생학이 대중적 실천에서 보여 주었던 인종주의적이고 계급차별주의적인 사고는 정치사회적 환경의 변화가 양산한 산물이었다.

우생학의 대중화

미국 우생학의 선구라 할 수 있는 인물은 대븐포트(Charles B. Davenport, 1866-1944)였다. 생물통계학자로 출발한 우생학자이자 유전학자인 대븐포트가 보여 준 실험적 연구와 사회적 실천은 앞서 언급한 과학과 이념의 경계로 구분할 수 없는 미국 우생학의 성격을 잘 보여 준다.[42] 그는 유전과 환경 또는 육종과 유전의 개념 혼동이 지속되는 상황에서도 골튼과 멘델주의의 논리적 연관성을 강하게 믿고 있었고, 환경론에 대해서는 비판적이었다. 당시 대븐포트는 사회적 특질도 유전된다는 신념을 견지하고 있었다. 이 문제를 해결하기 위해 그는 골튼이나 피어슨과 교류하면서 생물측정학의 방법론을 수용했고, 유전학에 근거를 두고 변이와 자연선택에 관한 연구도 진행했으며, 멘델주의적 유전 이론을 인간에 적용했다.

대븐포트는 머리카락이나 피부색처럼 직접적으로 관찰 가능한 표현형에 관심을 갖고, 철저한 통계학적 방법론에 의거해 특수한 인간 형질의 빈도수를 조사했다. 이를 근거로 그는 적격자와 부적격자의 구분을 시도했다. 통계학적 방법론을 수용한 대븐포트는 수많은 혈통 기록을 조사해 자료화하고, 이를 정상과 비정상으로 구분하는 연구를 지속적으로 진행했다. 그는 우생학 기록 사무국(Eugenics Record Offices, 이하 ERO)을 통해 가계 정보를 수집했고, 이를 통해 열등한 형질을 규정하기도 했다. 당시 우생학 기록 사무국이 열등한 형질을 보유하고 있다고 가정한 대상들은 외형적으로 문제가 있어 보이는 사람들이 대부분이었다. 정신박약자, 정신이상자, 범죄자, 간질병자, 알코올중독자, 결핵이나 나병 및 성병 환자, 시각장애인, 청각장애인, 기형아, 고아, 노인, 병사, 선원, 연금 수혜자, 그리고 가난한 사람 등이 열등한 형질을 보유한 존재들로 규정되었다.[43] 자의적이고 포괄적인 이와 같은 규정은 우생학 운동 내내 볼 수 있는 특징 중 하나였다.

대븐포트의 사고에 영향을 미친 것 중 하나는 앞서 언급했던 더그데일의 『주크 가: 범죄, 빈곤, 질병, 그리고 유전 연구』였다. 당시 더그데일은 환경론적 차원의 개선을 주문했었는데, 대븐포트는 더그데일이 제시한 실증적 자료의 중요성은 인정하면서도 더그데일과는 다른 방법론적 선택을 시도했다. 대븐포트는 "우리가 원하는 사회적으로 바람직한 형질을 얻기 위해서는 생식을 통제할 필요"[44]가 있고, 인간의 부류가 다양함을 밝히는 것이 과학의 임무이며, 우생학이 바로 이 역할을 해 줄 것이라 주장했다. 우생학이 우수한 유전 형질을 지닌 사람들의 생식 비율을 증가시키는 과학이라 믿었던 것이다. 그는 가계 조사를 통해 빈도수가 높은 형질이 유전되며, 이는 멘델의 법칙에 조응하는 결론이라고 믿었다. 대븐포트는 멘델의 유전 요소를 단위 형질이라 명명하고, 그것이 정신적·행동적 특질을 절대적으로 결정하지는 않는다 하더라도, 정신이상, 간질, 알코올 중독, 빈곤, 범죄성, 그리고 정신박약 등의 유전과 관련이 있을 것이라 추정했다.[45] 대븐포트는 유전성을 전제로 빈곤과 같은 사회적 특질을 정신박약이나 저능함과 같은 생물학적 차원의 문제로 환원시켰다. 따라서 인간의 운명은 환경에 의해 개선될 수 있는 것이 아니라 유전에 의해 고정된 것에 불과했다.[46]

대븐포트는 인간의 복잡한 행동이나 특성을 단순화한다면 인종적 특질이나 국민성의 차이를 밝힐 수 있으며, 그것이 유전의 영향에 기인한다는 것도 설명할 수 있다고 보았다. 당시 대븐포트는 유전자가 세대를 통해 연속적으로 유전되는 과정을 인위적으로 조절하려고 했다. 대븐포트를 위시한 우생학자들은 정신이상, 빈곤, 인종적 차이, 지적 능력, 정신박약 등과 같은 모든 인간의 특질들이 유전에 의한 결과라고 믿었다. 이를 증명하기 위해 우생학자들은 다양한 사회적 특질들이 발현되는 유전 메커니즘을 찾기 위한 연구 프로그램을 계획했으며, 동시에 우생학적 이론을 대중에게 교육시키고 사회적 입법화를 추구하기 위한 실천적인 활동을 전개했다.[47] 실천적 활동을 통해 사회적 범죄, 빈곤, 정신박약, 매춘, 폭력적 본능 등과 같은 특질들이 결함 유전자에 의해 재생산된다고 규정하였다. 그에 대한 효율적인 대책은 결함 유전자의 유전을 막는 것이었다. 그러나 앞서 이야기한 것처럼 미국의 우생학자들은 과학적 객관성이 부족한 주관적 판단에 의거해 우생학적 적합성을 판단하곤 했다. 이를테면 범죄와 같은 반사회적 행동은 우생학적 부적합성의 결정 요소로 인식되곤 했다. 대븐포트는 장애 가계를 조사하면서 가계에서 전해 내려오는 일화들에 의존하기도 했다. 고다드의 IQ 검사도 다분히 문화적 편견이 깔려 있었다. 외형적 모습이 아름답다거나 하는 주관적인 범주가 우생학적 선택의 근거가 되었다.

극단적인 우생학자들은 박애주의적 사회 개혁이 부적절한 존재들의 생식과 생존을 도모한다는 이유로 강한 거부감을 표했다. 박애주의적 사회 개혁은 환경 개선이나 의학적인 치료를 통해 결함이 있는 사회적 부적격자들의 생존을 보장함으로써 미국의 국가적 원형질을 오염시킨다고 보았던 것이다. 박애주의적 사회 개혁은 자연의 법칙에 반하는 일종의 범죄이고, 자연선택에 의해 발전해 온 미국적 가치를 훼손함으로써 미국의 장래에 심각한 위협이 될 것이라고 경고하기도 했다. 이들은 과연 부적격자에 대한 자선만이 도덕적이고 윤리적인 것인가라는 의구심을 표했다.[48] 이들은 자선을 통해 부적격자의 생존과 생식을 보장하기보다는 부적절한 개인의 생식을 제한함으로써 그들이 겪었던 고통을 대물림하지 않도록 도와주는 것이 더 도덕적으로 의미가 있는 일이라고 주장했다. 어차피 실업에 처한 노동자들은 선천적으로 유전 질병을 갖고 있기 때문에 애초에 실업에 처할 운명에 있었고, 따라서 그들에게 생식을 제한하는 것은 도덕성의 측면에서 인간의 가치를 보장하기 위한 행위가 된다는 것이다. 물론 일부 우생학자들은 자선이나 박애주의적 사회 개혁을 기독교적 사명의 일부로 인식했지만, 이것은 개인의 문제이지 국가 또는 인종 전체의 문제는 아니라고 주장했다. 결국 극단적 우생학자들은 우생학이 갖는 도덕적·윤리적 함의를 극대화하면서 자신들의 논리를 정당화했다. 비미국적 요소의 제거라는 그들의 열망은 인종적 순수성의 견지에서 비정상적인 특질을 소유한 존재들을 배척하는 것으로 나타났다. 이제 개인의 권리는 인종이나 국가의 진보를 위해서 기꺼이 희생할 수 있는 것이 된 것이다.[49]

고다드(Henry H. Goddard, 1866-1957)의 『칼리칵 가(家)』(*The Kallikak Family*, 1923)는 이러한 우생학자의 도덕적 논의를 위한 기본적인 토대가 되었다. 고다드는 정신박약의 문제를 사회화함으로써 우생학적 조치의 사회적 중요성을 인식시키는 중요한 역할을 했다. 이 책에는 한 남자로부터 파생된 두 가계가 등장한다. 한쪽은 현명한 결혼을 했고, 다른 한쪽은 그렇지 않은 경우다. 훌륭한(good) 칼리칵의 가계는 모두 사회의 주도적인 위치에 올랐고, 중산계급 가문의 여성들과 혼인을 했다. 반대로 나쁜(bad) 칼리칵의 가계는 거의 모두 타락하거나 정신박약에다 범죄자가 아니면 홈리스로 전락했는데, 이는 현명하지 못한 결혼의 결과였다. 고다드는 저능아(moron, 오늘날의 정신지체에 해당)의 친족관계를 연구했다. 그의 연구 목적은 이민과 저능아의 확산을 제한하는 것에 있었다. 그러나 고다드의 연구는 이미 사회적 편견이 드러난 상태에서 진행된 것이었기 때문에 다분히 자의적인 결론으로 귀결될 수밖에 없었다. 고다드는 영어를 구사하지 못하는 많은 이민자들에게 영어로 번역된 비네 테스트(Binet Test)를 시행하는 등 이미 정해진 결론을 확인하는 수준의 활동을 벌였다.[50]

고다드는 1908년 유럽을 여행하면서 정신 결함 아동에 대한 프랑스 심리학자 비네(Alfred Binet, 1857-1911)의 테스트를 알게 되었다. 비네는 시몽(Theodore Simon, 1873-1961)과 함께 정신 연령에 따라 아동들을 분류하는 체계를 발전시켰다. 미국으로 돌아온 후 고다드는 비네-시몽 테스트를 이용해 정신박약 아동들을 분류했다. 고다드는 정신박약 아동을 1~2살에 해당하는 가장 낮은 등급의 천치(idiots), 3~7살에 해당하는 중간 등급인 치우(imbeciles), 그리고 8~12살에 해당하는 가장 높은 등급의 저능아(morons) 등으로 구분했다. 고다드의 정신박약에 대한 분류는 정상적인 사회적 행동이 정신적 능력과 관련이 있다는 초창기의 인식을 반영한 것이었고, 이후 정신박약은 사회적 구성원으로 자신의 의무를 수행할 수 없는 사람으로 정의되었다.[51]

다소 극단적인 우생학자들은 자선과 박애를 거부하고, 우생학적 실천을 도모함으로써 문명화된 사회의 도덕성을 극대화하려 했다. 극단주의적 우생학자들의 멘델주의에 입각한 유전론적 우생학은 미국의 사회 환경 덕분에 더욱 활발히 전개될 수 있었다. 미국에서 유전론과 연관된 우생학이 학문적 테두리에서 발전하여 대중화되고 이념화될 수 있었던 것은 무엇보다 과학 활동에 대한 민간의 후원과 안정적인 제도적 장치 덕분이었다. 당시 미국 사회에서는 다양한 재단의 설립과 연구기금 조성이 이루어져 과학자들이 연구 활동을 수행하기에 더없이 좋은 환경이 만들어졌다. 1904년 카네기 재단(Carnegie Institution)은 실험 진화 연구소(Station for Experimental Evolution)를 개소했다. 대븐포트가 연구소장으로 부임했고, 여기서 그는 자신의 주장을 검증하는 다양한 연구를 수행했다. 대븐포트는 골튼을 좇아 우생학 기록 사무국을 설치했다. 우생학 기록 사무국은 후일 미국 우생학 운동의 가장 핵심적인 대중 활동 공간이 되었다. 이것은 해리먼(E. H. Harriman)의 후원으로 가능했다. 1921년 우생학 기록 사무국은 실험 진화 연구소의 유전학 분과로 흡수되었다가 1939년에 유전학 기록 사무국(Genetics Record Office)으로 명칭을 바꾸었다. 이 밖에도 인간 개선 재단(Human betterment Foundation)이 백만장자 은행가인 고스니(Ezra Gosney)의 후원을 받아 우생학적 불임화 수술 운동을 전개했다.[52] 이처럼 미국의 주요 우생학 연구소들은 유력한 자산가의 후원을 통해 활동을 전개할 수 있었다. 즉, 미국에서 우생학 또는 유전학이라는 과학의 활동은 후원에 의해 지적 발전을 도모하였고, 나아가 이는 대중적 성공의 중요한 동력으로 작용했던 것이다. 이는 영국이나 독일과 비교해 보았을 때, 미국의 우생학 운동이 가진 특이한 성격이라 할 수 있다. 민간 부문에서 후원을 받음으로써 미국의 우생학은 안정적인 기반에서 지적 연구를 수행함은 물론 광범위한 대중의 지지를 얻을 수 있었다. 미국의 제도적 장치도 우생학이 발전할 수 있는 좋은 환경을 제공했다. 영국이나 독일에 비해 미국에는 상대적으로 많은 수의 연구소가 있었다. 더구나 전문적인 교육을 받은 대학 출신자들이 1890년대부터 대거 배출되기 시작했고, 1900년에서 1915년 사이 식물학이나 동물학으로 박사학위를 받은 사람도 두 배 이상 증가했다.[53] 이는 우생학이 발전할 수 있는 중요한 지적 토양이 되었다. 이처럼 미국의 우생학은 사회적 환경의 변화, 민간 부문에서의 후원, 그리고 제도적 장치라는 세 가지 요소가 상승작용을 일으키면서 발전할 수 있었고, 이는 유전학과 우생학이 결합되어 연구될 수 있는 토양으로 작용하면서 우생학을 과학적이고, 객관적인 것으로 인식하는 계기를 만들었다.[54]

이와 같은 토양에서 사회적 운동과 결합된 미국에서의 우생학은 유전 연구와 조사를 목적으로 하는 다양한 조직이 설립되어 대중화되었다. 1903년 미국 농업 대학 및 실험 연구소 연합(Association of American Agricultural Colleges and Experimental Station)이 주도하여 유전의 실천적 효과를 얻기 위해 미국 육종인 협회(the American Breeders Association)를 설립했다. 미국 육종인 협회는 유전 개념을 즉각적으로 인간에게 적용하는 문제를 연구했다. 대븐포트도 여기에 참여했고, 이 협회는 실천적 활동으로 우생학 연구, 교육, 그리고 다양한 입법 활동을 전개했다. 특히 정신박약자와 흉악범들에 대한 입법을 추진하기 위해 다양한 노력을 기울였다.[55] 이후 이 협회는 멘델주의 지지자들과 결합하여 1906년 우생학 위원회(Eugenics Committee)를 구성했고, 앞서 보았듯이 1910년에는 우생학 기록 사무국이 설립되었다. 1913년에는 미국 육종인 협회가 미국 유전학 협회(American Genetic Association)로 발전하여 보다 안정적인 우생학의 성장을 추구했다.[56] 이 협회는 기관지로 『유전』(The Journal of Heredity)을 창간했고, 이 저널에는 인간과 동식물의 유전에 관한 연구 성과들이 집중적으로 게재되었다.[57]

멘델주의적 유전학이 대세를 이루었음에도 불구하고 여전히 골튼주의적 방법론과 유전 이론에 기댄 우생학자들은 골튼 학회(Galton Society, 1918)를 구성하였다. 기본적으로 이 학회는 인종과 선조에 대한 숭배를 최상의 가치로 여겼고, 대븐포트를 초대 회장으로 임명하고 회원을 25명으로 제한하는 등 집약적인 형태의 우생학 연구를 수행했다. 이들은 주로 미국 자연사 박물관에서 회합을 갖고 유전 형질의 연구와 국가적 차원에서 우생학의 효과 및 열생학의 공포라는 주제를 주로 다루었다. 골튼 학회는 「우생학 소식」(Eugenical News)을 발간하여 자신들의 주장을 폈고, 우생학 저작의 순조로운 출판을 위해 골튼주의자들이 주축이 되어 골튼 출판사(Galton Publishing Company)를 설립하기도 했다.[58] 이러한 활동을 통해 골튼 학회는 인간 및 인종 개선에 기여할 수 있는 다양한 연구자나 단체들과 밀접한 교류를 확대해 나갔다. 여기서 대븐포트의 활동은 주목할 만하다. 영국에서 생물측정학과 멘델주의 사이의 지적 논쟁이 감정적인 대립으로까지 치달았던 상황을 상기해 본다면, 대븐포트가 멘델주의에 천착한 유전론을 설파하면서도 생물측정학에 기댄 골튼 학회에 참여한 것은 특기할 만한 사실이다.

1923년에는 미국에서도 우생학의 대중적 실천을 주된 목적으로 삼는 미국 우생학 협회(American Eugenics Society, 이하 AES)가 설립되었다. 미국 우생학 협회는 미국 우생학 위원회(Eugenics Committee of U.S)와 미국 우생학 협회(Eugenics Society of U.S.)의 후신이었다.[59] 당시 미국 우생학 협회는 1,200명의 회원을 모집했고, 29개 주에 지부를 건설하였다.[60]

다양한 우생학 조직의 설립 목적은 한결같이 인종의 유전 형질을 조사 보고하고, 우성 혈통의 사회적 가치와 열성 혈통의 사회적 해악을 강조함으로써 건전한 미국 건설을 추구하는 것이었다. 다양한 조직의 사회적 실천은 우생학을 대중적으로 확산시키는 중요한 기폭제 역할을 했고, 이들의 주장도 점점 확대되어 개인의 문제뿐만 아니라 인종 전체의 질적 보호, 자원으로서의 인종 관념, 그리고 효과적인 전쟁 수행을 위한 인종 개선 등까지 포괄하는 방향으로 발전했다. 결국 이러한 조직들의 활동은 열성 혈통의 이민 금지나 불임화 수술을 입법화하고, 우수한 혈통의 가치와 열등한 혈통의 사회적 위협을 보다 분명히 함으로써, 미국에서 전개된 우생학 운동이 엘리트적 속성을 가지고 있다는 점을 분명히 했다.

다양한 조직들 중에서 가장 중심적인 활동을 전개했던 ERO와 AES

를 중심으로 우생학의 대중화를 살펴보도록 하겠다. 먼저 ERO는 미국 우생학 운동의 산실이자, 전진기지로서 중요한 의미를 지닌다. 대브포트와 로린(Harry H. Laughlin, 1880-1943)을 중심으로 실천적인 활동을 벌였던 ERO는 거의 30년 동안이나 미국의 우생학 운동을 주도하였다. ERO는 1910년 설치 직후인 1912년에 당시 미국의 주류 생물학자들을 중심으로 과학 자문단을 조직해 우생학의 과학적 정당성을 확보하려고 했다. 과학 자문단은 ERO의 우생학적 활동에 대한 과학적 신뢰를 대중에게 인식시키는 역할을 했다.[61]

당시 ERO는 우생학 정보 센터로서의 위상 정립, 미국인 가정의 특질에 대한 분석적 지표 구축, 우생학 관련 자료 수집을 위한 현장 조사자 교육, 우생학자 및 우생학 관련 연구소와의 협력 체계 구축, 인간 특질에 대한 세부적인 유전 메커니즘 연구, 혼인의 우생학적 적합성 상담, 그리고 연구 결과의 출판 등 다양한 형태의 우생학 실천 활동을 전개했다.[62] 이를 위해 대브포트와 로린은 1910년부터 1924년까지 258명에 이르는 현장 조사자에게 인간 유전학의 원리를 교육시키고, 광범위한 가계 정보 습득에 필요한 기술을 훈련시켰다. ERO의 현장 조사자들에 의해 정리된 미국인들의 가계 자료는 이후 전개되는 우생학의 대중화에 중요한 토대를 마련해 주었고, 각종 입법에도 설득력 있는 입증 자료로 활용되었다. 특이할 만한 사항은 당시 ERO에서 교육을 받은 현장 조사자 대부분이 대학 교육을 받은 젊은 여성들이었다는 사실이다.[63] 여성들이 은밀한 가족들의 정보를 입수하기에 남성들보다 용이했기 때문이다. 또한 여성들이 남성들보다 개인의 육체적·정신적·기질적 특성을 정확하게 평가할 수 있는 날카로운 직관력과 관찰력을 갖고 있다고 생각되었고, 전통적으로 생식 문제는 여성의 수중에 있었던 것에 기인한다. 불임화 수술의 주된 당사자 역시 여성이었다는 사실은 꽤나 흥미롭다.

현장 조사자들은 우생학 이론 강의, 실험 및 현장 실습을 통해 전문성을 확보했다. 주로 이론 강의는 염색체 구조, 인류학적 측정, 기초통계학, 피부색, 유전성 질병(정신질환, 백내장, 간질 등)에 대한 의학적 치료 등으로 구성되었다. 또한 식물을 대상으로 멘델의 분리 및 결합 법칙을 실험적으로 증명하기도 했다. 이러한 실험적 검증 결과는 인간의 결함적 특질과 부적절한 교배에 대한 유추로 사용되었다. 그리고 사회적 부적격자의 실제적인 상황을 조사하기 위해 ERO 주변의 병원이나 각종 보호시설을 방문하기도 했다. 이러한 훈련을 통해 현장 조사자들은 상당한 전문성을 확보할 수 있었고, 이들이 조사한 가계자료는 공공기관에서 정책을 입안하는 데 상당히 신뢰할 만한 수준의 자료로 인식되었다.[64]

한편 제1차 세계대전 이후 미국은 세계적인 강대국으로 발돋움하기 시작했다. 이에 상응하여 많은 사람들의 마음속에는 건강한 미국 인종을 유지하려는 생각이 자리 잡았다. 다양한 우생학적 논의들이 개진되면서 인종적·계급적 편견이 유발되었고, 많은 사람들은 경제적·사회적으로 자신들이 선택받은 적격자인지를 판별하려고 노력했다. 당시 대중언론의 우생학 관련 기사들도 대부분 인종적 혼합의 폐해를 어떻게 억제할 것인가라는 문제를 제기하고 있었다. 많은 사람들은 미국 인종이 열등한 인종에 의해 사회적으로 바람직하지 못한 특성들로 오염되어 점점 덜 순수하게 되었다고 확신하면서 국가의 정치적·경제적 근간이 흔들리고 있다고 생각했다.[65] 사실 인종적 혼합의 공포는 이미 제1차 세계대전 이전부터 미국 사회에 뿌리 깊게 자리 잡고 있었다. 이미 오래전부터 미국에서는 백인종, 특히 앵글로색슨족의 우월성을 합리화하는 사고가 깊었다. 대부분의 백인 미국인들은 흑인들, 미국 내 인디언들, 아시아로부터의 이민자들이 도덕적으로나, 지적으로나 백인들에 비해 열등하다는 것을 당연시하고 있었다.[66] 이러한 미국의 인종주의는 남북전쟁을 전후로 강화되어 유색인종에 대한 차별로 확대되었고, 이는 앵글로색슨족의 우월성에 그 토대를 두고 있었다.

이와 같은 명백한 운명으로서의 앵글로색슨족의 우월성은 이제 우생학을 바탕으로 최적자생존을 보호하고 부적격자를 제거하는 방식으로 더욱 강화된 것이었다. 특히 제1차 세계대전을 겪으면서 이른바 퇴화된 사람들이 급속도로 증가한 것으로 생각되었다. 정부 입법가들은 퇴화된 사람들을 미국이 직면한 가장 큰 골칫거리로 생각했고, 이들의 처리에 상당히 고심하고 있었다. 이러한 상황에서 ERO는 객관적인 입증 자료를 제시하여 다양한 사회적 부적격자를 제거하기 위한 각종 입법 청원을 전개했다. 당시 ERO가 퇴화된 사람들 혹은 사회적 부적격자로 간주한 대상들은 정신박약자를 비롯해 정신이상자, 범죄자, 간질병자, 알코올 중독자, 결핵 환자, 나병 환자, 성병 질환자, 시각장애인, 청각장애인, 기형아, 극빈자, 각종 연금 수혜자 등 다양하고 포괄적인 존재들이었다.[67] ERO는 선천성 질병에서부터 범죄자에 이르기까지 포괄적으로 사회적 부적격자를 규정했고, 이들의 형질이 유전되는 것을 통제하려고 했다. 더군다나 이들의 형질이 건강한 미국 인종과 혼합되는 것은 더더욱 안 되는 것이었다. 당시 로린은 사회적 부적격자들에 의해 유발된 사회적 부담을 제거하는 가장 좋은 수단이 무엇인지에 대해 설득력 있게 주장했다. 그는 사회적 부적격자들을 훌륭한 인종으로 개선하는 것은 불가능하고, 따라서 사회는 그들의 생식을 통제하는 것이 유일한 해결책이라고 주장했다.[68] 그는 장애 부모에 대한 방임은 일종의 우생학적 범죄행위(eugenic crime)라고 생각했다. 로린은 미국인들의 결함 생식질 보유자 제한에 관한 최선의 실천적 수단에 대한 연구 및 보고 위원회의 책임자로서, 위원회에 사회적 부적격자에 대한 다양한 해결책을 제시하기도 했다. 해결책은 격리에서 안락사에 이르기까지 다양했고, 위원회는 비용효과 측면에서 불임화 수술을 가장 최선의 선택으로 생각했다.[69] 이후 로린의 주도로 ERO는 이들에 대한 생식 통제를 위해 다양한 입법 청원을 하였다. 제1차 세계대전 이후 법제화된 일련의 우생학적 입법들, 즉 이민 제한법, 강제 불임화 수술법, 그리고 결혼 금지법 등은 좋은 예이다.

ERO는 우생학의 확산을 위한 교육 활동도 전개했다. ERO의 활동은 전국 교육 협회(the National Education Association)와 협력하여 고등학교의 정규 교육과정에 우생학과 생물학적 결정론을 편입시키고, 이를 통해 좋은 출생, 우생학적 혼인의 중요성, 그리고 이민자들과 흑인의 유전적 열등성을 학생들에게 교육시켰다. 당시 생물학 교과서 중

90% 이상이 우생학을 다루고 있었다.[70] 어떤 생물학 교과서에는 "결함이 있는 자들로 구성된 많은 가정들은 질병을 전파하고, 비도덕적이며, 대부분의 범죄를 일으키는 주범으로 […] 다른 이들에게 해를 끼칠 뿐만 아니라 공공 예산에 의해 보호를 받음으로써 사회적 부담을 가중시킨다. 그들은 사회로부터 보호를 받지만, 사회에 아무런 기여도 하지 못한다. 이런 점에서 그들은 진정한 기생적 존재이다"[71]라고까지 명시되어 있다. 고등학교 생물학 교과서인 『대중 생물학』(A Civic Biology)에서는 우생학 절을 따로 만들어 정신지체, 알코올 중독, 성적 일탈, 범죄 경향 등의 유전성을 구체화하고, 이런 장애를 해결하기 위해서는 성적 분리나 불임화 수술 조치가 필요함을 역설했다. 그리고 우생학적으로 건강한 배우자를 선택할 것을 권고하기도 했다.[72] 1914년 당시 44개의 미국 대학에서 우생학 강좌가 개설되었고, 1928년까지 그 수는 376개로 증가했다.[73]

로린은 1933년과 1934년에 시카고 만국 박람회(Chicago World's Fair)에서 인간 혈통 연구라는 테마로 우생학 전시회를 열기도 했다. 박람회의 주제는 진보의 세기였다. 로린은 우생학과 사회적 진보를 결부시키기 위해 이런 전시회를 기획했다. 여기서 로린은 각계각층의 시선을 집중시키기 위해 다양한 실험 장비들을 설치하여 직접 시연을 하기도 했다. 로린의 전시는 특히 중서부 농민들의 마음을 끌었고, 인간 생식과 가축이나 옥수수의 육종 사이의 상관관계를 인식시키는 계기가 되었다. 이 전시회에서는 즉석에서 지원자를 뽑아서 개인들의 유전적 질을 테스트하는 시간도 가졌다.[74] 다른 세션에서는 부적절한 결혼의 폐해를 설명하며, 장애아가 그것의 대표적 사례라고 경고하기도 했다.

ERO 이외의 다른 조직들도 대중적인 활동을 전개했는데, 그 가운데 가장 대표적인 조직 중의 하나가 AES였다. 1907년 영국에서 우생학 교육 협회가 설립되자, 이에 영향을 받아 미국에서도 시카고(Chicago), 세인트루이스(Saint Louis), 위스콘신(Wisconsin), 미네소타(Minnesota), 유타(Utah), 그리고 캘리포니아(California) 등에 우생학 교육 협회가 설립되었다. 이런 지역의 협회들은 주로 성교육이나 성적 위생, 아기 건강 문제에 관심을 기울였고, 대븐포트는 전국적인 조직의 건설을 추진하고 있었다. 이와 같은 노력의 결실이 미국 우생학 협회의 설립으로 귀결된 것이다. 이후 AES는 급속이 확장하여 28개 주에 위원회를 구축하는 거대한 조직으로 발전했다.

AES는 우수 가정 콘테스트(Fitter Families Contest)를 개최했다. 우수 가정 콘테스트는 1920년 캔자스 무역 박람회(Kansas Free Fair)에서 시작된 후, 매년 AES의 주관으로 7-10개 주에서 시행되었다. 1920년대 말까지 40개 이상의 후원단체가 등장할 정도로 성황을 이루며 개최되었다. 콘테스트에 참여한 가족들은 자녀의 수에 따라 세 부분으로 나뉘어 경쟁을 벌였다. 여기에 참여한 모든 사람은 매독이나 정신병에 대한 의학적 소견이 첨부된 증빙 자료를 제출해야만 했다. 우수한 형질을 소유한 것으로 판명된 가정에는 트로피와 메달, 상금이 주어졌다.[75] 콘테스트를 통해 표준적인 미국인 가정에 대한 이미지가 대중에게 인식되었고, 골튼이 주장했던 우생학적 존재의 모습을 보임으로써 이를 통해 미국 사회에서 진정한 엘리트가 누구인가를 대중에게 각인시키는 결과를 가져왔다.

AES는 종교가 가진 도덕적 영향력과 우생학적 수사를 얽어매려고도 시도했다. 우생학자들이 종교의 도덕성을 이용해 자신들의 주장을 합리화하려고 시도한 것이다. 이들은 일상생활에서 종교가 갖는 도덕적 영향력과 우생학적 원리의 전략적 제휴를 위해『우생학 교리 문답집』(A Eugenics Catechism, 1926)을 출간하기도 했다. 이제 청소년들은 학교와 거리를 막론하고 우생학의 영향 아래 놓이게 되었다. 교리 문답집에서는 우생학이 천재의 수적 증가, 좀 더 선택적인 사랑, 좀 더 사랑스러운 결혼을 약속한다고 설파했다.[76] 이와 발맞춰서 AES는 목사들로 하여금 우생학에 관심을 가지게 하기 위한 수단으로 설교 콘테스트를 개최하기도 했다. 이러한 일련의 활동들은 우생학의 도덕성을 강화하는 데 크게 기여했다. 우생학적 수사는 과학자들, 종교적 지도자들, 정치가들, 교사들, 그리고 사회과학자들에게 도덕적 차원의 관심을 유발했다. 이는 사회적 관계를 생물학 지식을 통해 인식하는 경향을 증폭시켰으며, 생물학은 사회적 효용성의 확대에 필수적인 지식이라는 사실을 대중에게 확산하는 좋은 도구가 되었다.

AES는 인종주의적 편견을 드러내기도 했다. AES는 1928년 노르딕 인종의 쇠퇴 원인에 관한 에세이 공모전을 후원했다. 기본적으로 AES의 우생학자들은 노르딕 혹은 앵글로색슨 인종의 질은 높이 평가한 반면, 나머지 모든 인종의 질에 대해서는 평가절하했으며, 이들 이외의 인종은 국가의 인종적 형질에 위협적인 존재로 인식했다. 이러한 사고는 국적과 인종을 동일시하는 사고에 영향을 주어서 이민법 논의에도 활용된 바 있다. 우생학자들은 육체적·지적·도덕적 차원에서 유전을 통한 생물학적 수단을 가지고 인간을 개선하려고 했다. 우생학과 연관된 당시의 혁신주의 개혁가들은 미국의 새로운 제국주의적 힘을 찬양하기 위해 국가적 차원에서 미국 중산계급의 복지를 지원할 것을 주장하기도 했다.[77]

ERO와 AES를 중심으로 전개된 우생학의 대중화 노력은 사회의 전 영역으로 확대되었다. 우생학이 얼마나 광범위하게 영향을 미쳤는지는 1910년 이후 20년간 각종 언론 매체에 상당한 양의 우생학 관련 기사들이 게재되고, 적어도 수십 권의 우생학 관련 서적들이 출판되었다는 사실로부터 짐작할 수 있다. 우생학의 대중화는 영화와 같은 새로운 매체를 통해서도 이루어졌다. 광범위한 우생학의 전개를 잘 보여 주는 영화가 1917년에 개봉된 『오염된 임신』(The Black Stork)인데, 이 영화는 시카고에서 있었던 실화를 바탕으로 하고 있다. 이 영화의 내용은 한 의사가 기형아로 태어난 아이의 부모를 설득하여 아이를 죽이도록 권고하는 내용이었다. 이 영화는 의학적 진찰의 우생학적 적합성과 부모의 장애 신생아에 대한 죽임을 허용한다는 분위기를 명백히 고양시켰다. 이 영화는 부적격자들의 결혼이 장애를 유발할 수 있다는 대중적 분위기를 유포하고 육체적·정신적 장애에 대한 실질적 해결책보다는 장애아들을 어떻게 처리할 것인가라는 문제에만 관심을 집중시키는 계기를 조성했다.[78] 우생학을 지지하는 사람들은 우생학적 증명, 판단, 그리고 제거는 값으로는 따질 수 없는 육체적 완전성과 위대한 정신의 유산을 장래 아이들에게 약속해 주는 것이라 주장했다.[79] 이렇듯 우생학 관련 영화들은 인간의 아름다움과 적합성을 동일시하는 대중적 이미지를 만들어 냈던 것이다.

미국 우생학자들은 1930년대의 독일 우생학 운동과도 연결되었다. 많은 수의 미국 우생학자들이 나치가 권력을 잡은 1933년 이후 독일을 방문했다. 그것은 우생학적 불임화 수술의 발전 상황과 독일 우생학 불임화 수술 법정의 전개 현황을 조사하기 위함이었다. 미국 우생학 운동의 주요한 지도자 중 한 사람인 오스본(Frederick Osborn, 1889-1981)은 나치의 불임화 수술 프로그램을 지금까지 우생학에서 시도했던 실험 가운데 가장 중요한 실험이고, 위대한 것이며, 전례가 없었던 일이라며 칭찬을 아끼지 않았다. 우생학 기록 사무국의 로린은 생식질의 순수성을 보존하는 활동을 한다는 이유로 1936년에 하이델베르그 대학으로부터 명예 의학박사 학위를 받기도 했다.[80] 한편 대븐포트는 하버드의 300주년 기념일에 독일 우생학자들을 초청하기도 했다. 독일 우생학과 밀접한 연관을 맺고 있던 미국 우생학자로는 미국 우생학 협회의 캘리포니아 지부 회원이면서 인간 개선 재단의 이사장이었던 포페노(P. Popenoe, 1888-1979)가 있다. 포페노와 독일 인종위생학자 렌츠(Fritz Lenz, 1887-1976)는 각각의 연구를 통해 미국과 독일의 우생학 성과를 비교하고 우생학의 발전을 위한 모색을 도모하기도 했다. 포페노는 히틀러(Adolf Hitler, 1889-1945)의 우생학 정책을 찬양하는 등 독일 강제 불임화 수술법의 지지자로 활약하기도 했다.[81] 미국과 독일 우생학이 연결될 수 있었던 이유는 두 나라가 경제적 공황이라는 유사한 경험을 했기 때문이었다.

요컨대 빈곤한 계층과 같은 바람직하지 않은 혈통은 제거해야 한다고 주장하며 요람에서 무덤까지 미국인들의 일상 습관에 대한 많은 부분에 영향을 미쳤던 우생학은 결과적으로 유전을 근거로 인간의 사회적 위치를 서열화하고, 앵글로색슨의 우월성을 설파하는 등 상대적으로 상위에 위치한 사람들의 논리로 기능하였다. 미국 백인 중산계급의 이해를 충실히 대변했던 것이다. 우생학 운동의 주창자 대부분이 이른바 와스프(WASP)였다는 점은 이 같은 사실을 잘 보여 주는 대목이다.

우생학적 입법

앞서 살펴본 대로 우생학은 퇴화된 존재에 대한 사회로부터의 격리 혹은 제거라는 이상을 대중 속에 깊이 심어 주었다. 이 과정에서 우생학은 자연스럽게 중산계급의 가치와 이상에 부합하게 되었고, 인종주의적 사고와도 결부하여 계급적·인종적 혼합을 제거하려고 시도했다. 우생학적 사고는 제1차 세계대전을 전후로 보다 강화되는 추세에 있었고, 급기야는 이민 제한법이나 결혼 금지법, 그리고 강제 불임화 수술법 등 일련의 차별적 논리에 입각한 입법 과정에도 영향을 미치게 된다.

1) 이민 제한법

보통 미국에서의 우생학 운동은 영국과 달리 국가 차원의 문제가 아니라 주 정부 차원에서 발전하는 경향이 있었다. 그러나 이민 문제 만큼은 주 정부 차원이 아닌 연방 차원에서 다루어졌고, 많은 우생학자들은 제1차 세계대전 이후 이민 제한법의 제정에 상당한 로비를 벌였다. 우생학자들의 기본적인 생각은 백인 인구에서 결함이 있는 형질을 제거하는 것보다 열등하게 양육된 다른 인종들을 축출하는 것이 훨씬 중요하다는 것이었다. 이와 같은 우생학자들의 사고는 임금 하락을 우려한 조직된 노동자 그룹, 미국 인종의 쇠퇴를 우려한 토착주의 세력, 급진주의적 사고의 유입을 우려하던 보수주의적 정치가와 기업가 등 다양한 이해집단들과 조우하게 된다.[82] 이들은 열등한 형질을 가진 백인종을 규제하는 것도 중요하지만, 그것보다는 선천적으로 열등하게 태어난 인종들을 축출하는 것이 더욱 중요하다고 생각했다.

이러한 인종주의적 시각은 혁신주의 시기부터 배태되어 왔던 이른바 토착주의와 연관이 있다. 토착주의는 미국적이지 않은 요소들을 배척했고, 미국 내부로 이질적 요소가 유입되는 것을 거부함과 동시에 미국 내부에 현존하는 비미국적 요소에 대한 제거를 도모했다. 제1차 세계대전을 전후로 제기된 새로운 미국 건설의 기치는 다양한 방식으로 열등한 형질의 제거를 정당화했다. 20세기 초반의 미국 우생학자들은 이처럼 자기중심적인 사고에 기초하여 육체적, 정신적, 그리고 개인적 특질의 다양성을 유전 이론으로 설명하기 시작했다. 하지만 그것은 자의적이고 표면적인 자료에 근거함으로써 초기부터 많은 한계를 갖고 있었다.

대븐포트를 비롯한 많은 우생학자들은 국가적 정체성과 인종적 정체성을 동일한 것으로 파악했고, 인종은 사회적 행동의 가장 중요한 기준이 된다고 설파했다. 대븐포트는 폴란드인들은 배타적이고 자기 의존적 경향이 강하고, 이탈리아인들은 폭력적 범죄성이 농후하며, 유대인들은 도둑질에 능하다고 주장하기도 했다. 이와 같은 견지에서 대븐포트는 불량한 형질을 소유한 국가의 이민자들이 미국으로 유입되어 인종적 혼합이 일어날 경우 미국적 정체성에 심대한 문제를 야기할 것으로 판단했다. 특히 남동유럽의 이민자들과 미국인의 인종적 혼합은 피부색의 변질은 물론이고 신장 저하, 유괴, 폭력, 살인, 그리고 강간 같은 범죄성을 유발할 가능성이 높다는 점을 지적하며 남동유럽의 이민자를 적극적으로 제한할 것을 주장했다.[83]

대븐포트는 골튼이나 피어슨처럼 중산계급을 가장 이상적인 형태의 인간 인종으로 설정하고, 특히 지식인, 예술가, 음악가, 과학자, 그리고 원 이주민인 백인 프로테스탄트를 최상의 가치를 지닌 존재들로 평가했다.[84] 따라서 그는 이들의 우수한 형질은 국가적 원형질의 발전에 이롭기 때문에 확산시켜야 하지만, 이민자들로 대표되는 나쁜 형질은 국가적 원형질에 해가 되므로 철저하게 확산을 금지해야 한다고 주장하며 포지티브 우생학과 네거티브 우생학 둘 모두를 주장했었다. 대븐포트는 국가적 원형질의 타락에 직면하여 구체적으로 이민정책을 개선하여 해결책을 마련하고자 했다. 특히 그는 포괄적인 이민 제한보다는 열등한 유전의 역사를 가지고 있는 제한적인 인종에 대해서만 제재를 가할 것을 주장했다. 따라서 가계 조사는 필수적인 사항이었고, 이를 통해 유전적으로 백치, 간질, 정신이상, 범죄성, 알코올 중독, 그리고 성적 문란을 가진 인종들의 이민을 미연에 방지할 수 있다고 보았다.[85] 그러나 이민 제한의 대상을 설정하면서 대븐포트는 개인적 편견, 즉 그의 청교도적 경건성으로 말미암아 가톨릭 계열의 국적자나 사회적 부랑자 그룹에 대한 이민 제한을 추구하는 등 차별의식을 노정시켰다. 즉, 멜팅폿(melting pot)의 사회를 추구하기보다는 아예 처음부터 부적당한 존재들의 미국 내 유입을 제한함으로써 미국적 이상인 청교도적 윤리를 미국의 국가 정체성으로 확보하는 것이 바람직하다고 보았던 것이다.

사실 이와 같은 미국 내의 인종주의적 편견과 연결된 이민 논의는 남북전쟁 이후 1880년대부터 본격적으로 시작되었다. 이민이 국가 차원의 문제로 대두된 것은 이민의 대량 유입에 따른 결과였다. 19세기 말 점차 증가하던 이민은 20세기 들어 거대한 물결을 이루었다. 남북전쟁 이전 아일랜드와 독일 이민자들의 대량 이민에 이어 미국 이민사상 이른바 제2차 이민의 물결 시기가 닥친 것이다. 이후 1920년대까지 약 50년 동안은 국가적 차원에서 이민의 수를 조절하고 이민을 질적으로 선별하여 받아들였던 이민 배척의 시기였다. 당시 이민의 주류를 형성하였던 남동유럽으로부터의 이른바 신이민에 대한 부정적인 여론을 확산시키는 데 주도적인 역할을 한 것은 미국 보호 협회(American Protection Association), 이민 규제 연맹(Immigration Restriction League), 그리고 개신교 연합체를 중심으로 활동하였던 토착주의 세력이었다. 이들은 신이민을 인종적으로 열등하며 바람직하지 못한 집단으로 취급하고, 비미국적인 가치관을 지닌 가톨릭교도,

유대인, 남동유럽인, 동양인들에 대한 대대적인 배척 운동을 전개하였다.[86]

특히 이민 열풍은 인종적 혼합의 공포를 야기함으로써 미국적 정체성에 커다란 장애를 유발하는 사회 문제였다. 인종주의적 차별의 확대와 심화라는 사회적 분위기 속에서 대븐포트 역시 우생학에 기댄 이민 정책을 구사하려고 했던 것이다. 특정 국적격자에 대한 이민을 완전히 배제하는 첫 사례는 1882년의 중국인 이민 제한법(the Chinese Exclusion Acts)이었다. 이 법은 원래 10년의 기한을 두고 중국계 노동자들의 이민을 금지하는 것이었으나, 1902년에 가서 영구화되었고, 1943년까지 지속되었다. 사실 이와 같은 특정 국적격자에 대한 이민 규제는 인종적 편견 외에도 백인 노동권의 확보라는 현실적인 이유도 결정적인 동기로 작용했다. 중국계 노동자들은 대륙 간 횡단 철도의 완성되자, 백인 중심의 미국 노동 시장을 교란하기 시작했다. 이는 미국의 백인 노동자에게 대단히 위협적이었고, 결국 이러한 노동시장 내부의 상황은 인종주의적 편견과 결부되어 남동유럽계 이민자를 비롯한 다양한 국적격자의 이민을 규제하는 신호탄이 되었다.[87] 따라서 이민 제한은 혁신주의 시대의 사회악 일소라는 시대적 명분, 대븐포트와 같은 우생학자들의 체계적이고 학문적인 지원, 그리고 백인 노동권의 보장이라는 현실적 필요가 인종주의적 편견과 결부되어 국가 정책으로 발전한 측면이 많았다.

이후 인종주의적 편견이 용해된 국적별 이민 제한은 1907년 일본인을 대상으로 하는 신사협정(the Gentleman's Agreement)이나 1917

년 문맹 시험법(Literacy Test)을 통해 구체화되기도 했다. 특히 1917년 법에는 신체적 장애자와 사회적 부적격자들을 입국 거부 대상에 명시했고, 16세 이상의 입국자에게는 영어시험을 치러 40단어 이상을 읽지 못하면 입국이 허가되지 않았다. 그러나 이 법은 부적절한 외국인들의 이민을 성공적으로 제한하지 못했고, 이에 새로운 이민 제한법을 마련해야 될 상황이 노정되었다. 특히 제1차 세계대전 이후 노동자의 연이은 조직된 파업, 러시아 혁명의 성공으로 인한 급진주의 세력의 대두, 적색공포 등은 1921년과 1924년의 국적별 쿼터 이민 제한법의 제정에 중요한 동기로 작용했다.[88]

1920년대 미국에 건너온 이른바 신이민자들은 와스프 중심의 주류 사회와는 다른 종교와 언어, 사회와 문화적 가치관을 지니고 있었고, 이들은 동북부 산업도시에 집중적으로 정착하여 이곳을 가난과 질병, 무질서와 범죄의 소굴로 변화시키고 있다는 비난을 받았다. 또한 가톨릭이나 그리스정교 같은 이질적인 종교를 전파하여 미국의 제도와 가치관을 훼손시키고 있다는 우려는 이들을 더욱 부정적인 시각으로 보게 만들었다. 당시의 주요 신문의 사설이나 잡지들은 외국인 침입자들, 이민의 재앙, 이민 선별의 필요성, 바람직하지 못한 이민의 금지 등 선동적인 표현으로 대량 이민에 대한 우려와 경계심을 불러일으켰다.[89]

우생학을 설파하기에 더없이 좋은 상황이 전개된 것이다. 우생학자들은 이민 제한의 우생학적 근거로 이민자들에게 만연한 낮은 IQ, 알코올 중독, 게으름, 그리고 탈법 성향 등을 들었다. 이는 모두 유전적 기반을 가지는 특질이라고 주장하며, 이러한 특질을 지닌 이민자들이 대량으로 유입되면 양질의 앵글로색슨 인구를 퇴화시키는 결과를 빚게 될 것이라고 경고했다. 이제 우생학은 결함이 있다고 판단되는 이민자들의 규제 목적에 부합하는 과학적 근거를 제공해 주기 시작했다. 이는 우생학이 정치적 도구로 기능하게 되었다는 것을 의미하는 것이었다. 19세기 말에서 20세기 초반 미국에 건너온 새로운 이민자들은 대부분 남동유럽인들이었고, 이들은 19세기 중반의 북서유럽 이민자들과는 민족적으로나 문화적으로 구분되는 사람들이었나. 이들은 미국인들에게 인간쓰레기, 정신 결함자, 그리고 사회적으로도 급진적인 존재들로 인식되었다.[90]

이러한 상황에서 제정된 1921년의 존슨법(Johnson Bill)과 1924년의 국적별 이민 제한법(Johnson Reed Bill)은 우생학자들의 실천적인 활동과 밀접한 관련이 있게 되었다. 이전의 법들과 이 법들 사이의 차별성은 이전의 이민법이 질적인 차원에서 입국 조건을 강화시킨 것이었다면, 이 법들은 이민의 절대적 양을 감소시키기 위해 직접 제한을 가한 것이었다는 점이다. 1922~1923년의 이민 논쟁을 거쳐, 1924년 4월 새로운 이민 제한법이 상하원에서 다수로 통과되었다. 그리고 쿨리지(Calvin Coolidge, 1872-1933) 대통령에 의해 이 법은 신속하게 배서되었다. 이 법은 1927년까지 1890년의 인구 조사를 바탕으로 당시 국적의 외국인들에 대해 적은 비율로 이민을 제한했다. 이제 남동유럽 이민자들에 대한 이민정책은 좀 더 차별적인 방향으로 흘러갔다. 1927년 7월 1일, 영구적인 이민 제한법이 1920년 인구조사에 근거해 발효되었다. 그러나 그 결과는 동일했다. 왜냐하면 전체 인구 중 선조의 국적별 비율에 맞추어 분배된 할당제였기 때문이다. 새로운 법은 생물학적 견해를 수용한 측면이 강했기 때문에 우생학자들은 이 법에 갈채를 보냈다.[91]

당시 일련의 이민 제한법 제정 과정에서 중요한 역할을 담당했던 기관은 하원 이민 및 귀화 위원회(the House Committee on Immigration and Naturalization)였다. 이 위원회의 임무는 공식적으로 이민 제한법을 제정하는 것이었다. 이 위원회에서 주도적인 역할을 했던 우생학자가 바로 ERO의 로린이었다. 당시 위원장은 인종차별주의자였던 존슨(Albert Johnson)이었는데, 그는 로린을 우생학 전문 요원(an Expert Eugenical Agent)으로 임명하여 설득력 있는 객관적인 근거 자료를 제시해 주길 바랐다. 로린은 ERO의 전통적인 표본조사 방식을 통해 국적별 이민자 수를 통계화했다. 그런데 로린은 고의적으로 남동유럽의 이민자들을 과도하게 산정했고, 주로 각종 보호시설에 수감된 극빈자나 정신이상자를 대상으로 국적 여부를 조사함으로써 이민자들의 열등한 형질을 증명하고자 했다.[92] 이를 통해 그는 사회적으로 부적당한 다수의 이민자들은 궁극적으로 국가의 인종적 순수성을 파괴할 것이고, 따라서 국가적 파멸을 미연에 방지할 필요가 있다며 적극적이고 실질적인 이민 제한법의 제정을 주장했다.[93]

로린의 활동은 1921년 이민 제한법 제정에 상당한 영향을 주었다. 로린이 제시한 구체적인 통계자료는 법 제정 위원들에게 상당한 공감대를 형성해 주었다. 로린의 이러한 활동은 이민과 관련된 정치사회 문제의 해결책을 생물학 또는 유전학이 제공할 수 있다는 분위기를 증폭시켰다는 점에서 중요하다. 더군다나 이 위원회의 대다수 위원들은 남서부 출신의 원 이주민들(native stocks)의 후손들이었기에 로린의 통계자료는 백인 우월주의에 설득력을 더해 주었다. 1921년 이민 제한법은 1910년의 인구 통계를 기준으로 당시 미국에 거주하고 있는 외국인을 출생 국가별로 구분하여, 각 국적별 인구의 3%만 이민을 허용했다. 그런데 이 법의 인구 통계 기준이 1910년이었기 때문에 이미 1880년대부터 유입된 남동유럽인늘에게는 치명적인 제한을 가할수 없었다. 따라서 우생학자들은 좀 더 강력한 이민 규제를 요구하면서 캠페인을 벌여 나갔다.

새로운 이민 제한법을 제정하기 위해 로린은 1921년부터 1924년까지 직접적인 통계적 증거를 위원회에 제시하며 폴란드, 헝가리, 발칸, 터키, 러시아 등에서 유입된 이민자들이 전통적인 미국 인종들보다 유전적으로 열등하며, 계속된 동화와 국제결혼은 미국의 혈통을 오염시킨다고 주장했다.[94] 로린은 아예 미국으로 출발하기 전에 사전 인터뷰를 강화해 입국 자체를 금지해야 한다는 주장을 펼치기도 했다. 상당한 토론을 거친 후 1924년 새로운 이민법이 제정되었다. 이 법은 이민자 수를 1년에 150,000명으로 제한하고, 각 국적별로 1890년의 인구 통계를 기준으로 당시 인구의 2%만 이민자를 허용하는 내용이었다. 이처럼 1890년대의 인구 통계를 기준으로 삼은 이유는 이 시대가 미국의 인종적 순수성을 타락시킨다고 생각되었던 남동유럽의 이민자들의 수보다 북서유럽의 이민자들이 더 많았던 시기였기 때문이다.[95] 그런데 우생학자들이 이민 제한법의 근거로 제시했던 사회적 특질들은 사실상 대부분 유전적으로 근거가 없는 주장들이었다. 이민 제한법을 뒷받침하기 위해 이들이 동원했던 우생학적 논리와 증거들은 본질적으로 그들 자신의 인종적 편견을 합리화하기 위한 수단에 지나지 않았던 것이다. 그럼에도 불구하고 미국 사회에서 우생학에 기댄 이민 제한법이 대중적인 설득력을 지닐 수 있었던 것은 당시실업 증가, 노동파업, 인플레이션 등 일련의 경제적 위기에 봉착해 있던 상황에 기인한 것이었다. 우생학의 이민 제한 주장은 미국의 예산이나 재정적 측면에서도 매력적인 제안이었던 것이다.[96]

2) 결혼 금지법

한편 1914년까지 약 30개 주에서 새로운 결혼 금지법이 제정되거나 종래의 법이 수정되었다. 이 과정에도 우생학자들이 깊숙이 관련되어 있다. 대부분의 결혼 금지법에 규정된 조항의 3/4은 정신박약자나 정신이상자의 결혼을 무효화하는 것이었고, 나머지는 다양한 형태의 부적격자들의 혼인을 제한하는 조항이었다. 그 법적 근거는 그런 유형의 사람들은 다양한 계약 체결이 불가능하다는 것이었고, 우생학이 이것을 과학적으로 증명해 주었다. 이민 제한법이 외부로부터의 해로운 형질의 유입을 제한하고 방어하는 것이었던 반면, 결혼 금지법은 미국 내부에 가해진 우생학적 금지의 대표적인 사례였다. 결혼 금지법의 제정은 이제 미국 사회에서 인종적 순수성과 국가적 원형질의 보존이 더욱 적극적으로 고민되기 시작했다는 것을 보여 주는 것이었다.

골튼은 보편적인 문명화를 달성하기 위해서는 최상의 인종이 필요하며, 이를 위해서는 인종이나 민족 내부의 열등한 요인들을 제거해야만 한다고 주장한 바 있다.[97] 미국인들도 골튼의 기본적인 우생학 관념을 수용했고, 이민 제한법과 마찬가지로 결혼 금지법에서도 이와 같은 골튼의 주장이 합리적 근거를 제공해 주었다. 미국에서 제정된 일련의 결혼 금지법은 골튼이 주장했던 현명한 결혼이나 선택적인 생식을 구체적으로 실현한 것이었다. 강제 불임화 수술법은 열등한 형질을 제거한다는 네거티브 우생학의 성격이 강했다면, 미국의 결혼 금지법은 독일의 레벤스보른(Lebensborn) 프로그램처럼 양질의 미국 혈통을 보존한다는 의미에서 일면 포지티브 우생학의 성격을 가진 것이었다.

최초의 우생학적 결혼 금지법은 1896년 코네티컷(Connecticut) 주에서 우생학적으로 부적격자인 사람들의 결혼 및 혼외정사를 금지한 것이었다. 만일 이 법을 어길 경우 그 여성이 45세 이하라면 최소한 3년 이하의 징역을 살아야 했다. 이러한 법 적용은 이후 다른 주들의 모범이 되었다. 가장 눈길을 끌었던 것은 인디애나 주의 결혼 금지법이었다. 1905년 통과된 이 법은 정신적 장애가 있는 자, 유전적 질병이 있는 자, 습관성 알코올 중독자 등의 혼인 금지를 구체적으로 명문화하는 등 이전의 법들보다 훨씬 강화되고 확장된 측면이 강했다.[98]

일련의 결혼 금지법은 사회적 부적격자들, 특히 신체적 결함이 있는 자들의 혼인은 미국 인종의 자살로 이어질 것이며, 궁극적으로는 백인종의 문명화가 좌절되고 말 것이라는 사고로 발전해 갔다. 우생학은 이와 같은 논리적 발전에 과학적 정당성을 제공했다. 이후 결혼 금지법은 인종주의적 사고와도 연관되어 신체적 장애인뿐만 아니라 서로 다른 인종 사이의 혼인 역시 엄격히 규제하는 방향으로 강화되어 갔다. 따라서 미국의 결혼 금지법은 인종적 질의 보호를 내걸었던 독일의 인종위생과 동일한 맥락에서 이해할 수 있는 성질의 것이다.

당시 미국 우생학의 관심은 백인 프로테스탄트들의 경제적 문제보다는 사회적 차원의 문제에 있었다. 백인 프로테스탄트들은 원 이주민이었다. 물론 그들이 영국에서 유전적으로 귀족에 속했던 것은 아니었다. 영국과 미국의 중산계급 혹은 상층 중산계급은 노르딕이나 앵글로색슨 인종의 질을 높이 평가한 반면, 나머지 인종의 질에 대해서는 평가 절하했고, 그들이 국가의 인종적 전망에 위협적인 존재로 다가올 것이라 여겼다. 우생학자들은 흑인들이 유전적으로 생물학적 열등성을 갖고 있다는 관점을 견지했다. 일부 우생학자들은 종 사이의 혼합이 어쩌면 인종적으로 유익한 결과를 산출할 수도 있다고 했다. 즉, 백인 남성과 흑인 여성의 교배는 흑인들의 피부색을 점점 희게 할 것이고 결국 이는 인종적 동화의 좋은 기회가 될 수도 있다는 것이다. 그러나 대부분의 우생학자들은 이러한 논의에 부정적이었다.[99]

미국에서는 북유럽의 백인 프로테스탄트 집단과 흑인, 유대인, 그리고 가톨릭교도 사이의 유전적 차이에 대한 가정은 우생학 운동의 중요한 특징이었다. 우생학은 흑인이나 동양인들을 열등인종으로 분류할 수 있는 과학적 근거를 제공했고, 그 결과 흑인에 대한 차별을 규정했던 짐 크로우 법(Jim Crow Law)을 묵인하는 상황까지 만들어졌다. 특히 미국의 우생학자들은 잡종화 경향을 우려했다. 19세기 후반부터 이미 미국의 많은 사상가들은 앵글로색슨의 인종적 우월성이라는 신념을 견지하고 있었고, 따라서 앵글로색슨 인종은 세계 지배를 달성할 최적자라고 생각하고 있었다.[100] 미국인들이 혼혈문제에 관심을 가졌던 것은 지극히 당연한 것이었다.

당시 미국인들은 과학이 미국의 정체성을 담보해 줄 것이라 믿고 있었고, 미국의 정체성을 확보하기 위해서는 생물학석으로 열성 형질을 가진 존재들을 제거해야만 한다는 우생학의 신조를 철저하게 신봉했다. 이와 같은 우생학의 신조에 대한 믿음은 앞서 살펴본 이민 제한법의 경우와 마찬가지로 혼혈의 위험성에 대한 논의로 확대 적용된 것이었다. 그랜트(Madison Grant, 1865-1937)가 "우리의 의지와는 상관없이 두 인종의 혼혈은 장기적으로 볼 때 우리를 더 퇴보하게 만들고, 일반화시킬 것이며, 더 낮은 수준의 인종으로 전락시킬 것이다. 백인과 인디언의 혼합은 인디언이고, 백인과 검둥이의 혼합은 검둥이이며, 백인과 힌두의 혼합은 힌두, 그리고 유럽 인종과 유대인의 혼합은 유대인이 될 것"[101]이라고 주장한 것은 잡종화에 대한 우려와 미국의 정체성 측면에서 시사하는 바가 크다.

결혼 금지법은 인종 사이의 혼혈로 인한 국가적 원형질의 퇴화가 미국의 쇠퇴를 야기할지도 모른다는 발로에서 전개된 것이었다. 따라서 인종적 질의 보존은 국가의 운명을 좌우하는 중요한 최고의 가치로 인식되었던 것이다. 이런 점에서 본다면 사실 나치와 미국의 인종적 질 보존을 위한 우생학적 정책은 적어도 목적 측면에서는 별로 차이가 없었던 셈이다.

3) 강제 불임화 수술법

미국에서 제정된 강제 불임화 수술법은 우생학적 사고가 가장 극단적인 형태로 나타난 것이었다. 이는 인간의 특질과 습성이 유전된다는 믿음이 하나의 사회적 사실로 전화된 가장 대표적인 사례였다. 즉 자연적 범주가 사회적 사실로 전화되는 모습과 그 결과를 미국의 강제 불임화 수술법은 잘 보여 주고 있는 것이다. 불임화 수술은 불손한 인간의 행태적 패턴이 유전되어 사고를 일으킬지도 모른다는 우생학자들의 가정을 실천하는 것이었지만, 원래 그것은 우생학자들의 창안물이 아니라 범죄를 통제하기 위한 당시의 사회적 필요에서 생겨난 것이었다.[102] 이러한 사회적 필요에서 고안된 강제 불임화 수술법은 우생학과 연관됨으로써 신체적 결함이 있거나 범죄자가 될 경향성이 농후한 사람들의 재생산을 금지해야 할 의무를 사회에 부과하게 되었다. 만일 실업과 빈곤 등 사회 문제가 유전성에 기인하는 것이라면, 이때 가장 합리적인 해결책은 유전의 금지일 것이고, 따라서 다양한 사회 문제를 양산하는 유전적 결함자들이 태어나지 못하도록 하는 것이 급선무였던 것이다.[103] 20세기 초반 우생학자들의 초기 임무는 정신 능력에 문제가 있는 사람들을 규정하고, 그들의 생식을 제한하는 것이었다. 예를 들어 고다드는 정신지체에 관심을 기울였고, 생식 허용의 한계를 최소한 정신연령을 12살 정도로 제한했다.[104]

당시 대븐포트와 고다드는 결혼 제한이나 가임기 동안의 격리 등을 주장하며 강제적인 성적 불임화 수술을 지지했다. 공중보건 전문가들과 의사들의 이러한 주장은 입법가나 정부 관료들에게 영향을 미쳤고, 35개 주에서 강제 불임화 수술법이 제정되었다. 대부분의 불임화 수술은 정신질환이나 정신지체와 관련되었고, 일부 주에서는 주 정부 프로그램으로 범죄자, 간질, 매춘부를 포함했다. 1914년 대븐포트의 ERO는 각 세대마다 하위 10% 인구의 불임화 수술을 권고하기도 했다. 만일 이 일이 시행되었다면 수십 년간 수많은 사람들이 불임화 수술의 대상이 되었을 것이다. 사회는 확실히 가치 없는 하위 10% 인구의 제거를 지지하고 있으며, 대중 여론은 다수가 이런 조치를 환영하고 있었다.[105]

첫 번째 강제 불임화 수술법은 1907년 인디애나 주에서 통과되었고, 이후 강제 불임화 수술법은 1914년 전국 인종 개선 회의(The National Conference on Race Betterment)를 통해 확산되어 1935년까지 28개 주에서 채택되었다. 이때까지 공식적인 통계만 약 16,000명 이상이 강제 불임화 수술을 당했고, 1974년까지 수십만 명이 불임화 수술을 당했다.[106] 물론 불임화 수술은 공식적인 법 제정 없이 이미 시행되고 있었다. 1899년에서 1907년 사이 대략 500여 명의 남성이 불임화 수술을 당했는데, 이는 그들이 구치소를 가득 메우고 있었기 때문이었다.[107] 이들은 사회적으로 비효율적인 존재들이었던 셈이었다. 이처럼 당시 미국에서 제정된 대부분의 강제 불임화 수술법에서는 습관성 범죄나 강간 같은 강력 범죄와 더불어 간질, 정신이상, 천치 등의 선천성 장애 등 사회적 비용의 증가나 사회적 비효율과 관련이 있는 다양한 신체적·사회적 결함자를 강제 불임화 수술의 대상으로 간주했다. 초기의 많은 우생학자들은 바람직하지 않은 사회적 행동을 한다고 규정된 범죄자나 매춘부 같은 사람들의 기질이 유전된다고 생각했다. 미국의 강제 불임화 수술법은 광범위한 견지에서 유전성 맹인, 청각장애 그리고 신체적 장애를 가진 이들의 생식을 제한하려고 했다.

1911년 아이오와(Iowa) 주에서 통과된 강제 불임화 수술법을 예로 보면, 이 법은 성범죄로 2회 유죄 판결을 받은 자, 강력 범죄로 3회 유죄 판결을 받은 자, 단 한 번이라도 미성년 백인 소녀와의 매춘을 강요한 자는 무조건 불임화 수술을 시켰다. 그리고 이들 외에도 약물 중독자, 성도착 환자, 간질 등 정신병과 관련이 있는 장애자들 또한 강력 범죄자들과 동일하게 불임화 수술의 대상으로 간주했다.[108] 이는 사회적 중범죄와 단순한 신체적 장애를 동일한 잣대로 파악한 것에 기인한 결과이다. 단지 정신적 장애가 있다는 이유로 생식에 제한을 당한 셈이다. 일부 우생학자들은 미국 남부의 소작인(sharecropper)에 대한 대량 불임화 수술을 제안하기도 했다.[109] 이와 같은 기존의 강제 불임화 수술법은 우생학자들의 사회 개혁에 대한 점증하는 목소리와 더불어 더 강화되고 구체적인 방향으로 새롭게 제정되기 시작했다. 1935년까지 강제 불임화 수술법이 제정된 주가 28개였고, 7개 주는 처리 중에 있었다. 물론 1907년 이후 강제 불임화 수술법에 반대했던 주가 7개였고, 처음부터 강제 불임화 수술법을 발의하지 않았던 주도 6개나 되었지만, 전체적인 미국 내 흐름은 강제 불임화 수술법 제정으로 기울고 있었다.

제1차 세계대전을 전후한 시기에 우생학자들은 박애주의적 사회 개혁을 커다란 공포로 인식했다. 이는 생활환경의 개선이나 질병 치료 등을 통한 부적절한 개인들의 생존과 재생산에 거부감을 갖고 있었기 때문이다. 우생학자들은 자선활동으로 인한 사회적 환경의 변화는 다수의 결함 있는 개인들, 즉 부적격자들의 생존과 번식을 보장해 줄 것이고, 이는 자연스럽게 자연선택이라는 자연의 법칙을 전복시킨다고 보았다. 결국 이는 미국 상래에 위협이 되는 것이었다. 우생학자들은 자선활동보다는 우생학적 조치가 가장 윤리적이고 문명화된 행동이라며, 사회적 부적격자들의 출산을 통제하여 문명화를 달성해야 한다고 강력히 주장하고 나섰다.[110] 비록 1936년 미국 신경학 협회(the American Neurological Association)의 특별위원회가 과도한 우생학 조치에 대해 비판을 했지만, 협회도 특정한 유전성 정신질환이나 정신지체, 간질 등에 대한 불임화 수술은 권고하는 입장이었다.[111]

이러한 주장은 실질적인 경제적 필요에서 야기된 측면도 강했다. 즉, 사회적 부적격자들에 의해 유발된 사회적 부담을 경감시키기 위한 방안을 모색하고자 했던 것이다. 이들 중에서 가장 문제가 심각했던 대상은 정신박약자였다. 가령 버지니아(Virginia) 주에서는 정신박약자가 범죄자의 1/4, 매춘 여성의 40%, 구빈시설 수용자의 절반을 차지했다. 코네티컷 주에서는 주 정부 예산의 25%가 이들의 보호와 치료를 위해 소요되고 있었다. 많은 사람들은 결함이 있는 사람들을 위해 과도한 세금을 내는 것에 불만을 갖고 있었고, 따라서 불임화 수술에 대한 요구는 백인들이 신체적 장애자들에게 갖고 있던 적대성과 정부의 세금 및 복지 정책에 대한 불만이 생물학적 언어로 표출된 것으로 볼 수 있다. 이러한 필요에서 제기된 일련의 강제 불임화 수술법 제정에도 ERO와 로린의 노력이 크게 영향을 미쳤다. 로린은 이른바 기본 강제 불임화 수술법(Model Sterilization Law)을 입안하기도 했다.[112] 이 법은 각 주 정부가 계획적인 인구 조절을 위해 강제 불임화 수술을 시행토록 권고하는 내용이었다. 로린은 사회적 부적격자 중의 정신박약자를 수량화하고, 통계 자료를 근거로 사회적 부담을 제거하는 가장 좋은 수단은 불임화 수술밖에 없다고 주장했다. 이러한 장애를 방임하는 것은 일종의 범죄라고 생각했기에 ERO 등 많은 우생학 관련 단체들은 안락사와 같은 해결책을 비롯하여 다양한 방안을 제시했지만, 비용 면에서 불임화 수술만큼 효과적인 방안은 없다고 생각했던 것이다.

물론 로린이 제안한 불임화 수술법은 일부 세력들에 의해 위헌이라고 공격받기도 했지만, 1927년 버지니아 주의 '벅 대 벨 사건(Buck v. Bell Case)'을 통해 사회적 부적격자에 대한 불임화 수술이 합헌이라고 결정되면서 강제 불임화 수술은 더욱 공공연하게 진행되었다. 연방대법원이 버지니아주에서 올라온 한 상고사건에서 불임화 수술은 주 경찰 권력의 지배 아래 있다고 합헌 판결을 내린 것이다. "공공복지 사회는 시민들에게서 그들의 생명을 요구할 수도 있다는 사실을 우리는 종종 보아 왔다. 하물며 우리가 완전히 무능력의 늪에 빠지는 것을 방지하기 위하여 이미 국력을 쇠약하게 한 사람들에게서 이와 같은 경미한 희생조차 요구할 수 없다면, 그것이 오히려 이상한 일이다. 직접 관련된 불임화 수술 당사자도 종종 그렇게 느낄 것이다. 명백한 정신박약으로 부적절한 사람들이 대를 잇도록 내버려두기보다는 사회가 나서서 이를 금지시킬 수 있다면 그야말로 좋은 일이다. […] 더 나은 세상을 위해 그의 자손이 범죄성으로 인해 퇴화되는 것을 기다리거나 우둔함으로 인해 굶어 죽게 놔두기보다는 사회가 나서서 그들과 같은 부적격자들이 지속되지 않도록 명확한 방법을 제시해 주는 것이 필요하다. […] 정신박약자는 삼 대를 이어간 것으로 족하다"[113]라는 이 사건의 판결문은 우생학이 국가의 공적 정책으로 기능할 수 있음을 보여 준 것으로 중요하다. 그런데 이러한 판결은 정신력 결핍이라는 요인뿐만 아니라 사회적·성적 일탈을 불온하게 생각하는 재판부의 견해 때문에 가능한 것이었다.[114] 미국의 강제 불임화 수술법 제정은 미국의 우생학 운동이 극단적이고 비인도주의적인 것이었음을 명확히 보여 주는 사례였다. 사실상 미국의 강제 불임화 수술법은 미국의 전통적 이상 중 하나라고 할 수 있는 개인의 권리 보장과 자유 존중이라는 사상을 심각하게 훼손한 것이었고, 따라서 이는 분명 자유민주주의와는 거리가 먼 조치였다. 하지만 대중적 지지와 더불어 법적 정당성까지 갖게 된 미국의 강제 불임화 수술법은 1935년까지 28개 주에서 채택되었으며, 1974년 폐지될 때까지 이 법에 의해 수십만 명이 강제 불임화 수술을 받았다.[115] 요컨대 미국에서 우생학은 과학적인 계획과 통제, 경제적 효율, 그리고 이민 문제에 대한 합리적 해결이라는 현실적 당면과제와 조응함으로써 대중적 정당성을 획득

할 수 있었다. 유전을 근거로 인간의 사회적 위치를 서열화하고, 기득권 계층의 우월성을 설파하는 등 상대적으로 상위에 위치한 사람들의 논리로 기능했던 미국의 우생학은 국가 정체성을 구성하는 중요한 요소이기도 했다. 우성과 열성, 바람직한 것과 그렇지 못한 것, 적합한 것과 부적합한 것, 미국적인 것과 비미국적인 것을 구분하고, 후자들을 배제시키는 것이 19세기 말 이래 끊임없이 지속된 미국의 국가 정체성 형성의 방법이었으며, 우생학은 여기서 중추적인 역할을 담당한 측면이 있다. 우생학이 주장했던 인종 개량의 이념은 그것이 열성인자의 제거이건 우성인자의 번식이건 모두 더 우수하고 강인한 인종으로 만들어 가장 강력한 국가를 건설하려는 미국적 이상의 표현이었던 셈이다.[116]

이렇게 실천적인 활동과 구체적인 입법 과정의 참여를 통해 미국에서 발전을 구가하던 우생학은 1930년대에 접어들어 쇠퇴하기 시작했다. 사실 초기 미국 우생학 운동이 설정했던 전제들은 오늘날의 유전학 관점에서 보면 틀린 전제들이었다. 더욱이 유전학의 발전에 따라 초기 우생학자들의 유전론적 입장은 거부되기 시작했고, 이러한 우생학자들의 수세 국면을 돌파해 준 것이 제1차 세계대전이었다. 따라서 제1차 세계대전 이후의 우생학은 생물학적 적합성보다는 도덕적 적합성을 극단적으로 추구하는 방향으로 전개될 수밖에 없었다. 이런 상황에서 1929년 촉발된 대공황은 우생학의 쇠퇴를 부추기는 중요한 사회적 분기점이 되었다. 대공황은 미국인들에게 생물학적 차이보다는 사회적 환경의 중요성을 인식시켰던 사건이다. 대공황은 지적·사회적 능력과는 무관하게 모든 미국인들이 사회적 고통을 동일하게 감수해야만 한다는 사실을 각인시켰다. 이 같은 상황은 우생학적 주장들이 설득력을 잃기에 충분했다. 미국의 우생학이 정치사회적 환경 변화의 산물임을 다시 한 번 보여 주는 좋은 예증이다.

대공황의 여파로 인한 유전론적 우생학의 쇠퇴와 더불어 유전론적 우생학은 생물학 사회 내부에서 일어난 유전학의 발전으로 과학적 취약성을 노정시키며 서서히 침몰하기 시작했다. 그러나 이는 이미 예정된 귀결이었다고 볼 수 있다. 사실 멘델주의에 기댄 이념적 우생학에 대한 반발은 생물학 내부에서 아주 오래전부터 꾸준히 제기되고 있었던 상황이었다. 미국의 경우, 앞서 살펴보았듯이 멘델주의 유전학을 가장 먼저 도입한 분야는 농업 분야였다. 당시 미국 사회는 산업화로 인한 도시화의 물결이 지배적인 상황으로 전개되면서 농업 분야에서도 혁신적인 개량을 통해 산업적 가치를 도모하는 데 관심이 높았다. 그들은 미국의 자연적 환경에 적합한 새로운 농작물을 개발하기 위해 다윈주의적 자연선택과 이종교배에 관심을 가졌다. 이러한 연구들은 농업 육종가와 대학의 생물학자 그룹 사이의 밀접한 연관 속에서 발전한 것으로 보인다. 멘델주의 유전학이 유입될 당시 미국에서는 육종을 통해 농업 생산력의 극대화를 꾀하고 있었고, 이로부터 형질 보존과 품종 개량의 관심이 유전과 유전학에 대한 관심으로 전이되었다. 상황이 이렇다 보니 육종과 유전은 개념적으로 혼동될 수밖에 없었다.

이러한 혼동은 일부 유전학자들의 노력으로 조금씩 깨져 나가기 시작했다. 유전학자들의 연구를 통해서 발현된 형질(patent traits)과 잠복된 형질(latent traits)에 대한 구분이 이루어지기 시작했다. 이 문제는 골튼에게도 골칫거리였다. 앞서 살펴보았듯이 처음에 다윈의 범생설을 수용했던 골튼은 이후 혼합유전에 관한 실험을 통해 유전 가능한 형질은 발현된 형질이 아니라 잠복된 형질이라는 결론에 도달했었다. 즉, 겉으로 드러나는 것은 일부이고, 부모들 특질의 대부분은 잠복되어 있다는 것이다. 마치 바이스만의 생식질 연속설을 예측한 듯한 골튼의 결론은 이후 요한센에 의해 더 구체화된다.[117]

요한센은 잠복된 형질의 유전성을 밝히기 위한 실험을 통해 유전과 변이의 문제에 다가서기 시작했다. 동종교배와 이종교배, 역교배(back cross, 잡종 1대를 그 선대와 교잡하는 것) 등 각종 실험을 통해 요한센은 표현형(phenotype)과 유전형(genotype)을 구분했다.[118] 이러한 구분을 통해 그는 표현형만으로는 생물학적 정체성에 대한 가치 판단을 내리기에 부적절하고, 따라서 내부에 숨겨져 있는 잠복된 유전적 정체성을 파악할 필요가 있다고 판단했다. 결론적으로 그는 표현형은 환경이나 가시적인 성질을 나타내는 것이고, 유전형은 외부적 환경과는 무관하게 항구적으로 지속되는 일종의 유전 정보라고 파악했다.[119]

이어 모건은 초파리의 돌연변이 연구를 통해 요한센의 결론을 보다 확실하게 확인했다. 사실 모건은 우생학 운동 초기 강력한 우생학 운동 집단인 미국 육종인 협회에 소속된 학자였다. 그러나 1915년경 그는 우생학 운동에 대한 관심을 접고 유전학자로서의 길을 가게 된다. 실험을 통해 그는 유전자 안에 있는 내재된 형질(implicit traits)과

원형질 안에 있는 외형적 형질(explicit traits)을 구분했다. 이러한 구분을 통해 그는 이전과는 다른 유전 개념을 만들어 가기 시작했다. 무엇보다 모건은 유전과 환경 사이의 상호작용이 그렇게 단순하지 않으며 복잡한 측면이 있기 때문에 생물체의 특질을 설명하는 것은 아주 어려운 일이라고 생각했다. 이를테면 멘델주의적 견지에서 단일 유전자에 의한 하나의 유전적 구성은 성립할 수 없다고 본 것이다. 따라서 모건은 생물체의 특질을 규정하기 위해서는 유전적 구성뿐만 아니라 그것이 관계를 맺는 환경적 구성 요소들에도 주의를 집중할 필요성이 있음을 주장했다.[120] 이와 같은 유전학 내부의 발전은 이미 오래전부터 과학적 담론으로서의 우생학이 가진 과학적 취약성을 드러내고 있었다.

이렇듯 과학적 근거를 상실한 우생학은 제1차 세계대전을 거치면서 이데올로기적 도구로 전락했고, 미국의 정치사회적 환경 변화는 우생학의 대중적 설득력을 보다 강화해 주었다. 그러나 1930년대 접어들어 인간 유전학이 주도적인 학문 분야로 자리를 잡아 큰 흐름을 형성하면서 우생학은 더 이상 과학적 정당성을 주장할 수 없었다. 이제 나쁜 유전자가 모든 부적합한 형질들을 유발한다는 우생학적 관념은 유전학의 발전에 따라 거부되었다. 유전학의 발전은 많은 형질들이 상이한 유전자들에 의해 영향받을 수 있으며, 환경도 유전적인 잠재성이 무엇이든지 간에 유기체의 성장에 영향을 미칠 수 있다는 것을 상기시켜 주었다. 이러한 상황은 많은 학자들이 우생학의 과학적 부당성을 공공연히 비판하는 계기를 조성해 주었다. 아이러니하게도 멘델주의 유전학의 발전으로 유전 문제가 강조되면서 발전의 모티브

(표) 유전형질에 대한 인식 변화

골튼	요한센	모건
Patent	· Phenotype · historic · biological · small variability · through interaction with surrounding · natural and artificial selection	· Explicit identity · gene & environment · protoplasm · medicine
Latent	· Genotype · ahistoric · chemical · large variability · through internal reaction · pure line breeding and mendelian analyzes	· Implicit identity · genes · chromosome · genetic

를 얻었던 우생학은 유전학이 발전함에 따라 쇠퇴해 가는 기묘한 운명에 놓이게 된 것이다.

이런 상황에서 발생한 제2차 세계대전과 나치의 대학살은 미국 우생학의 대중적 성공을 여지없이 무너뜨려 버렸다. 나치는 최상의 인간만이 자손을 생산해야 한다는 사고를 가지고 있었다. 레벤스보른 프로그램이 이러한 목적을 위해 시작되었다. 이들은 뚜렷한 아리안형의 인간이 존재한다는 믿음을 뒷받침하는 과학적 근거가 있다고 막연히 전제했다. 그러나 실제 최상의 인간을 선택하는 기준은 대단히 엉성하고 주로 외형적인 요인에 치우친 것이었다.[12] 독일의 인종위생은 이와 짝을 이루는 것이었다. 노르딕 인종 유형이 있다고 믿은 나치는 히틀러 집권 이후 미국의 강제 불임화 수술법을 모델로 1933년 법을 제정했고, 이후 12년간 노르딕 인종이 아닌 수백만 명의 무고한 인명을 살육했다. 강제 불임화 수술법의 모티브를 제공했던 ERO의 활동은 나치의 잔혹성으로 인해 회의적으로 비추어질 수밖에 없었다. 결국 미국 우생학 운동의 산실이자 운동의 구심이었던 ERO가 1939년 10월 공식적으로 폐쇄되면서, 한 시대를 풍미했던 우생학은 생명력을 잃기 시작했다.

이제 우생학의 중심은 독일로 이전되어 갔고, 영국이나 미국에서 전개된 형태와는 또 다른 형태의 우생학이 전개되었다. 독일의 역사적 특수성과 사회적 환경이 만들이 낸 독일의 인종위생 운동은 영국이나 미국의 그것보다 훨씬 더 포괄적이고 극단적인 방향에서 전개되었다.

4장

독일의
우생학

독일 인종위생(Rassenhygiene)[1]은 원래 생의학적 차원에서 건강보건 프로그램의 일환으로 시작된 것이었으나, 결국 강제 불임화 수술, 안락사(euthanasia), 그리고 집단학살로 귀결됨으로써 과학의 정치화 현상이 보여 줄 수 있는 가장 부정적인 결과를 낳았다. 독일 인종위생은 19세기 말 독일 사회의 급격한 산업화 과정에서 파생된 제반 사회 문제 및 노동자계층과 엘리트계층 사이의 상대적인 출산율 차이를 극복하려는 생의학적 차원의 조치였다. 독일 인종위생론자들은 독일인들의 생식을 과학적으로 관리하고 조절함으로써 문화적·정치적 쇠퇴를 막으려고 했다. 독일 인종위생론자들은 이념이나 정치적 지향에 관계없이 국가 효율을 높이기 위해 생물학적 적합성을 논하거나 부적격자를 제거해야 한다는 주장을 펼쳤다.[2] 따라서 초기의 독일 인종위생은 생물학에 지적 기반을 두었고, 인종적이고 정치적인 색깔은 두드러지지 않았다. 그러나 초기의 긍정적인 목적에도 불구하고 독일의 역사적 상황은 인종위생을 극단적인 방향으로 내몰아 갔다. 독일 인종위생은 제1차 세계대전에서의 패배와 대공황의 여파로 점점 인종주의적 색채를 띠게 되었고, 나치 집권 이후 극단적인 정치 운동으로까지 발전했다.[3] 이 때문에 독일 인종위생 연구의 중심에는 늘 나치의 인종 학살이 자리 잡아 왔다. 물론 이와 같은 단선적인 연결은 다양한 함의로 설명할 수 있는 독일 인종위생의 모습을 단순화시킬 가능성도 많지만,[4] 독일 인종위생이 가졌던 계급 편향적 성격과 인종주의적 차별은 그 잔혹성 면에서 간과할 수 없는 문제이다. 독일 인종위생은 과학 이론이 사회적 상황이나 정치적 이념과 밀접한 연관을 맺으며 어떻게 왜곡·악용될 수 있는지를 보여 준 대표적 사례였다는 점에서 과학기술 시대를 살아가는 우리에게 시사하는 바가 크다.

여기서는 독일 인종위생의 이론적 토대가 된 다윈의 진화론이 헤켈에 의해 독일에 수용되어 변용되는 과정, 그리고 그것이 독일의 역사적 특수성과 조응하여 변화해 가며 궁극적으로 나치에 이르러 극단적인 형태의 우생학적 조치로 귀결되는 역사적 궤적을 살펴볼 것이다. 이는 과학과 사회 또는 과학과 정치의 상보적인 관계를 살펴볼 수 있는 좋은 기회가 될 것이다.

헤켈과 집단주의적 투쟁

독일에서 다윈의 진화론은 헤켈의 활동에 힘입어 급속히 확산되기 시작했다. 다윈의 『종의 기원』 출간은 독일에서 생물학적 결정론과 과학적 인종주의의 서막을 알리는 것이었다. 앞서 밝혔듯이 다윈은 인간 위치의 문제에 대해 기독교와 다른 의견을 피력했고, 적응이론에 근거해 진화 이론을 설파했다. 유럽과 미국의 학자들은 다윈의 진화론을 인간에게도 적용하기 위해 고심했고, 이 과정에서 다윈의 자연선택설은 인간의 도덕이나 윤리마저도 설명할 수 있는 이론으로 활용되었다. 미국에서 다윈의 진화론은 최적자의 생존을 보증하는 이론으로 기능했고, 이는 산업자본주의의 정당성과 기업가들의 도덕적 합리화를 도모해 주었다. 미국의 경우, 경제적 분야에서 생존경쟁은 자연의 법칙에 의거한 사회적 존재들의 필연적 결과였고, 생존경쟁이 벌어지는 사회도 자연에서 이루어지는 변이와 자연선택에 의한 진화처럼 진보하는 것으로 받아들여졌다. 미국에서 다윈의 진화론은 사회적 성공과 물질적 번영의 정당성을 제공하는 메커니즘으로 작용했던 것이다. 독일에서도 다윈의 진화론은 미국과 유사한 기능을 수행했다. 독일의 사회다윈주의자들도 정치적 구조와 사회적 위계를 자연의 법칙으로 설명했다.[5]

당시 독일은 이미 산업화에 성공했던 영국과는 달리 봉건적 유제가 많이 남아 있었고, 전통적으로 특권 세력이었던 토지귀족과 가톨릭교도들의 사회적 영향력이 막강했다. 따라서 독일에서 다윈의 진화론은 영국이나 미국과는 다소 다른 내용과 성격으로 변용되었다. 보통 영국이나 미국의 경우, 다윈의 진화론은 개인주의적 생존경쟁 논리에 기초하여 산업자본가, 즉 자유방임주의자들의 정당화 도구로 기능했었다. 따라서 영국이나 미국에서 전파된 생존경쟁과 최적자생존 논리는 현실 체제 유지를 옹호하는 세력들의 명분으로 이용되었다. 반면 독일에서 다윈의 진화론은 전통적인 기득권 세력에 대한 투쟁 과정에서 부르주아를 위한 일종의 무기 역할을 했다. 독일에서 다윈의 진화론은 단순히 현상 유지를 도모하기 위한 수단이 아니라 새로운 기득권을 열망하는 사람들의 도구였던 것이다. 이러한 사실은 다윈주의의 독일 수용 과정에서 엿볼 수 있는 특수한 상황이다.

1860년대 이후 독일에 수용되기 시작한 다윈의 진화론은 독일 사회 전 분야에서 즉각적인 논쟁을 불러일으켰다. 독일의 다윈주의 수용 세력과 반대 세력은 영국이나 미국과 다소 차이가 있다. 즉, 다윈주의를 수용했던 세력은 연령적으로 젊고, 지방에 근거를 둔 유물론적인 소장학자들이 많았다. 반면 다윈주의에 적대적인 세력은 상대적으로 연령이 많고, 가톨릭적 전통에 충실한 원로 인사들이 많았다.[6] 따라서 독일에서 다윈의 진화론은 사회적 헤게모니를 둘러싼 신구 세력 사이의 갈등을 적나라하게 보여 주는 기제였다.

당시 독일은 제국주의 경쟁에서 뒤처져 있었고, 사회 내부적으로도 좌우파 사이의 정치적 갈등이 극에 달하던 상황에 있었다. 이러한 상황에서 수용된 다윈의 진화론은 영국이나 미국과 달리 개인주의적 생존경쟁에 입각한 자유방임주의의 옹호가 아니라 독일의 국가적 생존이라는 논리, 즉 집단주의적 생존경쟁에 입각한 군국주의적 성격의 논리로 활용되었다. 따라서 독일은 다윈의 진화론이 수용될 당시부터 종 사이의 생존경쟁이 중요한 화두였고, 이와 연관된 인종의 퇴화 문제는 국가적 생존과 직접 연관이 있다는 사회적 인식을 창출시켰다.[7]

또한 영국과 미국의 생존경쟁과 최적자생존의 논리가 개인적 차원에서 집단적 차원의 논리로 발전해 갔다면, 독일에서는 줄곧 집단적 차원에서 다루어진 측면이 많았다.[8] 이는 1870년대를 전후한 시기에 독일의 지상과제가 국가 통일이었다는 사실과 당시 유럽 대륙에서 태동하던 민족주의 물결의 여파이기도 했다. 이와 연관하여 영국과 미국에서 다윈보다 스펜서의 함의가 더 큰 영향력을 끼쳤던 것과는 달리 독일에서는 다윈 자체의 영향력이 더 컸다. 독일의 다윈주의 저작 속에서 스펜서는 드물게 발견될 뿐이었고, 독일의 다윈주의자들은 사신들의 지적 권위와 정당성을 다윈으로부터 구했다.[9]

독일 역시 영국이나 미국과 마찬가지로 지식계에서 자연주의적 흐름이 대세를 이루고 있었다. 이는 독일에서 과학 이론과 사회사상 사이의 경계를 허물어 갔다. 다윈의 진화론은 독일에서도 사회를 해석하는 도구였다. 독일에서 다윈의 진화론은 하나의 규범적 지식으로서, 사회적 실천의 무기로서 사용되었다. 다른 나라들과 마찬가지로 독일에서도 다윈의 진화론은 사회 진보의 이름 아래 시대를 풍미하는 하나의 도그마가 되어 갔다.

독일 사회에 수용된 다윈의 진화론은 독일의 특수한 역사적 상황 아래 민족주의와 제국주의 담론과 결부되어 군국주의적 집단경쟁의 이론적 합리화를 제공해 주었고, 이에 따라 독일에서 다윈의 진화론은 인종의 생존과 퇴화를 해결할 수 있는 이론적 수단이 되었다.[10] 특히 당시 독일에서는 내부적으로 퇴화에 대한 공포가 컸다. 이는 약자에 대한 의학적 치료가 생존경쟁에 의한 자연선택 과정을 왜곡시킴으로써 국가의 생존을 위태롭게 하고 있으며, 더군다나 이들이 사회적 적격자보다 출산율이 높은 현상은 사회적 퇴화를 촉진할 것이라는 인식에 기초를 두고 있었다.[11] 이렇게 본다면 독일에서는 다윈의 생존경쟁 관념 가운데 종 사이의 생존경쟁 논리가 수용되어, 민족주의와 국가 효율의 논리를 뒷받침하는 논거로 작용했다는 것을 알 수 있다. 따라서 독일은 영국이나 미국보다 우생학적 사고가 집단적 생존의 문제로 귀결될 소지가 컸다. 이는 독일의 특수한 사회경제적 상황과 조응하여 다른 나라들에 비해 더 극단적인 차원의 우생학적 조치가 전개될 수 있는 개연성이 높았다. 이제 독일에서는 집단주의적 생존경쟁과 최적 집단의 생존 논리가 중심적으로 설파되기 시작했다.

물론 독일에서 다윈의 진화론이 사회 문제의 해결책으로 제시되는 것이 수월했던 것만은 아니다. 앞서 밝혔듯이 독일은 다른 나라에 비해 상대적으로 종교적 보수성이 강했던 나라였기 때문에 다윈 진화론의 수용과 그 활용은 상당한 애로점이 많았다. 설사 다윈의 진화론이 적어도 학문적 차원에서는 어느 정도 용인될 수 있었는지 모르지만, 다윈의 진화론을 사회적 논제들의 해결책이나 사회적 논제들을 해석하는 이론적 준거틀로 활용하는 것은 쉬운 일이 아니었다. 하지만 대세는 거스를 수 없는 법이었는지, 독일에서도 다윈의 진화론은 학문적 차원에서도, 또 사회적 논제들에 대한 해석틀로서도 서서히 수용되었다. 이는 다양한 이념적 스펙트럼 속의 많은 사람들이 진화론이라는 지적 렌즈를 통해 사회를 해석하고, 실천을 모색하는 계기가 되었다. 특히 독일에서 다윈의 진화론은 당시의 역사적 상황과 접목되어 군국주의를 찬양하고, 전쟁을 미화하는, 국가적 생존을 위한 이론적 무기로서 필수적인 과학 이론으로 자리를 잡아 갔다.

독일에서 다윈의 진화론을 대중적으로 확산하는 데 중요한 역할을 했던 사람은 헤켈이었다. 헤켈은 영국의 스펜서, 미국의 섬너와 유사한 영향력을 행사하며, 생존경쟁과 최적자생존의 논리를 독일 사회에 정착시킨 인물이었다. 이 때문에 헤켈은 다윈주의의 사도로, 또 종교에 대한 과학의 승리를 이끌어 낸 해방자로 불린다.[12] 당시 헤켈은 예나(Jena) 대학의 생물학 교수였고, 다윈의 『종의 기원』을 읽고 난 뒤, 곧바로 진화론의 지지자가 된 것으로 알려져 있다. 헤켈은 다윈의 진화론을 통해 생물학에 경도된 이후, 인간 의지의 자유를 제외한 모든 논제가 진화론에 의해 해결될 수 있다고 생각했다. 진화론은 헤켈에게 도깨비방망이와도 같은 만능의 이론으로 인식되었던 것이다.[13] 헤켈은 태생적으로, 정치적으로 급진적인 성향의 인물이었고, 1866년 이후 독일자유당(National Liberal Party)에 가입한 뒤로는 비스마르크(Otto Eduard Leopold von Bismarck, 1815-1898)의 열렬한 지지자가 되어 극단적인 민족주의자로서의 면모를 보이기 시작했다.[14] 헤켈의 관심은 집단, 즉 독일 민족의 생존에 있었고, 이 때문에 헤켈은 다윈 진화론 가운데 집단 사이의 생존경쟁에 유난히 관심이 많았다.

헤켈은 다윈과 달리 일고의 주저함도 없이 진화의 문제를 인간에 적용했다. 헤켈은 인간도 동물과 동일한 방식으로 진화하는 존재에 불과하다고 믿었다. 이는 『창조의 자연사』(Naturliche Schopfungeschichte, 1868)에서 인간 진화과 생존경쟁의 상관성을 다루면서 더 명확하게 드러났다. 그는 "인간은 평화보다는 경쟁의 공간에서 삶을 영위하는 존재이고, 인간은 경쟁의 과정에서 정복당하거나 파괴되어 사멸해 간다. 경쟁은 목적이나 의지에 관계없이 인간의 생존을 도모하는 추진력이다. 이런 면에서 인간도 동물계의 일부이고, 예외적인 존재는 아니다"[15]라고 주장했다. 특히 헤켈은 다윈의 세 가지 생존경쟁 개념 중 서로 다른 종 사이의 집단적 생존경쟁을 강조했다. 따라서 헤켈의 경쟁 논리는 필연적으로 독일 군국주의의 이론적 근거로 작용할 수 있는 여지가 많았다.

다윈도 헤켈의 논리에 수긍하는 견해를 피력한 바 있다. 다윈은 자신의 『인간의 유래』가 이미 헤켈이 논의한 것에 지나지 않은 것이라 생각하기도 했다. 그래서 만일 자신이 헤켈의 저작을 미리 읽었다면, 자신의 책을 집필하지 않았을 것이라고도 했다. 다윈은 헤켈을 위대한 자연주의자라 칭하고, 자신의 연구보다 헤켈의 연구가 더욱 풍부한 논의를 개진하고 있다고 극찬했다.[16]

헤켈 역시 다윈, 스펜서, 그리고 섬너처럼 맬서스의 견해를 따랐다. 헤켈은 인구 압력은 부족한 자원을 둘러싼 생존경쟁의 원인이 되며, 이는 인간도 예외가 아니라며 다윈의 이론을 인간 사회에 곧바로 적용했다. 헤켈은 인간 사회에서의 생존경쟁은 고등한 형태로의 발전을 도모하여 인류 역사 발전의 동력으로 작용한다고 보았다. 따라서 헤켈은 경제적 생존을 둘러싼 인간 사회에서의 생존경쟁은 보편적이고 필연적인 것이며, 노동자들의 생존에도 유리하게 작용한다고 생각했다. 결국 헤켈은 생존경쟁을 인류의 모든 부분을 고양시키는 메커니즘으로 파악했던 것이었다.[17] 이와 같은 신념에 기대어 헤켈은 집단적 차원의 생존경쟁을 주장하며, 민족주의, 제국주의, 그리고 인종주의 등을 정당화하는 이론적 기반을 구축하려고 했다. 헤켈은 코카서스 인종을 최상위의 인종으로 상정하고, 인종을 열 단계로 구분하여 인종적 가치를 평가했다. 헤켈이 시도했던 인종 분류와 생물학적 결정론에 기댄 인종 사이의 육체적·행동적 차별성은 후일 나치가 주도한 반(反)유대주의(anti-Semitism)의 이론적 근거로 활용되었다.[18] 헤켈은 집단적 차원의 생존경쟁과 인종적 위계 사상을 바탕으로 범게르만 동맹(Pan-German League)을 창설하는 데 주도적으로 참여하고, 독일 해군 동맹(German Naval League)이나 독일 식민지 협회(German Colonial Society)에도 참여하여 민족주의와 제국주의의 열렬한 지지자가 되었다. 이는 강력한 국가의 건설이 민족의 생존과 결부되어 있다고 믿는 헤켈에게는 당연한 선택이었을 것이다.

헤켈은 강력한 국가를 건설하기 위해서는 일원화된 중앙 집중적인 조직이 필요하며, 개인주의적 논리는 오히려 해가 된다면서 스펜서주의적 개인주의를 비판하기도 했다. 따라서 강력한 국가는 영국식 개인주의가 지배하는 그런 국가가 아니라, 강력한 리더십에 의해 일원화된 중앙집중형 국가를 의미하는 것이었다. 더욱이 헤켈은 스펜서의 논리와는 정반대로 군사사회의 중요성을 역설하며, 국가적 차원의 생존경쟁이 역사 발전의 핵심적 동력이라고 주장했다. 정부의 역할은 시민들을 개선하여 국가적 생존경쟁에 필요한 존재들로 성장시키는 것이고, 진화 또는 진보의 방향도 목적에 따라 결정할 수 있는 성질의 것으로 보았다.[19] 이러한 헤켈의 군국주의적 논리는 후일 히틀러에게 심대한 영향을 미쳤고, 나치의 지배 이데올로기를 정당화하는 좋은 논거가 되었다.

한편 헤켈은 다윈주의를 통해 자신의 철학적 일원론(monism)을 완성하고자 했다. 헤켈의 일원론은 기독교, 형이상학, 그리고 모든 형태의 비합리적 사상을 거부하는 과학주의와 다르지 않았다. 따라서 헤켈의 일원론은 유물론적 색채가 짙었다. 헤켈은 이른바 일원론자 동맹(Monist League, 1906)을 결성해 자신의 유물론과 군국주의를 대중에게 전파하려고 했다.[20] 여기에는 독일의 저명한 지식인들이 대거 참여함으로써 헤켈의 논리는 과학적·정치적 차원의 권위를 행사할 수 있었다. 후일 독일 인종위생의 창시자 중 한 사람인 샬마이어(Friedrich Wilhelm Schallmayer, 1857-1919)도 헤켈의 열렬한 지지자로서 일원론자 동맹에 참여했다. 이는 독일 인종위생이 애초부터 보수화될 가능성이 농후했음을 보여 주는 일면이라 할 것이다.

당시 일원론자 동맹의 회원들은 헤켈의 논리가 모든 부문에 적용될 수 있는 보편적인 성질의 것이라 생각했고, 따라서 헤켈의 논리는 인간 진화뿐만 아니라 정치, 종교, 도덕, 그리고 윤리에 이르기까지 포괄적으로 적용될 수 있다고 믿었다. 이들은 사실과 당위의 문제를 혼동했던 헤켈이 범한 '자연주의적 오류'를 간과함으로써 손쉽게 생물학과 정치학을 통합시켜 독일 민족의 집단주의적 경쟁에서의 승리를 최우선 목표로 상정하였다. 즉, 일원론자 동맹의 결성 목적은 사회에 대한 생물학적 개혁을 통해 독일 민족의 생존과 안녕을 달성하는 데 있었다. 헤켈은 생존경쟁에 의한 독일 민족의 생존이 가장 이상적인 진화의 산물이고, 생물학, 정치학, 그리고 도덕성이 진화의 과정에서 융합되어 독일 내부의 정치적·사회적 장애를 제거해 줄 것이라 믿었다.[21] 결국 헤켈에게 다윈의 이론은 단순한 생물학 이론으로서만이 아니라 새로운 도덕적 가치와 그에 기초를 둔 사회 질서를 창출하는 지적 토대로 받아들여졌고, 이는 다윈의 자연선택설이 모든 부분을 포괄하는 일반적 법칙으로 활용되는 이유가 되었다.[22]

군부에 의해 통일된 독일은 헤켈과 그의 옹호자들이 활동하기에 좋은 환경이 조성되었고, 실제로 그들은 막강한 영향력을 발휘하였다. 그들은 진화이론을 기초로 제국주의적 침략과 인종주의적 편견을 합리화했고, 집단 사이의 생존경쟁은 사회적 진보 달성의 가장 중요한 요소라고 웅변하였다. 후일 헤켈과 일원론자 동맹의 구성원들이 설파한 논리는 독일 국민의 천부적인 우월성과 그들의 필연적인 승리를 예찬함으로써 나치 이데올로기의 출현에도 중요한 역할을 했다. 헤켈은 당시 제국주의적 경쟁에 참여한 독일인들에게 세계적 헤게모니의 획득이라는 다소 이상주의적인 전망을 과학적으로 정당화하는데 기여했다.

헤켈은 자신의 민족 철학과 다윈주의적 진화 원리를 결합하여 과학과 정치적 운동을 조응시켰다. 헤켈은 생물학적 결정론에 근거해 인간 사회를 규정하고, 정치적 문제를 해석했던 것이다. 헤켈이 다윈의 자연선택설을 종교적 도그마처럼 인식하고, 그것을 정치사회적 영역으로 이전시킴으로써 독일에서 과학적 진화론은 독일 특유의 인종적 편견이 가미된 민족주의와 결합할 수 있었던 것이다.[23] 이는 생물학적 결정론과 인종주의가 녹아 들어가는 통로 역할을 했고, 인종주의적 도그마로 무장한 나치의 출현에도 일정 부분 기여했다. 이런 점에서 어쩌면 헤켈은 생물학과 정치를 혼합하려 했던 나치의 선구자였는지도 모른다. 정치사회 문제를 생물학이라는 자연의 법칙에 의거해 해결하려 했던 헤켈의 시도는 나치 정책과 너무도 유사하기 때문이다. 실제로 헤켈이 주장했던 민족 투쟁(Volkish Kampf)의 관념은 히틀러가 제창한 나의 투쟁(Mein Kampf)의 이론적 근거로 활용되었다. 히틀러는 진화론적 경쟁을 자기 이론의 모티브로 삼았고, 여기에 독일 민족의 생물학적 우월성이라는 신화를 결부시켰다. 이에 근거해 히틀러는 생존경쟁과 그에 따른 최적 인종, 즉 독일 민족의 생존을 최우선의 지상과제로 삼았고, 헤켈의 논리는 이것을 정당화했던 것이다. 히틀러는 민족 투쟁과 자신의 투쟁을 일체화시킴으로써 스스로를 신성한 독일 민족의 상징적 존재로 부각시킬 수 있었다.

헤켈의 독일 민족의 우월성이라는 논리는 다른 민족의 열등성과 쌍을 이루는 것이었다. 헤켈은 민족마다 다른 생존 가치를 지니고 있다고 했으며, 독일 민족의 가치를 다른 민족의 열등성과 대비하였다.[24] 헤켈은 만일 열등한 유전적 혈통이 자연 선택의 법칙에 의해 제거되지 않고, 사회적 조치에 의해 인위적으로 생존하게 된다면 민족의 생물학적 질은 퇴화하고 말 것이라고 경고했다. 헤켈에게 중요한 것은 독일 민족의 우월성과 생물학적 순수성을 유지하는 것이었고, 따라서 사회 정책은 열등한 인간 혈통을 제거하는 것을 목적으로 삼아야만 하는 것이었다. 헤켈은 독일 민족의 인종적 순수성 유지는 단순히 선택적인 생식만으로는 부족하고, 오직 다른 민족의 제거만이 독일 민족의 인종적 순수성을 담보해 줄 것이라 주장했다. 헤켈에게 열등한 인종은 진화의 측면에서도, 또 독일 민족의 인종적 순수성 유지를 위해서도 사멸해야만 하는 그런 존재에 불과했다.[25] 나아가 헤켈은 공동체의 이익을 위해서는 유아 살해도 가능하며, 인위적으로 삶을 유지하고 있는 치료 불능의 정신병자나 암환자들을 제거하는 것은 오히려 이들을 악의 수렁으로부터 구원하는 일이라고도 주장했다. 그뿐만 아니라 교화가 불가능한 범죄자를 사형하는 것 역시 공동체의 질적 진보를 위해 필수적이며, 이는 해로운 생물학적 질이 유전될 가능성을 차단하는 효과적인 일이라고도 역설했다.[26]

공동체의 진보에 장애가 되는 모든 존재를 제거하는 것을 이상적인 진화의 산물이자 최고의 덕목으로 삼았던 극단적인 헤켈의 논리는 미국의 섬너가 그랬던 것처럼, 독일의 인종위생에 중요한 지적 토대가 되었다. 이와 같은 헤켈의 논리는 극단적인 네거티브 우생학이라 할 수 있을 것인데, 이는 독일 인종위생의 성격을 가늠할 수 있는 중요한 바로미터가 될 것이다. 실제로 독일 인종위생의 주창자였던 플뢰츠(Alfred Ploetz, 1860-1940)는 헤켈의 논리와 동일하게 부적격자의 제거를 주장했고, 샬마이어도 헤켈의 논리에 동조했으며, 나치의 생물학적 결정론과 반유대주의도 헤켈에게서 자양분을 얻었다. 이렇게 본다면 헤켈의 논리, 인종위생, 그리고 나치 정책 사이의 이론적 연관은 이미 오래전부터 예고된 것이었다고 볼 수 있을 것이다.

이후 헤켈의 논리는 바이스만의 이론과 결합하여 독일에서 라마르크주의를 일소하고, 인종위생이 탄생할 수 있는 지적 분위기를 형성해 주었다. 헤켈과 바이스만의 이론은 생존경쟁과 최적자생존이라는 논리를 정당화하고, 유전의 영향을 절대시하는 사회풍조를 만들었다. 헤켈의 논리는 사회적 진보에 대한 열망과 결합되어 인종의 질적 개선을 정당화하고, 인종위생만이 유일한 대안이라는 공감대를 형성하는 기폭제가 되었다. 이제 산업화가 야기한 다양한 사회 문제들 속에 갇힌 부적절한 군상들은 제거해야만 할 사회적 부적격자로 인식되었고, 이들에 대한 제거만이 사회적 진보를 위한 합리적 대안이 될 수 있다는 관념이 보편화되었다.

인종위생의 탄생

다윈과 결합된 헤켈의 논리는 독일 대중에게 깊이 침투했다. 집단적 차원의 생존경쟁과 최적자생존의 논리는 독일의 급속한 산업화 국면과 조응하여 독일 인종위생이 탄생되는 밑거름이 되었다. 독일의 급속한 산업화는 다른 나라들과 마찬가지로 다양한 사회 문제들을 노정시켰고, 사회 문제의 해결책을 과학에서 찾으려 했다. 생존경쟁과 최적자생존의 논리는 또 다른 차원에서 논의되기 시작했다. 이제 독일 사회는 다윈과 결부된 헤켈의 논리를 기반으로 소극적 차원에서 최적자의 생존을 정당화하던 국면에서 부적격자의 제거라는 더 적극적인 선택의 국면을 맞이하게 된 것이다.

앞서 다원주의의 수용 과정에서 살펴보았듯이 독일은 자본주의적 발전이 추진되는 과정에서도 여전히 구시대적인 봉건제적 유제가 남아 있었다. 특히 통일 이후 급속한 산업화와 도시화가 진행되면서 기존 기득권 세력과 신흥 귀족이라 할 수 있는 산업귀족 사이에 생긴 갈등은 쉽게 해소되지 않는 상황이었다.[27] 더불어 통일 직후 야기된 급진적인 노동 운동의 성장과 사민당(SDP)의 집권은 중산계급을 비롯한 기득권 세력에게 극심한 우려와 공포를 유발시켰다. 이러한 상황에서 발생한 다양한 사회 문제는 독일 사회의 혼란을 더욱 부채질했고, 이해관계가 다른 여러 세력들은 나름대로의 해결책을 제시하기에 바빴다.

독일의 중산계급은 다양한 사회 문제에 대한 해결책을 도모하는 과정에서 계급별 출산율에 주목했다. 중산계급과 노동계급 사이의 출산율 차이는 현저했고, 지속적인 대외 전쟁은 두 계급 사이의 인구 비율의 간극을 계속 벌어지게 했다. 즉, 유능한 존재들은 전쟁터에서 죽어갔지만, 그렇지 못한 존재들은 병역의 의무로부터 제외되어 생식이 자유로웠던 것이다. 독일 중산계급은 사회복지 제도가 육체적 부적격자의 생존과 생식을 허용함으로써 인종적 퇴화마저도 유발한다고 비판했다. 중산계급의 출산율 감소와 사회적 부적격자의 다산은 인종 자살에 대한 공포를 야기하기도 했다. 더 큰 문제는 사회적 부적격자가 범죄, 매춘, 자살, 알코올 중독, 정신이상, 정신박약 등 국가 효율을 잠식하는 사회 문제들을 양산한다는 것이었다. 특히 정신이상이나 정신박약의 문제는 통일 독일의 재정 부담을 증가시킬 것이기 때문에 시급하게 처리해야 할 것으로 판단하고 있었다.[28] 중산계급의 출산율 감소와 인종적 퇴화의 위험성 증대, 그리고 경제적 부담의 증가 등은 독일 인종위생이 발전할 수 있는 사회적 토양을 형성했다.

인종위생론자들은 제국의 안정성을 도모하고, 국가 효율을 증진하기 위해서는 유전적 적합성을 달성하는 것이 중요하다고 주장했다. 그래서 인종위생론자들은 공중보건, 사회위생, 유전적 퇴화자의 제거, 그리고 중산계급의 출산율 장려 등 유전적 적합성을 달성하기 위한 포괄적인 내용의 대중 운동을 전개했다.[29] 이 과정에서 우생학은 의학적 치료의 핵심적 지위를 확보해 갔다. 이로써 우생학은 독일에서 개인의 건강 증진이나 공동체의 질 보호를 위한 공중보건은 물론이고, 인종위생 전체를 포괄하는 과학이자 이념 그리고 사회 정책이 되었다.

학문이자 대중 운동으로서, 그리고 사회 정책으로서 인종위생의 구체화는 인종이론의 체계화와 연관을 맺으며 발전했고, 이는 실증적 과학으로서의 인종위생과 인종 이데올로기를 구분하기 어렵게 만드는 이유가 되었다. 당시 인류학자들은 대개 인종적 제국주의에 긍정적이었다. 이런 상황에서 인종위생은 견고한 학문적 범주에서 주장될 수 있는 편리한 중도의 길을 제공했다. 인종위생은 유전에 대한 생물학 이론을 이용함으로써 인류학이 과학적 진술을 할 수 있는 기회를 제공했던 것이다. 인종위생론자들도 인류학에 근거해 아리안 인종의 우월성을 지지하고, 인종적 엘리트를 생식하는 문제에 골몰했었다.[30]

당시 독일의 인종위생론자 중에는 특히 의사들이 많았다. 의사들

역시 전문직 중산계급에 속했고 계급적 편견을 갖고 있었지만, 이념적 차원의 해결책보다는 의학적 해결책을 제시했다. 그들은 국민보건이 국가 효율의 필요조건이라고 역설하면서 의료 전문가로서의 책임성을 강조했다. 유전학의 발전에 따라 인간의 육체적·정신적 특질의 유전에 대한 논의가 증폭되었다. 이 과정에서 의학을 전문적으로 공부한 의사들이야말로 국가의 더 나은 건강을 지도할 수 있는 책임 있는 존재라는 인식이 더욱 강화되었다. 당시 독일 의학계의 주된 관심은 신경학이나 정신의학 분야 질병의 원인을 규명하는 데 있었고, 이에 따라 병원체를 연구하는 분야가 주목을 받고 있었다. 이는 정신질환, 정신박약, 범죄성, 간질, 히스테리, 그리고 결핵 등의 원인을 밝히는 문제로 이전해 갔고, 이들의 원인을 유전에 기인하는 것으로 결론지었다. 독일 의사들은 유전성 질병을 의학적으로 치료하는 것이 자신들의 책무이고, 이것이야말로 국가 효율을 증진시키는 최선의 방법이라 여겼다.[31] 이것이 우생학이 발전했던 다른 나라들에 비해 상대적으로 많은 수의 의료 종사자들이 인종위생에 동참했고, 나치 시기 의료 종사자들이 인종 학살의 주된 담지자로 기능하게 된 까닭이다.

독일 인종위생은 이와 같은 여러 상황이 혼재된 상태에서 탄생했다. 20세기 초 독일 인종위생은 영국이나 미국의 그것보다 훨씬 더 포괄적이고 통합된 형태로 전개되었다. 당시 인종위생은 최첨단의 과학이론으로 인식되었고, 인종위생론자들은 대학에서 주로 교육을 받고서 학계의 주도적 지위를 차지하고 있었다. 그렇기에 인종위생 자체도 문제였지만, 엘리트 교육을 받은 사회 주도 계층으로서 그들의 의식 속에 내재된 정치적·사회적·인종적 편견은 더 심각한 문제였다고 볼 수 있다. 실제로 그들의 의식 속에 내재된 다양한 편견은 악의에 찬 전제를 설정하며 역사에 지우기 힘든 흔적을 남기고 말았다.[32] 이는 과학 활동의 행위자인 과학자의 이념이나 의도가 얼마나 중요한지를 우리에게 깨닫게 해 준다.

인종위생을 창안하고, 체계화시킴으로써 사회적 실천의 토대를 마련했던 인물은 플뢰츠와 샬마이어였다. 이들은 독립적으로 활동했지만, 각자의 영역에서 인종위생의 확대를 위해 다양한 활동을 벌였다.

플뢰츠는 중산계급 출신으로 사회주의에 경도된 적이 있었다. 이는 그가 이상주의적 공동체 건설을 추구하려던 활동의 모티브가 되었고, 후일 민족주의와 결부하여 인종위생을 창안하게 되는 동기로도 작용했다. 그는 사회주의적 공동체 건설을 위해 미국으로 건너가서 협동공동체를 건설했다. 그러나 협동공동체의 건설은 수포로 돌아갔고, 인종적 질의 개선이 사회주의적 공동체의 건설에 필수적인 요소임을 깨닫게 되었다. 결국 플뢰츠는 인종의 보존과 개선이 시급한 과제이며, 그것이 게르만 민족의 영광을 재현하는 유일한 길이라 믿게 되었다. 이후 플뢰츠는 우선은 인종위생의 과학적 신뢰성과 의료과학으로서 정당성을 확보하는 일에 주력했다.[33] 플뢰츠는 인종위생의 과학성을 담보하는 것이 자신의 이상을 실현할 수 있는 최우선 과제라고 인식했고, 이에 따라 전략적인 선택을 했던 것이었다.

사회주의적 공동체 건설에 실패한 플뢰츠는 포렐(Auguste Forel, 1848-1931)의 제자가 되어 의학을 공부했고, 스위스의 한 정신병원에서 인턴 생활을 하기도 했다. 이는 후일 플뢰츠가 정신계 질환, 특히 알코올 중독의 문제에 관심을 기울이는 계기가 되었다. 또한 그는 프랑스에서 의학 과정을 이수했고, 미국 우생학의 산실이었던 스프링필드(spring field)에서 실험적 연구 활동에 전념하기도 했다.[34] 일련의 학문적 훈련을 통해 플뢰츠는 자신의 인종 보존과 개선에 대한 신념을 이론적으로 정립해 갔고, 이 과정에서 독일 인종위생의 이론적 토대를 마련할 수 있었다.

플뢰츠의 핵심적 주장은 골튼의 역선택 사고와 동일했다. 즉, 사회적 부적격자들에 대한 정부의 보호는 자연선택의 방향을 왜곡시켜 국가 전체의 생물학적 적합성을 훼손할 것이고, 반대로 정부가 국민보건을 방임할 경우 생물학적 부적격자의 수가 증가하여 사회적 비용 증가를 초래한다는 것이었다. 플뢰츠의 주장에서 주목할 부분은 개체가 아니라 집단, 즉 인종 전체의 생물학적 적합성에 그가 관심을 가졌다는 사실이다. 인종은 가치의 범주에 속하는 것이고, 정부는 개체가 아닌 인종 전체에 봉사해야만 한다는 것이다.[35] 플뢰츠가 주도한 독일 인종위생의 성격은 필연적으로 집단적 경향성을 띠고 있었던 것이다.

플뢰츠는 인종 전체의 유전적 질을 향상시키는 것이 가장 인도주의적인 실천이라 여겼고, 이것을 인종위생이라 부르며 우생학(Eugenik)과 동의어로 사용했다. 여기서 중요한 사실은 그가 인종을 단순히 생물학적 차원의 개념으로서만이 아니라 사회적인 성격을 가진 것으로 해석했다는 사실이다. 이는 생물학적 사고와 사회에 대한 인식이 착종되는 계기로 작용했다. 특히 플뢰츠는 역선택의 사고에 근거해 정부 정책을 비판했다. 정부 정책은 사회적 역선택을 유발하여 인종 전체의 퇴화를 야기할 것이기 때문이었다. 따라서 그는 역선택을 야기할 수 있는 전쟁이나 혁명을 피해야 하고, 빈곤자에 대한 지원은 가임기 이후에 제공함으로써 부적절한 존재들의 생식을 제한해야 한다고 주장했다. 이를 통해 그는 인종의 생식질에 해가 될 수 있는 모든 소지를 미연에 제거하는 것이 필요하다고 보았다. 그에게 중요한 것은 오직 공동체의 질을 보존하는 데 있었던 것이다. 이 과정에서 플뢰츠가 가장 관심을 기울인 것은 사회적 약자에 대한 의학적 치료 문제였다. 생존 가망성이 없는 중증 질환자들이 의료 혜택에 의해 생존을 유지하는 것은 개인에게는 이로울지 모르나, 인종 전체의 질에는 위험 요소가 될 수 있다는 것이다. 플뢰츠의 주장은 헤켈의 영향을 받은 독일 사회다윈주의자들의 관념과 결합되었다. 독일의 사회다윈주의자들은 인도주의적 사회 정책이 자연선택을 왜곡하여 부적격자들의 출산율을 높이고 있다고 주장했던 터였다.[36] 플뢰츠도 생존경쟁에 의한 최적자생존의 논리에 천착하여 인종 전체의 생물학적 적합성을 도모했다는 점에서 헤켈의 논리와 친화성을 갖고 있다.

문제는 당시 플뢰츠가 인종위생을 창안하며 규정한 인종의 개념이 모호하고 포괄적이었다는 사실이다. 플뢰츠는 단순히 생식 가능한 모든 존재를 인종이라 규정했는데, 이는 소규모의 공동체부터 인류학적 의미의 인간 종 전체를 포괄하는 개념일 수도 있었다. 따라서 플뢰츠가 사용한 인종위생 용어는 모든 인종의 유전적 개선을 포괄한 것으로 볼 수 있기 때문에 골튼의 우생학보다 훨씬 넓은 범주의 용어라 여길 수도 있다. 초기 독일 인종위생 성격의 일면을 엿볼 수 있는 대목이다. 이 때문에 일부 인종위생론자들은 인종위생이라는 용어의 개념적 불명확성을 비판하며, 차라리 골튼이 사용했던 우생학이라는 용어를 사용할 것을 주장하기도 했다. 이런 점에서 모호한 인종 개념에 기초한 초기 인종위생은 포괄적인 의미의 건강 프로그램의 일환으로 받아들여져 예방의학의 일종으로 인식될 수 있는 측면이 있었다.[37] 그렇기 때문에 당시 독일에서 인종위생은 정치적 이념에 관계없이 수용되었다. 독일의 사회주의자들도 우생학과 구별되지 않는 개념으로 사용되던 인종위생을 정부 차원에서 전개하는 가족계획 사업 정도로 인식하고 있었다. 소련의 사회주의자들이 독일의 인종위생이나 렌츠의 논문과 저작들을 호의적으로 소개한 것은 이 때문이었다.[38] 하지만 포괄적인 의미의 인종위생은 오히려 이해관계에 따라 자의적으로 판단될 소지가 컸다. 이는 나치의 극단적 인종위생 정책까지도 단순히 예방의학적 차원의 의료적 처치로 받아들여질 수 있는 분위기를 만들어 주었던 측면이 있다.

당시의 유럽 인종주의의 흐름에서 볼 때, 플뢰츠가 상정했던 인종은 사실상 백인종이었을 것이고, 특히 게르만 인종을 의미했을 것이다. 하지만 플뢰츠가 인종위생을 주창하며 내세운 인종주의적 입장이 원래부터 반유대주의와 직접적으로 연관된 것으로 보기 어려운 측면도 있었다. 정작 플뢰츠에게 중요한 것은 다윈이 말한 자연선택을 인종적 진보의 보편적인 법칙으로 상정하고, 그것을 통해 포괄적인 인종의 유전적 개선을 도모하는 것이었기 때문이다.[39] 초기의 독일 인종위생론자들은 플뢰츠의 주장을 기초로 인종에 대한 인위적 간섭이 필요하고, 이는 생의학적 방법론을 통해 실천 가능하다고 인식하기 시작했다. 물론 플뢰츠의 인종 개념과 다윈의 자연선택설 수용은 아리안 인종주의로 귀결되었고, 생의학적 방법론은 그것을 정당화하는 도구에 지나지 않았다.

플뢰츠는 개인위생, 사회위생, 그리고 인종위생을 각각 구분해서 다루기도 했다. 그는 사회위생이나 인종위생은 개인위생과 근본적으로 대립 관계에 있다고 보았다. 왜냐하면 개인위생은 바람직하지 않은 형질의 제거라는 인종위생에 배치되는 것이기 때문이다. 중요한 것은 생식 통제를 통해 위험한 유전적 형질의 유포를 배제하는 것이다. 플뢰츠는 만일 나약자들이 생식되지 않는다면 더 이상 사멸도 필요 없다고 결론지었다.[40] 플뢰츠도 골튼과 마찬가지로 자신의 신념이 과학성이 있는 학문적 차원의 것임을 보여 주기 위해 우생학 학술지(*Archiv für Rassen-und Gesellschaftsbiologie*, 1904-1944)를 창간하기도 했다.[41] 이 학술지는 인종위생의 과학적 정당성 확보를 위해 전략적으로 창간한 것이었다. 플뢰츠는 가정과 민족의 복지가 필요함을 역설했고, 이는 과학을 통해서 달성될 수 있으며, 인종 생물학이 바로 그런 과학이라고 주장했다. 인종 생물학은 인간 사회와 결부되어 있는 것이고, 이는 인종 개선과 유지를 위한 최적의 조건을 달성하는 학문이라는 것이다. 플뢰츠는 인종위생 운동의 초기에는 설사 개인적으로 반유대주의나 범게르만 동맹에 긍정적이었을지 모르지만, 인종위생 운동을 영향력 있는 사회 운동으로 발전시키는 데 장애가 될 것이라며 오히려 반유대주의에 대해서는 언급하지 않았다. 따라서 그는 이 학술지를 생물학자들과 대중 보건 전문가들과의 관련 속에서 성장시 킴으로써 인종위생을 학문적 기반 위에 올려놓으려 했다. 이를 위해 플뢰츠는 의도적으로 아리안주의를 공개 비판하기도 했다.[42]

이어 그는 뤼딘(Ernst Rüdin, 1874-1952), 노덴홀츠(Anastasius Nordenholz, 1862-1953), 그리고 투른발트(Richard Thurnwald, 1869-1954) 등과 함께 세계 최초의 우생학 조직인 인종위생 협회 (Gesellschaft für Rassenhygiene, 1905)를 설립했다. 이 협회는 회원들에 게 인종위생에 솔선수범할 것을 당부하며 부적격자일 경우, 결혼을 하지 않겠다는 서약을 받고 가입을 허용했다. 초기의 협회는 독일인 들의 건강 증진을 목표로 포지티브 우생학을 주장하기도 했다. 일부 회원들은 부적격자에 대한 불임화 수술과 같은 네거티브 우생학을 주 장하기도 했지만, 당시 독일 인종위생론자들이 정신질환자에 대한 안 락사나 낙태를 거부하는 상황에서 그다지 설득력이 없었다.[43] 따라서 초기의 독일 인종위생은 독일의 국가주의와 결부된 공중보건 프로그 램으로서의 성격이 짙었다. 이후 독일의 인종위생은 플뢰츠의 사고에 천착하여 다양한 방식의 실천적 활동을 벌여 나갔다.

앞서 보았듯이 플뢰츠의 사고가 독일 인종위생의 이론적 토대이 자 실천적 근거로 기능했지만, 정작 독일에서 최초의 우생학적 논문 을 작성한 인물은 샬마이어였다. 샬마이어도 플뢰츠처럼 중산계급 출 신이었고, 정신병원에서 인턴 생활을 하는 등 사회적 경험도 유사했 다. 다만 샬마이어는 플뢰츠의 실천적 활동보다는 이론적 차원의 인종위생에 관심이 많았다. 물론 그도 의학적 간섭을 인종적 퇴화의 중요한 원인으로 파악한다는 전제는 공유하고 있었다. 샬마이어는 헤켈의 추종자였다. 샬마이어는 헤켈의 역선택 주장에 깊이 천착하여 의학적 간섭의 문제를 고민했다. 샬마이어는 독일 최초의 우생학 논문으로 평가받는 「문명화된 인간의 공포스런 육체적 퇴화에 관한 논고」 (*Über die drohende körperliche Entartung der Kulturmenschheit und die Verstaatlichung des arztlichen Standes*, 1891)에서 의학적 간섭이 사회적 약자와 환자들을 구원함으로써 자연선택을 통한 완전성의 추구를 불가능하게 만들고 있다고 비판했다. 따라서 샬마이어는 사회적 지원 없이 생존 불가능한 존재들의 생존과 생식은 제한되어야 한다고 주장했다. 그는 유전적 질을 통제할 수 있는 더 적극적인 제도가 필요함을 주장했다. 그도 헤켈을 좇아 사회적 부적격자들에 대한 정부의 지원을 중단할 것을 촉구했는데, 이는 단지 생존 기회의 축소를 의미할 뿐 그들을 사지로 내모는 것은 아니라는 논리를 폈다. 샬마이어의 주장은 헤켈의 과학적 권위와 결합하여 독일 사회에 인종위생을 위한 생의학적 제도의 필요성을 대중화하는 데 중요한 역할을 했다. 또한 샬마이어는 우생학적 목적의 교육과 선전의 중요성을 피력했는데, 이는 나치의 등장 이전 독일 인종위생의 주요한 실천 방식이 되었다.[44]

샬마이어의 생의학적 제도화라는 주장이 대중화되는 데는 헤켈의 영향과 함께 크루프 현상공모(the Krupp Preisausschreiben, 1900)가 중요한 역할을 했다. 크루프 현상공모의 주제는 국가 발전과 법 제정에 있어 진화론의 역할이었다. 헤켈의 신봉자였던 샬마이어는 제도권 학교에서 다윈주의를 교육할 것을 주장하는 논문을 썼다. 이 논문으로 샬마이어는 수상을 하게 되었고, 이 논문은 그 밖의 수상 논문들과 함께 『자연과 국가: 과학적 사회연구를 위한 공헌』(Natur und Staat: Beitrage zur Naturwissenschaftlichen Gesellschaftslehre)이라는 책으로 출간되었다.[45] 당시 샬마이어가 공모했던 논문의 주된 내용은 인종위생의 실천적 방향과 정치적 목적에 관한 것이었다. 샬마이어는 「국가발전과정에서의 유전과 선택」(Vererbung und Auslese im Lebenslauf der Volker, 1900)이라는 논문에서 다윈의 진화론은 모든 생물에게 적용가능한 원리라고 주장했다. 그는 다윈의 진화론과 바이스만의 유전론을 결합하여 유전과 자연선택의 중요성을 설파했고, 국가의 장래는 인간자원에 대한 합리적 관리에 달려 있다는 주장을 개진했다. 그는 유전과 자연선택의 원리에 기초하여 인간 개선을 도모할 것을 주장하면서도 자발적인 사회적 부적격자의 생식 제한이 바람직하다는 의견을 냈다.[46] 하지만 샬마이어 역시 중산계급으로서, 또 독일 민족으로서 헤켈과 동일하게 중산계급이나 독일 민족이 아닌 다른 집단의 사회적 부적합성을 논함으로써 자신의 이념적 지향을 숨길 수 없었다.

플뢰츠와 샬마이어의 주장은 모든 사회 문제의 생의학적 해결 가능성을 독일 사회에 제시했다는 점에서 큰 의미가 있다. 특히 이들은 결핵, 성병, 그리고 알코올 중독 등 사회적 질병에 관심을 기울였는데, 그 판단은 자의적이고 계급적·인종적 편견이 융해된 것이었다. 그들은 사회적 환경을 더럽힐 수 있는 모든 종류의 인간 행동의 특성을 질병으로 규정하고, 이를 국가의 유전적 건강과 결부시켰다. 따라서 이들의 주장에 기초한 여러 사회 정책이나 실천은 국가의 유전적 건강을 악화시키는 병원균을 제거하기 위한 활동으로 인식될 수 있었고, 이는 후일 나치에게서 볼 수 있는 불임화 수술이나 안락사도 그저 단순히 사회에 해가 되는 병원균을 제거하는 것에 불과하다는 자가당착적 논리를 정당화하는 근거가 되었다.

당시 플뢰츠와 샬마이어는 자신들의 주장을 학문적 차원에서 정립하고, 동의를 구하기 위해 사회과학계나 생물학계와 밀접한 관계를 유지하려 노력했다. 이는 인종위생 협회에 가입한 수보다 훨씬 더 많은 우생학 또는 인종위생 동조자가 생기는 계기가 되었다. 인종위생 협회 내부에서도 다양한 그룹의 사람들이 섞여 있어 인종위생의 목표나 실천 방법을 둘러싸고 논쟁이 끊이지 않았다. 플뢰츠는 인종위생의 학문적·대중적 지지를 위해 인종위생 운동 초기부터 아리안 인종주의자, 일원론자들, 인류학자들, 생물학자들, 공중보건 전문가들, 사회과학자들, 그리고 여성주의자들을 하나로 통합하는 길을 모색했다.[47] 이러한 플뢰츠의 노력은 인종위생 내부의 논쟁을 촉발시키기도 했지만, 역으로 많은 이들이 인종위생에 관심을 기울이는 계기가 됨으로써 인종위생의 학문적 정체성은 물론이고 대중적 인지도를 상승시키는 결과를 낳았다.

이와 같은 흐름 속에서 멘델의 법칙이 독일에 수용되자, 플뢰츠나 샬마이어가 범주화했던 사회적 질병은 유전성 질환과의 상관성 속에서 다루어지기 시작했다. 이로써 인종위생과 멘델주의의 융합은 더 급속히 진행되었고, 이를 가속화하기 위해 플뢰츠는 코렌스(Carl Erich

Correns, 1864-1933)의 멘델주의에 천착한 실험 결과를 소개하고, 멘델의 법칙을 재발견했던 체르막(Erich von Tschermak, 1871-1962)이 멘델주의와 골튼의 선조 이론에 대한 글을 인종위생 협회의 저널에 발표하도록 주선하기도 했다.[48] 구체적으로 정신질환, 정신지체, 알코올중독, 범죄성, 매춘, 빈곤 등 사회적 조건의 부산물일 수 있는 다양한 상태들이 멘델의 유전법칙에 의해 설명됨으로써 이제 그러한 상태를 소유한 존재들은 사회적 부적격자로서 자연선택의 법칙에 의해 제거될 운명에 놓이게 되었다. 이 과정에서 의사들의 역할이 두드러졌다. 당시 독일의 의학 교육에서는 실험 생물학을 정규과목으로 채택하고 있었고, 따라서 의사들은 유전학을 임상 실험에 활용할 수 있었다. 의학 연구자들은 병력 조사나 환자 관찰 등을 통해 질병의 발생과 유전 사이의 관련성을 실험적으로 검증함으로써 집단 전체의 건강이 중요함을 역설하려 했다. 그러나 이들의 사례 연구는 몇몇 사례를 집단 전체의 성향으로 일반화하는 중대한 오류를 범했고, 이러한 잘못된 결론을 토대로 개체의 생식 권리를 제한하는 심각한 잘못을 저지르고 말았다.[49]

독일의 인종위생론자들이 멘델의 법칙을 즉각적으로 수용하여 실천적 활동에 적용했던 것은 인종위생의 주창자 대부분이 바이스만의 제자들이었다는 사실과도 관련이 있다. 독일 인종위생의 주된 담지자들이라고 할 수 있는 샬마이어, 렌츠, 그리고 피셔(Eugen Fisher, 1874-1967) 등은 모두 바이스만의 제자였고, 이런 이유로 바이스만은 인종위생 협회의 명예의장으로 추대되기도 했다. 물론 독일 인종위생론자들의 멘델법칙 수용 과정에서 더욱 중요했던 것은 정치적 차원의 문제였다. 당시 독일에서 사회주의에 우호적이었던 사람들은 대개 라마르크주의를 지지했고, 반대로 사회주의에 반대하는 사람들은 주로 멘델주의를 수용했다. 이는 나치 시기에도 대동소이했고, 따라서 나치는 라마르크주의를 마르크스주의나 자유주의와 동일한 개념으로 인식했다. 반면 구소련에서는 멘델주의를 부르주아의 사도로 규정하기도 했다. 구소련의 사람들은 획득형질의 유전이 새로운 사회주의적 인간의 형성을 가능하게 해 줄 것이라 믿었다.[50] 이와 같은 맥락에서 유전 이론, 크게 보면 과학 이론의 수용도 정치적 입장에 따라 다를 수 있음을 우리는 살펴볼 수 있다. 독일에서 멘델주의는 보수적인 입장에 서 있는 이들에게 수용됨으로써 창시자의 의도와는 관계없이 변색되었다.

이러한 현상은 과학과 이념 또는 과학과 정치 사이의 상호관련성을 규명하는 데 중요하다. 즉, 정치는 이념적 목적에 따라 진실을 외면하고 왜곡된 차원에서 과학 이론을 수용할 수 있고, 반대로 과학은 정치적 지지와 후원을 통해 사회적 권위와 인식론적 정당성을 부여받을 수 있다는 점을 시사하기 때문이다. 사실 1918년 이전까지 획득형질이 유전되는지 아닌지는 불분명했음에도 불구하고 보수주의자들은 바이스만의 이론을 근거로 유전론적 입장을 지지했었다. 그것은 승자의 논리를 필요로 하는 자신들의 정치적 목적에 유전론이 더 부합했기 때문이었다. 후일 나치도 이러한 논리에 의해 천성의 중요성을 논하며 극단적인 유전론적 사고를 보였다. 따라서 멘델주의의 지지자들과 나치의 협력자들은 한배를 탈 수 있었고, 이것이 독일 인종위생이 나치와 결합할 수 있었던 중요한 요인 중 하나였다. 요컨대 독일의 유전 결정론적 사고는 헤켈의 논리를 추종하는 일원론자 동맹과 그것을 지지하는 사회다윈주의, 그리고 인종위생 등에 의해 강화되고 극단화된 것이었다. 이렇게 본다면 나치의 사회적 편견과 그에 의한 인종적 차별, 그리고 대량 학살은 이미 예견된 것이었는지도 모른다.

인종위생의 성장과 전개

플뢰츠와 샬마이어에 의해 개진된 독일의 인종위생 사상은 크루프 현상공모 이후 더 대중적인 차원으로 확장되었다. 앞서 보았듯이 플뢰츠는 최초의 인종위생 학술지를 창간하고, 인종위생 협회를 창설하였다. 이를 통해 독일 인종위생은 인종의 유지와 보호를 위한 최적 원리를 구하고자 했다. 베를린(Berlin)에서 개최된 독일 인종위생 협회의 결성식에는 다른 나라의 우생학자들이 참여하여 국제적 차원의 우생학 운동을 모색하기도 했다.[5] 당시 인종위생 협회는 모든 정파로부터 지지를 받았는데, 이는 인종위생 협회의 공식적인 모토가 포지티브 우생학이었기 때문이었다. 그러나 이는 표면적인 것이었고, 인종위생 협회 내부에서는 지속적으로 인종주의적 담론과 연계된 우생학 논의가 개진되었다. 인종위생 협회의 핵심적 목표는 창립 초기부터 국가 효율 증진과 게르만 인종의 우수성 보호에 있었다. 후일 인종위생 협회는 가입 조건을 아리안계 인종으로 한정했고, 인종주의적

(표) 인종위생 협회의 직업적 분포

직업	1907 (국제 인종위생협회)		1913 (독일 인종위생협회)	
	수	비율	수	비율
의사 및 의대생	27	32.5	136	33.4
비의료계 학자	14	16.9	76	18.7
작가 및 예술가	10	12.1	22	5.4
공무원 및 교사	3	3.6	29	7.1
기타	7	8.4	78	19.2
주부	22	26.5	66	13.8
전체	83	100.0	407	100.0

* Source: *International Gesellschaft für Rassen-Hygiene, 1907; Deutsche Gesellschaft für Rassen-Hygiene 1913*, quoted in Weiss, *The Race Hygiene Movement in Germany 1904-1945*, p. 25.

측면의 실천 활동을 벌여 나갔다.[52] 인종위생 협회의 구성원은 대부분 중산계급 출신이었고, 특히 의사들의 참여가 두드러졌다.

　제1차 세계대전 이전의 독일 인종위생은 골튼의 방식처럼 가계 정보의 수집을 일차적인 활동으로 설정했고, 인종위생론자들은 부적격자로 인한 사회적 비용의 문제와 인구 문제에 주의를 기울였다. 일부 인종위생론자들은 부적격자를 비생산적인 존재로 규정하여, 국가 효율을 증진하기 위해서는 미국처럼 강제 불임화 수술법을 제정해야 한다고 주장했다. 이들이 부적격자의 제거 등 일련의 인구 문제에 관심을 기울인 것에는 이유가 있었다. 19세기 말, 20세기 초 독일의 인구는 양적 측면에서 증가했지만, 점진적인 출산율 하락을 보이면서 감소 추세를 보이기 시작했다. 특히 유아 사망률의 증가는 독일 인구에 심각한 영향을 끼치고 있었다. 이런 상황에서 사회적 부적격자의 출

산율은 지속적으로 상승하는 경향을 보였고, 이는 일부 신맬서스주의
자들의 산아 제한 운동으로 발전했다. 일부 자유주의자들과 사회주의
자들도 산아 제한 정책을 통해 노동계급의 생활조건을 개선할 수 있
다고 생각했고, 여권론자들도 산아 제한을 여성의 권리 신장으로 인
식하기 시작했다.[53] 하지만 독일의 산아 제한 운동은 그다지 성공적이
지 못했다. 기본적으로 인종위생론자들의 불임화 수술을 통한 산아
제한 운동은 개인적 권리와 충돌하는 것이었고, 당시 독일 분위기는
불임화 수술에 대해 그다지 긍정적이지 않았기 때문이다.

　1912년 독일의 경제학자이자 인구학자인 볼프(Julius Wolf, 1862-
1937)는 『출산율 감소』(Der Geburtenruckgang: Die Rationalisierung des
Sexuallebens in unserer Zeit)라는 책을 출간했고, 출산율 감소의 문제
를 본격적으로 제기하기 시작했다. 전쟁이 지속되면서 출산율 감소
는 급격히 증가했다. 결과적으로 1915년 볼프를 의장으로 하는 독일
인구 정책 협회(Deutsche Gesellschaft für Bevolkerungs-Politik)가 구성
되었다. 인구 정책 협회는 인구 정책 문제에 대한 당시의 대중적 관심
때문에 번창할 수 있었고, 의학계를 비롯한 다양한 정파들, 노동조합
연합, 산업주의자들, 기업가들, 그리고 학자들로부터 지지를 받았다.
당시 인구 정책의 목적은 우생학자들이 강조했던 질적 관심이 아니라
볼프가 주장했던 양적 차원의 인구 정책이었다. 볼프는 경제적 차원
에서 인구 정책에 접근했었고, 이것이 상당한 설득력을 얻으면서 우
생학자들이 주장했던 불임화 수술 등과 같은 질적 인구 정책은 수용
되기 어려운 상황이었다.[54]

한편 1900년을 기점으로 유럽의 정세는 변화하고 있었다. 당시 유럽의 헤게모니는 신진 세력, 특히 일본과 같은 나라에 의해 도전을 받기 시작했고, 특히 독일은 러시아의 위협에 직면하고 있었다. 이에 일부 인종위생론자들은 인구의 질적 개선 만큼이나 인구의 양적 증대가 중요하다며 산아 제한에 일침을 가했다. 인적 자원의 고갈은 독일의 쇠퇴를 야기할 것이었고, 이는 일부 인종위생론자들이 포지티브 우생학에 관심을 기울이게 한 이유였다.[55] 그래서 제1차 세계대전 이전 지속적인 산아 제한에 대한 논의가 개진되었지만, 단 한 건의 우생학적 입법도 이루어지지 않았다. 그러나 제1차 세계대전의 결과, 독일의 인종위생은 이전과는 다른 성격을 갖는 대중 운동으로 급속히 변질되었다. 이와 같은 상황은 서구 자본주의 국가들에서 대동소이하게 나타났다. 대부분의 유럽 국가들은 세계대전을 겪으면서 심각한 사회적 혼란을 경험했으며, 호황과 불황이 주기적으로 나타면서 주기적인 인플레이션, 실업 증가, 이윤율 저하, 그리고 노동 혼란 등 일련의 경제적 위기 상황에 내몰렸다. 독일도 예외가 아니었다. 원인은 다소 달랐지만, 미국과 독일의 우생학이 이념적 지향성을 강하게 공유하고 있었던 이유는 이와 같은 일반론적 역사의 흐름과 관련이 있다.

독일의 경우, 제국 체제의 붕괴는 국가를 재건하기 위한 사회적 기초와 인내심이 필요하다는 인식을 창출시켰다. 이에 따라 독일 제국의 재건을 위한 수많은 논의들이 개진되기 시작했다. 슈펭글러(Oswald Spengler, 1880-1936)가 주장한 서구 문명의 쇠퇴는 독일 민족의 운명과 연관되어 설명되었고, 인간 문화는 자연의 과정과 동일하게 성장하고 쇠퇴하는 것으로 이해되었다. 더군다나 현재 독일 문화는 사멸의 늪에 빠져 있으며, 이를 해결하는 가장 객관적인 방법의 하나로 과학이 필요하다는 인식이 퍼져 갔다. 과학은 사회적 계획, 경제적 번영과 건강성을 위한 객관적 법칙을 제공하는 것으로 여겨졌던 것이다. 많은 독일인들은 과학을 이용하여 제국의 부활을 꿈꾸기 시작했다.[56] 인종위생론자들은 과학이 국가의 재건을 도와줄 것이고, 사회적 조건을 개선하는 수단을 제공함으로써 독일 문화가 새롭게 부흥할 것이라 기대했다. 이제 독일 사회에서 과학은 좌우파 구분 없이 수용되는 보편적인 권위를 갖는 학문으로 자리를 잡았다. 많은 과학자들은 국가의 복지 문제에 직간접적으로 참여하기 시작했고, 철저한 과학적 계획에 의거해 복지 정책을 수행했다. 독일의 1920년대는 미국의 혁신주의 시대(Progressive Era)와 마찬가지로 국가적 차원의 과학 정책이 시작되는 분수령이었다.

이제 생물학과 우생학은 독일의 근대화와 사회 개혁을 위한 도구가 되기 시작했다. 생물학은 다양한 사회 그룹으로부터 지지를 받았다. 유기체론적 사회사상은 멘델주의와 인간 생물학에 근거한 근대화를 주장했다. 인구, 의학, 식물과 동물의 생식 그리고 영양 과학은 사회 생물학의 견지에서 해석되고 재구성되었다. 독일의 생물학적 사회철학은 기계론적 이성주의와 자유주의적 경제에 기초한 사회적 진보를 비판하고, 더 인간주의적인 산업사회를 추구하려 했다. 이와 같은 사회유기체론적 사회사상은 계급 및 정치 분야의 사회적 갈등을 봉합하는 기능을 하기도 했다.[57]

이와 같은 분위기 속에서 독일 인종위생의 구체적인 목표와 관심은 바이마르 공화국(Die Republik von Weimar) 시기에도 지속적으로 개진되었으나, 제1차 세계대전 이후 독일 인종위생의 관심은 주로 사회적 비용 문제에 집중되기 시작했다. 단순한 생의학적 해결책만으로는 현실의 위기를 타개하기 어렵다는 인식이 사회적 공감대를 형성했고, 이에 따라 독일 인종위생 운동도 운동의 방향과 성격을 바꾸기 시작했다.[58] 이제 독일도 미국처럼 이념적 형태의 인종위생 운동이 강화되기 시작했고, 사회적 부적격자에 대한 사회적 비용 증가 문제가 집중적으로 논의되기 시작했다. 독일 인종위생은 적격자의 출산율 증대를 위한 포지티브 우생학을 도모하면서 사회적 비용 감소를 위해 부적격자의 생식을 제거하는 네거티브 우생학을 동시에 추구했다. 이를 통해 인종위생은 사회 개혁의 핵심적 요소로 받아들여졌고, 이는 인종위생을 국가 효율 증대를 위한 유일한 수단이라는 인식을 창출시켰다.

특히 사회적 비용 문제는 극단적인 민족주의와 결부되기 시작했고, 이는 후일 반유대주의의 토양이 되었다. 물론 인종위생 집단 내부에서는 인종 문제를 둘러싸고 갈등이 있었으나, 전쟁의 패배로 인한 전반적인 사회적 위기감으로 인해 인종위생의 극단화 추세를 막을 수 없었다. 이제 인종적 적합성의 문제는 국가 효율의 핵심적 문제가 되었고, 부적격자의 제거라는 관념은 신체적 질병에서 인종적 퇴화까지 포괄적으로 적용되기 시작했다. 그동안 수면 아래 잠복하고 있었던 노르딕 이상주의가 제1차 세계대전을 통해 과학적 운동으로서 인종위생과 결부되기 시작했다. 후일 나치 시기에 전개되었던 불임화 수술과 안락사 정책은 이와 같은 사회적 정서와 재정적 압박이 극단화된 형태로 나타난 것이었다.

렌츠는 플뢰츠의 계승자로서 노르딕 우월성에 깊이 천착했던 인물인데, 그는 독일 인종위생의 인종주의적 요소를 강화시켰다. 피셔의 영향을 많이 받은 렌츠는 뮌헨을 중심으로 활동하고 있었고, 후일 나치의 인종주의적 이데올로기에 이론적 토대를 제공했던 인물이기도 하다. 렌츠는 1923년 뮌헨 대학의 인종위생 교수가 뇌었고, 이를 토대로 과학계에서 폭넓은 영향력을 행사했을 뿐만 아니라 독일 사회에 유전 결정론적 시각을 깊이 뿌리내리게 했다. 나치의 정책을 응용 생물학이라 규정하기도 했던 렌츠는 환경의 영향을 절대적으로 무시했다. 즉, 렌츠는 인간의 모든 특질은 유전자에 의해 결정된다고 주장했다.[59] 렌츠는 로린의 우생학적 불임화 수술 관련 논문들을 독일 내에 소개하는 역할을 하기도 했고, 이에 로린도 우호적인 편지를 보내 렌츠가 독일 인종위생의 발전에 중심적인 역할을 할 것이라는 독려를 하기도 했다.[60]

렌츠는 헤켈과 유사한 논리를 펼쳤다. 그는 인간의 행동과 도덕성을 등치시키고, 도덕적 행동은 유전자에 의해 결정되는 것이라며, 유전적 해악을 제거하는 유일한 방법은 네거티브 우생학뿐이라고 주장했다. 그뿐만 아니라 렌츠는 인종적 특질과 육체적 특질 사이의 상관성을 논하며 인종적 위계를 정당화했다. 특히 게르만 민족의 문화적 우월성을 설파하며, 서구 인종의 위대성을 논했다.[61] 렌츠는 나치가 인종위생 담론을 수용할 수 있는 정치 세력이라는 생각을 하고 있었다.

렌츠는 히틀러의 『나의 투쟁』을 주의 깊게 읽은 후 「인종 및 사회생물학」(*Das Archiv für Rassen-und Gesellschaftbiologie*)에 장문의 리뷰를 실었다. 렌츠가 히틀러의 급진적 반유대주의에 동의한 것은 아니었지만, 그는 히틀러에 대해 인종위생을 이해할 수 있는 최초의 정치가라며 칭찬을 마다하지 않았다. 렌츠는 인종위생과 국가 사회주의 사이에는 일련의 연관성이 있으며, 이 때문에 나치로부터 인종위생 개혁을 위한 정치적 후원을 얻을 수 있다고 생각했다. 렌츠는 1917년 「윤리적 개혁에 대하여」(*Zur Erneuerung der Ethik*)라는 논문을 썼는데, 이것을 1933년 「가치 원리로서의 인종」(*Die Rasse Wert-Wertprinzip*)이라는 제목으로 재발표했다. 렌츠가 이때 발표한 논문의 내용은 나치의 세계관과 거의 유사했고, 이런 점에서 렌츠의 인종위생 담론은 나치의 이론적 토대 마련에 공헌을 했다고도 볼 수 있다.[62]

렌츠는 바우어(Erwin Baur, 1875-1933), 피셔 등과 함께 독일 인종위생의 지침서 격인 인간 유전에 관한 교과서를 출간했다. 이 책은 의학적 차원의 인구 정책을 도모하여 전쟁의 충격을 최소화하고, 사회 문제화되어 있는 인구 문제를 효과적으로 처리할 수 있는 방안을 제시하고 있다. 렌츠는 의학적 유전학자로서의 면모를 여실히 드러내며 인종주의와 결부된 자신의 논리를 설파했다. 이후 이 교과서는 독일 대학의 인종위생 관련 강좌에 채택되어 사용되었다. 1920년대 이후 대학에서 개설된 인종위생 강좌는 1930년대 초반에는 40개가 넘을 정도로 확장되었고, 따라서 이 책의 영향력은 지속적으로 강화되었다.[63]

대학 강좌로 개설되어 학문적 영역에서 발전을 모색하던 인종위생 운동은 다양한 연구소의 설립으로 더욱 탄력을 받기 시작했다. 이후 독일의 인종위생은 후원 체제와 결부되어 점점 대중 속으로 파고 들기 시작했다. 미국의 후원이 대개 민간에 의해 이루어졌다면 독일은 정부 차원의 후원이 상대적으로 컸고, 이는 후일 인종위생이 나치 정책으로 발전하는 토대로 작용했다. 록펠러 재단의 후원으로 뮌헨에 독일 정신의학 리서치 연구소(German Research Institute for Psychiatry, 1918)가 설립되었고, 1927년에는 카이저 빌헬름 인류학, 인간 유전 및 우생학 연구소(Kaiser Wilhelm Institute for Anthropology, Human Heredity, and Eugenics; KWI)가 설립되었다. 특히 카이저 빌헬름 인류학, 인간 유전 및 우생학 연구소는 독일 인종위생이 학문적 차원에서 지지받고 정당화될 수 있는 가능성을 제공했다.[64] 카이저 빌헬름 연구소는 후일 나치가 등장한 이후 나치의 이데올로기를 정당화하는 정부 연구소로서의 기능을 수행했다.

카이저 빌헬름 연구소의 성립과 발전은 피셔의 영향이 컸다. 1926년 8월 피셔는 연구소의 목적과 방향을 밝힌 논문을 발표했다. 피셔는 인류학을 유전과 환경 사이의 복잡한 관계를 다루는 과학이라고 설명했다. 특히 피셔는 유대 인종에 대한 관심을 표명하면서, 인종생물학은 보편적인 인간생물학이면서 인종적 혼합의 문제도 다루어야 한다고 주장했다. 피셔는 인류학으로부터 유전 문제에 대한 연구에까지 관심의 폭을 넓혔고, 특히 정상과 병리의 문제를 어떻게 규정할 것인가에 관심을 가졌다. 피셔는 순수한 인류학은 가치 판단의 문제를 포함하고 있다면서 이른바 사회인류학(social anthropology)이라는 분야를 만들기도 했다. 피셔가 제창한 사회인류학은 사회적 구조와 체계가 개인의 삶은 물론이고 유전적 계통까지 규정할 수 있는 것인가에 대한 의문에서 출발한 것이었다. 피셔는 우생학을 사회위생의 관점에서 파악했던 것이다. 당시 피셔의 사회인류학에서 가장 중요했던 문제는 생식 행위에 대한 사회적 가치와 합의라는 문제였다. 피셔는 사회적으로 우월한 계층의 출산율이 감소하는 현상에 우려를 표했고, 인종적 순수성의 보존과 인종적 혼합의 사회적 결과에 대해서도 큰 관심을 보였다. 특히 피셔는 인간 생식은 윤리적 차원의 설득과 사회적·법적 강제 조치를 통해 통제하거나 조절할 수 있다고 보았다. 따라서 그는 유전적 순수성의 보존을 위한 연구가 사회인류학 연구의 목표라고 생각했다.[65] 이렇게 본다면 피셔는 전적으로 학문적 차원에서 인종 연구(Rassenkunde)를 수행할 목적을 지향했다고 볼 수 있다. 하지만 피셔의 이와 같은 생각은 달성될 수 없었고, 오히려 그의 연구 목표와 연구소는 나치의 등장 이후 학문적 차원이 아닌 정치적 차원의 도구로 전락하고 말았다.

이 밖에도 유전 상담 클리닉이나 결혼 상담 센터(Eheberatungstellen)가 설립되어 사회의료 차원에서 독일 인종의 유전적 질을 개선하려는 활동이 전개되기도 했다. 개인의 생물학적 건강은 국가적 자원의 문제로 인식되었고, 따라서 개인의 생물학적 건강은 정부의 책임 아래 유지되어야 한다는 관념이 보편화되기 시작했다.[66] 독일의 인종위생은 점점 탄력을 받기 시작했고, 그 결과 독일의 인종위생은 학문적 연구, 공중보건 및 복지, 포지티브 우생학, 그리고 네거티브 우생학을 포괄하는 총체적인 방향으로 성장해 갔다. 바이마르 공화국 시기 대중적 발전을 도모하던 독일의 인종위생 운동은 대공황을 분기점으로 더욱 강력한 영향력을 떨치기 시작했다. 대공황은 600만 명 이상의 실업자를 양산했고, 이는 국가 정책에 대한 비판으로 이어졌다. 특히 복지 정책은 경제적 효율을 떨어뜨리는 주범으로 인식되었고, 공산주의에 대한 방어 비용의 과도한 지출도 비판의 도마 위에 올랐다.

대공황은 심각한 사회경제적 조건의 악화를 야기했고, 이는 바이마르 공화국 말기의 재정적 압박과 결부되어 인종위생의 필요성을 증대시키는 계기로 작용했다. 당시 독일은 포드주의(Fordism)나 테일러 체제(Taylor System) 같은 생산성 향상과 경제적 능률 도모를 위한 다양한 방법론을 도입했으나 결과는 신통치 않았고, 따라서 경제적 효율 증대를 위해 새로운 대안을 마련해야 할 상황에 직면했다. 바로 이와 같은 사회경제적 상황의 악화가 인종위생 운동의 사회적 입지를 강화시키는 계기가 된 것이다. 특히 사회복지 비용의 부담은 강제 불임화 수술법 도입의 필요성을 제기했고, 1932년 프러시아(Preussen) 정부에서 시도되었지만 실패했다. 그러나 얼마 지나지 않아 나치에 의해 이 법이 제정되어 노르딕 인종주의를 합법화하는 도구가 되었다.

인종위생의 극단화

바이마르 공화국을 통해서 독일의 인종위생 운동은 국가 효율과 문화적 생산성을 고양시키는 최선의 해결 방안이 되었다. 이념적 다양성과 관계없이 인종위생은 사회 문제를 해결하는 수단으로 각광받았고, 이는 인종위생 운동의 대중화를 가능하게 했다. 특히 다양한 연구소가 설립되고 정부 지원 체제가 형성되어 더 논리적이고 체계적이며 안정적인 인종위생 운동이 전개되는 기반이 되었다. 바이마르 시기 인종위생은 초기에는 소수의 전문가 집단에 의해 성장했고, 나치의 등장 이후 인종위생은 독일 사회 전반을 규율하는 하나의 국가 정책으로 발전했다.

헤켈의 논리에 경도되었던 히틀러는 노르만 인종의 우월성을 합리화하고, 인종적 질의 개선을 도모하기 위해 인종위생 운동을 수용했다. 인종위생은 합법적인 국가 정책으로서 모든 국민이 이행해야 할 의무가 부여되었고, 이에 따라 인종위생은 강력한 영향력을 행사하게 되었다. 이와 같은 인종위생의 국가 정책으로의 전환은 과학의 정치화 현상이 가져올 수 있는 폐해를 극명하게 보여 주는 사례였다. 나치는 인종위생을 빌미로 자신들의 정치적 이해관계를 설파했고, 인종위생은 정부 정책이 됨으로써 인식론적 정당성과 사회적 권위를 더 확실하게 부여받게 되었다.

주지하다시피 나치의 등장은 제1차 세계대전 이후 악화된 독일의 경제적 상황에 기인한다. 더욱이 경제 대공황의 여파는 독일의 산업을 파괴하고, 독일의 열악한 경제적 상황을 벼랑 끝으로 내몰았다. 이 과정에서 비용효과를 둘러싼 다양한 논의가 대두되었고, 특히 사회적 부적격자들에 대한 비용 증대의 문제는 해결해야 할 가장 심각한 경제적 문제 중 하나였다. 나치 시기 한 수학책에는 "만일 정신질환자 수용소의 건설에 600만 마르크가 소요되고, 택지에 집 한 채를 짓는 비용으로 15,000마르크가 들어간다면, 한 개의 수용시설을 짓는 비용으로 집을 몇 채나 지을 수 있겠는가?"[67]라는 문제가 실릴 정도로 사회적 부적격자들에 대한 치료 비용은 독일을 짓누르는 거대한 압력이었다. 이와 같은 당시의 경제적 압력은 쓸모없는 식충이(useless eater)나 살 가치가 없는 인생들(lives not worth living)과 같은 문구를 유행시켰고,[68] 노약자나 만성적 빈곤자, 그리고 절름발이와 같은 신체적 불구자 등은 불운한 운명에 처한 사람들로 인식되었으며, 사회에 짐이 되는 존재로 각인되었다. 이런 상황에서 인종위생이 가장 효율적이고 적합한 해결책으로 대두된 것이다.

독일의 경제적 조건 악화는 인종주의의 강화에도 중요한 영향을 미쳤다. 제1차 세계대전의 여파로 중산계급은 극단화되기 시작했고, 그 과정에서 인종주의적 담론이 중요한 사회적 화두로 부상했다. 특히 히틀러는 『나의 투쟁』에서 아리안 인종의 우월성을 주창하며 그것을 헤켈의 논리대로 실현시키려 했다. 히틀러의 논리는 인종위생과 결합되었고, 이는 최적자 계급의 출산율 증가와 부적격자에 대한 생식 제한의 필요성을 강화시켰다. 히틀러는 헤켈의 논리를 좇아 인간은 자연의 일부로서 자연의 법칙에 종속당한다고 판단했다. 히틀러의 기본적인 생각은 지배와 피지배 같은 위계적 구조는 자연의 법칙에 따른 당위임에도 인간 역사는 이에 저항해 왔고, 평등주의는 불평등을 파괴함으로써 승자들의 생존을 위협해 왔다는 것이었다. 따라서 히틀러는 승자의 생존을 보장하기 위해서는 자연의 법칙에 의거해 나

(표) 인종위생 협회의 지부 및 구성원 변화

일시	지부	구성원 수
1930	16	1,300
1931	13	1,085
1933. 6	12	950
1934. 1	19	1,300
1935. 1	44	2,400
1936. 1	54	3,250
1936. 12	56	3,700

* Source: Paul Weindling, *Health, Race and German Politics Between National Unification and Nazism, 1870-1945* (Cambridge: Cambridge University Press, 1989), p. 499.

약한 존재들을 제거해야만 한다고 주장했다.[69] 히틀러에게 승자는 자연선택에 의해 생존한 독일 민족이었다. 그에게 독일 민족은 영구불멸의 실체로 인식되었고, 독일 민족의 영원성과 지도자로서의 역할은 헤켈식의 집단적 생존경쟁에 따른 최적자생존의 결과였다.

히틀러의 생물학적 세계관은 나치 이데올로기의 주요한 구성 부분이 되었고, 생물학과 정치의 혼합은 필연적이었다. 이제 독일 인종위생 운동은 히틀러의 생물학적 세계관을 실현하는 사회적 운동이자 국가 정책으로 기능하게 되었다. 특히 독일 인종위생 협회는 나치 정부의 하부기관으로 전락하여 나치의 하수인이 되어 갔다. 하지만 이는 역으로 인종위생 협회가 정부로부터 안정적인 지원을 받으며 인종위생 정책을 대중적으로 유포할 수 있는 기회로 작용했다. 이는 인종위생 협회 구성원의 수를 급속히 늘릴 수 있는 계기가 되었다.

이후 인종위생 협회는 더 안정적인 차원에서 인종위생 담론을 조직적으로 유포하고, 체계적으로 실천하기 시작했다. 루딘이 인종위생 협회를 통솔하는 책임자가 되었고, 이후 협회는 인종주의적 담론의 주요한 생산기지로 활용되었다. 그래서 인종위생 협회는 비인종주의적 인종위생론자들을 축출시켰고, 나아가 이들은 모든 공직으로부터 사퇴할 것을 종용받기도 했다. 곧이어 인종위생 협회의 가입 요건은 아리안 혈통의 독일인으로 제한되었다. 루딘은 1934년 "인종위생의 중요성은 히틀러의 정치적 과업을 통해서만 모든 독일인들이 인식할 수 있음이 명백해졌으며, 우리가 30년 이상 꿈꿔 왔던 일이 그를 통해서만 실현될 수 있을 것이고, 인종위생을 행동으로 옮길 수 있게 되었다"[70]라고 언급하기도 했다.

이제 인종위생 협회는 아리안 인종의 순수성을 공식적인 의제로 설정하고, '인종적 보호(Rassenpflege)'와 '유전적 보호(Erbpflege)'를 동일한 논리로 설파하기 시작했다. 인종적 보호는 사회문화적 측면의 사회적 적격자를 증진시키고, 유전적 보호는 신체적 우수성을 진작시켜 제국의 생산성을 높이기 위한 것이었다. 이러한 보호의 주된 대상은 당연히 아리안 인종이었고, 이들의 인종적 퇴화를 막기 위해 혼혈은 철저하게 금지되었다. 나치의 정책으로 수용된 인종위생은 노르딕 인종주의라는 신화와 낭만주의적 정서와 결합함으로써 혈통의 순수성을 강조하는 방향으로 발전해 갔다. 이는 국가의 유전자 풀을 순수하게 할 것을 요구했고, 이를 통해 독일은 과거의 영광을 재현하고 민족적 고귀함을 되찾을 수 있다고 믿었던 것이다.[71]

나치의 노르딕 인종주의는 미국의 토착주의와 유사한 측면이 많다.

노르딕 인종주의도 미국의 그것처럼 아리안 인종의 지배를 정당화하기 위한 것이었고, 이는 반유대주의로 귀결되었다. 헤켈의 논리처럼 노르만 인종주의는 다른 인종에 대한 노르만 인종의 지배를 주장하며, 인종적 순수성을 보장하기 위해 생식의 자유도 노르만 인종에게만 부여했다. 이와 같은 노르딕 인종주의는 독일의 인종 이론가인 군터(Hans F. K. Gunther, 1891-1968)에 의해 1920년대를 전후로 대중화되기 시작했다. 노르딕 인종주의는 제1차 세계대전에서 독일의 패배, 공산주의 혁명의 공포, 그리고 경제적 악화와 그로 인한 사회적 혼란 등이 만들어 낸 사회적 결과물이었다. 나치는 노르딕 인종주의를 발판으로 정치력을 확장했고, 결국 정권을 잡았다.

1920년대 이후 노르딕 인종주의는 이전부터 독일 사회에서 잠재해 있던 반유대주의와 결합하기 시작했다. 반유대주의란 용어는 1879년 라가르데(Paul de Lagarde, 1827-1891)가 처음으로 사용했다. 이 용어는 유대인의 생물학적 구성이 독일 민족에 위협을 가할 것이란 사고를 대중에게 유포시켰다. 라가르데는 유대인들이 선천성 질병을 갖고 있는 존재들로서 즉시 사멸시켜야 하는 대상이라고 주장했다. 라가르데의 관념은 나치 이데올로기와 정확히 부합하는 것이었다. 그는 유대인을 기생충이나 세균과 같은 존재로 상정하고, 이는 독일 민족에게 일상적이면서도 심각한 위협으로 작용할 것이라 주장했다.[72] 라가르데의 주장은 인종위생론자나 유전학자들에게도 영향을 미쳤고, 특히 피셔는 독일 민족의 유전적 형질을 보존하기 위해서는 모든 수단을 동원해서라도 유대인을 사멸시킬 것이라고 주장하기도 했다.[73]

물론 모든 인종위생론자들이 이러한 주장에 동의한 것은 아니었지만, 라가르데의 주장은 나치의 포괄적인 질병관과 연관되어 질병을 생물학적 퇴화와 등치시키는 결과를 낳았다.

나치는 인종, 젠더, 범죄, 그리고 빈곤 등 사회적 상태를 생물학적 차원의 것으로 환원시켰다. 나치는 현재 독일이 인종적 사멸 위기에 직면해 있고, 인종위생만이 인종자살로부터 독일을 구원해 줄 것이라 주장했다.[74] 대중 매체들도 인종위생의 당위성을 선정적으로 보도하기 시작했고, 많은 영화들도 사회적 부적격자들에 대한 사회적 편견을 부추겼다.[75] 나치는 대중적 선동과 인종위생을 결합하여 다양한 프로그램을 통해 사회적 부적격자들을 제거하기 시작했다. 과학이 정치를 만날 때 발현될 수 있는 최악의 상황이 도래한 것이다.

보통 나치는 과학을 왜곡시킨 대명사로 거론된다. 물론 이는 부인할 수 없는 사실이다. 하지만 나치에게만 과학을 왜곡시켰다는 오명을 씌우는 것은 과학과 정치의 관계나 과학의 후원의 문제, 그리고 당시 독일의 제도적 상황을 다소 간과한 측면이 많다. 사실 여러 정황들을 고려해서 본다면, 과학의 왜곡에 대한 책임성은 과학과 정치 모두에 있다고 볼 수 있다. 사실 인종위생을 창조한 것은 의학자들이었지 나치가 아니었다. 더군다나 나치 집권 이전 이미 독일 대학들에서는 인종위생 강좌가 개설되었고, 1932년 무렵 인종위생은 독일 의학계에서 학문적 지위를 확보한 상태였다. 대부분의 인종위생 학술지들도 나치의 집권 이전에 창간되었다. 제1차 세계대전 이전 이미 인종위생은 독일 정부의 승인을 받은 상황이기도 했다. 이렇게 본다면, 오히려 책임의 원천은 인종위생이라는 학문 자체에 있었는지도 모른다. 앞서 밝혔듯이 골튼의 우생학 또는 인종위생은 필연적으로 승자의 논리로 귀착될 수밖에 없는 성격을 띠고 있다. 그것은 생존경쟁과 최적자생존의 논리에 천착하고 있었고, 따라서 우생학 또는 인종위생은 이미 지적 차원의 내면에 편견과 차별의 이념을 전제하고 있었다. 이는 나치에게 면죄부를 주기 위함이 아니다. 나치의 극단적 조치는 인간주의적 측면과 결코 부합할 수 없는 성질의 것이다. 다만 정치와 과학의 혼합이 만들어 낸 참혹한 역사적 상황을 논할 때, 정치의 책임만을 강조하고 과학의 사회적 책임성 문제를 간과하는 것은 과학과 정치 사이의 문제를 올바로 바라볼 수 있는 균형 잡힌 시각이라 볼 수 없다는 것이다.

과학과 정치의 불온한 혼합이 만들어 낸 잔혹한 학살의 모습을 강제 불임화 수술과 안락사를 중심으로 살펴보도록 하자.

1) 강제 불임화 수술

불임화 수술은 신체적·정신적 퇴화의 공포를 치료하기 수단으로 주장되었다. 소수의 우생학자들은 오래전부터 범죄자와 정신이상자에 대한 불임화 수술을 주장해 왔다. 이들은 미국의 강제 불임화 수술법에 고무되고 정신의학자들로부터 지지를 받았다. 불임화 수술은 인간적이고 근대적이며 과학적인 것으로 간주되었다. 반면 우생학자들 사이에서는 강제 불임화 수술과 자발적 불임화 수술을 둘러싸고 논쟁이 있었다. 1922년 인종위생 협회는 유전적 질환자에 대한 자발적 불임화 수술을 주장했다. 그러나 강제 불임화 수술에 대한 인식은 과학적으로나 사회적으로 미성숙한 상태였다. 좀 더 학문적인 경향이 있는 인종위생론자들은 불임화 수술은 정부에 의한 포지티브 우생학 조치의 보조수단으로는 위험하다고 생각했지만, 전쟁의 폭풍은 강제 불임화 수술의 분위기를 증폭시켰다. 강제 불임화 수술 캠페인은 의사와 정부 관료들에 의해 진지하게 고려되었다. 외과적으로 정관 절제술은 간단한 수술로 이해되었고, 의학적·사회적 이슈들은 유전성 질병과 의학적 권위와 관련지어 고려되었다. 이 과정에서 일부 의사들은 전문가로서의 특권을 이용했고, 불임화 수술에 앞장서기 시작했다. 당시 유럽 대륙에는 강제 불임화 수술법이 공식적으로 제정된 국가가 없었던 상황이었다. 독일의 관료들은 자발적 불임화 수술이 가능하다는 데 동의하고 있었다. 이는 불임화 수술 제안의 첫 번째 물결의 결론이었지만, 유전적 연구는 1920년대 내내 기층에 상존하고 있었다. 이는 1930년대 불임화 수술이 달성될 수 있는 과학적 근거에 대한 사회적 합의를 가능케 했다.[76]

1927년에는 독일 범죄 법전(German Criminal Code)에 의해 소수의 불임화 수술이 시행되었고,[77] 1932년에는 자발적 불임화 수술을 규정한 강제 불임화 수술법이 소개되었다. 히틀러는 권력을 잡은 직후 포괄적이고 강제적인 우생학적 강제 불임화 수술법을 제정했다. 이 법은 18명의 제국 내각, 곧 그중 8명은 나치, 나머지 10명은 극우 민족주의자로 이루어진 내각에 의해 통과되었다. 1933년 7월 14일 공식적으로 제정된 독일의 강제 불임화 수술법(유전성 질병 후손 금지를 위한

법; Das Gesetz zur Verhutung erbkranken Nachwuchses)은 1932년 프러시아의 강제 불임화 수술법 초안을 토대로 하고 있다. 프러시아 강제 불임화 수술법 초안은 로린의 기본 강제 불임화 수술법에 토대를 두고 있다. 이 법의 제정과 시행은 사회적 비용 효과의 측면에서 이루어진 것이었다.

1933년의 강제 불임화 수술법은 유전적 질병의 고통을 겪는 환자들의 생식을 제한하는 것을 일차적 목적으로 삼고 있었다. 이 강제 불임화 수술법은 나치 집권 이전 시기의 독일의 사회경제적 상황의 산물이었다. 따라서 이 법의 시행 초기에는 인종적 차별에 의한 불임화 수술보다는 비용 감소의 차원에서 불임화 수술이 시행되었다. 이는 불임화 수술의 당사자가 대부분 독일인이었다는 사실에서 잘 알 수 있다. 이 법의 중요성은 유전성 질병에 걸린 이들에 대한 강제 불임화 수술을 공식적으로 천명했다는 데 있다. 당시 이 법에서 규정한 불임화 수술 대상인 이들의 질병은 유전성 질병에서 정신박약, 빈곤, 그리고 알코올 중독처럼 유전성이 불분명한 사회적이고 행동적인 특질에 이르기까지 광범위했으나 대부분의 불임화 수술 대상은 정신질환자들이었다.[78] 사실 이 법이 규정하고 있었던 불임화 수술 대상은 과학적 근거에 의해 특정 질병을 선정한 것처럼 보이지만, 실제로는 유전성의 판단 기준이 자의적이었다. 이를테면 알코올 중독은 포함되었지만, 혈우병(haemophilia)은 선천성 질환임에도 빠져 있다. 불임화 수술 대상의 판정은 임의적인 기준과 자의적인 판단에 불과한 것이었다.

나치의 질병관도 유사한 차원의 성격을 띤다. 당시 나치가 상정한

(표) 불임화 수술현황 (1934)

순위	질 병 명	비율 (%)
1	선천성 정신박약(Congenital feeble-mindedness)	52.9
2	정신분열(Schizophrenia)	25.4
3	조울증 (folie circulaire; manic depressive psychosis)	3.2
4	유전성 간질(Hereditary epilepsy)	14
5	헌팅턴병(Hereditary St Vitus Dance ; Huntington's)	0.2
6	유전성 시각장애(Hereditary blindness)	0.6
7	유전성 난청(Hereditary deafness)	1
8	중증 유전성 신체장애 (Severe hereditary physical deformity)	0.3
9	자의적 판단에 의한 중증 알코올 중독 (Severe alcoholism on a discretionary basis)	2.4

*Source: Anne Kerr and Tom Shakespeare, *Genetic Politics: from Eugenics to Genome* (Cheltenham: New Clarion Press, 2002), pp. 27-28.

질병 개념은 포괄적이어서 신체적 특질뿐만 아니라 사회문화적 정서와 도덕성, 그리고 범죄 성향도 질병의 범주에 포함되었다. 그럼에도 이것들은 의학적 용어로 표현됨으로써 나치의 인종적·사회적 편견을 은폐할 수 있었다. 당시 유대인은 기생충, 암, 결핵, 세균 또는 질병의 화신 등으로 불려졌다.[79] 따라서 나치는 유대인을 제거하는 것은 단지 질병을 치료하는 것에 불과한 것이라고 역설했다. 나치의 의무는 질병의 보균체를 파괴하는 것이었다. 당시 "유대인, 쥐, 티푸스"[80]라는 문구는 나치의 평상적인 슬로건이었다. 나치에게 유대인이나 집시는 독일인들의 암을 유발하는 병원체에 불과했던 것이다. 따라서 나치 시기 건강 보호 프로그램의 목적은 선택적으로 노르딕 엘리트를 양산함과 동시에 병원체를 가졌다고 판단되는 존재들을 제거하는 것이었다.

질병 진단의 근거는 더욱 자의적이었다. 특히 유전성 질환의 진단 기준은 너무 자의적이어서 무고한 많은 사람들이 불임화 수술이나 안락사의 대상이 되었다. 나치의 포괄적인 질병관은 그들의 이중 전략, 즉 생물학적 목적(인종적 생존과 순수성 보호)과 정치적 목적(정부의 적대 세력 제거) 모두에 부합하는 것이었다. 이를테면 저능아, 신체적 장애, 오줌싸개 등 교육이 어려운 대상들은 불임화 수술이나 안락사의 주된 대상이 되었다.

강제 불임화 수술 대상의 판단 여부도 전혀 과학적 근거가 없는 것이었다. 불임화 수술의 주된 대상이었던 정신박약자들은 구두시험을 통해 수술 여부가 결정되었다. 당시 조사관들이 정신박약자에게 행한 질문으로는 "루터는 누구인가?", "아메리카를 발견한 사람은 누구인가?", "성탄절은 언제인가?", 그리고 "프랑스의 수도는 어디인가?" 등등 정신박약이 아니어도 질문에 답하지 못할 여지가 많은 것들이었다. 설사 시험을 통과해도 의학 전문 조사관(the medical examiner)의 주관적이고 자의적인 판단이 남아 있었다. 의학 전문 조사관은 불임화 수술 대상자의 외모나 행동만을 보고 정신박약 판정을 내리기도 했다.[81]

자의적인 판단에 의해 시행된 불임화 수술은 의사들의 책임 아래 진행되었다. 의사들은 인종적 보호의 수문장 역할을 했고, 일종의 국가 의무병이었다. 통상 불임화 수술 판단은 객관성과 공정성을 가장하기 위해 건강 법정(the Health Court)에서 진행되었고, 의사들이 법정의 책임자가 되었다. 당시 건강 법정에서 불임화 수술 판정을 받아 불임화 수술을 받은 사람들 중에는 가계 혈통만으로 불임화 수술 대상 판정을 받은 경우도 있었고, 편모의 자손들도 불임화 수술을 당했으며, 불임화 수술 시술의 결과 생명을 잃은 경우도 많았다. 그리고 불임화 수술은 성에 관계없이 시술되었다. 당시 불임화 수술이 당사자의 동의 아래 진행된 경우는 절반에도 미치지 못했고, 법적 대리인에 의해서나 강제적으로 불임화 수술을 당한 경우가 더 많았다. 그래서 '히틀러 처형(the Hitler cut)'[82]이라는 말이 유행하기도 했다.

당시 루딘은 유전 법정에서 불임화 수술 대상을 판정하는 역할을 수행했고, 다양한 정신질환에서부터 신체적 장애자들에 이르기까지 포괄적인 육체적 결함자들이 불임화 수술의 대상이 되었다. 루딘은 강제 불임화 수술법을 독일 내의 외국인들에게 확대 적용할 것을 주장하기도 했다. 유전적 질병이나 불임화 수술의 문제는 타협의 여지가 없는 것이고, 이 법에 의해 불임화 수술 대상이 된 80% 이상이 정신질환자였고, 그들 중 67%는 항구적인 수용이 요구되었으며, 그들 중 3분의 2 이상이 퇴원되기 전에 불임화 수술을 당했다. 이들은 대부분 정신분열이나 정신지체로 고통을 겪던 사람들이었다.[83]

나치의 불임화 수술 정책은 인종위생 원리의 사회적 구현물이었던 것이다. 1935년 새로운 강제 불임화 수술법이 제정되었다. 일명 뉘른베르크법(Nuremberg Law)으로 불리는 이 법은 이전의 강제 불임화 수술법보다 더 노골적으로 인종적 순수성을 강조하고 있다. 즉 이 법은 독일 혈통의 보호를 위한 것이었다. 이 법은 혈통법(Blood Protection Law), 결혼 건강법(Marital Health Law), 그리고 제국 시민법(Reich

Citizenship Law)으로 구성되었다. 혈통법은 유대인과 독일인 사이의 성행위나 결혼을 금지하는 법이었다. 결혼 건강법은 건강 증명서가 첨부되어야만 결혼을 허용하는 법이었다. 제국 시민법은 독일 내 인구를 시민과 거주민으로 이분하여 거주민의 모든 권리를 박탈하는 법이었다. 이 법에 의해 모든 유대인은 시민권을 박탈당했다.[84] 결혼 건강법의 경우, 선천성 질환이나 성병, 결핵 등에 걸린 사람들의 혼인을 금지했는데, 사실 선천성 질환을 가진 사람들은 이미 불임화 수술 대상자였기 때문에 결혼까지 금지한 것은 이중 처벌에 해당하는 가혹한 것이었다.

히틀러는 강제 불임화 수술법을 이용해 자신의 정치적 목적을 달성하려 했다. 히틀러는 인종적·도덕적·정치적 약자를 질병자로 규정하고, 강제 불임화 수술법을 이용해 이들을 제거하려 했다. 질병자에 대한 제거는 질병의 유전 가능성을 미연에 방지하는 것이었다. 히틀러는 1939년 1월 30일 제국의회의 유명한 연설에서 유럽 내의 유대인을 사멸할 것을 천명한 바 있다. "유럽 내외의 국제적인 유대인 금융업자들이 전쟁의 와중에 독일을 위험에 빠뜨리게 한다면 […] 유럽 내의 유대 인종을 전멸하게 할 것"[85]이다. 결국 히틀러는 유대인을 질병자로 규정하여 대량 학살을 정당화했다.

2) 안락사(Euthanasia)

전쟁에서의 패배와 그로 인한 경제적 곤란, 정치적 소요, 그리고 질병의 창궐은 인간적 합리성과 자선의 개념을 완전히 박살내 버렸다.

국가적 붕괴와 독일 민족의 사멸이라는 불길한 예감은 그때까지 생각할 수 없는 극단적 개념의 급진적 우생학 조치를 불러일으켰다. 가치 없는 인생에 대한 의학적 죽임은 국가적이고 사회적인 질병의 해결책으로 간주되었다. 이는 의사와 법조인에 의해 결정되었으며, 광범위한 논쟁을 촉발시켰다. 1890년대 동안 안락사에 대해 의사가 환자의 요구로 병든 환자를 최종적으로 죽게 하는 것을 교사했는지 허용했는지를 둘러싸고 논쟁이 있었다. 당시 이런 형태의 안락사는 삶을 종결한 개인의 권리를 인정한다는 다분히 개인주의적인 차원의 안락사였다.

제1차 세계대전에서의 패배는 개인주의적 삶으로부터 집단주의적인 국가적 생존의 강조로 가치를 이동시켰다. 전쟁 이후 안락사에 대한 우생학적 견해를 지지하는 이들이 등장하기 시작했다. 개인의 권리보다는 국가적 생존의 논리가 더욱 우세해진 상황에서 안락사는 다른 형국으로 주장되기 시작한 것이다. 이는 바이마르 공화국 시기의 사회유기체론적인 관점과 결부되었다. 따라서 안락사에 대해 해롭거나 쓸모없는 구성원의 사멸 필요성을 제기하며, 사회유기체로서의 국가의 복지에 의사들이 책임이 있다는 주장이 1920년대에 등장하기 시작했다. 국가적 자원 부족 현상이 안락사를 정당화하는 좋은 이유가 되었던 것이다.[86]

나치는 신체적 질환자 등을 비롯하여 다양한 사회적 부적격자들을 '살 가치가 없는 생명'으로 규정했다. 히틀러의 안락사 프로그램 책임자였던 브란트(Karl Brandt, 1904-1948)는 전후 재판에서 안락사는 자기 스스로를 돌볼 수 없기 때문에 장기간 고통스런 삶을 살 수밖에 없는 개인들을 도와주려는 생각에서 출발한 것이라고 주장했다.[87] 이런 주장은 대단히 인간적이고 그럴듯하지만 실제로 안락사는 전혀 인간적이지 않았다. 당시 히틀러의 안락사 프로그램은 우연적인 것으로 보기 어려운 측면이 많다. 독일은 바이마르 공화국 시절부터 이미 재정적 압박에 허덕이고 있었다. 따라서 전쟁을 준비하던 히틀러에게 경제적 역량의 부족은 대단히 심각한 문제였다. 따라서 제2차 세계대전의 발발과 히틀러의 포고가 갖는 시기적 연관성은 나치 안락사 정책이 전쟁 수행과 모종의 관련이 있음을 알 수 있게 하는 대목이다.

본격적인 안락사 프로그램은 1930년대 말 신체장애나 정신 장애가 있는 아동들에 대해 시행되었다.[88] 초기에는 세 살 미만의 아동만을 대상으로 하였으나 점점 대상이 확대되어 1941년 17살, 그리고 1943년에는 유대인을 비롯한 모든 비아리안 인종을 대상으로 안락사가 시행되었다. 독일 국적의 장애 아동을 대상으로 시작한 안락사 프로그램은 대상, 연령과 범주가 계속 확대되어 결국 건강한 성인을 대상으로 한 집단학살로 발전했다. 물론 노동력의 상실을 우려한 일부 나치는 유대인 학살을 반대하기도 했지만, 수많은 무고한 인명이 질병자로 규정되어 학살되고 말았다.[89] 이후 독일의 안락사 프로그램은 최종 결정(Final Solution)에서 절정에 다다랐다. 1939년 8월 18일의 포고로 시작된 아동 안락사는 세 살 이하의 모든 장애 아동을 대상으로 하였다. 아동 안락사의 대상은 하체 장애, 뇌나 척추 장애, 소아마비, 중풍, 왜소증, 시각장애, 청각장애, 백치, 다운증후군, 그리고 다양한 뇌질환을 가진 아동 등 광범위했다. 아동 안락사 역시 히틀러의 개인적 명령에 의해 이루어졌다.[90] 안락사 대상으로 규정된 아동들은 28개의 안락사 수용소로 이송되어 치사 주사나 과다 약물 투여를 통해 안락사를 당했고, 때로는 굶어 죽기도 했다. 당시 안락사에 참여했던 의사들은 대개 필명이나 가명을 사용하기도 했다. 사실 나치에 협력했던 의사들이 주장하듯 과연 순수한 의학적 목적의 연구를 수행했다면 가명이나 필명은 필요하지 않았을 것이다.

1939년 9월 1일 히틀러의 안락사 포고(Euthanasia Decree; Erlass)는 그의 주치의인 브란트에게 지시되었고, 이는 의사의 권위를 이용해 불치병 환자들을 자비로운 죽음으로 이끌어 주는 것이라는 명분 아래 시작된 것이었다.[91] 그러나 안락사 결정은 본질적으로는 전쟁과 관련이 깊다. 히틀러는 전쟁 수행에 필요한 자원의 고갈을 막기 위해 안락사를 결정했고, 따라서 나치의 안락사 프로그램은 경제적 필요에서 야기된 것이었다. 당시의 안락사 대상자는 대부분은 정신질환자들이었다. 브란트는 후일 당시 치료 불가능한 환자란 기본적으로 정신이상자를 의미했다고 밝힌 바 있다.[92] 히틀러의 포고는 공식적인 법률로도 제정된 바 없는 자의적인 것이었다.

히틀러는 T-4 프로그램(이는 최초의 조직적인 안락사 시도가 유대인들이 살고 있던 빌라인 No. 4, Tiergartenstrasse를 몰수하는 과정에서 시작되었기 때문에 붙여진 명칭임)으로 알려진 계획을 통해 성인들을 대상으로 안락사를 시행했다. 당시 안락사는 훈령이나 공문서를 통해 지시되었고, 주로 요양원이나 정신병원에서 안락사가 실행되었다. 따라서 안락사는 환자들을 치료소로 이동시킨다고 기만한 후 자행되었다는 점에서 더

(표) 안락사 센터의 안락사 현황

안락사 센터	안락사 시행 일시	사망자(명)
Grafeneck near Stuttgart	1940. 1 - 1940. 12	9,839
Brandenburg	1940. 2 - 1940. 9	9,772
Bernburg	1941. 9	8,601
Hadamar	1941. 1 - 1941. 8	10,072
Hartheim near Linz	1940. 5	18,269
Sonnenstein in Pirna	1940. 1 - 1941. 8	13,720

* Source: NAW, T 1921, Roll 18, Götz Aly, et al. trans. Belinda Cooper, *Cleansing the Fatherland: Nazi Medicine and Racial Hygiene* (Baltimore: Johns Hopkins University Press, 1994), p. 39.

욱 추악한 것이었다. T-4 센터는 야만적인 의학 실험실이자 사회에 부담이 되는 원치 않은 사람들의 대량 학살의 중심에 있다. 당시 6개의 안락사 센터에서 가스 질식에 의해 안락사 당한 사람은 수만 명을 상회할 것이다. 안락사를 통해 배운 노하우는 수용소에서 유대인을 가스로 죽이는 데 대단히 유용했다.

T-4 프로그램이 진행될 당시 주도적인 역할을 했던 것은 다름 아닌 의사들이었다. 그러나 그 누구도 강압에 의해 이 프로그램에 참여하지는 않았다. 이들은 이 일에 열광적이었고, 스스로 가치가 있는 일이라 여기기도 했다. 그러나 당시 이 프로그램에 참여한 의사들은 안락사를 표면적으로 정당화하기 위한 존재에 불과했다. 안락사 판정 과정에서 의사들이 한 일은 인종 구분이나 대상자의 노동력 수행 정도 등 의학적 소견과는 거리가 먼 것들이 많았다. 의사들은 제국 복지부(the Reich Department of Health)가 보내 준 질문지에 자의적인 판단에 의거해 (+)나 (-) 마크를 표시할 뿐이었다.[93] 당시 이 프로그램에 의

해 안락사 당한 대상자들은 사회적 일탈행위를 한 자에서 신체 질환자에 이르기까지 다양했고, 이들은 여러 지역에 분산된 수용소로 보내져 샤워실에 감금된 채 가스를 마시고 죽어 갔다. 이 과정에서 의사들이 한 일은 의학적 조치와는 거리가 먼 가스 꼭지를 열거나 잠그는 일이었다.[94] 당시 히틀러의 자의적 명령에 의해 시행된 T-4 프로그램이 1941년 8월 끝날 때까지 약 70,000명의 사람들이 안락사를 당했다.[95]

T-4 프로그램이 개시되기 전부터 행해지던 장애 아동들에 대한 안락사는 성인 안락사 프로그램이 중지된 이후에도 지속되었다. 나치는 질병이나 장애가 있는 아동들의 제거는 우생학적 또는 인종적 순수성을 달성하기 위해서 필수적인 것이라고 생각했기 때문에 지속적으로 아동에 대한 안락사를 시행했다.

한편 성인 안락사가 공식적으로 종료된 이후에도 임의적 안락사는 계속되었다. 이를 광적 안락사(Wild Euthanasia)라 한다. 당시 광적 안락사의 희생자는 고령자이거나 반사회적 요인을 가진 인물, 그리고 외국인 등이 대부분이었다. 사회적 약자부터 비아리안 인종까지 광범위하게 안락사가 자행된 것이었다. 광적 안락사는 노동 능력을 상실한 이주 노동자들, 점령지의 주민들, 반사회적 인물들, 그리고 유대인 등 살 가치가 없다고 자의적으로 판단한 존재들에 대해 시행되었다. 광적 안락사는 1943년 종료되었고, 2년 동안 약 20,000명이 안락사를 당했다.[96] 광적 안락사는 후일 홀로코스트로 기억되는 최종 결정의 전초전이었고, 광적 안락사는 대규모의 학살을 위한 준비 과정이었다. 강제 불임화 수술과 안락사는 네거티브 우생학의 가장 극단적인 형태였다.

강제 불임화 수술과 안락사의 시행은 다름 아닌 의사들에 의해서 이루어졌다. 사실 어떤 측면에서 보면 나치의 인종위생 프로그램은 인류학, 유전학자, 심리학자, 그리고 수많은 과학 전문가 집단이 존재하지 않았다면 현실화되기 어려웠을 것이다. 특히 의사들의 활동은 반드시 짚고 넘어가야 할 것이다. 물론 나치 의사들의 안락사 프로그램 참여가 점진적인 것이었는지, 아니면 갑작스레 일어난 것이었는지에 대해서는 논란이 있을 수 있다. 다시 말하자면, 나치 의사들의 안락사 프로그램 참여가 이미 1920년대부터 독일 사회에서 야기된 인종 및 사회 위생 그리고 불임화 수술 논의와 일련의 연결고리가 있는 것인지, 아니면 나치의 집권 이후 변화된 사회적 환경이 의사들을 나치화시켰는지에 대해서는 더 엄밀한 분석이 필요할 것이다.[97] 하지만 이유야 어떻든 결과적으로 나치 시기의 의사들이 나치의 군인으로서 활동한 것만큼은 부인할 수 없다.

당시 나치의 안락사 프로그램에 참여했던 대부분의 의사들은 국제적으로 평판이 자자했던 사람들이었다. 이들을 단순한 청부 살해인이나 몽상에 빠진 미치광이 정도로 치부하는 것은 의사들의 책임성과 관련하여 대단히 잘못된 해석이다. 이들은 일시적인 판단착오에 의해 단순히 혐오스러운 행위를 한 존재들이 아니었다. 당시 의사들은 자발적으로 나치 당원이 되어 생의학 담당 군인으로서의 사명감을 갖고 있던 존재들이었다. 의사들의 역할은 나치 정부의 인종적·정치적 목적에 부합하는 생의학적 판단을 내리는 것이었다. 히틀러도 이들에 대해 거침없는 만족감을 표시하기도 했다. 의사들은 독일 인종위생의 권력자로서 기능했고, 인간 유전학에서 비롯된 육체적, 정신적 특질을 규정하는 유전 세포라는 관념은 과학적으로 증명된 법칙에 근거해 과학적으로 훈련된 의사들이 국가나 국민의 건강 증진을 책임질 수 있다는 관념에 의해 더욱 강화되었다.[98]

나치의 응용 생물학은 자신들의 정치적 목적을 달성하기 위해 개인과 집단에 대한 학살을 정당화했다. 학살은 나치에게 그저 의학적 질병에 대한 치료에 불과했다. 이런 의미에서 의사들은 나치의 정치적 목적을 정당화하는 도구였던 것이다. 의사들은 독일 전체 인종의 유전적 질을 보호하기 위해 죽임을 통한 치료를 했고, 이는 군인으로서 책임을 다한 것이라 생각했다. 따라서 의사들은 범죄 행위를 한 것이 아니라 의사로서 의료 행위를 한 것이고, 살인이 아니라 치료를 한 것에 불과하다고 스스로의 행위를 정당화했다.[99]

사실 나치 시기 독일 의사들이 자발적으로 나치의 정책 실행에 참여한 것은 그들의 내재된 사회경제적 욕구와도 관련이 있다. 독일의 의사들은 바이마르 시기 이후 수입이나 지위 면에서 불안정한 상태에 있었다. 의사들은 나치의 등장을 자신들의 사회적 위상을 고양시킬 수 있는 호기로 생각했다. 즉, 의사들은 나치의 후원을 통해 자신들의 사회경제적 지위 보장을 원했던 것이다. 나치에 자발적으로 참여했던 의사들에게 책임성 따위는 존재하지 않았다. 그들에겐 오직 도구적 이성만이 존재했고, 윤리적 성찰이나 책임의식은 없었다.

일부 학자들은 오명을 씻기 위해 안락사에 의학적 죽임이라는 명칭을 부여했으나, 그것은 명백한 살인이었다. 가스 꼭지를 돌리는 데

(표) 의사들의 수입 현황(1929-1937) (단위 RM)

1929년 이전	1933년	1934년	1935년	1936년	1937년
13,741	9,280	10,234	11,608	12,546	13,643

* Source: Wuttke, Herrschaft, p. 200, n. 140.

과연 의학적 훈련이나 전문적인 지식이 필요한 것일까. 그런데 아이러니하게도 안락사는 독일의 의학 연구를 발전시키는 데 중요한 역할을 했다. 일례로 인종적으로 특수한 단백질을 연구하기 위해 아우슈비츠에서는 집시들의 혈액 샘플을 채취했고, 이는 다시 카이저 빌헬름 생리학 연구소로 보내졌다. 그러면 생리학 연구소에서는 이 샘플을 바탕으로 일련의 생물학적 연구를 진행했다.[100] 학문의 외피를 쓴 반(反)윤리적인 의료 연구임에 틀림이 없다.

이와 같은 나치 시기 의사들의 행태를 살펴보면 과학자들의 의식이나 활동이 얼마나 중요한 것인지를 짐작할 수 있다. 독일의 의사들이 보여 준 행태는 과학기술자의 윤리적 사고와 관련하여 시사점을 준다. 독일의 의사들은 순수한 연구를 진행한다는 명분을 통해 사회적 지위와 명예, 그리고 부를 달성했다. 당시 독일의 의사들은 윤리의식의 실종 상태에 있었다. 그것은 잔혹한 결과를 수반했다. 오늘날 과학기술은 사회적 유용성이나 상업적 이익에 매몰되어 있고, 자본에 대한 종속 상태에 처해 있다. 이와 같은 상황에서 과학기술자들에게 윤리적 사고를 요구하는 것은 무척이나 어렵다. 특히 현재 인간의 생명을 다루는 분야에서 반윤리적 사고의 가능성이 현실화되고 있고, 이는 인류 전체에 위협으로 다가설 가능성이 많다. 과학기술자들은 자신들의 연구 행위에 대한 자기 성찰을 반드시 해야 할 것이다.

독일 인종위생, 특히 나치의 인종위생 정책은 과학이 사회적으로 어떻게 남용될 수 있으며, 정치가 과학을 어떻게 왜곡시킬 수 있는지를 극명하게 보여 주는 역사적 사례였다. 20세기 전반 서구 사회를 휩쓸었던 국가 효율과 유전 논리의 결합에서 독일도 예외는 아니었다. 다윈의 진화론 수용과 유전 이론의 발전에 토대를 두고 발전하기 시작했던 독일 인종위생은 나치의 홀로코스트에 이르러 종언을 고했다. 이는 서구 유럽 사회를 풍미했던 우생학이 역사의 뒤안길로 사라진 이유였다. 홀로코스트의 충격으로 우생학은 더 이상 대중적 정당성을 확보할 수 없었던 것이다. 이런 이유로 나치의 인종 학살은 우생학이 진짜 과학이 아니라 단순한 사회적 이념의 구현물에 불과하다는 시각을 도출하는 데 결정적인 역할을 했다. 이는 많은 사람들이 광적인 이념의 노예로 전락한 그릇된 일부 정치가들과 순수하지 못한 과학자들 탓에 특정 이념에 봉사하기 위한 사회적 실천의 도구쯤으로 우생학을 판단하게 되는 계기가 되기도 했다. 그러나 우리가 간과하지 말아야 할 사실은 과학적 기반이 취약했던 20세기 전반기의 상황을 놓고 본다면 독일의 인종위생을 진정한 과학이 아니라 사회적 이념의 표출이었다고만 단정하는 것은 다소 협소한 해석이라는 것이다. 당시의 지적 수준에서 과학적 담론으로서의 유전학과 이념으로서의 우생학 또는 인종위생을 명확하게 구분하기란 어려운 문제이고, 과학적 담론에 스며 있는 이념적 성격을 많은 학자들이 제대로 간파하지 못한 측면도 크기 때문이다.

더불어 잊지 말아야 할 사실은, 만일 우생학 또는 인종위생이 지식의 진보에 의해 그 과학적 취약성이 낱낱이 폭로되어 패퇴되었다면 그것은 재현의 위험이 적을 것이다. 그러나 우생학은 히틀러의 인종 청소가 야기한 정서적 거부감과 대량 학살의 공포로 인해 사라졌다. 그렇다면 이는 정치사회적 환경 변화에 의해 우생학이 언제든 회귀할 가능성이 있다는 얘기가 된다. 따라서 반세기 이상이 지난 오늘날에도 여전히 우생학에 내재된 이념이 문제시되는 것이고, 새로운 유전학의 성격과 실행에도 비판적 시선이 드리우는 것이다.

요컨대 독일 인종위생은 단순히 일부 광적인 정치가나 학자에 의해 고안된 것이 아니라 독일 민족의 영광을 떠올리는 수많은 독일인들에 의해서 만들어진 생물-정치적 이데올로기였다. 독일 인종위생 운동과 홀로코스트는 다시는 없어야 할 사건으로 우리에게 교훈을 줄 뿐만 아니라, 과학 이론이 이론적 정당성 차원을 넘어서 그 자체로 심각한 사회적 폐해의 문제를 함축할 수 있음을 명백하게 보여 주는 사례였다.

나오며

　19세기 후반 등장한 다윈의 진화론은 생물학에서의 지적 변혁은 물론이고 서구인들의 사고와 가치관에도 일대 변화를 가져온 역사적 분수령이었다. 다윈의 진화론은 자연계를 설명하기 위해 창안된 생물학 이론이었으나, 다양한 방식으로 변용되어 막강한 사회적 영향력을 발휘했다. 서구의 역사 속에서 나타난 다윈 진화론의 영향 가운데 하나가 우생학이었다. 다윈의 사촌 골튼이 창안한 우생학은 과학적 영역의 논의였으나, 정치적·사회적 변화와 조응하여 지배 계급의 논리를 정당화하는 이데올로기로 발전했다. 우생학자들이 설파한 생존경쟁과 최적자생존의 논리는 인간 개선이라는 이름 아래 다양한 사회적 부적격자들을 제거했고, 정치적·사회적·인종적 차별을 정당화했다. 우생학은 승자의 논리를 대변하며 애초부터 정해져 있는 결론을 생물학이라는 과학의 권위에 기대어 정당화했다.

　우생학은 구체적으로 영국, 미국, 그리고 독일에서 번창하여 지배

계급의 이데올로기로 기능했다. 세계 최초로 산업혁명에 성공한 영국 사회는 물질적 번영과 사회적 진보를 누리다가 1870년대에 들어서면서 경제적·사회적·정치적으로 위기 상황에 직면한다. 이는 산업화가 몰고 온 위기였고, 번영과 진보의 상징이었던 자유주의는 쇠퇴의 기로에 직면하기 시작했다. 이 상황에서 영국의 지식인 계층은 다윈의 진화론에 기초한 사회유기체론적 전망을 제시했다. 특히 보수주의자들은 다윈의 진화론을 스펜서의 진보 이론과 조응시킴으로써, 생존경쟁과 최적자생존을 과학의 이름으로 정당화했다. 이들이 바로 사회다윈주의자들이었다. 당시 사회다윈주의의 주창자들은 자유주의를 고수하며, 현상 유지 차원의 담론을 펼쳤다.

1880년대 이후 국제적 경쟁 체제가 강화되면서 국가 효율 담론이 사회를 풍미했고, 초기 사회다윈주의자들이 주장했던 국가불간섭주의와 자유시장 체제는 더 이상 설득력이 없어 보였다. 골튼의 우생학은 이 과정에서 탄생했다. 골튼의 우생학은 당시의 시대정신을 구현했던 과학이자 이념이었다. 당시 다윈의 영향을 받은 골튼은 1865년 최초로 우생학적 전망을 제시했다. 골튼의 정략적 사고, 지적 진보에 대한 확신, 그리고 전통적인 종교에 대한 회의 등이 결합하여 탄생한 우생학의 핵심 목적은 우수한 형질은 보호하고, 열등한 형질은 제거하는 것이었다. 이후 골튼은 생물측정학을 창안하여, 유전 담론을 과학적으로 예증하려 했다. 더욱이 바이스만의 생식질 이론과 멘델 법칙의 재발견 등 유전 이론의 성장은 국가 효율 담론과 결부되어 골튼의 우생학이 영국 사회에서 사회적으로도 신뢰성을 얻는 계기가 되었다. 이제 우생학은 과학적 담론의 영역을 넘어 사회적 실천의 영역으로 변용되었다.

영국 사회의 주도적 담론 가운데 하나로 자리 잡은 골튼의 우생학은 다른 나라들에 비해 균질적이지 못한 모습을 보였다. 특히 우생학 내부에서 전개된 생물측정학과 멘델주의 사이의 지적 논쟁은 사회적 실천에도 투영되어 우생학 운동 과정 내내 긴장과 갈등을 유발했다. 결국 영국의 우생학 운동은 사회적 실천 과정에서 우생학 교육협회, 골튼 실험실, 각종 자선단체와 교육단체, 그리고 공중보건 운동 등 이념과 방법 면에서 다양한 모습을 보였다. 더욱이 제1차 세계대전을 기점으로 영국의 우생학은 상대적으로 제도적 장치와 정부 지원이 부족했고, 이는 미국이나 독일과 같은 강제 불임화 수술법의 제정이 성공하지 못한 주요한 이유였다. 이러한 내적 한계에도 불구하고 영국의 우생학은 인종적 차별을 전제로 하여 진행된 식민지 경영의 이론적 근거로 작용했다는 점에서 중요한 의미가 있다. 일부 연구자들이 영국의 우생학을 계급 담론에만 천착해 파악하는 것은 영국의 제국주의와 인종주의에 스며든 우생학의 역할을 과소평가한 것에 지나지 않는다. 영국의 우생학은 내부적으로는 불충분한 성공을 일궈 낸 중산계급의 담론이었지만, 외부적으로는 인종주의와 결부하여 제국주의적 팽창과 그에 따른 영국의 국가 효율을 진작시키는 중요한 동력으로 기능했다고 볼 수 있다.

다윈 진화론의 성립과 변용에서 미국도 예외는 아니었다. 미국에서 다윈의 진화론은 스펜서의 진보 이론과 혼합된 형태로 발현되었다. 당시 미국은 정치적으로 보수적이었고, 자유방임적 자본주의 질서가 우위를 점하던 시대였다. 미국의 보수주의자들은 남북전쟁 이후 급속한 산업 부흥과 그에 따른 부의 축적을 사상적으로 정당화시켜야 할 필요가 있었고, 사회다윈주의가 그에 따른 이론적 근거를 제공했다. 영국의 사회다윈주의가 위기 대응책의 산물이었다면, 미국의 사회다윈주의는 승자의 논리를 정당화시켜 고착화하는 이념이었다. 섬너는 다윈과 스펜서의 이론에 천착해 논리적 근거를 마련했다.

급속한 산업화와 이에 따른 자본주의적 발전의 이면에는 심각한 경제적 혼란과 사회적 갈등이라는 어두운 그늘도 있었다. 더욱이 1890년대부터 급속히 증가한 이민의 물결은 사회적 혼란을 부추기는 기폭제로 작용했다. 이러한 상황에서 일단의 개혁가들은 정부간섭주의를 천명하고, 사회 문제를 해결하려 했다. 혁신주의 시대가 도래한 것이다. 혁신주의 시대의 이상은 효율의 극대화였고, 과학은 효율 진작의 중요한 도구였다. 특히 1900년 재발견된 멘델의 법칙은 차별 구조의 정당화와 함께 사회 문제를 해결하는 좋은 메커니즘으로 환영받기 시작했다. 더욱이 영국에 비해 제도적 장치가 잘 마련되어 있던 미국은 유전론적 우생학이 대중화되기 쉬웠고, 민간단체의 후원을 통해 유전학이 발전함으로써 대중적 차원의 우생학 유포에 커다란 자극이 되었다. 20세기 전반 유전 담론은 미국인들에게 하나의 문화적 코드로까지 받아들여졌다. 하지만 환경론의 차원에서 유전의 고정성을 반대하며 환경 개선 등을 비롯한 각종 사회 개혁을 지지한 우생학자들도 많았다. 다만 제1차 세계대전의 발발은 국가적·인종적 퇴화의 공포를 부추겼고, 이것이 보수적 담론과 결부되어 유전론의 강화로 귀착되는 결과를 가져왔다. 즉, 대학 교육을 받은 과학자의 증가와 민간 단체의 각종 후원, 그리고 제1차 세계대전은 유전론적 입장이 주류 우생학의 지위를 확보하게 되는 주요한 요인으로 작용한 것이다.

제1차 세계대전 이후 우생학은 과학적 담론으로서가 아니라 이념적 도구로 활용되기 시작했다. 대븐포트가 그 중심 인물이었다. 그를 통해 유전론에 기초한 우생학은 더욱 확장되었다. 미국의 우생학은 다양한 조직을 통해 사회적 운동으로서의 면모를 여실히 보여 주었다. 그 중심에 우생학 기록 사무국과 미국 우생학 협회가 있었다. 이 두 조직은 대븐포트와 직접적으로 연관되어 있었고, 계급차별적이고 인종주의적인 면모를 어김없이 보여 주었다. 더구나 이들이 설파했던 유전론적 우생학은 유전을 근거로 인간의 사회적 위치를 서열화하고, 앵글로색슨의 우월성을 설파하면서 백인 중산계급, 즉 와스프의 사회적 기반을 정당화하는 메커니즘으로 활용되었다.

이후 미국의 우생학은 영국과 유사한 담론, 즉 국가 효율 진작과 미국의 국가적 정체성 강화라는 미명 아래 계급차별주의적이고 인종주의적인 면모를 여실히 드러내며 이민 제한법, 결혼 금지법, 그리고 강제 불임화 수술법 등 다양한 우생학적 입법을 제정하여 사회적 부적격자들을 제거하기 시작했다. 당시 제정된 우생학적 입법은 나치에게도 전수되어 후일 엄청난 역사적 비극을 일으키기도 했다. 그러나 1930년대 들어 미국의 우생학은 대공황의 여파로 환경론이 부상하면서 쇠퇴의 전환점을 맞이했고, 유전학의 발전으로 말미암아 과학적 취약성이 노출되었으며, 나치의 홀로코스트에 이르러 역사의 종말을 고하고 말았다.

영국과 미국에서 다윈의 영향은 스펜서와 결부되어 강화된 측면이 있었지만, 독일에서는 다윈 자체의 영향이 컸다. 독일에서 다윈의 사도는 헤켈이었다. 영미와 달리 집단주의적 생존경쟁을 강조했던 헤켈의 논리는 19세기 말 독일 사회의 시대적 열망과 조응하여 독일 군국주의가 성장하는 데 중요한 역할을 했다. 즉, 다윈의 권위, 헤켈의 집단주의적 투쟁관, 그리고 독일 사회의 국가 효율 담론이 유기적으로 연관됨으로써 독일 사회다윈주의자들은 자기 집단의 인종적 순수성과 선택적인 생식을 보장하고, 다른 집단의 삶은 종결하려는 정치적 야망을 도출해 냈다. 인종위생은 이러한 사고의 산물이었다.

독일의 인종위생은 영미에 비해 훨씬 더 통합된 형태로 전개되었고, 특히 생의학적 담론의 대중화가 인종위생의 중요한 토대로 작용했다는 특징을 갖고 있다. 이러한 독일의 특수한 상황은 왜 그토록 많은 의사들이 독일 인종위생에 참여했으며, 히틀러 등장 이전 독일의 인종위생이 공중보건의 측면에서 전개된 성격이 강했는가라는 사실을 일면 이해할 수 있게 하는 부분이다. 그러나 후일 생의학적 담론은 포괄적인 의미의 질병 개념을 양산하면서, 유대인을 비롯한 사회적 부적격자들의 제거를 정당화해 주었다는 점에서 양날의 칼과도 같은 측면이 있었다.

독일 인종위생은 플뢰츠와 샬마이어에 의해 주도되었는데, 전자는 포지티브 우생학을, 후자는 네거티브 우생학을 강조했다. 그러나 이들은 역선택으로 인한 인종적 퇴화라는 문제의식만큼은 공유하고 있었다. 특히 플뢰츠는 1905년에 세계 최초의 우생 운동 조직을 결성했고, 이는 1907년 국제적인 조직으로 발전했다. 그러나 대부분의 초기 인종위생론자들은 플뢰츠의 네거티브 우생학보다는 질병의 치료나 예방적 차원의 인종적 질 개선에 더 많은 관심을 보였다. 이는 독일이 당시 처했던 특수한 상황, 즉 인구 감소가 독일의 국가 효율에 장애로 다가선다는 위기의식의 발로였다. 영국과 미국이 적격자와 부적격자 사이의 출산율 차이에 관심을 가졌었다면, 독일은 자체 인구의 양적 증대에 관심을 보였던 것이다. 이와 같은 인구 문제를 둘러싼 독일의 특수성은 적어도 1920년대까지 독일 인종위생의 주요한 관심사였다.

제1차 세계대전에서의 패배와 그로 인한 독일 사회의 심리적 충격은 독일 중산계급의 극단화를 야기했고, 이에 따라 독일 인종위생 운동의 성격도 변질되어 갔다. 독일 중산계급은 사회적 비용의 감소와 생산성 확보를 위해 부적격자의 제거에 관심을 기울였고, 이는 노르딕 인종의 우월성 담론과 결부되기 시작했다. 렌츠는 인종적 특질과 육체적 상태를 연결하여 설명함으로써 논리적 근거를 마련해 주었다. 더군다나 1918년 독일 정신의학 연구소의 설립을 필두로 다양한 유전학 관련 연구소가 설립되면서 독일 유전학은 제도적 지원을 받기 시작했다. 더욱이 바이마르 말기 세계 대공황이 야기한 재정적 압박은 네거티브 우생학의 대중적 동의를 가능하게 해 주었다.

1933년 나치의 등장은 극단적인 형태의 네거티브 우생학이 전일화하는 일대 분수령이었다. 국가 효율 담론, 정부의 후원, 그리고 나치의 이데올로기와 결합한 인종위생의 레토릭은 독일인들의 삶 그 자체가 되었다. 이제 생물학과 정치는 완전히 하나가 되었다. 이후 인종위생론자들과 나치는 상호 협력 체제 아래서 각자의 이해관계를 설파해 갔다. 나치는 인종, 젠더, 범죄, 빈곤 등 각종 사회 문제를 생물학적 문제로 환원시켰고, 이는 인종적 생존과 순수성, 그리고 정치적 반대파 제거라는 나치의 이중 전략을 성공적으로 수행하는 동력으로 작용했다. 즉, 나치는 사회의 질병을 치료한다는 생의학적 담론을 이용해 스스로를 정당화시켰던 것이다.

1933년 7월 14일 제정된 강제 불임화 수술법을 시작으로 나치는 사회의 질병으로 간주된 모든 사회적 부적격자를 제거하기 시작했다. 자의적인 판단에 근거한 유전적 질병과 인종적 차별이 전제된 비아리안 인종에 대한 안락사는 대량 학살의 전주곡이었다. 간과하지 말아야할 사실은 나치의 우생학적 입법에 의해 죽어 간 이들은 유대인만이 아니었다는 점이다. 또한 당시 안락사의 주된 실천자들이 의사들이었다는 사실은 좁게는 의료 종사자들, 넓게는 과학기술자들의 윤리적 사고가 얼마나 중요한 것인지를 알 수 있게 해 준다. 또한 이는 과학과 정치가 어떻게 연관될 수 있는지를 잘 보여 주는 사례였다. 한마디로 과학은 정치의 도구였고, 정치는 과학의 후원자였던 것이다.

영국, 미국, 그리고 독일에서 전개된 우생학은 다윈의 영향 아래서 권위를 부여받을 수 있었다. 이들은 인종적 퇴화와 유전의 문제를 결부하여 다양한 정치사회적 차별을 정당화했다. 골튼은 프랑스 의사인 모렐(Benedict Auguste Morel, 1809-1873)이 병리적 수준의 상태를 의미하는 용어로 사용한 퇴화를 자연선택의 걸림돌로 인식했었다. 만일 진화가 환경과 개체 사이의 상호작용에 의해 유발된다면, 그 이면에는 반드시 퇴화가 있게 마련이다. 즉, 생존경쟁에 의한 최적자생존은 필연적으로 퇴화하는 개체를 전제하고 있는 것이다. 이는 인간에게도 동일하게 적용되는 원리이고, 따라서 골튼은 문명화의 결과 생존경쟁이 약화되어 부적절한 개체가 살아남는다면 그것은 사회 전체의 퇴화로 발전할 것이라고 주장했다. 이는 골튼 우생학의 지적 토대가 되었다. 골튼의 퇴화 개념은 유전론저 우생학자들에게는 부석격자의 제거라는 생각을 강하게 심어 주었고, 환경론적 우생학자들에게는 인종 개선을 위한 환경의 개선이라는 생각을 품게 만들었다. 우생학을 수용한 대부분의 국가들에서는 정신질환이나 신체적 약점 같은 가시적 특징들을 유전적 특질로 간주했기 때문에 이를 적극적으로 제거하거나 환경 개선을 통해 해결하려 했던 것이다.

모든 우생 운동의 근본적 목적은 그것이 포지티브 우생학이건 네거티브 우생학이건 유전자 풀의 전체적인 질을 개선하는 데 있었다. 생식은 사적인 문제가 아니라 국가적이고 사회적인 결과를 수반하는 행위로 인식되었다. 생식에 대한 사회적 이해는 사회적 자원으로서의 생식질이라는 관념을 수반했고, 그것은 공동체 전체의 관점에서 관리되어야 한다는 생각으로 이어졌다. 사실 우생학자들의 퇴화 문제에 대한 생물학적 설명은 라마르크주의에서 보건, 다윈주의적 관점에서 보건 옳지 않다. 좌우파 할 것 없이 우생학자들에 널리 공유된 관념은 인간의 모든 특질이 유전된다는 데 기초하고 있다. 그러나 당시 행동적 특성의 유전을 둘러싼 문제에 우생학자들이 내세운 처방은 그다지 효과적이지 못했다. 그들은 열성 유전자가 전달되는 경위도 잘 몰랐고, 마찬가지로 생식을 어떻게 제한할 것인지에 대해서도 잘 몰랐다. 따라서 그들이 약속했던 이익들은 제대로 발휘될 수 없었다. 결국 이러한 생의학적 바람은 정치적 차원에서 해결될 수밖에 없었다.

영국, 미국, 그리고 독일의 우생학이 가졌던 가장 큰 문제는 유전의 고정성에 기댄 정치적·사회적·인종적 편견과 차별에 있었다. 이들이 기본적으로 가졌던 유전의 고정성에 대한 확고한 믿음은 19세기 말, 20세기 초의 정치사회 사상과도 결부되어 있다. 대부분의 우생학자들은 인간의 도덕적 특성에서 신체적 특성에 이르기까지 인간이 가진 모든 특성을 유전적 특질로 환원시켜 버렸다. 유전적 환원주의는 불평등한 사회구조를 정당화하는 논리로 자연법칙을 동원했고, 이는 차별적 정치사회 구조를 고착화하는 더 없이 효율적인 도구로 활용되었다. 이러한 접근에 따르면 인간 능력의 근본적 차이는 선천적 차이가 되고, 선천적 차이는 유전되는 것이기 때문에 사회의 위계질서는 인간 본성의 당연한 귀결이라는 얘기가 된다. 이는 유전론에 기초한 생물학적 결정론과 다르지 않다. 생물학적 결정론은 유전자가 인간의 모든 행위, 심지어는 인간의 의식마저도 규정한다고 가정한다. 그러나 유전자가 어떤 방식으로 행동하는지에 대해서는 분명하지 않다.

영국, 미국, 그리고 독일의 우생학자들은 생물학적 결정론에 기초하여 정치사회적 차별을 정당화하고, 신체적 차이를 우열의 개념으로 환원시켜 버림으로써 그것을 선택과 배제의 기준으로 삼았다. 이는 평등과 정의에 근본적으로 위배된다. 나아가 미국과 독일, 그리고 일부 사회민주주의 국가에서 시행된 강제 불임화 수술법은 생식에 대한 개인의 권리까지도 침해했다. 이는 우생학이 얼마나 폭력적인 과학이자 이념일 수 있는지를 극명하게 보여 준 것이다. 과거 영국, 미국, 독일의 우생학 역사는 과학적 연구가 특정 이데올로기에 봉사할 위험성을 간과하지 말아야 한다는 점을 말해 준다. 오늘날의 유전공학도 예외가 되지는 못할 것이다. 우리가 생물학적 결정론을 거부해야 하는 이유는 그것이 틀린 이론이자 질 나쁜 이데올로기이기 때문이다. 그럼에도 불구하고 오늘날 많은 사람들은 자연스레 생물학적 결정론을 따르는 듯싶다. 인간의 완전성에 대한 근원적 욕망이 존재하기 때문이리라.

지금까지 살펴본 대로 우생학은 대부분의 국가에서 국가 효율 담론과 결부되어 다양한 형태의 대중적 실천을 보여 주었다. 우생학자들은 우생학이라는 과학을 근거로 인간 종 사이에는 생물학적인 적격자와 부적격자가 존재한다고 믿었고, 이는 국가 효율 달성을 위해 정책적 차원에서 부적격자를 제거하거나 개선해야 할 필요가 있다는 논리로 발전했다. 우생학자들은 빈곤계층이나 사회적 약자를 인종적 퇴화를 일으키는 생물학적 부적격자, 즉 열등한 인종으로 타자화함으로써 자신들의 우월성을 확인하고자 했고, 우생학은 사회적 편견과 선입견이 녹아 들어가는 통로 역할을 했다. 당시는 과학에 대한 신뢰가 컸던 만큼 그것의 폐해에는 관심이 없었고, 우생학의 논리는 여러 나라로 확산되어 지우기 힘든 흔적을 남겼다. 과학이 다른 학문 분야에 비해 상대적으로 객관적일 수는 있겠으나, 과학도 사회적 이해관계나 편견으로부터 자유로울 수 없음을 우생학은 여실히 보여 주었던 것이다.

우생학은 과학의 이름으로 생물학적 결정론이 얼마나 폭력적일 수 있는지를 명확하게 보여 준 역사적 사례였다. 빈곤과 범죄와 같은 사회 구조적 불평등이 야기한 인간의 실존 문제가 선천적인 열등 형질에서 비롯되었다는 우생학의 논리는 사회적 불평등을 고착화하는 생물학적 독트린에 불과하다. 오늘날과 같은 계층적 사회에서 최하위에 위치한 사람들의 열악한 처지는 현실의 사회적 구조나 그 부산물 때문이 아니라 낮은(?) 능력이나 부도덕성을 생물학적으로 타고났기 때문인가? 과연 인간 존재의 모든 것은 천성적으로 결정되는 것인가? 만일 그렇다면 이는 우리가 살고 있는 현재의 사회 구조와 현실을 정당화하기에 더없이 좋은 이론적 근거로 기능할 수 있다. 왜냐하면 인간의 성격, 능력, 그리고 육체적·정신적 건강이 우리의 유전자에 의해 결정된다는 것이기 때문이다. 이는 오늘날 우리가 살고 있는 경쟁적이고 위계적인 사회, 서로 다른 생물학적 능력에 의거하여 차등적인 보상이 주어지는 사회 역시 유전자에 의해 결정되어 있으며, 그 구조는 변화할 수 없다는 주장과 마찬가지이다.

최근 인간 유전체 계획(HGP) 이후 본격화된 유전자 조작이나 유전 상담 등 일련의 의료 유전학적 처치는 모든 것이 유전자에 의해 결정된다는 생물학적 결정론을 전제로 깔고 있다. 과연 그런가. 최근 불거지고 있는 인간의 건강이나 질병 치료와 관련한 의료 유전학적 개입도 우생학과의 상관관계 속에서 파악해 볼 필요가 있다. 유전자 검사, 유전 상담, 유전 교육 등의 목적이 유전병을 조기에 진단하고, 질병을 치료하기 위한 필요에서 이루어지는 것이라면, 또 그것이 공동체 전체의 건강과 질적 보존을 위한 것이라면 이는 우생학과 논리적으로 너무 닮아 있다. 물론 과거 우생학과 달리 현대의 의료 유전학은 개인의 자발적인 선택에 의해 이루어지지만, 인간의 건강과 질병을 유전자 수준으로 환원하여 설명하며 이해하고, 그것에 기초하여 해결하려 한다는 점에서 우생학과의 연관성을 무시할 수 없다.

과학 또는 과학자는 자신이 처한 문화적 속박에서 자유로울 수 없다. 있는 그대로의 실재를 과학 지식이나 과학자가 담아내고 표현하기란 어려운 일이다. 과학은 인간 활동의 산물이기도 하다. 따라서 과학 지식이나 연구 활동 과정에는 필연적으로 사회적 맥락이 투영될 소지가 크다. 과학은 마법의 탄환도 아니다. 이른바 유전자의 세기를 살아가며, 과학을 경제적 효율의 도구로서, 또 인간 형질과 능력의 판단 준거로서 상정하고 있는 우리가 우생학을 비판적으로 살펴보아야만 하는 이유이다. 역사는 지나간 과거의 단순한 텍스트가 아니라 반복 가능한 현실이라는 사실을 잊지 말아야 한다. 부르디외(Pierre Bourdieu)는 보수주의는 항상 사회적인 것을 자연적인 것으로, 그리고 역사적인 것을 생물학적인 것으로 환원시키려는 경향을 띤 사고 유형과 연결되어 왔다고 말한 바 있다. 다윈의 충고도 잊지 말자. 만일 누군가의 실존적 비참함이 자연의 법칙 때문이 아니라, 우리의 사회제도나 그릇된 인식에서 기인하는 것이라면 우리의 죄는 너무도 중대하다.

[보론1]

우생학 실험:
미국 오네이다(Oneida) 공동체

들어가며

우성 인간의 창조는 서양인들의 오래된 욕망이었다. 이 욕망은 19
세기에 이르러 현실 속에서 구체화된다. 미국의 오네이다 공동체
(Oneida Community)에서 전개되었던 우량종 육성(stirpiculture) 실험은
그 최초의 사례였다. 오네이다 공동체는 성경에 기초한 일종의 공산
체제(Bible Communism)를 건설하려 했던 유토피아 운동의 한 형태였
다. 당시 오네이다 공동체에서 실행했던 우량종 육성 실험은 방법과
목적에서 포지티브 우생학(positive eugenics), 즉 과학에 기초한 선택
적인 출산을 통해 우성 인간을 창조하려 했던 우생학적 실험과 다름
없었다. 이런 점에서 오네이다 공동체를 설립한 노이스(John Humphry
Noyes, 1811-1886)는 단순한 종교 지도자가 아니라 미국 우생학 운동
역사에서 선구적인 역할을 했던 인물로 평가할 수 있다. 그는 근대 우

생학 창시자인 골튼이 eugenics라는 단어를 사용하기에 앞서 의미와 방법, 그리고 가치 지향이 동일한 우량종 육성이란 용어를 사용했고,[1] 이를 실행했다. 당시 노이스는 종교적 완전주의 신학 공동체를 건설하기 위한 방법론으로 우량종 육성 실험을 기획했다. 노이스는 플라톤으로부터 시작하여 캄파넬라를 거쳐 면면히 내려온 서구의 우성 인간 창조라는 오래된 이상향의 실천적 계승자였던 셈이다.[2]

오네이다 공동체는 공식적으로 1848년 설립하여, 1849년 1월 1일 규야을 공표하고, 30여 년 간 지속하다가, 1880년 1월 1일 해체했다.[3] 오네이다 공동체에서는 재산 공유와 공동 육아를 주창하고, 일부일처제를 거부했다. 특별히 1869-1879년 사이에는 우량종 육성 프로그램을 실행하여, 선택적인 임신을 통해 58명의 아이를 출산했다.[4] 노이스는 우량종 육성 위원회(stirpiculture committee)를 만들고, 영적·지적·육체적·정신적 우수성을 가졌다고 판단한 구성원들의 임신과 출산을 선택적으로 승인함으로써 우연하고 비자발적인 출산을 통제하고, 과학적 기초 위에서 계획적인 인간 생식 시스템을 만들려고 했다. 이는 오네이다 공동체가 미국 우생학 운동의 선구적인 단체였음을 의미한다.[5] 오네이다 공동체의 실험은 노이스의 완전주의 신학, 플라톤의 사상 및 다윈과 골튼의 과학, 그리고 농업 육종가(agricultural breeders)의 이상과 실천이 중층적으로 결합된 것이었다.[6]

그럼에도 불구하고, 오네이다 공동체는 복혼(complex marriages) 제도와 그에 따른 성적 문란, 그리고 종교 공동체라는 이유로 미국 우생학 운동의 역사에서 그 중요성을 평가받지 못한 측면이 있다.[7] 실제로

그간 많은 연구들은 성 관련 담론이나[8] 완전성을 지향하는 유토피아 공동체의 하나로서 오네이다 공동체를 다루어 왔을 뿐,[9] 오네이다 공동체의 우생학적 성격에는 그리 관심을 갖지 않았다. 그러나 오네이다 공동체의 우량종 육성 실험은 완전성을 지닌 존재를 과학적 기초 위에서 선택적으로 탄생시키고자 했던 우생학의 전제와 목적을 고스란히 담고 있다.[10]

여기서는 오네이다 공동체의 형성 과정과 특징, 우량종 육성 실험의 과학적 기초와 결과를 역사적으로 추적해 봄으로써 오네이다 공동체가 미국 우생학 운동의 역사에서 선구적인 역할을 했음을 밝혀 보고자 한다. 이는 초기 미국 우생학 운동 역사에 대한 이해 지평을 한층 넓혀 줄 것이고, 더불어 유토피아 공동체를 추구하는 현실의 많은 집단들과 생물학적 기초에 바탕을 둔 국가 정책, 그리고 우생학적 담론 사이의 친연성에 대해서도 시사점을 줄 수 있을 것이다.

오네이다 공동체의 형성과 특징

오네이다 공동체는 19세기 전반 미국 사회에서 전개된 일련의 사회 개혁 흐름 속에서 탄생했다. 주지하다시피, 1830년대 전후부터 남북전쟁(Civil War, 1861-1865)이 일어나기 전까지 미국 사회는 보다 평등하고 인도적인 사회를 건설하고, 미국적인 특색을 지닌 문화를 창조하려는 노력이 그 어느 때보다도 활발했다. 유니테리언주의(Unitarianism)와 그 영향으로 발생한 초절주의(Transcendentalism)

는 칼뱅(Jean Calvin , 1509-1564) 신학으로부터 벗어나 자유로운 인간의 완전성과 도덕적 발전을 추구하는 제2차 대각성 운동(Second Great Awakening)[11]의 주요한 기반이었고, 이런 흐름은 일련의 사회 개혁을 추동하는 토대가 되었다.[12] 금주나 청결을 강조하며 더 건강하고 완전한 인간상을 구현하고자했던 건강 개혁 운동(Health Reform Movement)[13]이나 리플리(George Ripley, 1802-1880)에 의해 건설된 브룩 농장(Brook Farm)과 오웬(Robert Owen, 1771-1858)의 뉴 하모니(New Harmony) 같은 유토피아 공동체 실험은 1830년대 전후 미국에서 개진된 사회 개혁의 대표적인 사례들이다.[14] 이처럼 19세기 전반 미국에서는 다양한 유토피아 실험과 사회 개혁을 위한 실험이 있었고, 이를 구현하려는 수많은 분파들이 흥망을 거듭했다. 이런 분파들은 대부분 천년왕국 건설과 인간 완전성의 실현을 기본 목표로 삼았고, 이는 우생학적 이상과 친연성을 갖기 수월한 측면이 있었다. 오네이다 공동체는 이를 현실에서 실행한 공동체였고, 우량종 육성 실험은 그들이 꿈꾸었던 성경 공산체제 형성을 위한 실질적인 방법론이었다.[15]

오네이다 공동체 설립자인 노이스는 제2차 대각성 운동의 등장과 이에 따른 종교부흥주의 흐름 속에서 예일 신학교(the Yale Theological Seminary)를 다녔고, 칼뱅주의 신학에 기초했던 회중교회(the Congregational Church)의 설교 자격을 얻었다. 그러나 1834년 2월, 뉴 헤이븐(New Haven)의 한 교회에서 이단으로 간주되던 알비파(Albigensian)의 완전주의 신학을 언급하며, 독자적인 종교 공동체를 구상하기 시작했다.[16] 1838년 고향인 버몬트 주 퍼트니(Putney, Vermont)에 정착한 노이스는 자신의 가족들 및 지역 주민들과 연합하여 1840년 퍼트니 서클(the Putney circle)을 조직했다. 퍼트니 서클은 1847년까지 대략 40여 명의 구성원을 이루었고, 1847년 9월 제노아 협약(the Genoa Convention)을 맺어 구성원들의 상호 결합을 굳건히 했다. 이 협약에서는 개인 재산은 포기하고, 신념·재산·가정·애정을 공유하는 공동체 건설을 다짐했다.[17] 당시 노이스는 리플리가 1841년 푸리에(Charles Fourier, 1772-1837) 사상에 기초하여 건설한 브룩 농장에서 새로운 공동체 건설의 모티브를 얻었다. 노이스는 브룩 농장의 실패를 교훈으로 삼고, 생식 방식의 변화를 통한 완전한 인간 본성의 달성 가능성을 주장하며, 기독교 부흥과 유니테리언주의의 사회주의적 속성을 연계하여 자신의 구상을 실현하려 했다.[18]

그러나 퍼트니 지역에서 성 문란 문제로 주민들의 반발이 일어나자, 퍼트니 서클의 구성원들은 1848년 뉴욕으로 이주하였고, 자신들이 정착한 지역 명칭을 따서 오네이다 연합(Oneida Association)[19]을 결성했다. 오네이다 공동체는 1881년 1월 1일 해체할 때까지 존속했다. 이는 19세기 전반 미국에서 시도된 유토피아 실험 공동체 가운데 가장 오래 지속된 것이었다.

퍼트니 서클부터 시작된 오네이다 공동체는 노이스가 설파한 완전주의 신학에 기초하고 있었다. 노이스가 주장한 완전주의 신학의 핵심은 기원후 70년 예루살렘이 파괴되었을 때, 예수 재림이 있었고, 이는 천년왕국이 지상에서 이미 실현되고 있음을 의미하며, 따라서 현재 지상에 있는 인간은 죄로부터 구원받아 자유로운 상태이므로, 인간은 완전한 존재로 거듭날 수 있다는 것이었다. 따라서 결혼, 재산, 성과 같은 기존의 지상 제도와 개인주의는 이미 무효화되었고, 인간은 천국의 법칙에 의거하여 살아가야 한다고 설파했다.[20] 오네이다 공동체에서 재산과 배우자에 대한 독점적이고 배타적인 권리를 포기한 것은 이 때문이었다. 이들은 공동체 유지를 위해서 다양한 규칙을 제정하고, 구성원들은 상호 비판주의(mutual criticism)에 기초하여 공동체 이상에 맞는 행동 규범을 갖출 것을 스스로 다짐했다.[21] 이들은 맨션 하우스(mansion house)라고 불리는 공동 거주 시설에서 생활하고, 공동 식사와 공동 양육을 시행했다.[22] 오네이다 공동체는 성경 공산체제를 건설하기 위해 독특한 사회 시스템을 만들었다. 여러 규칙과 전제들이 있었으나, 우생학과 관련해서 주목해 볼 시스템은 복혼과 남성 사정 억제(male continence)였다. 이는 우량종 육성을 위한 기본 전제이기도 했다.

복혼은 오네이다를 유지하는 가장 기본적인 시스템이었으며, 공동체에 참여한 구성원들은 일부일처제를 거부하고 공동 파트너십을 갖는다는 것이었다. 노이스는 천국에서는 결혼 제도가 필요 없고, 남녀가 독점적으로 서로를 소유하는 것은 의미가 없다고 주장했다.[23] 따라서 독점적인 성적 관계(sexual relation)를 폐지하며,[24] 결혼 제도 역시 마찬가지다.[25]

이는 1834-1837년 사이 구체화된 노이스의 성 이론에 기초하고 있었다. 그에 따르면, 성적 관계는 크게 두 가지 형태가 있다. 사회적 성애(amativeness)와 출산을 위한 성교(propagative intercourse)가 그것이다. 전자는 아주 자연스런 것으로 성적 관계의 일차적인 측면이다. 노이스는 에덴 동산에서의 아담과 이브의 예를 들며, 이 사랑은 사회적 관계 유지와 즐거움을 위한 것이고 생식과는 아무 관련이 없다고 주장했다. 반대로 후자는 생식을 목적으로 하는 성적 관계이고 남녀의 육체적 성교에 기초하며, 이 점에서 금욕적인 셰이커(Shakes)와는 구별된다는 것이다.[26] 전자는 삶의 원천으로서 일차적이고, 헌신적인, 그래서 인간에게 이로운 성적 관계이다. 출산과 관련이 없는 성교는 사회적 성애의 외적 표현이고, 이는 삶에 지대하게 이롭다는 것이다. 노이스의 주장은 다음과 같다. "남녀 간의 육체적 접촉과 결합은 완전한 생명력을 구성하는 데 필수적인 것이고, 생명력의 상호 커뮤니케이션은 건강에도 이로우며, 이성애가 동성애보다 훨씬 더 완전한 것이다.[27] 성적 관계의 생식 부분은 값비싼 속성을 지닌다. 즉, 사회적 성애는 이로운 부분이고, 출산 목적의 성교는 성적 관계의 비싼 부분이다. 생명경제에서 이 두 가지가 균형을 이루는 것이 중요하다. 지출이 수입을 초과하면 파산하는 법이다. 타락하면, 죄와 수치심이 사회적 성애를 축소하고, 이는 생명경제의 이로운 부분을 줄인다. 반면 저주와도 같은 출산이 증가하면, 비싼 부분이 늘어난다. 죽음, 즉 생명 파산은 성 경제의 교란에 의한 것이다."[28] 따라서 노이스는 사회적 성애와 출산을 위한 성교를 구분하여 시행하는 것이야말로 생명 유지를 위해 이로운 것이라는 주장을 폈다.

노이스의 성 이론에 기초하여 오네이다 공동체 구성원들은 사회

생활로서의 성애와 출산을 위한 성교를 구분했다. 그들은 이것이 비자발적이고 원치 않는 출산으로부터 자신들을 구원해 줄 뿐만 아니라 과학적 출산(scientific propagation)의 길을 열어 줄 것이라 믿었다. 그러면서 "우리는 출산 자체를 반대하는 것이 아니라 비자발적 출산을 반대한다. 현재의 제도 아래서는 많은 아이들이 두 부모의 의사와는 무관하게 임신이 될 수 있다. 이 경우 아이가 9달 동안 엄마의 저주 아래 자궁에 있을 수 있고, 이는 그런 아이들이 잘 자라지 못하는 이유가 된다. 우리는 거의 보편적이고 과도한, 그리고 강압적인 출산에 반대한다. 우리는 기존 결혼 제도에서는 불가피한 우연적인 출산에도 반대한다. 그러나 우리는 지적이고, 잘 계획된 출산은 선호한다. 생리학자들은 출산이 과학에 의해 조절될 수 있다고 한다. 우리는 비자발적이고, 우연한 출산을 중단할 날이 올 것이고, 과학적 조합(scientific combination)이 다른 동물에서와 마찬가지로 자유롭고 성공적으로 인간 세대에 적용될 날이 올 것이라 믿는다"[29]고 주장했다.

남성 사정 억제는 이와 같은 성 이론을 뒷받침하기 위한 구체적인 조치였다. 당시 노이스와 그의 추종자들은 동시대의 다른 유토피아 공동체처럼 성에 관한 문제가 구성원들의 삶과 공동체 건설의 핵심적인 사안이라고 생각했다.[30] 남성 사정 억제는 우연하고 비자발적인 임신을 막고, 출산 통제를 위한 피임법이었다. 노이스는 맬서스(Thomas Robert Malthus, 1766-1834)처럼 인구 증가와 그로 인한 위험을 우려하는 사람들, 셰이커처럼 금욕을 강조하며 성교를 금지하는 좋은 방법을 찾고 있는 사람들을 위해, 그리고 낙태나 아동 살해를 원천적으로

봉쇄할 수 있는 방법으로서 남성 사정 억제를 제안했다.[31] 노이스는 선택적인 출산에 기초한 통제된 인구 집단의 형성이 인간 불행을 막는 필수적인 것이라 여겼고, 그 수단으로 남성 사정 억제를 주장했다. 출생률 조절은 오네이다 공동체가 안정적이고 경제적인 기초를 쌓아 실험을 지속할 수 있는 필수적인 조건이기도 했다. 이는 당대의 많은 이들처럼 노이스 역시 맬서스의 수량적 묘사에 매료되었다는 점을 분명하게 알려 준다.

노이스가 남성 사정 억제라는 방법론을 주장한 것은 자신의 경험에서 비롯했다. 1838년 결혼한 노이스는 1846년까지 예정하지 않았던 임신과 출산 때문에 아픔을 겪었고, 이 때문에 자신이 끊임없이 성교라는 주제에 대해 연구했으며, 비로소 남성 사정 억제라는 원리를 발견했다고 고백한 바 있다. 그는 "나의 아내는 6년 동안 5명의 아이를 출산했으나 4명은 미숙아로 태어나 죽었고, 한 명만이 살아남았다. 이 경험은 나를 연구에 매진하게 했다. 나는 아내에게 다시는 고통을 주지 않겠다고 약속했으나, 약속은 잘 지켜지지 않을 때도 있었다. 그러던 중 1844년 여름이었다. 문득 나는 성적 기관은 사회적 기능과 출산 기능으로 구분할 수 있다는 생각을 했다. 이는, 어렵지만, 자기 통제를 통해서 실질적으로 분리할 수 있으리라 생각했고, 나는 그렇게 했다. 내 아내는 만족했다. 비로소 나는 남성이 사정을 억제하는 것이야말로 비자발적인 임신과 출산에 의한 공포나 두려움으로부터 탈출할 수 있는 방법일 수 있다고 생각했고, 이후 이에 대한 연구에 천착했다"[32]라고 밝히고 있다.

노이스는 자신의 경험을 교훈삼아 성 관련 연구에 매진했고, 1848년 사회적 성애와 출산을 위한 성교가 분리할 수 있는 것임을 공식화했다. 노이스는 성적 기관은 크게 비뇨기, 출산을 위한 기관, 그리고 사회적 성애를 담당하는 기관으로 구분할 수 있고, 이는 소변, 정자, 그리고 매력(magnetism)과 대응한다고 주장했다. 이를 정당화하기 위해 노이스는 성 기관을 입(mouth)에 비유하여 자신의 주장을 정당화했다. 입의 기능은 숨쉬기, 먹기, 그리고 말하기이다. 숨쉬기와 먹기는 생리적 행위이고, 말하기는 사회적 행위라고 할 수 있다. 성 기관도 이와 유사하다. 비뇨기와 출산을 위한 기관은 생리적 행위를 담당하고, 사회적 성애는 그 자체로 친밀한 관계를 위한 사회적 행위라는 것이다.[33] 따라서 각 기능은 충분히 분리할 수 있고, 이는 비자발적이고 원치 않는 임신과 출산으로부터 인간을 구원해 줄 뿐만 아니라 과학적 기초 위에서 생식을 통제할 수 있는 길을 열어 줄 것이라고 노이스는 확신했다.[34]

이와 같은 성 이론과 남성 사정 억제에 기초한 복혼 체제는 제한적이고 조직화된 체계 안에서 이루어졌다. 복혼 체제는 성적 문란으로 이해하기 쉽지만, 그것은 자유로운 사랑(free love)이라 불렸고, 하지만 그리 자유롭지 않은 사랑이었다. 노이스는 이성간 성교에 대한 엄격한 규칙을 만들어서 시행했기 때문이다. 성적 관계나 직접적인 성교는 기본적으로 두 사람의 상호 합의에 의해 이루어졌고, 성교 때에만 이용하는 공간을 따로 두었으며, 잠은 남녀가 각각 분리된 별도의 공간을 사용했다.[35] 상호 비판을 통해 성적 관계의 타락을 방지하는 노력을 하기도 했다. 후일 우량종 육성 실험 기간에 이르면 성교는 우량종 육성 위원회의 심사와 허가를 통해 가능했다. 노이스는 도덕적 특질은 아동에게 전해질 것이라고 믿고 있었기 때문에 위원회에 의해 선택된 남녀는 공동체에서 정신적·영적으로 가장 상위의 존재라고 자의적으로 판단한 사람들이었다.

우량종 육성 실험의 과학적 기초

과학적 조합에 기초한 출산이라는 오네이다 공동체의 이상은 1860년대에 이르러 구체화하기 시작했다. 노이스는 인간 출산 문제가 당면한 모든 정치적이고 과학적인 문제들 가운데서 가장 시급한 문제이고, 복혼이 그 해법이라고 공동체 설립 초기부터 주장한 바 있다. 그러던 중, 1865년 골튼이 처음으로 우생학에 대한 주장을 내놓자, 노이스는 선택적인 출산을 본격적으로 시행하고자 했다. 더욱이 1869년 즈음 오네이다 공동체가 경제적으로 한결 안정되고, 규모나 질서가 잡히자, 노이스는 우량종 육성 실험을 실행할 수 있다는 자신감을 얻었던 것으로 보인다. 노이스는 과학적 기초 위에서 신의 왕국을 건설하고 유지할 완전한 인간을 출산하고자 했다. 노이스는 선택적인 출산에 의거한 계획적 생식은 이미 오래전 플라톤에게서도 찾아볼 수 있다며, 우량종 육성 계획에 대한 자신의 주장을 펼치기 시작했다.

(그렇다면 어떻게 하면 가장 유익한 혼인이 되겠는가? 이걸 내게 말해 주게

나,) "글라우콘! 내가 자네 집에서 사냥개들과 굉장히 많은 혈통 좋은 새들을 보게 되기 때문일세. 그러니까 자네는 그것들의 짝짓기와 새끼 치기에서 뭔가 주목한 게 있는가?"

"어떤 걸 말씀입니까?" 그가 물었네.

"첫째로, 비록 이것들이 혈통 좋은 것들이긴 하나, 바로 이것들 중에서도 어떤 것들은 최선의 것들이며 또 그런 것들로 드러나지 않는가?"

"그렇습니다."

"그렇다면 자네는 모두한테서 똑같이 새끼를 얻는가, 아니면 최선의 것들한테서 최대한으로 새끼를 얻으려 열심인가?"

"최선의 것들한테서 얻고자 하죠."

"어떤가? 가장 어린 것들한테선가 아니면 가장 늙은 것들한테선가, 또는 최대한으로 절정기의 것들한테선가?"

"절정기의 것들한테서입니다."

"그리고 이렇게 새끼를 얻지 못하게 된다면, 자네 집의 이들 새와 개의 혈통이 더 나빠지게 될 것이라 자네는 생각하는가?"

"저로서는 그렇게 생각합니다." 그가 대답했네.

"그러면 말이나 다른 동물들의 경우는 어떤가? 어떤 식으로건 다르겠는가?" 내가 물었네.

"다르다면, 이상한 일이죠." 그가 말했네.

"그럴진대, 여보게나! 만약에 인류의 경우에도 사정은 역시 마찬가지라면, 통치자들이 최상급이어야만 할 필요성이 우리에게 있어서 얼마나 크겠는가." 내가 말했네.

"실은 그렇죠. 하지만 그건 왜죠?" 그가 물었네.[36]

노이스는 비록 소크라테스가 이 발언 때문에 죽었지만, 그의 사상은 지속하고 있다고 주장했다. 아가시(Louis Agassiz, 1807-1873)가 지질학에서 생물학으로 이동하며, 생명의 신비를 발생학에서 찾은 것이나 다윈이 식물과 동물을 통해 생명 진화의 기원을 밝히면서 생식 법칙을 거론한 것은 이를 잘 보여 준다는 것이다. 그러면서 노이스는 다윈이 『종의 기원』에서 펼친 이야기는 자신이 주장한 과학적 조합에 기초한 출산의 의미를 잘 알려 준다고 주장했다. 노이스는 다윈이 자연 속에서 식물과 동물이 어떤 방식으로 점진적인 진화를 이루어 왔는가를 보여 주었고, 이는 과학적 생식이 인간 개선을 위해 얼마나 중요한 것인지를 여실히 알려 주었다고 역설했다.[37] 그는 골상학자, 생리학자들, 다양한 개혁가들도 다윈의 주장에 적극 동의하면서 이를 인간에게 적용하여 플라톤의 이상을 실현하기 위해 노력 중이지만, 아직 실현되지는 않고 있다며 아쉬움을 표하기도 했다.[38]

그런 다음, 골튼을 인용했다. 골튼이야말로 이상에만 머물렀던 플라톤이나 다윈을 넘어서서 실제적인 한 걸음을 내딛은 인물이라고 높이 평가하며, 통계학을 이용하여 밝힌, 천재들의 훌륭한 특질이 인간 가계의 유전을 통해 전해진다는 골튼의 주장을 소개했다. 노이스는 지금까지 어느 누구도 인간 생식에 대해 설득력 있는 설명을 하지 못했던 상황에서, 골튼이 동물과 식물의 재생산처럼 인간의 생식 법칙도 과학적 접근의 대상일 수 있음을 분명하게 알려 주었다고 주장했다. 그러나 골튼이 말이나 개의 지속적인 육종에서 볼 수 있는 신중한 선택을 예로 들며, 인간도 사려깊은 결혼(judicious marriage)을 통해 인간 개선을 도모할 수 있다고 주장한 것은 너무 밋밋하고 소극적인 이상에 불과하다는 비판적인 시선을 보이기도 했다. 중요한 것은 어떻게 이를 실천할 것인가라는 문제라고 노이스는 생각했다. 그러면서 우리는 더욱 적극적으로 과학적인 생식 법칙을 찾아내야만 한다고 주장했다. 이를 위해 우리가 동물과 식물의 육종에서 무엇을 어떻게 했는지, 그리고 이를 토대로 우리가 인간을 위해 무엇을 어떻게 할 수 있는가를 살펴보아야 할 것이라고 노이스는 언급했다.[39] 다윈의 연구가 중요한 것은 이 때문이라는 것이다.

바로 이어서 노이스는 육종 전문가들이 알려 준 교훈에 대해 언급한다. 그는 육종 전문가들은 최상의 질을 가진 동식물을 탄생시키기 위해 두 가지 기준을 세웠다고 주장했다. 하나는 최상의 질을 가진 부모로부터 생식한다는 것이고, 다른 하나는 우수한 집단 내에서 교배를 한다는 것이었다. 노이스의 주장은 다음과 같다. "전자는 생명의 질에 따라 생식 기회를 제공한다는 점에서 차별적이다. 후자는 일종의 근친상간을 의미한다. 이로부터 우리는 인간의 과학적 생식을 위한 교훈을 얻어야 한다. 가장 나약한 생명의 질을 갖고 있는 개체는 거세(casteration)하거나 격리시키고, 최상의 질을 갖는 개체들만을 선택하여 출산을 도모하는 것이 중요하다. 이때 수컷의 질이 중요하다.[40] 이는 수컷이 재생산 개체의 질을 결정하기 때문이다. 수컷과 암컷은 재생산 과정에서 그 기능과 역할이 다른데, 암컷은 주로 개체 수

278

의 증가와 관련이 있다면, 수컷은 개체의 가치 증가와 관련이 있다. 즉, 산출물의 양은 비옥한 암컷의 수의 비율과 관련이 있고, 질적 부분은 비옥한 수컷의 수에 비례한다. 이것이 동물 육종의 기본 원리이고, 우리는 인간에게 이를 어떻게 적용할 것인지를 고민해야 할 것이다. 이제 우리는 과학적 방법에 기초하여 플라톤적 이상을 실현해야 할 때이다."[41]

그러면서 우량종 육성을 제안했다. 노이스는 근대 과학의 기초 위에서 이루어지는 출산은 모든 과거 세대에서 이루어진 비체계적인 육종을 통한 혈통 보존이나 순종 보존을 위한 근친상간과는 다르다는 의미에서, 이를 우량종 육성이라 부르고자 한다고 주장했다.[42] 근대 과학의 원리는 인간을 포함하여 모든 생물 종에 적용 가능하고, 이는 새로운 아담과 이브를 선택함으로써 새로운 인종을 창조하기 위한 시도라는 것이 그의 설명이었다. 처음에는 아담 가계가 그랬던 것처럼, 가까운 친족 사이에서 짝을 찾겠지만, 점차 혈연 거리에 관계없이, 최상의 질을 가진 가까운 종들 사이에서 짝을 찾는 방향으로 가야 한다고 그는 주장했다. 이는 근친상간의 위험을 배제하기 위한 방법이다. 그러면서 노이스는 "가까운 친족 간의 오래 지속된 교배로 인한 나쁜 결과는 교배로부터 얻어지는 좋은 영향처럼 쉽게 인식되지 못한다. 왜냐하면 악화는 점진적이기 때문"[43]이라는 다윈의 언급을 이용하여 자신의 주장을 정당화했다.

이를 기초로 노이스는 몇 가지 결론을 내렸다. 과학적 출산에서 제일 중요하고, 절대적인 것은 결혼 제도이고, 일반적인 결혼 제도는 최상의 인간 출산에 적합하지 않으며, 친족 결혼이나 근친상간에 의한 출산은 금지해야 한다는 것이다.[44] 일부 종교와 도덕론자들의 금혼에 대해서도 비판을 했다. 특히 가톨릭 교회가 최상의 인간이라 할 수 있는 사제들의 결혼을 금지하는 것은 과학적 출산에 심각한 죄를 짓고 있는 것과 다르지 않다고 주장했다.[45] 그러면서 노이스는 "우리는 지난 수십 년간 정신적 차원에서 위기를 겪어 왔고, 이로써 우리 사회 제도는 약화되고 있다. 이혼과 낙태(feticide)가 증가하고 있고, 부도덕한 일들이 광범위하게 확산되고 있는 현실은 우리 시대 위기의 징후들임에 틀림이 없다. 우리는 신의 의지를 천국에서처럼 지상에 펼칠 수 있고, 만반의 준비가 되어 있다. 이제 우리는 이를 실현해야만 한다. 과학적 출산이 그 해법"이라고 노이스는 주장했다.[46]

우량종 육성 실험의 과정과 결과

오네이다 공동체의 우량종 육성 실험은 1869년에 시작하여 1879년까지 지속되었다.[47] 우량종 육성 실험은 1869년 초 38명의 젊은 남성들과 53명의 젊은 여성들의 선언으로 시작했다. 당시 38명의 남성들은 "우리는 과학적 출산에 깊이 공감하며, 우리 자신을 기꺼이 모든 조합에 사용할 것이다. 우리는 권리를 주장하지 않는다. 우리는 특권을 요구하지 않는다. 우리는 진실의 봉사자가 될 것을 갈망한다. 신의 은총이 우리의 결의를 도울 것이고, 우리는 당신의 진정한 전사가 될 것"이라는 다짐을 했다. 53명의 여성들은 "우리는 우리의 것이 아니고 일차적으로 신의 것이며, 다음으로 신의 진실한 대리자인 노이스에 속한다. 우리는 아동 양육에 있어 권리가 없고, 개인적 감정을 갖지 않으며, 적어도 과학적 결합의 선택에 반대하거나 당황하지 않는다. 우리는 기꺼이 과학을 위한 순교자가 될 것이고 … 무엇보다 우리는, 신과 진정한 공산체제를 위해, 우리 자신을 희생할 준비가 되어 있다"라고 선언을 했다.[48]

우량종 육성 실험은 이들의 선언 이후 집중적으로 진행되었다. 대략 100여 명의 남성과 여성이 우량종 육성 실험에 참여했고, 81명이 부모가 되었으며, 58명의 아동이 우량종 육성 실험으로 태어났다. 실험으로 태어난 아동들의 81명 부모는 직업적으로 다양했고,[49] 노이스는 10명의 아버지가 되었다.[50] 이 실험에 참여한 오네이다 공동체 구성원들은 자신들이 우량종 육성을 통해 완전한 존재들로 구성된 사회로 향해 가고 있다고 믿어 의심치 않았다.

부모가 될 사람은 처음에는 노이스가 결정했으나, 1875년 1월 25일 우량종 육성 위원회를 구성하면서 보다 체계적으로 실험을 진행하기 시작했다. 당시 위원은 노이스가 지명하는 방식으로 2명의 의사를 포함하여 남녀 각 6명씩으로 구성하였다. 이 위원회는 15개월 동안 유지되다가, 1876년 4월 20일 해체되었다. 위원회는 부모가 되고자 하는 구성원들의 신청을 받고, 위원들이 모여 이에 대해 찬성과 반대 입장을 표명하는 방식으로 우량종 육성 실험 대상자를 선정했다. 경우에 따라서는, 위원회 직권으로 특별한 생명의 질을 지녔다고 판단한 남녀 커플을 선택하여, 우량종 육성 실험에 참여시키기도 했다.

이때 선택된 구성원들은 도덕적인 특질이 적합하고, 정신적·육체적 특질도 우수하다고 판단되는 남녀였다. 태어난 아동들은 양질의 간호를 받으며 대략 9개월 동안 친모와 생활을 했고, 18개월이 되면 유치원에서 공동으로 양육하였다. 이후 친모는 밤에만 아동을 만날 수 있었고, 그 어떠한 엄마로서의 개인적인 책임도 친모에게 주어지지 않았다.[51] 아동들은 매주 전체 구성원이 모인 맨션 하우스의 가족 홀에서 몸무게를 재는 행사에 참여했다. 공동 육아는 부분적으로 여성들이 자신의 아이들과 특별한 유대관계를 맺지 않으면서도 공동체에서 자신의 특별한 역할을 할 수 있도록 하기 위한 조치의 일환이었다.[52]

과연 오네이다 공동체의 계획 출산은 얼마나 성공적이었을까? 오네이다 공동체 해체 직후 이를 분석했던 맥기(Anita Newcomb McGee)에 따르면, 그리 성공적이었던 것 같지는 않다. 맥기는 노이스의 아들 가운데 한 명인 시어도어(Dr. Theodore R. Noyes)의 보고서를 토대로 이를 분석한 바 있다. 맥기는 시어도어가 자신의 보고서에서 우량종 육성 실험을 통해 태어난 아동 사망률이 1870년 미국 인구 센서스 기준에 의한 비율보다 적었고, 신체적 조건이 또래 아이들보다 우수했다고 주장했지만, 이는 아동에 대한 전반적인 보건, 즉 위생이나 감염 예방, 그리고 훌륭한 산후 조건에 의한 것이지 타고난 신체적 우수성 덕분이라고 확증하기 어렵다고 비판했다. 이는 우량종 육성 실험으로 탄생한 우수한 인간으로 구성된 완전한 공동체 건설도 그리 성공적이지 않음을 의미하는 것이라고 맥기는 주장했다. 즉, 우수한 인간 창조나 공동체의 긍정적인 미래, 둘 다 실패했다는 것이다.[53] 그러면서 맥기 역시 복혼을 문제삼았다. 복혼은 당시의 일반적 정서에도 부합하지 않을뿐더러, 부도덕하고 금욕적이지 못한 행위로 맥기는 보았던 것이다. 그럼에도 맥기는 오네이다 공동체의 우량종 육성 실험은 인간의 긍정적인 미래를 위해서는 생식 법칙에 더 주의를 기울여야 한다는 것을 우리에게 인식시키는 중요한 계기가 되었다고 그 의미를 부여했다.[54]

1879년 실험은 돌연 중단되었고, 다음 해에 공동체는 해체되었다. 복혼에 의한 성적 문란에 대한 지역 사회 비판은 오네이다 공동체를 허무는 외적 영향이 되었다.[55] 공동체 내부의 문제도 공동체 해체를 부추겼다. 공동체 내부 문제는 복잡하지만, 크게 두 가지였다. 하나는 계승자 문제였다. 노이스는 은퇴를 원했고, 그의 아들인 시어도어에게 권한을 이양했다. 그러나 그의 아들에겐 아버지 같은 카리스마가 없었다. 공동체의 많은 이들도 리더로서 받아들이지 않았다.[56] 다른 하나는 우량종 육성 실험을 위한 복혼 자체에 대한 내부 비판이었다. 공동체 후기로 갈수록 구성원들은 공동체 바깥과의 교류가 점증했고, 이 과정에서 일부 구성원들은 둘 만의 독점적인 관계를 유지하면서 아이를 출산하기를 원하거나[57] 선택된 사람들만 행할 수 있는 성교 제한에 불만을 표출했다.[58]

내외부의 반발에 직면하여 오네이다 공동체는 1880년 1월 1일 해체를 선언했다. 곧바로 노이스는 은퇴하여 나이아가라 폭포 근처에 집을 짓고 살았으며, 오네이다 공동체의 모든 재산은 1880년 11월 20일 합자회사(Oneida Ltd.)로 이관되었다. 노이스는 공동체 해체 이후에도 자신의 꿈을 포기하지 않고 다양한 시도를 했으나, 뚜렷한 성과를 얻지 못한 채, 1886년 4월 13일 사망했다.[59]

나오며

오네이다 공동체의 우량종 육성 실험은 명백히 인위적인 부모 선택과 공동 양육이라는 체계 위에서 시행된 우생학 실험이었다. 우량종 육성은 우생학이란 용어가 등장하고 대중화하기 전까지 미국 사회에서 상당 기간 선택적인 출산에 관심이 있는 이들에게 공유되었다.[60] 여권 신장론자인 우드홀(Victoria Woodhall, 1838-1927)은 여성해방과 성 교육을 이유로 인간의 과학적 출산을 오래전부터 주장하고 있었고, 노이스의 기획과 실험은 그 좋은 사례였다. 우생학자였던 켈로그(John Harvey Kellogg, 1852-1943)는 노이스의 우량종 육성이라는 용어를 적극 사용하였고, 쇼(G. B. Show, 1856-1950)는 자신의 책에서 오네이다 공동체의 실험을 소개하기도 했다. 『타임머신』(1895)과 『모로 박사의 섬』(1896) 같은 과학 소설로 유명한 웰스(H. G. Wells, 1866-1946), 『멋진 신세계』(1932)를 쓴 올더스 헉슬리(Aldous L. Huxley, 1894-1963), 그리고 줄리안 헉슬리(Sir Julian Huxley, 1887-1975)도 시기는 다르지만, 오네이다 공동체를 직접 방문했던 것으로 알려져 있다.[61]

그러나 당시 미국 우생학자들에게 노이스의 실험은 그리 인정받지 못했다. 그들에게 오네이다 공동체는 성경 공산체제를 이루려는 종교적 유토피아 운동의 결과물이었고, 이는 우생학 운동의 측면에서는 주변적인 활동으로 여겨졌기 때문이다.[62] 1921년 제2차 국제 우생학 대회(The Second International Congress of Eugenics)에 오네이다 공동체의 우량종 육성 실험이 소개되었으나, 당시 대회 환영사를 쓴 오스본(Henry Fairfield Osborn, 1857-1935)의 글에서는 오네이다 공동체에 대한 이야기를 찾아볼 수 없다.[63] 당시 주류 우생학자들은 보수적인 연애관을 가지고 있었고, 특히 복혼은 우생학 운동의 전망에 해가 될 것이라 판단했던 것이다.[64] 더불어 20세기 접어들면서 미국 우생학 운동은 서서히 부적격자 제거에 초점을 맞추어 가고 있던 터라, 이 역시 오네이다 공동체의 포지티브 우생학에 관심을 갖지 않는 이유였을 가능성이 있다.[65]

요컨대, 오네이다 공동체는 주류 우생학의 비판과 무관심 때문에 미국 우생학 운동 역사에서 배제되어 왔지만, 우량종 육성 실험은 '우생학적'이란 단어를 빼고는 설명할 길이 없다. 오네이다 공동체의 이 실험은 역사상 처음으로 과학적 기초 위에서 인위적인 선택에 의한 출산을 도모하고, 이로써 우수한 인간을 창조하려 했던 우생학적 기획과 다르지 않다.

[보론2]

코로나바이러스(Covid-19),
인종주의, 그리고 우생학

코로나바이러스와 인종주의

전 세계인들을 불안에 떨게 하고 있는 코로나바이러스의 세계적
대유행은, 중세 유럽의 페스트(pest, 1348-1351)가 중세 봉건제에서 근
대 자본제로의 이행을 촉발하는 계기로 작용했던 것처럼, 이전 세계
와는 다른 질서를 만들어 내는 변곡점이 될 것임은 틀림이 없다. 다
만, 전면적인 구조 변화를 창출할 것인지, 아니면 사소한 변경에 그칠
것인지는 좀 더 신중하게 살펴야 할 필요가 있다. 분명한 것은 뭔가
'다를, 또는 달라져야' 한다는 사실일 것이다. 필자의 관심은 그 '다름'
의 내용이 과연 무엇이고, 우리는 어떤 노력을 해야 할 것인가에 있
다. 이에 답하기 위해 필자는 코로나바이러스 등장 이후 즉각적으로
표출된 인종주의(racism)에 주목할 필요가 있다고 본다.

다 알다시피, 코로나바이러스가 발생한 이후, 국내외를 막론하고

다른 국적자나 확진자에 대한 배타적인 인식이 심화되고 있고, 이는 혐오를 넘어 폭력으로까지 치닫고 있다.[1] 심지어는 아프리카인들을 대상으로 백신 실험을 하자는 주장까지 나왔다.[2] 우리나라도 예외가 아니다.[3] 코로나바이러스가 소환한 인종주의적 태도와 실행은 야만이 문명 속에 존재하고, 증오가 우리 삶의 일부라는 것을 극명하게 보여주고 있다.

더욱이 우리는 이미 예멘 난민을 둘러싼 첨예한 갈등을 경험한 바 있고,[4] 우리의 산업구조가 다수의 이주노동자를 필수불가결한 요소로 삼고 있는 현실을 감안하면,[5] 인종주의는 더 이상 남의 문제가 아니다. 그럼에도 불구하고, 인종주의는 우리 사회의 중요한 사회적 의제로 부각되지 못하고 있다. 일반적으로 볼 때, 인간 삶을 규정하는 사회적 범주들 가운데 현대 사회로 오면서 특히 그 중요성이 부각된 범주로 계급, 성, 인종을 꼽을 수 있을 것이다. 계급은 서구에서 마르크스주의가 등장한 이래 구조적인 불평등의 가장 중요한 범주로 오랫동안 다루어져 왔다. 그러나 성(젠더)과 인종은 최근에야 그 관심이 증가하고 있다. 성은 미국의 경우, 1960년대 흑인 민권 운동 이후 활발하게 논의가 이루어지기 시작했고, 이는 계급 중심의 불평등 담론과 상보적인 관계를 형성하면서, 계급, 인종, 그리고 성이 착종되어 구조적 불평등을 심화시킨다는 이해로 발전해 왔다. 이는 우리가 마주한 차별적인 현실을 입체적이고 다면적으로 바라봐야 한다는 필요성을 알려 주었다. 이러한 서양의 흐름과 달리 우리 사회에서는 계급이나 성에 비해 인종 문제는 상대적으로 관심이 덜했다. 이는 우리의 단일민족 신화 때문일 수도 있고, 제국주의 시대 백인에 의한 식민 지배와는 다소 다른 경험을 했기 때문일 수도 있다. 그래서 인종 문제라고 하면 으레 우리는 나치의 유대인 학살이나, 남아프리카의 아파르트헤이트, 르완다 인종 분쟁, 유고 연방의 인종 갈등, 프랑스 신인종주의 등을 떠올리기 십상이다.[6] 최근 조지 플로이드(George Floyd)의 비극적인 죽음과 그로 인한 '흑인의 생명도 소중하다'(black lives matter)는 운동은 또 어떠한가. 애도와 지지를 표명하는 것은 다행스럽고 고마운 일지만, 과연 얼마나 많은 이들이 인종주의를 우리의 문제로 자각하고 있을까.

필자는 코로나바이러스가 소환한 인종주의를 비판적으로 성찰해 보면서, 포스트 코로나 시대의 새 질서를 고민해 보자고 말하고 싶다. 과연 우리는 협력과 연대를 새로운 질서의 모티브로 삼을 것인가, 아니면 배척과 차별의 낡은 체제를 그대로 유지한 채 살아갈 것인가.

칼 폴라니 사회경제연구소 소장 홍기빈은 코로나바이러스의 세계적 대유행에 대해 그것이 지구화, 도시화, 금융화, 그리고 생태위기와 관련이 있다고 주장한다.[7] 이는 지금 위기, 그것이 의료 체계든 경제적 사안이든, 그 주요 원인들이 오래된 자본주의 체계 내부의 근본적 문제들로부터 야기되는 구조적 차원의 문제라는 것을 시사하고 있다. 충격의 방향도 자본주의의 내적 모순과 관련을 맺으며 전개될 것이다. 인종주의는 물론이고, 비정규직과 실업자의 확산, 소수자와 사회적 약자들의 피해, 궁극적으로는 자본주의 체제의 지속 가능성에 대한 저항 같은 것들 말이다.

코로나바이러스로 표출된 인종주의와 자본주의 사이의 관련을 이해하는 하나의 시선으로서 미국의 철학자인 밀스(C. W. Mills)가 제시한 인종계약(racial contract)이라는 개념을 살펴보자. 그가 말하는 인종계약은 경제적으로 누가 무엇을 갖는지를 결정하는 몰수 계약이고, 그것은 서구가 근대화의 과정에서 비백인 계층을 지배하기 위한 필요에서 만들어 낸 일종의 정치체제이다. 밀스는 인종주의가 그 자체로 공식적·비공식적 지배와 사회경제적 특권과 특정한 규범들, 즉 물질적 부와 기회, 혜택과 부담, 권리와 의무를 차별적으로 분배하기 위한 규범들로 이루어진 하나의 권력 구조라고 주장한다.[8] 이는 서구 근대가 형성한 권력체계로서의 자본주의 질서 안에서 인종주의가 지속적으로 작동하고 있었고, 코로나바이러스에 의해 좀 더 표면적이고, 강렬하게 등장했을 뿐이라는 이야기가 된다.

홍기빈과 밀스의 논의에 기대어 보면, 현재 우리가 경험하고 있는 위기의 저변에는 서구-근대-인종주의-자본주의-식민지 약탈-지구화라는 착종된 구조 속에 내재되어 있던 모순의 현재적 폭발이라고 볼 수 있는 측면이 있는 것은 아닐까. 이런 점에서 인종주의는 우리의 현재 분석과 미래 전망을 세우기 위한 시의적절한 논의 주제일 수밖에 없다고 본다. 과연 우리는 서구의 근대가 창안한 기존 체제의 폭력과 야만을 답습하고 강화하면서 퇴행의 길로 갈 것인가? 아니면 낡은 질서의 해체와 전복을 통해 비정상의 정상화로 나아갈 것인가? 포스트 코로나 시대의 새 질서는 어떤 내용과 방향을 근간으로 삼아야 할 것인가.

인종주의, 근대 자본주의의 산물

인종주의란 무엇인가? 이에 답하기 전에 우리는 먼저, 서구-근대-백인들이 인종을 어떻게 이해했는가를 살펴보는 것이 필요하다. 의식이 대상을 규정하고, 세계관은 사실에 앞서기 때문이다. 그간의 연구들은 대체로 인종이 객관적 실재가 아니라 사회적·이데올로기적 구성물에 불과하다고 파악한다. 인종은 그 기준이 피부색이든 지리·문화·종교이든, 존재론적 상태가 아니라 끊임없이 재구성되고 재의미화되면서 변형되어 온 허구의 개념에 지나지 않는다는 것이다.[9] 한마디로, 인종이란 없다.[10]

인종 개념의 가변성이나 인종 경계의 모호성은 패싱(passing)이나 유대인에 대한 구분 설정 사례에서 쉽게 인지할 수 있다. 미국에서 패싱, 즉 통과하기란 흑인들이 백인으로 인정받고자 노력하는 행위를 가리킨다.[11] 인종 개념의 비결정성과 구성적 성격은 유대인의 사례에서 더욱 분명하다. 미국에서 유대인은 1790년대에는 백인으로 인정되다가 이민이 급증하기 시작한 1840년대에서 1920년대 사이에는 백인 타자로 취급받았으며, 1920년대에서 1960년대 사이에는 백인을 상징하는 코케이지언으로 다시 통합되었다.[12] 인류학자인 조너선 마크스(J. Marks)가 인구 집단을 인종 같은 무리로 묶는 것은 임의적인 것에 불과하고, 인종 분류는 자연적인 생물학적 패턴을 반영하지 않는 지극히 정치적·사회적·경제적인 차원의 분류에 지나지 않는 것이라고 주장한 것은 이 때문이다.[13] 이는 인종이 사회 내부의 정치사회 동학에 의해 끊임없이 해체되고 재구성되는 범주라는 것을 분명하게 알려 준다. 결국 인종은 객관적 실재의 차이에 의한 것이 아니라 차이를 부여하는 이데올로기적 구성물이고, 이는 인종이 인종주의의 근거가 아니라 오히려 인종주의의 산물일 수 있다는 이야기가 된다.

만일 인종주의를 단순히 집단 간의 차이를 강조하고, 그 차이를 집단들 사이의 구분 짓기와 위계 결정의 준거로 활용하여, 타자로 설정한 집단에 대한 지배와 착취를 정당화하는 포괄적인 이데올로기로 규정한다면, 인종주의가 여럿 있을 수 있다. 주지하다시피, 고대 그리스에서는 헬레네스('Ελληνες) 대 바르바로이(βάρβαρος)라는 구도로 문명과 야만의 구별 짓기가 있었고, 이는 지리적·문화적 기준에 의한 것이었다. 중국에서는 기원전 3세기 『예기』에 변방 오랑캐에 대한 이야기가 등장한다. 중세에는 서양의 경우, 종교를 기준으로 기독교인 대 비(非)기독교인이라는 구별이 있었고, 중국의 경우 한족 대 비(非)한족의 지리적·문화적 차이가 구분 배제의 근거가 되었다. 근대에 접어들어서는 서양에서는 계몽주의-지리적 인종관-과학이 결부되어 인종을 구분하기 시작했고, 중국이나 일본에서는 백인우월주의에 대한 대항담론으로서 특유의 인종주의가 등장한 바 있다. 나치의 대학살 이후에는 생물학적 표지에 더하여 문화적 차이를 강조하며 ethnicity 같은 개념이 등장했다.[14] 프랑스 철학자인 들라캉파뉴(C. Delacampagne)도 인종차별을 타자에 대한 증오의 다른 이름이고, 증오는 여러 형태로 발현될 수 있다면서, 인종주의를 포괄적으로 정의한다.[15]

반면에 인종주의를 포괄적으로 이해하려는 태도를 비판하는 입장도 있다. 이는 인종주의 분석에 오히려 장애가 된다고 보기 때문이다. 즉, 포괄적 인종주의 개념을 상정하면, 인간의 불평등을 강조하고 정당화하는 모든 것을 인종주의라 칭하는 인종 환원주의로 귀결될 수밖에 없고, 이는 모든 것을 인종 이념으로 설명하려는 인종주의자들의 논리와 같아지는 역설에 쉽게 빠지기 때문이다. 결국 이는 폭력의 흑역사를 전개해 온 서양-근대-인종주의를 상대화할 수 있는 우를 범할 수도 있다는 주장이다.[16] 미국 역사학자 프레데릭슨(George M. Frederickson)의 연구는 이러한 주장에 힘을 실어 준다. 그는 인종을 근거로 사람들을 박해하는 관행과 피부색과 같은 생물학적 표지에 근거한 인종 이해는 다분히 근대적인 현상이라고 본다.[17] 미국의 역사학자 모스(G. Mosse)는 인종주의를 보수주의, 자유주의, 사회주의 등과 마찬가지로 고유의 독특한 구조와 담론 양식을 지닌 완전히 발달된 근대적 사상체계라고 본다.[18] 이런 논의에 기대어 보면, 인종주의는 서구-근대-인종-이데올로기-정치체제-권력구조-국가의 연결고리 속에서 이해할 사안이고, 이는 인종주의가 근대 이후 지속된 세계적 차원의 불평등 지배 체제의 가장 중요한 근원 가운데 하나였다는 설명이 가능해진다.

인종주의의 기원을 살펴보면, 이는 더욱 분명해진다. 통상 인종주의의 기원으로는 기독교적 전통과 노예제에 기초한 서구 자본주의의 형성을 든다.[19] 염운옥에 의하면,[20] 인종이란 단어는 raza라는 용어에서 비롯되었다. 이 용어는 15세기 중엽 이후 스페인의 재정복 과정에서 개종이 되지 않는 유대인을 지칭하는 용어로 변용됨으로써 기독교와 혈통이 연결되는 계기가 만들어졌다는 것이다. 인종주의와 노예제, 그리고 자본주의 발전의 착종성은 에릭 윌리엄스(Eric Williams)의 『자본주의와 노예제』(*Capitalism and Slavery*)에서 설득력 있게 제시된다. 그는 유럽 진보의 내재적 발전론을 비판하고, 유럽의 진보가 제국의 식민지 착취와 플랜테이션 노예제에서 얻는 수익, 식민지 회사들이 만들어 낸 부, 신세계의 개척이 제공한 전반적인 사회경제적 자극에 의한 것이었음을 간과해서는 안 된다고 주장했다.[21] 이는 미국 남부 노예제에 대한 연구를 살펴보면, 좀 더 명확해진다.[22]

정리해 보면, 인종 담론은 근대 이전 사회에서도 존재했지만, 인종주의는 유럽 근대의 탄생 및 부상과 더불어 등장한 다분히 근대적인 현상이자 이데올로기이고, 이는 기독교와 자본주의를 자양분으로 삼으면서 흑인 노예제가 상징하는 백인의 세계사적 착취와 지배를 공고히 하는 정치체제이자 권력구조였던 것이다.

인종주의, 과학적인 그래서 더 강력한

앞서 살펴본 서구의 인종주의를 이해하기 위해서는 필수적으로 과학과의 상관관계에 주목할 필요가 있다. 이는 과학이 서구 근대성과 착종된 인종주의의 기원, 여러 인종주의 사이의 구별, 그리고 인종주의의 현재성을 밝히는 데 가장 중요한 요소이기 때문이다. 특히 서구에서 인종주의는 1870년대 이후 구체화된 이른바 과학적 인종주의

(scientific racism)에 의해 그 정당성을 오래도록 유지하면서 더욱 강력한 폭력을 행사할 수 있었다. 과학적 인종주의는 이 책에서 다루고 있는 우생학의 다른 표현에 지나지 않는다.

유럽 사회에서는 1850년대부터 집단 사이의 생물학적 차이를 강조하는 과학 내부의 논의가 점증하기 시작한다. 이는 "인종이 모든 것"(race is everything)이라고 주장했던 스코틀랜드 출신의 영국 해부/생리학자인 녹스(R. Knox)의 인종 과학이 후일 유럽 인종주의의 중요한 이론적 근거로 활용되었던 사실에서 쉬이 알 수 있다.[23] 인종에 대한 생물학적 구분과 그것의 불변성, 그리고 흑인에 대한 악마화 담론은 근대 인종주의의 핵심이고, 이는 녹스의 기여였다. 녹스에게 인종은 인간 역사와 당대의 정치사회 질서를 이해하고, 정당화하는 도구이기도 했다. 이런 논리는 19세기 말 유럽 사회에서 민족국가-인종-과학-유전주의가 연계되는 흐름으로 나아 갔다. 이는 인종 집단 사이의 생물학적 표지를 고정적이고 영속화하는 계기를 만들어 냈으며, 이때 논거로 활용된 것이 린네(Carl von Linne, 1707-1778)가 상징하는 생물분류학과 그에 기초한 인종 담론들이었다. 프랑스의 의사이자 여행가였던 베르니에(Francois Bernier, 1620-1684)는 처음으로 인류를 여러 인종으로 분류할 수 있다는 관념을 제시하여 인간을 유럽인, 아프리카인, 아시아인, 라플란드인, 인디언 다섯으로 분류했다. 이후 유럽의 비유럽 지역에 대한 팽창과 정복 과정에서 비유럽인을 과학적 근거에 기대어 설명하려는 시도가 증가했고, 이는 뷔퐁(Comte de Buffon, 1707-1788), 린네, 블루멘바흐(J. F. Blumenbach, 1752-1840) 같은 이들에 의해 인종이 유사한 외양과 특성을 공유하는 인간 종의 생물학적 하위 분류를 가리키는 개념으로 자리를 잡는 흐름을 형성했다.[24] 여기서 간과하지 말아야 할 것은 생물분류학에 기초한 인종 담론과 후일의 인종주의를 인과론적이고, 단선론적으로 연결하는 것은 인종주의 역사 이해를 협소하게 만들 여지가 있다는 것이다. 인종주의는 역사적 맥락 속에서 탄생한 서구의 이데올로기이자 사회운동의 근거였으며, 국가 정책 속에 은밀하게 내재된 가치였기 때문이다. 즉, 인종주의는 단순히 몇몇 엘리트나 지적 담론에 의해 추동된 이데올로기였다기보다는, 19세기 후반 유럽의 민족주의, 국가주의, 팽창주의, 경제위기, 대중 미디어의 등장, 그리고 사회 내부 집단 사이의 역학 관계들의 복잡한 착종에 영향을 받아 형성되고 강화된 역사의 산물이었다.

과학은 이 과정에서 인종주의를 정당화하는 기제로 활용되었다. 1870년대 이후 유럽 사회에서 강력한 영향력을 행사하기 시작한 인종주의는 그것의 구성 요소로서 유럽의 사회/노동 윤리를 내재하고 있었고, 이는 과학의 이름을 빌어 자연화되고, 정당화되는 과정을 거쳤다. 인종주의는 생존경쟁과 적자생존이라는 당시의 사회 윤리와 분리될 수 없고, 흑인=게으름이라는 스테레오타입의 발명 역시 당대의 사회윤리와 결부된 노동자로서의 자격이나 역량과 관련된 사안이기 때문이다. 즉, 19세기 후반 서구에서 고착화된 인종주의는 이 책에서 다루고 있는 사회다원주의와 그것의 제2국면인 우생학과 불가분의 관련을 맺으며 형성되고 발전한 측면이 있다고 할 수 있다. 과학적 인종주의가 우생학의 다른 표현에 불과한 까닭이다.

인종주의에 대한 이해에서 과학의 역할이 중요한 것은 현대 사회에서 인종주의가 가진 영향력 역시 과학에 의한 것이기 때문이다. 현대의 인종주의는 비록 고중세의 지리적·문화적·종교적 특성을 강조하는 듯 보이지만, 여전히 피부색과 같은 생물학적 표지가 백인우월주의의 중요한 근거가 되고 있다.[25] 들라캄퍄뉴 같은 이는 분자유전학의 성과로 유전자 조작이 가능해지면, 생명체의 속성이 변화할 수 있으므로 인종주의의 근거가 사라질 수 있을 것으로 보는 듯한데,[26] 문제가 그리 간단하지 않다. 고립된 소수 부족과 특정 국가 인종의 정체성을 규명하겠다고 시작된 인간 유전체 다양성 프로젝트(HGDP; 이후 유전지리학 프로젝트로 이름을 바꿈)나 2001년 시작된 국제 햅맵 프로젝트(IHMP)는 생물학적 표지에 기댄 인종적 범주를 재소환하는 계기를 만들어 냄으로써 또 다른 인종주의를 창안하고 있다는 비판을 받고 있다. 지중해성 빈혈(thalassemia)처럼 낙인찍기에 활용될 수 있는 병명이라든지, 흑인의 열등성을 지능과 연관하여 설명했던 『종형 곡선』(The Bell Curve),[27] 1937년 설립 이후 지금까지 인종과학자들을 지원하고 있는 파이오니어 기금(Pioneer Fund),[28] 그리고 최근 도킨스(R. Dawkins)로 촉발된 우생학 논쟁까지 인종주의 연구에서 과학은 빼놓을 수 없는 상수 가운데 하나이다.

우리는 왜 역사 공부를 하는가?

이반 일리치(Ivan Illich)는 과거라는 거울에 비추어 볼 때, 우리는 희망을 만날 수 있다고 말한 바 있다.[29] 희망을 찾아가는 여정, 그것이 바로 역사 공부라고 필자는 생각한다.

우생학, 인종주의, 그리고 서구 유럽의 관계망을 살피다보면, 우리는 자연스레 서구-유럽-근대가 표상하는 이성, 자유, 평등, 생명 등이 오직 소수의 백인이나 상층 계급만의 것이었으며, 그 가치들이 얼마나 취약한 것이었는지, 그리고 그 이면에 얼마나 심각한 폭력성이 은폐되어 있는지를 쉬이 알 수 있다.[30] "나는 철학이 사람을 구조한 바가 없다고 답했다. 또 다른 이가 악착같이 흑인들도 백인들과 마찬가지로 지성이 있다고 했을 때, 나는 지성이 누구를 구해 준 일이 없다고 했다. 이는 사실이니, 왜냐하면, 지성과 철학의 이름으로 인간의 평등을 선포했어도 사람들은 또한 바로 그 이름으로 평등의 절멸을 결정하기 때문"이라고 파농(F. Fanon)은 말한 바 있다.[31] 서구-근대를 상징하는 가치들이 얼마나 형편없이 무력한 것이었는지를 잘 보여 주는 대목이다. 이는 또한 그럴듯한 서구-근대의 가치들이 그저 선언과 당위에 머무르기만 한다면, 아무런 쓸모가 없는 것에 불과하다는 말일 것이다. 무릇 우리의 지성은 세상의 모든 일들이 정의와 평등에 부합하는지 살피지만 말고, 보다 적극적인 실천으로 이어져야 한다. 과포장된 몇 마디의 말이나 글이 아니라, 또 아는 것이 다가 아니라, 중요한 것은 세상을 바꾸는 행동이기 때문이다.

미국 의학사학회 회장을 지낸 낸시 톰스(Nancy Toms)는 이른바 '병균사회주의'와 '질병의 사슬'이라는 개념을 제시한 바 있다.[32] 병균사회주의란 병균이 인종, 성별 또는 계급 등을 가리지 않고 침투하며, 따라서 병균에 대한 대응에 있어서는 모든 사람이 병균이라는 공동의 적을 물리치기 위해 협력하고 연대한다는 것을 말한다. 물론 가장 큰 피해는 사회의 약자가 입는다. 그래서 전염병의 유행은 단순한 위생 개혁을 넘어 노동환경 개선이나 사회 개혁의 기회가 되기도 한다는 것이다. 우리 사회에서 재난 기본소득이나 전국민 고용보험 등등에 대해 이야기가 나오고 있는 것도 이와 무관하지 않다. 문제는 그다음이다. 일군의 사람들은 병균의 원인을 해소하고 치료하는 과정에서 병균 발원자나 특정 계층, 지역(이라고 믿는) 등을 배척하고 차별한다는 것이다. 이를 톰스는 질병의 사슬이라고 불렀다. 톰스의 두 개념은 코로나바이러스 이후의 새 질서를 성찰적으로 고민하는 데 중요한 시사점을 준다.

인종주의에는 '정상과 비정상/적격자와 부적격자/살아야 할 생명과 살 가치가 없는 생명' 같은 우생학적 구분 짓기와 차별적 사고가 짙게 드리워져 있고, 오늘날의 인종주의는 구조적 불평등과 밀접한 관계에 있다. 자칫 19세기 말, 20세기 초 우생학이 그러했던 것과 유사하게 인간 종 사이의 불평등과 차별이 과학의 이름으로 정당화될 수 있는 인종주의의 확산과 강화에 대해 우리는 더욱 주의를 기울여야 한다. 나아가 불평등과 차별이 구조적인 문제인 이상, 이는 소수자나 사회적 약자들에게 가해지는 유무형의 편견이나 차별과 필연적으로 연결될 수밖에 없다. 최근 우리 사회에서도 점증하고 있는 특정 성별이나 난민, 장애인 등 사회적 약자와 소수자에 대한 혐오는 구조적 차별을 강화할 위험이 그만큼 큰 것이다.

다행스럽게도, 최근 국내에서 포괄적 차별금지법을 제정하려는 움직임이 일어나고 있다. 이미 2007년부터 이 법의 제정을 시도했으나 번번이 무산되었다. 이 법의 기본 정신은 "누구도 남겨 두지 않는다"(No One Left Behind)는 것이다. 이와 관련하여, 필자는 우리 사회에서 코로나바이러스 이후의 새 질서를 말하며 뉴노멀(New Normal)이란 말이 유행하고 있지만, 세상이 그리 쉽게 바뀔 것인지, 또 과연 그것이 새로운 정상상태의 내용을 담보할 수 있는지에 대해서는 의구심이 든다. 캉길렘(G. Canguilhem)의 정상과 병리에 대한 인식을 유비해 보면,[33] 비정상(anormal)은 비-정상(a-normal)이므로 정상의 정의가 이루어진 다음에 오는 것이고, 비정상적 상태는 관계적 상황에서 발현되며, 비정상의 정상화는 새로운 규범이 어떤 가치를 포함할 것인가에 달려 있다. 뉴노멀을 말하기 전에, 필자는 우리의 비정상적인 상태들을 살펴보는 것이 우선이라고 본다. 이는 정상상태의 내용과 방향을 결정짓는 기본 조건이 되기 때문이다. 가령 이주노동자·중국동포·난민 등에 대한 인종차별과 인권 문제라든지, 성별·학력(벌)·장애·지역 차별, 프레카리아트나 비정규직 문제, 산업현장의 위험, 해고와 실업 등등과 같은 비정상상태들 말이다. 우리는 비정상상태를 해체하면서 정상상태의 내용과 방향에 대해 치열한 논쟁을 전개해야 할 것이다. 그것이 기본소득이든 동일노동 동일임금이든 전국민 고용

보험이든, 중요한 것은 우리가 처한 비정상상태를 인정하고, 이를 먼저 살피는 가운데 우리의 가장 기본적인 삶의 조건을 담보하고 구조적인 불평등을 해소할 수 있는 사안들, 나아가서는 기존 체제 자체에 대한 성찰과 관련한 사항들을 살피려는 노력을 하는 것이다. 이를 위해 무엇보다 중요한 것은 우리도 모르는 사이에 당연한 것으로 인식하고 있는, 성장과 진보에 대한 환상과 욕망을 가차 없이 내던질 수 있는 용기를 실천으로 옮기는 일이다. '더 나은' 또는 '더 잘'이 아니라 '좋은'이나 '다른'을 지향하는 자세와 고민들이 필요하다. 그렇지 않으면, 그것이 어떤 체제이든, 기존의 한계와 모순은 계속 노정될 수밖에 없을 것이다. 막대를 구부리기는 어렵지만, 설사 패배하더라도 이는 멈출 수 없는 일이다. 다 알다시피, 모두의 좋은 삶은 저절로 찾아오지 않는다.

사회의 야만은 약자 멸시에 담겨 있다. 야만은 문명의 반대가 아니라 그 속에 있는 광기이자 증오라고 필자는 생각한다. 익숙한 평화 속에 깃든 폭력을 사라지도록 만들기는 쉽지 않겠지만, 폭력을 폭력이라 명명하도록, 목소리를 낼 수 있도록 추동력을 만드는 것이 중요하다. 그렇기에 우리의 지성은 사회의 가장 취약한 부분을 향해 치밀하고 지속적인 관심을 동반해야 한다. 이를 위해서는 고립되기를 두려워하지 않되, 현실에 참여하는 것을 주저하지 않으려는 태도가 중요하다. 참여하되 구속받지 않아야 하는 것이다.[34] 이미 주류가 되고, 특권을 가졌지만 스스로는 그 특권이 수많은 차별을 양산할 수 있음을 인지하지도 못하고 그것을 인정하지 않는 사람들, 그런 부류의 사람들이 오히려 특권 해체와 차별 철폐의 가장 큰 저항세력으로 등장할 수도 있는 여지에 대해서도 우리는 늘 경계해야만 한다.[35] 이른바 정치적 올바름(PC)과 타인종·타민족에 배타적인 우파 포퓰리즘이 이념과 진영에 관계없이 함께 작동할 수 있음도 간과하지 말아야 한다.

코로나바이러스는 개인이라는 존재가 얼마나 많은 타자들에게 의존하며 살아가고 있는지를 여실히 보여 주고 있다. 이는 우리가 배제와 차별이 아니라 협력과 연대를 향하면서 모두의 좋은 삶을 위한 비정상의 정상화로 나아가는 지혜와 실천이 필요함을 말해 준다. 과거 우생학은 소수자와 사회적 약자, 즉 부적격자들로 낙인찍힌 이들에 대한 배제와 차별을 과학의 이름으로 정당화했고, 이는 폭력적인 대량 살육으로까지 이어졌다. 우리는 이로부터 어떤 교훈을 얻을 수 있을까? 부디 이 책이 포스트 코로나 시대의 희망을 찾는 길에 조금이나마 도움이 되기를 바란다. 함께 살자!

[보론 3]

우생학 연구 노트

필자가 우생학사(史)를 공부하겠다고 마음먹은 때가 1990년대 후반이었다. 지금도 그렇지만, 우생학은 서구의 일로 인식되었고, 한국에서 우생학 연구를 한다는 것은 맨땅에 헤딩하기나 다름없던 시절이었다. 고독했다. 물론 여전히 외롭다. 당시 필자는 우생학 관련 자료들을 닥치는 대로 모으고, 이를 살피면서 핵심을 요약하는 일부터 시작했다. 이 노트는 그때 정리한 것이다. 따라서 여기서 소개된 자료들은 1990년대 후반부터 이 책을 구성하기 전까지 정리했던 자료들이고, 이 책 초판(2009년)이 출판된 이후의 자료들은 빠져 있다. 하지만 우생학의 역사를 이해하는 데 기본적인 책들이 거의 소개되어 있다. 전문적인 학술지의 논문도 있지만, 주로 대중적인 도서를 중심으로 소개한다. 대부분 영어권 자료들인데, 이는 우리 학계에서 우생학사 연구물이 없기 때문이다. 우생학을 본격적으로 다룬 국내 학계의 연구서는 필자의 책과 영국 우생학 운동을 다룬 '염운옥, 『생명에도 계급이 있는가』(책세상, 2009)'가 전부이다. 부족하나마 아래에 소개하는 문헌이 우생학을 공부하려는 모든 분에게 도움이 되길 바란다.

1.

과학적 담론으로서의 우생학과 그것의 사회적 실험 과정을 둘러싼 다양한 논의를 이해하기 위해서는 먼저 골튼의 우생학 관련 저작들을 살펴보는 것이 출발점이 될 수 있을 것이다. 골튼은 우생학의 창시자로만 알려져 있지만, 그의 이력은 크게 두 시기로 구분할 수 있다. 첫 번째 시기는 골튼이 아프리카 등지를 탐험하면서 여행기를 쓰고, 지질학과 기상학에 관심을 가졌던 시기이다. 두 번째 시기는 다윈의 『종의 기원』을 읽고 난 후 선택적인 생식을 통해 인간의 유전적 구성을 개선시킬 수 있다는 확신을 갖게 되는 1860년 이후 시기이다. 골튼은 다윈의 책을 읽고 난 뒤 인종 개선 가능성과 유전이라는 문제에 보다 많은 관심을 갖기 시작했다. 그의 관심은 1865년 "Hereditary Talent and Character," *Maxmillan's Magazine* 12 (1865), pp. 157-166 and pp. 318-327과 "Hereditary Genius: The Judges of England between 1660 and 1865," *Maxmillan's Magazine* (1869), pp. 424-431을 통해 처음으로 구체화되었다. 이는 근대적 의미의 우생학적 전망이 최초로 표출된 문헌이었다. 여기서 골튼은 인간의 능력은 불평등하며, 유전에 기인한다는 입장을 명확히 했다. 이후 골튼은 이 논문들을 발전시켜 *Hereditary Genius: An Inquiry into Its Laws and Consequences* (London: Macmillan, 1869)를 출간하였다. 이 책에서 골튼은 방대한 가계(家系) 정보를 정상분포(normal distribution)를 이용한 통계학적 방법을 통해 분석하면서 더욱 강한 유전론적 입장을 표명하였다. 그러나 당시 골튼이 설파했던 우생학적 사고는 과학적 기반이 취약한 유전 이론에 근거하고 있었다.

골튼의 우생학적 사고는 아프리카 여행을 통해 잠재되어 있던 인종주의적 사고가 드리워진 *English Men of Science: Their Nature and Nurture* (New York: Appleton, 1875)로 이어진다. 이후 골튼은 *Inquiries into Human Faculty and Its Development* (London: Macmillan, 1883)에서 우생학이란 용어를 처음으로 창안했고, 여기서 방대한 자료를 통해 좀 더 구체적이고 포괄적인 우생학적 전망을 도출하였다. 이 책은 쌍둥이 연구의 결과물이라고 할 수 있는데, 생물측정학, 통계학, 심리학, 인종, 인구 문제 등에 대한 골튼의 다양한 관심이 반영되어 있는 책이다. *Natural Inheritance* (London: Macmillan, 1889)도 골튼의 이력에서 가장 영향력 있는 과학적 저작 중 하나이다. 이 책에서 골튼은 더욱 구체적인 통계학적 방법(frequency distribution and normal variation)을 이용하는 등 이전보다 훨씬 진보된 유전에 대한 논리적 발전상을 보여 주고 있다. 한 가지 언급할 것은 이 책에서 골튼은 진화와 유전 메커니즘에 대해 연속적 변이와 불연속적 변이 양자를 논하고 있는데, 이것은 후일 영국 우생학 운동 내부에서 연속적 변이를 긍정하며 통계학적 방법론을 주장했던 칼 피어슨(Karl Pearson)과 불연속적인 변이를 주장하며 멘델주의적 유전론에 기댄 진화 방식을 고수했던 윌리엄 베이트슨(William Bateson) 사이의 논쟁을 촉발시키는 계기로 작용하기도 했다.

골튼이 자신의 우생학적 사고를 논리적으로 증명하기 위해 창안했던 생물측정학에 대해서는 짧은 글인 "BIOMETRY," *Biomerika* 1 (1901), pp. 7-10을 보면 될 것이고, 우생학의 정의와 보다 구체적인 정치사회적 전망에 대해서는 "Eugenics: Its Definition, Scope and Aims," *Sociological Papers* 1 (1905), pp. 45-50 & pp. 78-79에 간략히 정리되어 있다. 이 외에도 일일이 열거할 수는 없지만 *Nature* 지(紙)에 1853년부터 1910년 사이에 골튼이 유전과 관련해 실은 기고문, 기사, 서평, 소논문 등도 골튼의 우생학적 사고를 이해하는 데 큰 도움이 될 것이다. 유전(heredity)에 대한 골튼의 다양한 글들은 주로 1860년대 중반에 소논문으로 나오다가, 1880년대 이후에 이르면 집중적으로 유전뿐만 아니라 우생학과 관련된 글들이 많이 개진되기 시작한다. 그리고 1900년 이후의 골튼의 중요한 에세이들이 담겨 있는 *Essays in Eugenics* (New York: Garland, 1985; 1st edition 1909)는 영국 우생학 교육 협회(the Eugenics Education Society)가 출간한 것이다. 이 책에는 *The Possible Improvement of the Human Breed, Eugenics: Definition, Scope, and Aims, Restrictions in Marriage, Studies in National Eugenics, Eugenics and Religion, Probability the Foundation of Eugenics, Local Association for Promoting Eugenics* 같은 주로 우생학의 사회적 실천 내용과 정치 사회 운동으로서의 가망성을 다룬 글들이 주종을 이룬다.

위에서 간략히 소개한 골튼의 저작들을 살펴본다면, 독자들은 골튼의 우생학적 정의가 포괄적이라는 것을 알게 될 것이고, 이것이 매우 다양한 형태와 내용을 갖는 우생학적 함의와 사회적 실천을 가능케 했다는 사실을 알게 될 것이다.

골튼의 개인적 이력이나 연구 활동을 중심으로 연구한 기본적인 2차 문헌들을 몇 가지만 소개하고 넘어가자. 먼저 골튼의 개인적 이력은 물론이고 골튼의 출판물 목록들을 소개하고 있는 Derek W. Forrest, *Francis Galton: The Life and Work of a Victorian Genius* (New York: Taplinger, 1974), 골튼의 개인 환경에서부터 교육 및 일련의 저작들에 대해 간략히 분석하고 있는 Nicholas Wright Gillham의 "Sir Francis Galton and the Birth of Eugenics," *Annual Review of Genetics* 35 (2001), pp. 83-101과 Gillham이 정리한 골튼의 전기인 *A Life of Sir Francis Galton: From African Exploration to the Birth of Eugenics* (Oxford: Oxford University Press, 2001) 등이 골튼의 이력을 살펴보는 데 기초적인 도움을 줄 것이다. 특히 Gillham의 전기에는 골튼이나 우생학과 관련된 참고문헌이 잘 정리되어 있다.

우생학의 단초와 대중적 운동으로의 성장을 이해하는 데는 골튼의 저작이나 연구서뿐만 아니라 그의 학문적 제자이자 동반자인 피어슨의 저작도 도움이 될 것이다. 피어슨의 사회사상이나 과학에 대한 인식 그리고 사회사상과 과학 사이의 상호작용에 대한 논의로는

The Ethic of Freethought (London: A. and C. Black, 1901; 1st printed 1888), *The Grammar of Science* (London: Dent, 1937; 1st printed 1892), *National Life from the Standpoint of Science* (London: A. and C. Black, 1901), *The Scope and Importance to the State of the Science of National Eugenics* (London: Dulau, 1911; 1st printed 1909), *The Groundwork of Eugenic* (London: Dulau, 1912; 1st printed 1909), *Nature and Nurture: The Problem of the Future* (London: Dulau, 1910), *Tuberculosis, Heredity, and Environment* (Cambridge: Cambridge University Press, 1912) 등을 참고하라. 골튼의 생물측정학을 발전시켜 현실화하려고 노력했던 피어슨의 통계학적 업적에 대한 개요서로는 E. S. Pearson and M. G. Kendall (eds.), *Studies in the History of Statistics and Probability* (Oxford: Oxford University Press, 1987)가 있고, 피어슨의 우생학적·사회적 실천과 대중 운동으로서의 우생학을 전파했던 부분에 대해서는 Lyndsay Farrall, *The Origins and Growth of the English Eugenics Movement, 1865-1925* (PhD thesis, University of Indiana, 1970)가 큰 도움이 될 것이다.

2.

골튼과 피어슨의 저작을 중심으로 우생학 연구의 첫 단초를 열었다면, 이제 그것을 참고로 더 일반적인 차원에서 우생학을 연구한 문헌들을 살펴볼 차례다. 여기서는 우생학 연구에서 가장 일반적인 연구물이라고 할 수 있는 일부 자료들만을 소개한다.

우생학과 관련된 일반적인 이해와 개념 정리를 위해서는 Daniel J. Kevles의 저작들이 도움이 될 것이다. *In the Name of Eugenics: Genetics and the Uses of Human Heredity* (New York: Knopf, 1985), "Eugenics and the Human Genome Project: Is the Past Prologue?," in Timothy F. Murphy and Marc A. Lappe (eds.). *Justice and the Human Genome Project* (Berkeley: University of California Press, 1994), pp. 14-29, 그리고 "Eugenics: Historical Aspects," in Warren T. Reich (ed.), *Encyclopedia of Bioethics*, Revised Edition (New York: Simon & Schuster Macmillan, 1995), pp. 765-770 등에서 Kevles는 가장 일반적인 우생학의 역사적 이해를 설파하고 있다. 그는 *In the Name of Eugenics*에서 우생 사상의 발전에 대한 폭넓은 역사적 개관과 함께 미국과 독일에서의 우생학 적용 사례를 중심적으로 다루었다. Kevles는 강제 불임화 수술법 제정과 같은 입법 사례, 캐리 벅(Carrie Buck) 사건 등의 판례, 종교와 우생학 사이의 관련성, 우생학의 과학적 취약성 정도, 의료 유전학의 흥기와 우생학, 그리고 전반적인 인간 유전학 연구 등을 다루면서 개인의 권리 및 생식 자유에 반하는 사회적 강제나 책무, 공중보건 및 복지 등 공공성에 반하는 사적 자유 사이의 오래된 모순과 충돌을 조화시키기 위해 사회가 무엇을 선택할 것인가를 고민해야만 한다고 주장하기도 한다. *Eugenics and the Human Genome Project*에서는 포지티브 우생학(positive eugenics)이건 네거티브 우생학(negative eugenics)이건 "과거의 실수"를 상기하면서 현재 우리가 도모하려는 일련의 공

공 정책이 우생학으로 회귀하는 것을 차단하는 데 주력해야 할 것이라 주장한다. 그리고 Kevles와 Leroy Hood가 편집한 *The Code of Codes* (Cambridge, MA: Harvard University Press, 1992)에는 총 14편의 논문이 실려 있는데, 우생학 연구로부터 파생될 수 있는 다양한 문제들과 인간 유전체 계획 이후 나타난 윤리적·법적·사회적 문제들 및 유전학의 전망을 살펴보는 데 중요한 통찰을 제공하고 있다.

Diane B. Paul의 저작들은 다양한 함의를 갖고 있는 우생학에 대한 깊이 있는 논의를 추동할 수 있는 다양한 시각들을 제공해 줄 것이다. 그녀는 주로 유전학과 의학 사이의 상관관계를 정치적 차원에서 논하며 포괄적인 우생학에 대한 설명을 시도하고 있다. 우생학이나 유전학 같은 과학적 담론이 사회적 실천 과정에 투영됨으로써 비롯된 유전의 정치학(genetic politics)을 논한 그녀의 대표적인 연구로는 *Controlling Human Heredity: 1865 to the Present* (Atlantic Highlands, N.J.: Humanities Press International, 1995)를 들 수 있다. 이 책에서 그녀는 19세기 말, 20세기 초까지 유행했던 우생학을 혐오스럽지만 다양한 함의로 정의될 수 있는 개념이라고 주장하면서, 과거의 우생학이 오늘날 "의료 유전학의 외양으로 가장한 채" 회귀할 가능성이 있음을 경고하고 있다. "Is Human Genetics Disguised Eugenics?," in Robert F. Weir, Susan C. Lawrence, and Evan Fales (eds.), *Genes and Human Self-Knowledge: Historical and Philosophical Reflections on Modern Genetics* (Iowa City:

University of Iowa Press, 1994), pp. 67-83에서는 거의 모든 사람들이 우생학을 "불쾌한 것"이라고 혐오스럽게 단정지음으로써 다층적이고 다면적인 차원에서 논의될 수 있는 우생학 논의를 제한하는 결과를 초래했다고 주장한다. 나아가 Paul은 현대 유전학에서 추구하는 목표와 우생학이 제기했던 완전성에 대한 욕망이 본질적으로 다르지 않다는 입장을 표현하기도 한다. *The Politics of Heredity: Essays on Eugenics, Biomedicine, and the Nature-Nurture Debate* (Albany, N.Y.: State University of New York Press, 1998)에서는 유전학과 우생학을 "동기(motivation, 우생학은 사회적 목적을 지향하고, 의료 유전학은 개인적 목표를 구체화하는 것)와 수단(우생학은 강제를 수반하지만, 의료 유전학은 선택의 자유를 보장한다)"을 통해 구별 짓기도 한다. 그녀는 다양한 함의로 윤색될 수 있는 우생학에 대한 폭넓은 의견을 보여 주고 있다.

인류학적 견지에서 우생학을 논하고 있는 William H. Tucker의 *The Science and Politics of Racial Research* (Urbana: University of Illinois Press, 1994)에서는 인종주의에 대한 비판과 함께 과학 이론이 정치사회적 불평등의 근거로 활용될 수 있음을 지적하며, 과학과 정치 사이의 부적절한 관계를 지적한다. 과학의 가치중립성이라는 문제를 고민하는 데도 도움이 될 것이다. 또한 Kohn은 유럽과 미국의 우생학 운동의 탄생과 성장 배경에 대해 설명하면서, 단순히 유전적 요인만으로 인종적 구분 짓기를 추구하는 것에 반대하고, "인간 다양성의 과학"이 필요함을 역설한다. Marek Kohn, *The Race Gallery:*

The Return of Racial Science (London: Jonathan Cape, 1995). Fred D. Ledley는 "Distinguishing Genetics and Eugenics on the Basis of Fairness," *Journal of Medical Ethics* 20(3) (1994), pp. 157-164에서 롤즈(Rawls)의 정의론에 바탕한 공평성의 원리(principles of fairness)를 통해 유전적 간섭을 설명했다. Anne Kerr and Tom Shakespeare의 *Genetic Politics: From Eugenics to Genome* (Cheltenham: New Clarion Press, 2002)은 우생학의 흥기부터 현재의 새로운 유전학에 이르기까지의 상황을 통사적으로 살펴본 교과서적 지침서라고 할 수 있다. 이들은 우생학의 기원, 유럽 각국의 사례 연구, 우생학의 다양한 함의 등에서 시작하여 생물학에서 의료 유전학에 이르기까지의 다양한 분야의 담론도 소개하고 있다. 특히 우생학적 실천에 의해 희생당한 부적격자(the unfit)를 광의의 장애인으로 바라보는 시각을 견지하고 있다.

　장기간의 서구 역사 속에서 면면히 내려온 우생 이념과 부적격자에 대한 인식의 계보를 추적한 Elof Alex Carlson의 *The Unfit: A History of a Bad Ideas* (Cold Spring Harbor, N.Y.: Cold Spring Harbor Laboratory Press, 2001)는 개량적(reform) 우생학의 차원에서 중요한 과학적 진술과 역사적 인식을 담고 있다는 점에서 유용하다. 책의 말미에는 우생학과 사회사상 사이의 다이어그램을 첨부하고 있어 우생학 초심자들에게 많은 도움이 될 것이다. 또한 이른바 교조적(mainline) 우생학에 반대하는 개량적 우생학자로서의 그의 면모에 대해서는 *Genes, Radiation, and Society: The Life and Work of H. J.*

Muller (Ithaca, NY: Cornell University Press, 1981)와 *Human Genetics* (Lexington, MA: D.C. Heath & Co., 1984)가 도움이 될 것이다.

우생학에 대한 새로운 견해를 개진하고 있는 연구로는 Mark B. Adams가 편집한 *The Wellborn Science: Eugenics in Germany, France, Brazil, and Russia* (New York: Oxford University Press, 1990)가 가장 일반적이고 유용하다. 이 책에는 네 명의 학자들, 즉 Sheila Faith Weiss가 1904-1945년 동안 독일의 인종위생 운동, William H. Schneider가 1890-1940년 동안 프랑스의 우생학 운동, Nancy Leys Stepan이 1917-1940년 동안 브라질에서 발전한 우생학, 그리고 Mark B. Adams가 1900-1940년 동안 러시아 우생학을 고찰하고 있다. 이들이 전개한 논문들은 우생학의 개관은 물론이고 비교사적 검토를 통해 기존의 우생학 운동에 덧씌어진 신화와 오해들을 세밀하게 비판적으로 검토하는 데 큰 도움을 줄 것이다. 이들의 논의를 토대로 본다면 우생학이 단일하고 통일된 목적과 신념을 가진 영미 중심의 운동이고, 멘델주의적 유전학에 기댄 생물학적 결정론과 관련이 있으며, 정치적 우파가 활용한 사이비 과학에 불과하다는 종래의 해석은 재검토되어야 할 필요성이 있다.

Philip J. Pauly는 "Essay Review: The Eugenics Industry-Growth or Restructuring?," *Journal of the History of Biology* 26 (1993), pp. 131-45에서 6권의 책(Mark Haller, Mark Adams, William H. Schneider, Paul Weindling, Philip Reilly, Nicole Hahn Rafter)을 검토하면

서 다양한 시각에서 논의될 수 있는 우생학 연구에 대해 논하고 있다. Pauly는 우생학 운동이 많은 나라에서 흥기했고, 각각 서로 다른 의미를 내포하고 있다고 본다. 그러나 다윈과 다윈주의의 연구에 비해 우생학 연구는 분산적이고 다소 포괄적인 차원에서만 수행되어 구체적이고 세밀한 연구가 부족한 측면이 많았다고 지적하면서, 앞으로의 우생학 관련 논의가 전반적인 생물학의 20세기 전기간 동안의 성장을 살펴보는 가운데서 이루어지길 희망하고 있다. 다윈 산업(Darwin Industry)과 견줄 만큼 성장하고 있는 우생학 연구를 위해서는 보다 폭넓은 접근 방법과 문제의식 그리고 다양한 시각이 필요함을 역설한 것으로 볼 수 있다. Frank Dikotter의 "Race Culture: Recent Perspectives on the History of Eugenics," *American Historical Review* 103(2) (April 1998), pp. 467-478에서 제기된 문제의식도 유용할 것이다. Dikotter는 우생학을 다양한 함의와 정책적 변용을 갖는 20세기 전반기 서구에서 나타난 중요한 역사적 현상의 하나로 파악하며, 우생학이 과연 우생학 운동의 필요조건이었는지 의문을 제기하기도 한다. 그는 여러 나라의 역사문화적 맥락과 정치경제적 상황에 대한 고려가 우생학에 대한 이해에 필수적이라고 보면서, 오늘날 새롭게 발전하고 있는 인간 유전학이 사회적 편견과 경제적 이해와 연관됨으로써 인종, 젠더, 계급 등의 정치사회적 차별을 낳는 현상이 오늘날의 민주주의 국가에서 의료 유전학의 외피를 쓴 채 재부상할 가능성에 우려를 표한다.

유럽을 비롯한 여러 나라의 최근 우생학 연구 사례들과 발전 현황을 검토하고 있는 Gilles Jeanmonod의 "Aspects et developpements recents de l'histoire de l'eugenisme," *Gesnerus* 60 (2003), pp. 83-100은 일부 국가에서 발현된 특징적이고 국지적인 현상-이를테면 나치의 홀로코스트-을 일반적인 우생학의 외양으로 사고하는 것은 오히려 우생학 논의의 폭을 제한하는 것이라고 주장한다. 전문가를 자처하는 일부 우생학 연구자들에 의해 개진된 연구 성과가 확정적인 우생학에 대한 정의나 성격 규정으로 연결되는 것에 우려를 표하기도 했다. 따라서 보다 폭넓은 우생학 연구를 위해서는 다양하게 전개되고 이해된 여러 나라의 우생학을 정치 사회적 맥락이나 국가적 특징, 그리고 다양한 학문 분야와 연계하여 고찰할 필요가 있다고 본다.

위에서 소개한 자료들 외에 조금 더 많은 자료를 섭렵하고 싶은 독자들에게 권할 수 있는 문헌으로 출간된 지 다소 오래되긴 했지만, 골튼에서 최근의 새로운 유전학에 이르기까지의 우생학의 역사적 발전 경로를 당대의 대표적인 우생학자와 유전학자들의 사고를 통해 살펴볼 수 있는 Carl J. Bajema의 *Eugenics: Then and Now* (New York: Halsted Press, 1976)가 있다. 우생학에 대한 기본 사항을 정리한 Ruth Clifford Engs의 *The Eugenics Movement: An Encyclopedia* (Greenwood Press, 2005)는 효과적인 공부의 기본 지침서가 될 수 있을 것이다. 이 책은 미국을 중심으로 우생학 운동을 조명하고는 있지만 우생학의 특징에서부터 우생학의 대중 운동으로의 전화, 각종 사건들, 다양한 입법 사례, 출판물, 다양하고 포괄적인 개념 정의 등과 관련된 자료들을 총망라하고 있는 우생학 사전이다. 우생학에 대한 일반적인 이해를 도모하는 첫 출발점으로서 상당한 도움이 될 것이다.

3.

우생학을 더 깊이 있고 다양한 시선으로 조망하기 위해서는 생물학 일반에 대한 논의, 특히 다윈주의에 대한 이해가 필요하다. 또한 다윈주의로부터 기원한 사회다윈주의(social Darwinism)나 인종주의와 우생학 사이의 관련성 문제, 우생학을 둘러싼 윤리적 차원의 논의, 대중문화에 침윤된 유전학의 모습, 그리고 새로운 생명공학과 우생학의 관련성 문제 등을 보다 광범위하게 섭렵하는 것이 우생학 연구에 큰 도움이 될 것이다.

먼저 다윈주의에 대한 전반적인 이해를 도모하는 데는 David Kohn이 편집한 *The Darwinian Heritage* (New Jersey: Princeton University Press, 1985)를 참고하는 것이 좋을 것이다. 이 책에는 31편에 달하는 쟁쟁한 다윈주의 연구자들의 논문이 실려 있는데, 초기의 진화 사상에서부터 진화론의 사회적 적용에 이르기까지 광범위한 주제를 통사적으로 구성해 놓았다. 이 외에도 다윈주의와 관련된 깊이 있는 분석에서부터 라마르크주의, 사회다윈주의, 유전학에 이르기까지 생물학 전반의 발전과 사회적 함의 등을 논하고 있는 Peter J. Bowler, *Evolution: The History of an Idea* (Berkely: California University Press, 1989), 다양한 방식으로 유럽 각 국가에 수용된 다윈주의의 모습과 실천 사례를 다루고 있는 Thomas F. Glick (ed.), *The Comparative Reception of Darwinism* (Austin: University of Texas Press, 1974), 진화와 진보의 담론을 세계관의 차원에서 논한 깊이 있는 연구인 John C. Green, *Science, Ideology and Worldview: Essays in the History of Evolutionary Ideas* (Berkely: University of California Press, 1981), 다윈주의를 둘러싼 다양한 과학적 담론과 논쟁을 다룬 James R. Moore, *The Post Darwinian Controversies* (Cambridge: Cambridge University Press, 1979) 등은 우생학 발전의 학문적 토대로서의 다윈주의를 이해하는 데 큰 도움이 될 것이다.

이것 말고도 유전과 자연선택의 문제, 유전학에서의 실험과 통계학적 방법의 상호작용 등 폭넓은 생물학의 발전이나 분자유전학의 발전을 이해하는 데 도움이 될 수 있는 연구들로는 전반적인 20세기 생물학의 흐름을 정리한 Garland E. Allen (ed.), *Life Science in the Twentieth Century* (Cambridge: Cambridge University Press, 1978), William B. Province, *The Origins of Theoretical Population Genetics* (Chicago: University Of Chicago Press, 2001; 2nd edition) 그리고 Ernst Mayer and William B. Province (eds.), *The Evolutionary Synthesis: Perspective on the Unification of Biology* (Cambridge, Mass.: Harvard University Press, 1998; 1st printed 1980) 등을 참고하면 도움이 될 것이다. 사실 이 책들은 워낙 연구자들에게는 일반적으로 알려져 있는 학자들의 연구물이라 따로 설명이 필요 없는 책들이다. 개량적 유전학에 대한 이해를 위해서는 Theodosius Dobzhansky

의 *Genetic Diversity and Human Equality* (New York, 1973)와 *Heredity and the Nature of Man* (New York, 1964)이 도움이 될 것이다. 줄리안 헉슬리(Julian Huxely)가 쓴 "Eugenics in Evolutionary Perspective," *Perspectives in Biology and Medicine* 6(2) (1963), pp. 155-187도 읽어볼 만하다. 줄리안 헉슬리는 자연선택과 유전적 퇴화 사이의 문제에 관심이 많았고, 자연선택의 과정에서 장래에 생길지 모르는 유전적 불완전성에 우려를 표하기도 했다. 그는 "우생학이 인간 스스로 자신의 운명을 실현시키는 데 중요한 역할을 수행할 것이 틀림없다"고 주장하면서 이른바 E.I.D(eugenic insemination by deliberately preferred donors: 자발적으로 기증한 공여자에 의한 우생학적 수정)가 바람직하다는 개량적인 우생학을 주장했다.

우생학을 중심으로 유전학과 다윈주의 그리고 진화의 문제를 학문적 차원에서 다루고 있는 Jonathan Harwood (ed.), "Genetics, Eugenics and Evolution," *British Journal for the History of Science* 22 (1989), pp. 257-375는 영국, 독일, 스칸디나비아 등의 우생학 운동의 과학적 차원에 대해 이해하는 데 큰 도움을 줄 것이다. 초심자에게는 다소 어려운 글들이 있기는 하지만 *Generation and the Origin of the Species by* M. S. J. Hodge, *Development and Adaptation in British Morphology* by Peter Bowler, *Dimensions of Scientific Controversy* by Robert Olby, *The 'Sonderweg' of German Eugenics* by Paul Weindling, *Geneticists and the Eugenics Movement in Scandinavia* by Nils Roll-Hansen,

Biology of Stupidity by David Barker 등 쟁쟁한 학자들의 글을 읽고 나면 우생학의 과학적 취약성이나 과학적 함의를 이해하는 데 도움이 될 것이다. 우생학이나 유전학의 사회사적 검토를 위해서는 Howard L. Kaye의 *The Social Meanings of Modern Biology* (New Jersey, 1997)를 반드시 읽는 것이 필요하다고 생각한다. 보기 드물게 생물학 전반의 영역을 아우르고 통사적 설명을 하고 있어 생물학과 관련된 역사적 연구를 하는 연구자들에게는 큰 도움이 되는 책이다. Kaye는 사회디윈주의나 우생학 등 이른바 과학과 사회 사이의 상호 작용을 보여 준 분야들에 상당히 비판적인 입장을 견지하고 있다. 이는 과학 자체가 갖는 이념적 성격의 측면을 이해하는 데 도움을 줄 것이다.

사회다윈주의의 차원에서 우생학을 바라보고 있는 심도 깊은 논의들과 양자의 관련성에 대해서는 먼저 R. J. Halliday의 "Social Darwinism: A Definition," *Victorian Studies*, XIV, No.4 (1971), pp. 389-405를 보는 것이 도움이 될 것이다. 초심자들에게는 다소 어려운 내용일 수도 있으나 사회다윈주의의 개념을 중심으로 다윈주의나 여타의 진화 이론, 부적격자와 퇴화의 관념, 그리고 이데올로기적 차원의 문제도 살펴볼 수 있다. 그런 다음 Mike Hawkins의 *Social Darwinism in European and American Thought, 1860-1945* (Cambridge: Cambridge University Press, 1997)를 읽는다면 진화 사상의 사회적 침투 과정에 대한 역사적 이해와 포괄적인 함의를 갖고 있는 사회다윈주의에 대한 일반적인 이해를 도모할 수 있을 것이다. Hawkins처럼 포괄적인 차원에서 사회다윈주의를 논하고 있는 Robert C. Bannister의 *Social Darwinism: Science and Myth in British-American Social Thought* (Philadelphia: Temple University Press, 1979)도 좋은 참고가 될 것이다. 이 책에서 Bannister는 19세기 말 20세기 초엽 유럽과 미국에서 유행했던 사회다윈주의나 우생학이 보수주의적이고 유전 결정론적인 시각보다는 환경 개선 위주의 라마르크주의적이고 개혁적인 측면이 많은 것이었다고 본다. 이른바 개량적 다윈주의(Reform Darwinism)의 차원에서 사회다윈주의를 바라보고 있다.

이 외에도 Bannister와 유사한 관점을 보이고 있는 Greta Jones, *Social Darwinism and English Thought: The Interaction between Biological and Social Theory* (Atlantic Highlands, NJ: Humanities Press, 1980), 다윈주의나 사회다윈주의, 우생학이 발전하고 있던 시기 미국 내부의 라마르크주의를 둘러싼 일련의 논의에 대해 다루고 있는 George W. Stocking, "Lamarckianism in American Social Science: 1890-1915," *Journal of the History of Ideas* 23 (1962), pp. 239-256, 영국 빅토리아 시대의 진화 및 진보 담론과 사회 사상 사이의 관련을 논한 John W. Burrow, *Evolution and Society: A Study in Victorian Social Theory* (Cambridge: Cambridge University Press, 1966), 영국 빅토리아 시대를 사상적 각축장으로 전제하고, 다양한 사상들의 사회적 실천과 상호작용 및 충돌의 과정

을 다룬 G. Himmelfarb, *Victorian Minds* (Gloucester, Mass.: Harper & Row, 1962), 연성 진화론과 경성 진화론의 구분을 통해 다윈주의와 사회다윈주의를 분석하고 있는 Alexander Alland, Jr., "Darwinian Sociology without Social Darwinism?" *Social Research* 36 (4) (1969), pp. 549-561, 리뷰를 통해 사회다윈주의의 정치사회적 함의와 영향을 논한 Paul Crook, "Social Darwinism: Some Historical Reflection," *Australian Journal of Politics and History* 39(1), (1993), pp. 88-94, 다윈주의와 정치사회적 담론 사이의 불온한 혼합이 엄청난 비극을 만들어 냈다고 주장하며 보수적 사회다윈주의와 개량적 다윈주의를 구분하고 있는 James Allen Rogers, "Darwinism and Social Darwinism," *Journal of the History of Ideas* 33(2) (1972), pp. 265-280, 독일의 정치사회적 환경이나 사상적 흐름과 조응하여 다윈주의와 사회다윈주의를 다룬 Richard Weikart, "The Origins of Social Darwinism in Germany 1859-1895," *Journal of the History of Ideas* 54(3) (1993), pp. 469-488, 과학과 사회 사이의 상호작용이 일종의 신화와 오용을 만들어 냈고, 다윈주의 역시 사회적 적용 과정에서 왜곡되었다고 주장하면서 사회다윈주의와 우생학을 이데올로기와 정치학 이론 영역에서 다루고 있는 Edward Caudill, *Darwinian Myths: The Legends and Misuses of a Theory* (The University of Tennessee press: Knoxvill, 1997) 등을 참고하라.

아주 간략히 사회다윈주의에 대해 연구한 제한적인 자료만을 소개했지만 사회다윈주의를 이해하는 데는 큰 무리가 없을 것이다. 사실

위의 연구들은 사회다원주의 혹은 우생학이 정치적으로 우파의 것인가 아니면 개혁적 차원을 강조했는가의 차이만 있을 뿐, 대부분의 연구 모두가 우생학을 사회다원주의의 한 형태 내지 파생물로 바라보고 있다. 우생학의 이념적 성격을 파악하는 데 좋은 지침이 될 것이다.

우생학이 갖고 있는 최대의 흠결 중 한 부분이라고 할 수 있는 정치사회적 차별은 중산계급의 계급적 이해와 연관된 인종주의에서 비롯된 것이었다. 이를 보다 명확하게 이해하기 위해서는 무엇보다 인종주의 일반에 대한 이해가 필요하다고 본다. 이것을 해결하는 데는 주로 유럽 각 국가들의 인종주의를 살펴보고 있는 Neil MacMaster의 *Racism in Europe, 1870-2000* (New York: Palgrave, 2001)이 도움이 될 것이다. 이 책은 근대 인종주의의 기원을 살피고, 1870년대를 기점으로 인종주의가 보다 구체화되고 사회화되는 경향을 보였다고 파악한다. 책은 크게 세 부분으로 이루어져 있는데, 1870-1914년 부분에서 퇴화와 우생학, 흑인에 대한 인종차별, 반유대주의의 탄생을, 1914-1945년 부분에서는 전간기(inter-war) 동안의 흑인 인종차별과 나치 시대의 반유대주의를, 1945-2000년 부분에서는 이민과 인종주의의 문제 및 세계화 차원에서 등장한 새로운 형태의 인종주의에 대해 논한다. 또한 가장 집약적으로 여러 나라의 사례와 세부적인 차원의 인종, 인종주의, 우생학 등 이른바 인종 과학에 대한 이해를 도모하는 데는 John P. Jackson, JR.의 *Science, Race, and Ethnicity* (Chicago: The University of Chicago Press, 2002)가 유용하다. *Isis*와

*Osiris*에 실렸던 18편의 논문들을 모아둔 이 책은 인종과 과학의 문제를 보다 세밀하게 이해하고, 다양한 함의와 성격을 가진 인종주의의 사회적 투영 과정을 이해하는 데 큰 도움을 줄 것이다.

우생학을 둘러싼 윤리적 문제에 대해서는 Marc A. Lappe의 "Eugenics: Ethical Issues," in Warren T. Reich (ed.), *Encyclopedia of Bioethics, Revised Edition* (New York: Simon & Schuster Macmillan, 1995), pp. 770-777이 도움이 될 것이다. Justine Burley가 편집한 *The Genetic Revolution and Human Rights: The Oxford Amnesty Lectures 1998* (New York: Oxford University Press, 1999)[힐러리 퍼트넘 외 지음, 생물학사상연구회 옮김, 『유전자 혁명과 생명윤리』 (아침이슬, 2004)]도 도움이 될 것이다. 이 책은 윤리의 문제를 넘어서 보편적인 인권의 차원에서 우생학을 비롯한 인간 복제, 유전자 정보, 유전자의 질 등 새롭게 제기되는 오늘날의 생명공학의 문제에 대해 폭넓은 논의를 개진하고 있다. 도킨스(Richard Dawkins)가 서문을 썼다. Fenner는 "네거티브 우생학(negative eugenics)"을 다음 세대에 나타날지도 모르는 어떤 특질(traits)을 제거하는 활동으로 간주한다. 이와 같은 실천은 오랫동안 유용하게 활용되었다고 말하면서, 그러나 어떤 특질의 제거에는 명확하고 한정된 범주가 필요하고, 그것의 결과가 초래할 수 있는 문제들에 대해서도 명확한 주의가 필요하다고 역설한다. 따라서 우생학적 조치를 실천하는 행위에는 신중하고 보다 명확한 윤리적인 선택의 문제가 개입된다고 본다.

David E. W. Fenner, "Negative Eugenics and Ethical Decisions," *Journal of Medical Humanities* 17(1) (1996), pp. 17-30.

우생학의 사회적 함의와 그것의 문화적 침투 양상을 논하고 있는 Dorothy Nelkin과 M. Susan Lindee의 *The DNA Mystique: The Gene as a Cultural Icon* (New York: W. H. Freeman and Company, 1995)은 1900-1935년 사이의 우생학 문헌을 통해 오늘날 유행하고 있는 DNA를 둘러싼 논의가 갖는 대중 문화적 함의에 대해 고찰하고 있다. 이들은 이중 나선(the double helix)이라는 용어가 대중들의 심상을 사로잡고, 제도적이고 공공적인 정책에 영향을 미치면서 개성, 폭력성, 행위, 그리고 그 외의 특질들을 설명하는 기제로 이것이 어떻게 개인들에게 인식되었는지를 분석했다. 그들은 DNA라는 용어에 부여된 신비성이 새로운 우생학의 전조를 밝히고 있다고 주장하면서 과연 각종 사회 문제를 생물학적 조절을 통해 해결하는 것이 올바른 선택인가라는 문제의식을 보여 주고 있다. 나아가 이들은 대중 문화적 차원에서 수용된 DNA라는 용어와 그것의 함의가 오랫동안 서구 사회를 지탱해 왔던 기독교 정신(the Christian soul)의 세속화를 가속화시켰다고도 주장한다. 기독교적 전통과 우생학 사이의 상호작용을 다룬 William W. Bassett의 "Eugenics and Religious Law: Christianity," in Warren T. Reich (ed.), *Encyclopedia of Bioethics, Revised Edition* (New York: Simon & Schuster Macmillan, 1995), pp. 779-783도 도움이 될 것이다.

우생학과 새로운 유전학 사이의 차이점이나 연관성을 다루면서 유전적 개입을 다소 긍정하는 연구에는 Nicholas Agar, "Designing Babies: Morally Permissible Ways to Modify the Human Genome," *Bioethics* 9 (1995), pp. 1-15가 있고, 새로운 유전학에 대한 철학적이고 윤리적인 논리로는 Philip Kitcher의 *The Lives to Come: The Genetic Revolution and Human Possibilities* (New York: Simon & Schuster, 1996)가 유용할 것이다. 특히 Kitcher는 유전적 발견들을 통해 신체와 두뇌에 대한 정보가 증가하면서 과연 인간 스스로 설정해 왔던 인간 본연의 가치를 유지할 수 있을 것인지에 의문을 던지고, 유전자 혁명이 초래할 전반적인 영향에 대해 논하고 있다. Arthur L. Caplan, Glenn McGee, 그리고 David Manus는 "What is immoral about eugenics?," *British Medical Journal* 319 (1999), p. 1284에서 오늘날 유전공학에 대해 다소 비판적인 입장이 개진되는 이유 중 하나는 과거 우생학이 보여 주었던 윤리적 차원의 문제에서 기인한다고 본다. 그들이 제시한 우생학이 갖는 가장 큰 윤리적 문제는 강제(coercion)와 평등(equality)의 문제이다. 오늘날의 유전공학은 과거의 우생학처럼 제3자에 의해 강제적으로 생식 행위가 제한되지 않으며, 후세들의 완전성 추구도 개별 부모들이나 개개인의 자유로운 선택에 의해 이루어진다고 주장하는 일부 논의를 과거의 우생학과 비교하여 논했다.

Troy Duster는 *Backdoor to Eugenics* (New York: Routledge, 1990; 2nd edition, 2003)에서 새로운 유전학이 과거의 우생학을 답습

할 소지가 있다며 비판적인 입장을 개진하고 있다. Duster는 새로운 유전학(prenatal testing, the Human Genome Project, gene therapy, recombinant-DNA technology)이 야기한 사회적·정치적 함의에 관심을 집중하고 있는데, 새로운 유전학의 발전은 유전적 차이를 정치사회적 차별로 환원시킴으로써 장래에 과거 우생학이 보여 주었던 이념적 성향을 정당화하는 기제로 사용될 수 있다고 주장한다. Duster의 "Eugenics: Ethical Issues," in Stephen G. Post (ed.), *Encyclopedia of Bioethics*, Third Edition (New York: Macmillan, 2004), pp. 854-859도 최근의 새로운 유전학이 갖는 우생학적 함의에 대해 비판적 입장을 견지하고 있다. 또한 새로운 유전학과 우생학에 대한 다양한 시각의 논의를 보려면 23편의 논문이 실려 있는 "The New Genetics," *Journal of Medical Ethics* [Special Issue] 25 (1999), pp. 75-214가 도움이 될 것이다. Daniel Wikler는 *Can We Learn from Eugenics?* (pp. 183-194)에서 우생학을 개관했다. 그는 우생학이 좋은 형질의 사람들을 만들기보다는 이미 만들어진 좋은 형질의 사람들을 찾는 것에만 몰두한 나머지 현상 유지를 갈망하는 계급적 이해에 충실히 기능한 측면이 있고, 우생학을 단일한 의미로 개념 정의할 수는 없으며, 개인의 선택이 아닌 정부나 국가의 강제적 생식 통제에 의해 부정적인 결과를 수반했고, 나아가 개체의 중요성보다는 집단주의적 측면에서 생식 통제를 가하는 우를 범했으며, 기본적으로 우생학은 평등의 문제를 간과하고 있다는 주장을 펼치면서 사회적 정의를 달성하기 위해서는 도덕적 차원의 논의가 전제

될 필요가 있음을 역설하고 있다. 그 외 논문으로는 *Preimplantation Genetic Diagnosis and the "New" Eugenics* by David S. King (pp. 176-182), *The Social Nature of Disability, Disease and Genetics: A Response to Gillam, Persson, Holtug, Draper and Chadwick* by Christopher Newell (pp. 172-175), *Prenatal Diagnosis and Discrimination Against the Disabled* by Lynn Gillam (pp. 163-171), *Equality and Selection for Existence* by Ingmar Persson (pp. 130-136), *Should Doctors Intentionally Do Less Than the Best* by Julian Savulescu (pp. 121-126) 등이 있다.

유전 정보의 신중한 사용과 그것으로 인한 사회적 차별의 문제를 제어하기 위해서는 유전 정보를 둘러싼 모든 문제에 대한 대중 교육이 필요하고, 이는 한 나라의 문제가 아니라 국제적인 차원에서 상호 협조해야 할 문제라는 인식을 보여 준 American Society of Human Genetics, "ASHG Statement: Eugenics and the Misuse of Genetic Information to Restrict Reproductive Freedom," *American Journal of Human Genetics* 64(2) (1999), pp. 335-338 도 참고하자.

그리고 생물학과 사회의 상호작용이나 의학 및 유전학의 발전 그리고 사회생물학과 연관된 일련의 논의에 대해서는 Charles Webster (ed.), *Biology, Medicine and Society, 1840-1940* (Cambridge: Cambridge University Press, 2003)을 권한다. 이 책에는 총

9편의 논문이 실려 있는데, 통상 우생학이 유전론에 천착해 정치사회적 차별을 정당화했던 보수주의 이데올로기의 도구였다는 기존의 시각을 교정하는 데 큰 도움이 된다. 다양한 견지에서 논의될 수 있는 우생학에 대한 이해를 도모하는 데 큰 도움이 될 것이다. 우생학과 유전자 행동주의(genetic behaviorism)를 재검토하고, 유전과 환경 혹은 천성과 양육의 문제를 논하고 있는 R. Grant Steen의 *DNA & Destiny: Nature & Nurture in Human Behavior* (New York: Plenum Press, 1996)도 도움이 될 것이다. 아울러 사회생물학에 대한 이해도 우생학을 이해하는 데 도움이 될 것인데, 사회생물학에 대해서는 Edward O. Wilson, *Sociobiology: The New Synthesis* (Cambridge, Mass.: Harvard University Press, 1975), *On Human Nature* (Cambridge, Mass.:: Harvard University Press, 1978), 사회생물학에 대한 비판적 견해를 모아 Arthur L. Caplan이 편집한 *The Sociobiology Debate: Readings on Ethical and Scientific Issues* (New York: Harper Collins, 1978)와 Ashley Montagu의 *Sociobiology Examined* (Oxford: Oxford University Press, 1980) 그리고 사회생물학 논쟁 전반을 처음부터 정리하고 있는 Ullica Segerstrale의 *Defenders of the Truth* (New York: Oxford University Press, 2000), 역시 사회생물학 논쟁사라고 해도 좋을 내용들을 정리한 Neil Jumonville, "The Cultural Politics of the Sociobiology Debate," *Journal of the History of Biology* 35 (2002), pp. 569-593 등이 좋은 정보 제공자가 될 것이다.

4.

이제 보다 구체적으로 역사적 현상으로서의 우생학 운동을 살펴볼 차례다. 과연 우생학 운동이 여러 나라의 다양한 정치사회적 지형에 의해 어떻게 발현되었는지를 영국, 미국, 독일의 문헌들을 중심으로 살펴보도록 하자.

1) 영국

영국의 경우, 우생학 운동의 출발점이기 때문에 우생학을 다루고 있는 모든 문헌에서 언급되고 있고, 특히 미국 우생학 운동을 다루는 연구에서 대부분 함께 다루고 있기 때문에 영국만을 구체적으로 다룬 연구는 생각만큼 그리 많지는 않다. 여기서는 영국을 중심으로 살펴본 제한적인 자료들만을 살펴본다. 영국 우생학 운동 연구에서 중요한 화두는 계급과 인종 문제였다. 아래에 소개한 글들은 대부분 이 문제와 연관되어 있다.

대표적인 연구로는 영국 우생학 운동의 인종주의적 측면을 논한 Nancy Stepan, *The Idea of Race in Science: Great Britain, 1800-1960* (London: Macmillan, 1982), 영국 사회 내부의 다양한 분파적 구성과 우생학의 관련성을 다룬 Donald MacKenzie, "Eugenic in Britain," *Social Studies of Science* 6 (Sept. 1976), pp. 499-532와 Geoffrey R. Searle의 연구들인 *Eugenics and Politics in Britain, 1900-1914* (Leyden: Springer, 1976)와 "Eugenics and Politics in the 1930s," *Annals of Science* 36 (1979), pp. 159-179가 도움이 될 것이다.

영국 좌파와 우생학의 관련성 및 영국 사회 개혁론자들의 입장에 대해서는 Michael Freeden, *The New Liberalism An Ideology of Social Reform* (London: Clarendon Press, 1978), Greta Jones, "Eugenics and Social Policy between the Wars," *The Historical Journal* 25 (1982), pp. 717-728, 유럽 좌파와 우생학의 상호작용에 대해서는 Loren R. Graham, "The Eugenics Movement in Germany and Russia in The 1920s," *American Historical Review* 82 (1977), pp. 1133-1164와 Diane B. Paul, "Eugenics and the Left," *Journal of the History of Ideas* 45 (1984), pp. 567-590, 우생학에 대한 마르크스주의적 해석으로는 Garland E. Allen, "Genetics, Eugenics, and Class Struggle," *Genetics* 79 (1975), pp. 29-45 과 "Genetics, Eugenics, and Society: Internalists and Externalists in Contemporary History of Science," *Social Studies of Science* 6 (1976), pp. 105-122가 좋은 지침이 될 것이다.

또한 앞서 소개한 Charles Webster의 *Biology, Medicine and Society, 1840-1940* (Cambridge: Cambridge University Press, 2003)에 실려 있는 Brian Harrison이 다룬 여권 신장 운동, Carol Dyhouse이 분석한 노동계급 가정의 유아 문제, G. R. Searle이 강조한 우생학과 계급 문제, Donald Mackenzie이 다룬 우생학 운동 내부의 논쟁 등도 영국 우생학 운동을 이해하는 데 큰 도움이 될 것이다.

각종 우생학 운동 관련 단체를 중심으로 영국 공중보건이나 공중위생에 초점을 맞춰 영국 우생학 운동을 고찰한 Greta Jones, *Social Hygiene in Twentieth Century Britain* (London: Croom Helm, 1986) 이 도움이 될 것이다. Jones는 우생학 협회(the Eugenics Society), 전국 정신 위생 위원회(the National Council for Mental Hygiene), 정신 복지 중앙 협회(the Central Association for Mental Welfare), 건강을 위한 인민 동맹(the People's League of Health), 전국 산업 심리학 연구소(the National Institute for Industrial Psychology) 등과 같은 영국의 사회 위생 (social hygiene) 조직들을 고찰한다. 이 집단들은 사회 다윈주의에 영향을 받아 부적격자는 제거되어야 한다는 가정 위에 서 있었고, 우생학은 노동계급의 산업적·개인적 능률성의 일반적 수준을 개선시킬 것이라 생각했다고 보았다.

제1차 세계대전과 제2차 세계대전 사이의 영국 우생학 운동의 역사를 고찰한 John Macnicol의 "Eugenics and the Campaign for Voluntary Sterilization in Britain Between the Wars," *Social History of Medicine* 2 (1989), pp. 147-69는 우생학과 "진보주의 (progressive)" 사상 사이에 어떤 연관이 있는가라는 의문에서 출발해 우생학 입법 과정에서 노동당이 보여 준 모습이나 우생학 협회의 활동 노력 등을 살핀다. 영국 우생학 교육 협회를 중심으로 영국 우생학 운동을 논한 Pauline M.H. Mazumdar의 *Eugenics, Human Genetics, and Human Failings: The Eugenics Society, Its Sources and Its Critics in Britain* (London: Routledge, 1992)에서는 사회적으로 제도화되지 못한 채 일부 개인들에 의해 제한적으로

수용된 영국의 우생학 운동은 취약한 생물학적 지식의 빈곤 상태에서 전개된 계급적 편견과 인종적 차별의 대중 운동이었다고 본다. 또한 영국의 우생학 운동을 20세기 서구를 비롯한 여러 국가들에서 전개된 우생학 운동의 원형으로 상정하는 것에도 무리가 있다고 파악한다. 출산율 장려 등 일련의 인구 정책과 우생학 운동의 관련성을 연구한 Richard A. Soloway의 *Demography and Degeneration: Eugenics and the Declining Birthrate in Twentieth-Century Britain* (Chapel Hill: University of North Carolina Press, 1990)에서는 영국에서 우생학이 출현하여 대중적으로 발전한 이면에는 출산율의 계급적 차이가 야기한 사회적 우려와 위험성이 자리하고 있다고 본다. 또한 출산율의 계급적 차이와 인종주의가 결합됨으로써 맬서스주의적 인구 조절의 필요성이 대중적으로 유포되는 계기가 마련되었다고 파악한다.

2) 미국

미국은 우생학 운동의 대중화와 우생학적 입법을 통해 가장 성공적으로 우생학이 발현된 국가이다. 따라서 미국의 우생학 운동에 대한 문헌들은 엄청나게 방대하다. 여기서는 아주 기본적이고 유효한 자료들만을 소개하기로 한다. 미국의 우생학 운동에 대한 초기 연구들로는 Mark H. Haller의 *Eugenics: Hereditarian Attitudes in American Thought* (New Brunswick, NJ: Rutgers University Press, 1963; 2nd editon 1984)와 Kenneth M. Ludmerer의 *Genetics and*

American Society: A Historical Appraisal (Baltimore: Johns Hopkins University Press, 1972) 등이 있다. 이들의 연구는 20세기 전반기의 미국 우생학 운동을 포괄적으로 다루었고, 미국 내에서 우생학 연구를 활성화하고 제2차 세계대전 이후 잠복되어 있던 유전론에 대한 논의를 증폭시키는 계기를 만들어 내는 데 큰 기여를 했다. Haller는 미 학계와 정책 구성자들이 범죄자, 정신 지체자, 정신 장애자, 가난한 자 등의 유전적 특질과 사회적 실패를 연관시켜 이해했고, 다양한 인종 집단에 다윈주의적 잣대를 적용했던 과학자와 사회과학자들에 관심을 집중시켜 그들이 진화론적 척도(scale)를 들이대어 인종 사이의 위계를 설정했다고 보았다. Ludmerer는 20세기 전반기의 사회적 정서와 유전 이론의 발전상을 검토한 후, 어떻게 그것이 유전학자들에게 수용되었는지를 살피는 동시에 당시의 정치사회적 환경들이 미국 유전학자들의 실천적 활동에 구체적인 영향을 미치는 모습을 고찰한다.

  사회다윈주의와의 연관성 속에서 미국의 우생학 운동을 다룬 Richard Hofstadter의 *Social Darwinism in American Thought* (New York: George Braziler, 1955)도 빼놓을 수 없는 중요한 고전 연구이다. Hofstadter는 우생학을 사회다윈주의의 두 번째 국면으로 파악하면서 자유방임주의의 쇠퇴와 정부 역할의 증대라는 차원에서 우생학을 검토한다. 혁신주의 시대(the progressive era)를 중심으로 라마르크주의와 다윈주의의 갈등, 다양한 세력들 사이의 개혁 활동과 연관된 우생학 등을 다룬 Donald K. Pickens의 *Eugenics and the Progressive* (Nashville: Vanderbilt University Press, 1968)에서는 20세기 초반에도 19세기적인 생물학 지식이 널리 유포되어 있었고, 과학자 사회와 대중의 이해 사이에는 상당한 간극이 존재했었음을 역설한다.

우생학 운동 내부의 유전학자들의 역할을 중심적으로 연구한 Barbara Kimmelman, "The American Breeders' Association: Genetics and Eugenics in an Agricultural Context, 1903-1913," *Social Studies of Science* 13 (May 1983), pp. 163-204, 천성과 양육의 문제를 중심으로 1890년대부터 1940년대까지의 진화이론에 대한 논의를 통사적으로 살피고 있는 *Hamilton Cravens, Triumph of Evolution: American Scientists and the Heredity-Environment Controversy, 1900-1914* (Philadelphia: University of Pennsylvania Press, 1978)도 긴요하다. 미국 우생학 운동이 가장 강력하게 발전하던 시절인 혁신주의 시대 전후의 우생학 운동과 생물학 사이의 관련성이나 생물학계의 반응을 보려면 당시의 W. E. Castle et al., *Heredity and Eugenics* (Chicago: University of Chicago Press, 1912), G. H. Parker, *Biology and Social Problems* (Boston: Houghton Miffin, 1914), E. G. Conklin, *Heredity and Environment in the Development of Men* (Princeton: Princeton University Press, 1915) 및 Michael F. Guyer, *Being Well-Born: An Introduction to Eugenics* (Indianapolis: Bobbs-Merrill, 1916) 등을 살펴보는 것이 도움이 될 것이다.

미국의 우생학 선구자인 대븐포트(Charles B. Davenport)의 저작 중 가장 중요한 저작으로는 *Heredity in Relation to Eugenics* (New York: H. Holt and Company, 1911)를 꼽을 수 있다. 대븐포트는 골튼과 피어슨이 주목했던 표현형(phenotype)보다는 유전형(genotype)이 개체의 유전적 구성을 밝히는 데 더욱 중요하다고 판단했다. 그는 광범위한 가계(家系) 정보를 활용해 빈도수가 높은 형질을 분석하여 멘델주의적 유전 규칙이 유전의 과정을 설명하는 가장 훌륭한 이론이라고 주장했다. 나아가 그는 사회적 병리 상태에 대한 관심을 보이면서 인종주의적 차별 의식을 설파함으로써 네거티브 우생학(negative eugenics)이 미국 사회에서 대중화하는 데 중요한 역할을 했다. 대븐포트의 활동과 이력에 대해서는 Charles E. Rosenberg, "Charles B. Davenport and the Irony of American Eugenics," in Charles E. Rosenberg, *No Other Gods: On Science and American Social Thought* (Baltimore: Johns Hopkins University Press, 1976), pp. 89-97 과 Garland E. Allen, "The Eugenics Record Office, Cold Spring Harbor, 1910-1940: An Essay in Institutional History," *Osiris* 2 (1986), pp. 225-264 등이 도움이 될 것이다.

Garland E. Allen의 "The Social and Economic Origins of Genetic Determinism: A Case History of the American Eugenics Movement, 1900-1940 and Its Lessons for Today," *Genetica* 99 (1997), pp. 77-88은 미국 우생학 운동의 사회경제적 배경에 대해 개괄적이지만 날카로운 분석을 하고 있다. 미국 사회 내부의 중산 계급 이데올로기가 우생학의 대중화에 어떤 역할을 했는지

를 잘 보여 주고 있다. 미국 우생학 운동의 주도자 중 한 사람인 로린 (Harry Laughlin)을 통해 미국 우생학 운동을 분석한 Philip K. Wilson 의 "Harry Laughlin's Eugenic Crusade to Control the 'Socially Inadequate' in Progressive Era America," *Patterns of Prejudice* 36 (2002), pp. 49-108, 주로 공공기관 혹은 보호시설에서 행해진 강제 불임화 수술 문제를 중심으로 미국 우생학 운동 내부에서 의사들이 행한 우생학적 실천을 조명한 Philip R. Reilly의 *The Surgical Solution: A History of Involuntary Sterilization in the United States* (Baltimore: Johns Hopkins University Press, 1991)에서는 정신 장애자들의 재생산을 금지하는 수단으로 강제 불임화 수술이 미국에서 시행되었다는 사실과 강제 불임화 수술의 흥망성쇠를 세부적으로 다루고 있다. Reilly는 1907년부터 1960년대까지 적어도 60,000명 이상의 남성과 여성에 대해 법원의 지시에 따라 아무런 근거 없이 강제 불임화 수술이 결정되었다고 주장한다.

가족 연구(Family Studies)를 통해 우생학을 고찰한 Nicole Hahn Rafter의 *White Trash: The Eugenic Family Studies, 1877-1919* (Boston: Northeastern University Press, 1988)에서는 우생학자들이 변하지 않는다고 믿었던 사회적으로 바람직하지 못한 특질, 즉 알코올 중독, 범죄, 정신박약, 빈곤, 성적 난교(sexual promiscuity), 심지어는 수다(loquacity)까지 열등한 유전자의 영향으로 보았다고 주장한다. 결국 우생학자들은 인간의 특질을 고정된 것으로 파악한 나머지 유전적 결함을 갖는다고 여겨지는 개인들에 대한 무차별적인 생식 통제가 이루어졌다고 본다. 20세기 전반기의 다양한 대중 매체를 발굴해 미국 우생학 운동을 분석한 Martin S. Pernick의 *The Black Stork: Eugenics and the Death of "Defective" Babies in American Medicine and Motion Pictures Since 1915* (New York: Oxford University Press, 1996)에서는 1910년대 시카고의 한 외과의사의 기록을 추적해 그가 적어도 6명의 유아를 장애 진단을 내린 후 죽였다는 사례를 든다. 그 의사의 이야기는 신문 기사를 통해 유명해졌고, "The Black Stork"이라는 영화를 통해 그는 스타가 되었다. Pernick은 우생학을 안락사(mercy killing)나 인종적·계급적·젠더적·민족적 혐오와 연관시키면서 그런 문제들을 고대로부터 인간 유전체 계획에 이르기까지 역사적으로 추적한다.

주로 미국 남부 지역의 우생학 사례를 연구한 Edward J. Larson의 "Confronting Scientific Authority With Religious Values: Eugenics in American History," in Timothy J. Demy & Gary P. Steward (eds.), *Genetic Engineering: A Christian Response Crucial Considerations for Shaping Life* (Grand Rapids, MI: Kregel Pulibations, 1999), pp. 104-124, "In the Finest, Most Womanly Way: Women in the Southern Eugenics Movement," *American Journal of Legal History* 39(1995), pp. 119-147, 그리고 *Sex, Race, and Science: Eugenics in the Deep South* (Baltimore: Johns Hopkins University Press, 1995) 등은 미국 우생학 운동을 보다 폭넓게 이해하는 데 도움이 된다. 특히 Larson의 연구는 과학 지식(우생학)의

존재 유무가 우생학 운동 확산의 전제조건인가라는 문제의식을 보여 준다. Larson은 1895년부터 1945년까지 남부 지역에서 우생학적 독트린이 가장 강력한 국가적 차원의 영향력을 행사하는 데 근거로 작용했던 가치였고, 이 지역에서의 우생학 입법 활동은 주로 인종과 젠더에 기초를 두고 연방정부가 아닌 주 정부 차원에서 전개되었다고 주장한다. 특히 과학적 언어와 의사라는 사회적 지위가 부여한 대중적 권위에 의해 강제적인 우생학 프로그램이 전개된 사실에 대해 비판적인 검토를 수행하고 있다. 그가 생각하기에 새로운 유전학과 의학에서 야기된 논쟁적인 도덕적·법적 이슈들은 오늘날에도 여전하다고 본다.

Marouf Arif Hasian, Jr.의 *The Rhetoric of Eugenics in Anglo-American Thought* (Athens: The University of Georgia Press, 1996)에서는 흑인, 가톨릭, 대중적 이미지 등과 연관된 우생학의 의미를 통해 다양한 해석과 깊이 있는 분석을 시도하고 있다. Elazar Barkan은 "Reevaluating Progressive Eugenics: Herbert Spencer Jennings and the 1924 Immigration Legislation," *Journal of the History of Biology* 24(1) (1991), pp. 91-112에서 제닝스의 우생학에 대한 관점을 추적하면서 1920년대 초반 미국 사회에서 전개된 평등주의적 관점의 우생 활동을 고찰한다. 또한 Barkan은 *The Retreat of Scientific Racism: Changing Concepts of Race in Britain and the United States Between the World Wars* (Cambridge, England: Cambridge University Press, 1992)에서 인류학, 생물학, 인종 정치학 차

원에서 우생학을 살피면서, 우생학을 사회적 편견과 과학적 오용 사이의 종합이라고 분석하고 나치의 잔혹성으로 인해 도출된 강력한 반우생학 연대가 형성되었다는 주장을 펼치기도 했다.

미국에서의 다윈주의 사상의 적용과 대중화에 대해 다룬 저작으로 Carl N. Degler의 *In Search of Human Nature: The Decline and Revival of Darwinism in American Social Thought* (Oxford: Oxford University Press, 1992)가 있다. 미국 우생학 운동의 라마르크주의적 관점이나 환경개혁론자들의 활동에 대한 고찰은 앞서 소개한 Robert C. Bannister의 저작들과 Kathy J. Cooke의 두 논문 "The Limits of Heredity: Nature and Nurture in American Eugenics Before 1915," *Journal of the History of Biology* 31 (1998), pp. 263-278과 "Duty or Dream? Edwin G. Conklin's Critique of Eugenics and Support for American Individualism," *Journal of the History of Biology* 35 (2002), pp. 365-384에 잘 나타나 있다. 이들은 개혁적 차원의 대중 운동으로서 우생학 운동을 바라보았으며, 인종주의에 기댄 사회적 차별에 반대하는 학자들도 있었음을 주장한다.

역사학자가 아닌 저널리스트의 시각을 갖고 Edwin Black은 광범위한 자료와 주제를 통해 각종 사회 문제와 연관된 미국의 우생학 운동 및 독일 나치와의 연관성 등에 대해 논하고 있다. 그의 *War Against the Weak: Eugenics and America's Campaign to Create a Master Race* (New York/London: Four Walls Eight Windows, 2003)에는 다양한 문헌 소개와 우생학 관련 문서고 등이 상세하게 나와 있어 관련 자료를 찾는 데 큰 도움을 준다. Nancy Ordover의 *American Eugenics* (Minneapolis: University of Minnesota Press, 2003)는 기존의 우생학 운동 연구에서 세밀하게 다루지 않았던 각종 성 담론, 동성애 문제, 국가주의 등에 대해 다루고 있다는 점에서 중요한 시각을 보여주고 있다. 자신이 동성애자이기에 소수자의 권리와 생식의 권리 등에 관심을 가지고 있다.

미국 우생학 운동에 참여한 종교인들에 대한 분석을 통해 20세기 전반기의 대중문화와 사회적 인식에 대해 논하고 있는 Christine Rosen의 *Preaching Eugenics: Religious Leaders and the American Eugenics Movement* (Oxford/New York: Oxford University Press, 2004)에서는 우생학 운동에 참여한 종교인들에 대한 조사는 미국 문화에 침투한 우생학 사상에 대한 이해를 보다 폭넓게 평가하는 데 도움이 되는 중요한 분석이라고 하면서, 혼인과 출산을 간섭하는 불경스러운 우생학 운동이 어떻게 사회적 조정자를 자임하는 종교인들의 지지를 받게 되었는지에 의문을 제기한다. 미국 유전학과 의학의 발전사 속에서 우생학을 장기간 추적하고 있는 Alan R. Rushton의 *Genetics and Medicine in the United States, 1800-1922* (Baltimore: Johns Hopkins University Press, 1994)에서는 앞부분에서 초기 우생학 운동의 역사를 다룬 후, 많은 의사들이 우생학 이론에 윤리적인 차원에서 반대했지만 유전 연구의 발전과 점증에 따라 유전 연구 그 자체가 의사들에게 면죄부를 주는 형국이 되었다고 본다. 결론적으로 그는 새로운 유전학은 환자들의 삶을 더욱 효과적으로 통제할 수 있는 의사들의 중요한 수단이 될 것이고, 이것이야말로 진정한 우생학이라고 말한다.

정신의학적 관점에서 미국과 캐나다의 우생학 운동을 고찰한 Ian R. Dowbiggin의 *Keeping America Sane: Psychiatry and Eugenics in the United States and Canada 1880-1940* (Ithaca: Cornell University Press, 1997)도 큰 도움이 될 것이다. 정신과 의사인 Dowbiggin는 "왜 그리고 무엇을 위해 정신과 의사들이 실제로 우생학을 용인하게 되었는가? 그들은 우생학적 실천에 얼마나 책임이 있는가?"라는 문제를 제기한다. 그는 저명한 정신과 의사들의 실천적 경력과 저작들 및 초기 정신의학의 교육을 분석해 혁신주의 시대에 그들은 대중적인 우생학 사상을 포용하게 되었다고 결론짓는다. 그는 실제로 혁신주의 시기의 정신과 의사들은 대부분 우생학에 호의적인 입장을 표명하며, 적극적으로 강제 불임화 수술법 제정과 이민 제한에 가담했었다고 주장한다.

미국 우생학 운동을 촉발시키는 데 주요한 논거로 사용되던 Henry Goddard의 Kallikak가(家)에 대해서는 David Smith의 *Minds Made Feeble: The Myth and Legacy of the Kallikaks* (Rockville, MD: Aspen Systems Corp., 1985)를 보면 된다. 1912년 Henry Goddard는 Kallikak으로 불리는 New Jersey의 한 가족 이야기를 세부적으로 다룬 책을 출판했다. 이 가족은 두 갈래로 분기했는데, 한 갈래는 Kallikak이 선술집에서 만난 이름 모를 정신박약 소녀를 희롱한 결과 열등한 시민으로 발전했고, 또 다른 갈래는 Kallikak이 훌륭한 집안의 존경할 만한 여성과 결혼함으로써 이후 사회의 중추적 구성원으로 성장했다는 것이다. Smith는 이 논의에서 정신지체가 오염된 혈통의 결과라는 이론을 증명하는 것처럼 대중들에게 인식되었다고 분석했고, *The Eugenic Assault on America: Scenes in Red, White and Black* (Fairfax, VA: George Mason University Press, 1993)에서는 1907년부터 입법화되기 시작한 일련의 우생학적 법들, 즉 불임화 수술, 이민 제한 그리고 인종 간 결혼을 금지하는 법률들이 실제로 1980년대까지도 미국 사회에서 영향력을 행사했음을 보여 주었다. Smith는 일련의 입법화 과정과 사례 연구를 통해 우생학은 아직 사멸하지 않았고, 따라서 잠재적인 의미의 대량 학살을 예상할 수도 있다고 본다.

미국 우생학 운동사에서 가장 대표적인 사례로 꼽히는 캐리 벅 (Carrie Buck) 사건에 대해서는 "U.S. Supreme Court, Buck v. Bell," *Supreme Court Reporter* 47 (1927), pp. 584-585에 있는 판결문 (캐리 벅은 버지니아(Virginia) 주에 거주하는 18세의 소녀로 최고법원(the Supreme Court)에 의해 정신 장애자로 분류된다. 정신박약 어머니를 둔 소녀는 정신박약아인 사생아(소녀는 강간을당했다!)의 어머니이기도 했다. 최고 법원은 "더 나은 세상을 위해 그의 자손이 범죄성으로 인해 퇴화되는 것을 기다리거나 우둔함으로 인해 굶어 죽게 놔두기보다는 사회가 나서서 그들과 같은 부적격자들이 지속되지 않도록 명확한 방법을 제시해 주는 것이 필요하다 [⋯] 천치가 3대면 족한 것 아닌가? [⋯]"라고 판결했다)과 Stephen Jay Gould의 "Carrie Buck's Daughter," in *The Flamingo's Smile: Reflection in Natural History* (New York: W.W.

Norton, 1985), pp. 306-318에 서술되어 있다. Gould는 벅의 불임화 수술은 정신력(mental acumen) 결핍이라는 요인뿐만 아니라 재판부의 사회적·성적 편견 때문에 가능한 것이었다고 비판했다. 이와 같은 과학적 지식에 기초한 사회적 편견에 대한 Gould의 견해를 보려면 유명한 *The Mismeasure of Man* (New York: Norton, 1981)을 참고하라. David Smith와 Ray Nelson이 미국의 강제 불임화 수술의 역사를 통사적 차원에서 세밀하게 추적한 *The Sterilization of Carrie Buck* (Far Hills, N.J.: New Horizon Press, 1989)도 유용할 것이다.

3) 독일

독일은 미국과 함께 우생학 논의가 가장 활발하게 전개되고 있는 나라이다. 여기서는 영문 자료를 중심으로 아주 대표적인 독일 우생학 연구 문헌들만을 소개한다. George L. Mosse는 *Toward the Final Solution: A History of European Racism* (New York: Howard Fertig, 1997)에서 유럽의 전반적인 인종주의 역사를 통해 독일의 나치 우생학에 대해 언급하고 있다. 미국 우생학 운동과 독일의 강제 불임화 수술법 제정 등 두 나라 사이의 일련의 연관성에 대해 세밀한 분석을 하고 있는 Stefan Kühl의 *The Nazi Connection: Eugenics, American Racism, and German National Socialism* (New York: Oxford University Press, 1994)에서는 우생학 운동과 강제 불임화 수술 그리고 결혼 통제를 통한 인종 개선을 도모했던 1933년 이후 나치 프로그램을 고찰하면서, 동시에 국제적 차원의 우생학 이론이 발전한 양상을 살펴본다. 그는 제2차 세계대전 이전 독일을 방문한 미국 우생학자들이 나치 정권의 우생학 정책 성립에 지대한 영향을 미쳤고, 우생학 정책의 안정화에 커다란 기여를 했다는 사실을 명확히 보여준다. 그리고 미국과 독일 우생학자들의 공통된 핵심 이데올로기로 인종주의를 제시한다.

가장 대표적인 나치 우생학에 대한 연구를 수행한 Benno Müller-Hill의 저작들은 유용한 자료들이다. 그는 "Eugenics: The Science and Religion of the Nazis," in Arthur L. Caplan (ed.), *When Medicine Went Mad: Bioethics and the Holocaust* (Totowa, NJ: Human Press, 1992), pp. 43-52에서 과학은 세계를 있는 그대로 기술하는 것이라고 정의하면서, 1900-1933년까지의 유전학과 우생학의 배경을 논한다. 이어 그는 나치가 독일에서 정권을 잡기 이전까지 우생학이 유럽에서 그다지 성공적이지 못했다고 본다. *Murderous Science: Elimination by Scientific Selection of Jews, Gypsies, and Others, Germany 1933-1945* (Oxford: Oxford University Press, 1988)에서는 제1차 세계대전의 종결과 더불어, 독일의 "과학적 선동가들(scientific propagandists-정신과 의사들과 인류학자들)"이 바이마르 공화국을 황폐화시키기 시작했고, 나치의 등장 이후 그들은 히틀러를 자신들의 사상을 이해하고 자신들에게 명성을 부여해 줄 구세주로 여기고 있었다고 주장한다. Müller-Hill은 나치 치하에서 활동했던 많은 우생학자들을 추적해 인터뷰했고, 이를 통해 과학자와 히틀러 사이의 끈끈한 유착관계를 상세하게 설명하고 있다.

나치 시대 의사들의 우생학 운동을 세밀하게 다룬 Robert N. Proctor의 연구는 기존의 우생학 연구에서 미흡했던 우생학의 주도 세력에 대한 분석을 시도했다는 점에서 유의미성을 갖는다. 그는 "Nazi Doctors, Racial Medicine, and Human Experimentation" in George J. Annas and Michael J. Grodin (eds.), *The Nazi Doctors and the Nuremberg Code: Human Rights in Human Experimentation* (New York: Oxford University Press, 1992), pp 17-31에서 나치 치하의 의사들에 의해 수행된 갖가지 실험들을 독일 군국주의와 인종위생 운동의 맥락에서 이해해야만 한다고 주장하고, 나치 시대의 과학은 반정치적이고 수동적이었다기보다는 나치 프로그램의 핵심적인 부분이었다고 말한다. 그는 포괄적인 의미의 독일의 위생 정책을 검토하고 있다. *Racial Hygiene: Medicine Under the Nazis* (Cambridge, MA: Harvard University Press, 1988)에서 Proctor는 과학기술이 사회 질서를 유지하고 사회 정책을 촉진하는 데 활용될 수 있다는 일반론에서 출발하여 나치 정권 하의 과학의 위치나 기능, 그리고 어떻게 과학자들, 특히 의사들이 나치 정권의 인종 정책, 이른바 "응용 생물학(applied biology)"에 참여하게 되었는지에 초점을 두고 인종위생을 고찰한다. "Genomics and Eugenics: How Fair is the Comparison?" in *Gene Mapping: Using Law and Ethics as Guides* (New York: Oxford University Press, 1992), pp 57-93에서는 모든 과학기술의 남용 가능성은 주로 기술이 사용되는 사회적 맥락에 의존한다고 결론짓는다. 위험은 가진 자와 가지지 못한 자 사이에 권력이 불평등하게 분배된 사회에서 존재하기 마련이고, 새로운 유전기술의 응용은 이 같은 사회적 현실을 반영하게 될 것이라고 본다.

Paul Weindling은 그의 "The Survival of Eugenics in 20th-Century Germany," *American Journal of Human Genetics* 52(3) (1993), pp. 643-649에서 독일의 생물학과 의학적 전통을 통해 인종위생 운동을 추적했다. 이를 통해 그는 생의학자나 유전학자들이 과연 정권의 하수인으로서만 평가받아야만 하는 것인지에 의문을 표한다. 그들은 다양한 경제사회적 이해 때문에 자발적으로 나치에 협력한 측면이 많다고 본다. 나아가 나치의 잔혹성을 부각시키면서 유전학이 자유민주주의 사회에서는 결코 남용되지 않을 것이라는 일부의 주장은 바이마르 공화국 시기의 우생학과 제2차 세계대전 이후의 대중 정책을 보면 수용되기 어렵다고 주장한다. 그의 *Health, Race, and German Politics Between National Unification and Nazism, 1870-1945* (New York: Cambridge University Press, 1989)는 중요한 저작인데, 여기서 Weindling은 제2차 세계대전 이전 급속한 산업화를 이룬 독일 제국에서의 우생학의 기원, 사회적 구성, 충격 등에 초점을 맞춘다. 생물학과 의학은 인구 정책과 관련하여 각종의 사회적 일탈을 소거하는 데 효과적인 수단으로 채택되었다는 것이다. 바로 이것이 의사들과 과학자들에게 새롭고 강력한 권위를 부여해 주었다고 본다.

기존의 논의와는 차별화된 비인종주의적 차원의 독일 우생학에 대해서 논하고 있는 Sheila Faith Weiss의 *Race Hygiene and National Efficiency: The Eugenics of Wilhelm Schallmayer*

(Berkeley: University of California Press, 1987)도 도움이 된다. Weiss는 기본적으로 독일에서 전개된 우생학이 다양한 정치적 입장을 갖고 있었던 사람들에게 수용된 측면이 강하고, 독일의 인종위생 운동을 나치의 홀로코스트와 연결시켜 그것의 인간주의적 측면을 간과하고 있는 것은 잘못이라고 본다. 그는 Wilhelm Schallmayer에 대한 분석을 통해 다양한 정치적 가능성의 토대 위에서 독일의 인종위생 운동이 전개되었음을 보여 주고 있다.

이 외에도 안락사 프로그램을 중심으로 독일 의사들과 나치의 협력관계를 논한 Götz Aly, Peter Chroust, and Christian Pross의 *Cleansing the Fatherland: Nazi Medicine and Racial Hygiene* (Baltimore: Johns Hopkins University Press, 1994)는 독일 의사들이 나치의 인종위생 프로그램을 통해 학문적으로나 재정적으로나 이익을 제공받았다고 본다. 이들은 T-4 안락사 프로그램(Tiergartenstrasse No.4의 약자로, 히틀러의 지시로 1939년 9월부터 시작된 성인 안락사 프로그램을 지칭)을 설명한 후, 이 프로그램을 통해 환경에 적응하지 못한 청소년들, 장애인들, 너무 아파서 일할 수 없는 외국인 노동자들, 그리고 심지어는 공습으로 인해 정신 쇠약(mental breakdowns)에 걸린 독일인마저 안락사시켰던 사실을 고발한다.

독일 사회 내부에서 가톨릭과 우생학의 관련성을 다룬 Donald J. Dietrich의 "Catholic Eugenics in Germany, 1920-1945: Hermann Muckermann, S.J. and Joseph Mayer," *Journal of Church and State* 34 (1992), pp. 575-600도 도움이 될 것이다.

Henry Friedlander는 *The Origins of Nazi Genocide: From Euthanasia to the Final Solution* (Chapel Hill, NC: University of North Carolina Press, 1995)에서 나치 독일의 인종주의와 우생학 정책을 추적했다. 주로 바이마르 시대의 우생학 운동에 초점을 맞춘 연구센터나 보호시설들의 성장을 논하면서 이것이 나치 시대에도 유사한 기능을 수행하는 모델로 작용했다고 본다.

독일 의학계와 의과 대학의 분위기를 통해 독일 우생학을 살핀 Michael H. Kater의 *Doctors Under Hitler* (Chapel Hill, NC: University of North Carolina Press, 1989)는 독일 의사들의 경우 다른 분야의 전문가들보다 훨씬 빠르고 완전하게 나치화되었다고 주장한다. 저자는 우생학을 인종 청소의 도구쯤으로 바라본다. Kater는 의학계가 인종위생의 지지자로 기능하여 열등하다고 판단되는 사람들은 제거하는 반면 우월한 인종은 개선시켜야 한다는 논리를 통해 의료 선택의 중요성을 주장하고 나섰다고 비판한다. 정신의학적 분석을 시도한 정신과 의사 Robert Jay Lifton는 *The Nazi Doctors: Medical Killing and the Psychology of Genocide* (New York: Basic Books, 1986)에서 나치 시대에 활동하던 독일인 의사들을 인터뷰하고, "우생학화(eugenicizing)"가 나치 시대 의사들의 사회적 성공을 위한 받침대가 되었다고 주장했다. Lifton은 "인종은 가치의 범주"라고 말한 Ploetz와 "우리 인종은 급격한 우생학 프로젝트가 없다면 사멸할 운명에 처해 있다"라는 의사이면서 유전학자인 Fritz Lenz의 말을 인용하면서 나치 시대 의사들의 우생학적 실천을 살폈다.

Peter Weingart는 "German Eugenics Between Science and Politics," *OSIRIS*, 2nd Series 5 (1989), pp. 260-282에서 정치적 차원에서 인구 정책을 고찰하면서 사회적 정책으로 기능한 우생학은 과학인 진화론과 관련이 되어 있었고, 과학자들과 정치가들 모두 자신들의 주장을 지지하는 근거로 과학으로서의 우생학을 사용했다고 본다. 또한 독일뿐만 아니라 대부분의 우생학 운동이 펼쳐진 나라들에서 우생학을 지지한 과학자들이나 인종위생론자들이 보수주의적이고 극단적인 우파 정치가들과 유착 관계에 있었다고 본다. John Hunt는 "Perfecting Humankind: A Comparison of Progressive and Nazi Views on Eugenics, Sterilization and Abortion," *Linacre Quarterly* 66(1) (1999), pp. 129-141에서 우생학, 불임화 수술, 낙태에 대한 나치와 혁신주의 시대 개혁가들의 입장을 비교 연구하면서, 우생학이 오늘날 불명예스러운 과학으로 인식되고 있는 것은 국제적 차원의 우생학 운동 관련 논의들이 미국과 독일에 초점을 맞추어 논의되어 왔기 때문이라고 진단한다. Hunt는 오늘날 미국 사회 내부에서 첨예하게 대립되고 있는 낙태나 불임화 수술의 문제가 우생학의 회귀에 대한 관심의 기폭제로 작용하고 있다고 설명한다.

4) 그 밖의 나라들

가장 대표적인 프랑스 우생학 운동에 대한 연구로는 라마르크주의적 성격을 띠었던 프랑스 우생학 운동을 주로 소아과 의사들의 우생학적 실천에 초점을 맞추어 분석한 William H. Schneider의

Quality and Quantity: The Quest for Biological Regeneration in Twentieth-Century France (New York: Cambridge University Press, 1990)가 있다. Schneider는 프랑스 역시 퇴화의 문제에 관심이 많았고, 20세기 초엽의 일부 프랑스 과학자와 정책 입안자들이 퇴화의 해결책으로 우생학을 수용했다고 본다. 특히 인구 정책과 관련하여 프랑스 우생학자들은 산아 제한(Birth control), 산전 검사(premarital examinations), 불임화 수술 및 이민 규제(sterilization and immigration control) 등을 다양한 방식으로 수용했다는 것이다. 1687년에서 1969년까지의 장기간에 걸쳐 프랑스에서 나타난 우생 사상이나 정서, 언급들을 살펴본 Alan McGregor의 "Eugenic Thought in France," *Mankind Quarterly* 30 (1990), pp. 337-350, 그리고 신라마르크주의와 알코올 중독 문제를 통해 프랑스 우생학을 다루고 있는 Anne Carol, *Histoire de l'eugenisme en France: les medecins et la procration* (Paris, 1995) 등이 유용할 것이다. 특히 Carol의 책은 골튼 이전의 의료 담론을 살피면서 프랑스 우생학을 과거의 전통적 의료 담론이 문화적으로 재구성된 것이라고 파악한다. 프랑스 우생학은 예방적 차원의 의료 행위에 속하는 것이었다고 본다.

스칸디나비아의 경우, 대표적인 연구로 Gunnar Brobert와 Nills Roll-Hansen이 편집한 *Eugenics and the Welfare State: Sterilization Policy in Denmark, Sweden, Norway, and Finland* (East Lansing, MI: Michigan State University Press, 1996)이 있고, 라틴아

메리카의 경우 Nancy Leys Stepan의 *"The Hour of Eugenics"*: *Race, Gender, and Nation in Latin America* (Ithaca: Cornell University Press, 1991)가 대표적이다. 이 두 연구는 기존의 우생학 논의에서 개진되었던 전통적 해석들을 비판적으로 검토할 수 있는 계기를 제공했고, 이후 우생학 논의를 보다 다양한 시각으로 접근할 수 있도록 추진력을 제공했다. 스칸디나비아의 경우, 저자들은 Denmark, Finland, Norway 그리고 Sweden 등의 복지국가에서 광범위하게 진행된 불임화 수술과 우생 프로그램에 대한 사례 연구를 통해, 이 국가들은 경제적 번영과 사회적 진보를 달성하기 위해 이런 조치들을 시행했다고 파악한다. 이런 프로그램들은 제2차 세계대전 이후에도 전개되었다고 한다. Stepan은 라틴아메리카의 우생학이 서구 담론의 단순한 모방이 아니라 독특한 역동성을 갖는 활발한 문화적 과정의 결과라고 주장한다. 민족적으로나 문화적으로 다양하고, 인종적 이데올로기가 미성숙했으며 종교적 신앙심이 깊으면서도 세속적 영향을 강하게 받았던 라틴아메리카 국가들은 인종적으로 다양하고 사회적으로도 이질적인 사회 속에서 형성된 자신들만의 우생학 활동과 운동을 전개했다고 본다.

이와 같은 일련의 연구물로부터 과연 우리는 우생학 운동의 성격과 사회적 실천 내용에 대해 어떤 성찰을 얻을 수 있을 것인가?

주석

들어가며

1. 우생학이란 용어는 그리스어 eugene에서 온 말로 "출생이 좋은(good in birth)" 이라는 의미이다. 그리스어로는 εὐγενής이다. 그리스어로 eu는 good, well을 뜻하고, gen은 genesis, creation을 의미한다. 말 그대로 우생학은 "잘난 태생에 대한 학문(wellborn science)"이었다. F. Galton, *Inquiries into Human Faculty and Its Development* (London: Macmillan, 2001[1st Electronic Edition; 1st ed. 1883]), p. 17.

2. 이 용어는 Emile Gautier, *Le Darwinisme Sociale* (1880)에서 최초로 사용된 것으로 알려져 있다.

3. 히멜파브(Himmelfarb)는 다윈 자신이 의도했든 아니든 적어도 이론적인 면에서 우생학이라는 사상의 형성에 책임이 있으며, 우생학자들은 확실히 다윈의 이름과 권위를 이용해 자신들을 정당화했다고 주장했다. Gertrude Himmelfarb, *Victorian Minds* (Gloucester, Mass.: Harper & Row, 1968), p. 327.

4. Paul Weindling, *Health, Race and German Politics Between National Unification and Nazism, 1870-1945* (Cambridge: Cambridge University Press, 1989), p. 92.

5. F. Galton, "Probability: The Foundation of Eugenics," in *Essays in Eugenics*

(London: Eugenics Education Society, 1909), p. 81.

6. F. Galton, "Eugenics: Its Definition, Scope and Aims," in *Ibid.*, p. 35.

7. Richard Hofstadter, *Social Darwinism in American Thought* (New York: George Braziller, 1959), pp. 161-169; Diane B. Paul, *Controlling Human Heredity: 1865 to the Present* (Atlantic Highlands, NJ: Humanities Press International, 1995), pp. 7-8.

8. Robert C. Bannister, *Social Darwinism: Science and Myth in Anglo-American Social Thought* (Philadelphia: Temple U. P., 1979); Greta Jones, *Social Hygiene in Twentieth Century Britain* (London: Croom Helm, 1986).

9. 김호연 · 박희주, 「우생학의 다층적 접근: 유전, 환경, 그리고 이념」, 『환경법연구』 제27권 제2호 (2005), pp. 139-158.

10. Jo Youngran, "Eugenics, Public Health, and the Control of Tuberculosis in the Early Twentieth-Century Britain," 『한국과학사학회지』 15 (1993), pp. 211-224; 이성숙, 「산아 제한과 페미니즘 – 애니 베상트 사건과 맬서스주의」, 『영국연구』 8 (2002), pp. 33-61; 이성숙, 「영국 빅토리아 시대 섹슈얼리티에 대한 과학적 담론: 남녀클럽(1885-1889)을 중심으로」, 『한국여성학』 20 (2004), pp. 39-65; 염운옥, 「우생학과 여성」, 『영국연구』 13 (2005), pp. 89-117; 廉雲玉, 『イギリス優生學運動と母性主義 -1907年から1930年までの「優生協會」の活動を中心に-』, 東京大學 박사학위 논문, 2004; 염운옥, 「20세기 초 잉글랜드의 이혼법 개정과 우생학」, 『역사비평』 64 (2003), pp. 281-302; 염운옥, 「영국의 우생학 운동과 산아 제한 – 단종법에 관한 논의를 중심으로」, 『영국연구』 12 (2004), pp. 235-271; 김호연, 「미국 우생학 운동의 형성과 사회적 영향, 1900-1940」, 『미국사연구』 16 (2002), pp. 133-157; 김호연, 「우생학 연구단편」, *Biowave* 8(12) (2006. 6), 과학기술부 산하 생물학연구정보센터(BRIC), pp. 1-11; 김호연, 「미국 우생학 운동의 재검토, 1890년대-1940년대」, 『미국사연구』 26 (2007), pp. 63-96; 김호연, 「과학의 정치학, 독일의 인종위생(Rassenhygiene)」, 『강원인문논총』 18 (2007), pp. 29-62; 김호연, 「19세기 말 영국 우생학의 탄생과 사회적 영향 – 국가적 효율과 우생학적 건강」, 『이화사학연구』 36 (2008), pp. 233-259; 김호연, 「인간은 유전자에 구속된 존재인가? – 우생학(eugenics)의 생물학적 결정론 비판」, 『인문과학 연구』 19 (2008), pp. 89-124; 박진빈, 「끝나지 않은 이야기 – 미국의 우생학 연구」, 『서양사론』 90 (2006), pp. 183-202; 정세권, 「인간에 대한 "미국식 과학"의 형성: 대븐포트(Charles Benedict Davenport)의 우생학」, 『한국과학사학회지』 제30권 1호 (2008), pp. 139-169; 박지현, 「양차대전의 생명

담론과 프랑스 우생학」,『한국서양사학회 학술대회 발표집』12 (2008), pp. 85-99.

1장 - 우생학 연구의 쟁점

1. 이에 대해서 〈보론1〉「우생학 실험: 미국 오네이다(Oneida) 공동체」를 참조하라.
2. Philip K. Wilson, "Harry Laughlin's Eugenic Crusade to Control the 'Socially Inadequate' in Progressive Era America," *Patterns of Prejudice* 36 (2002), p. 50.
3. Daniel J. Kevles and Leroy Hood (eds.), *The Code of Codes* (Cambridge, MA: Harvard University Press, 1992).
4. 박희주, 「새로운 유전학과 우생학」,『생명윤리』제1권 제2호 (한국생명윤리학회, 2000), p. 271.
5. Arthur L. Caplan et al., "What Is Immoral About Eugenics?," *Western Journal of Medicine* 171 (1999), p. 5.
6. Letter from Galton to William Bateson, June 12, 1904, in Karl Pearson, *The Life, Letters and Labours of Francis Galton IIIA* (Cambridge: Cambridge University Press, 1930), p. 221.
7. Frank Dikotter, "Race Culture: Recent Perspectives on the History of Eugenics," *American Historical Review* 103 (1998), p. 467.
8. Gilles Jeanmonod, "Aspects et Developpements Recents de l'histoire de l'eugenisme," *Gesnerus* 60 (2003), p. 83.
9. Diane B. Paul, *The Politics of Heredity* (Albany, NY: State University of New York Press, 1998), pp. 99-100; Marouf Arif Hasian, Jr., *The Rhetoric of Eugenics in Anglo - American Thought* (Athens: The University of Georgia Press, 1996), p. 29; Daniel J. Kevles, *In the Name of Eugenics: Genetics and the Uses of Human Heredity* (New York: Knopf, 1995); Edwin Black, *War Against the Weak: Eugenics and America's Campaign to Create a Master Race* (New York/London: Four Walls Eight Windows, 2003);
10. Mark B. Adams (ed.), *The Wellborn Science: Eugenics in Germany, France, Brazil, and Russia* (New York: Oxford University Press, 1990), pp. 217-218.
11. Deborah Harrett and Charles Kurzman, "Globalizing Social Movement Theory: The Case of Eugenics," *Theory and Society* 33 (2004), pp. 487-527; David Mitchell and Sharon Snyder, "The Eugenic Atlantic: Race, Disability, And The Making of An International Eugenic Science, 1800-1945," *Disability*

& *Society* 18 (2003), pp. 843-864.

12. Garland E. Allen, "Science Misapplied: The Eugenics Age Revisited," *Technology Review* 99 (1996), pp. 22-23; Diane B. Paul, *Controlling Human Heredity: 1865 to the Present* (Atlantic Highlands, NJ: Humanities Press International, 1995), pp. 7-8; Peter J. Bowler, *Evolution: The History of an Idea* (Berkeley: California University Press, 1983), p. 294; Greta Jones, *Social Darwinism and English Thought: the Interaction Between Biological and Social Theory* (London: Harvester, 1980), pp. 84-86; Donald K. Pickens, *Eugenics and the Progressive* (Nashville: Vanderbilt University Press, 1968), p. 247; Gunnar Broberg & Nile Roll-Hansen (eds.), *Eugenics and the Welfare State: Sterilization Policy in Denmark, Sweden, Norway, and Finland* (East Lansing: Michigan State University Press, 1996); Nile Roll-Hansen, "Eugenics Before World War II: The Case of Norway," *Pubblicazioni della Stazzioni Zoologica di Napoli* 2 (1980), pp. 269-298.

13. Greta Jones, *Social Hygiene in Twentieth Century Britain* (London: Croom Helm, 1986).

14. 슈나이더(William H. Schneider)는 프랑스 우생학을 라마르크주의와 관련된 것으로 파악하고, 주로 소아과 의사들의 우생학적 실천에 초점을 맞추어 분석했다. 슈나이더는 프랑스 역시 퇴화의 문제에 관심이 많았고, 20세기 일부 프랑스 과학자와 정책 입안자들이 퇴화의 해결책으로 우생학을 수용했다고 본다. 특히 인구 정책과 관련하여 프랑스 우생학자들은 산아 제한, 산전 검사, 불임화 수술 및 이민 규제 등을 다양한 방식으로 수용했다고 한다. William H. Schneider, *Quality and Quantity: The Quest for Biological Regeneration in Twentieth-Century France* (New York: Cambridge University Press, 1990).

15. 스테판(Nancy Leys Stepan)은 브라질, 아르헨티나, 그리고 멕시코를 중심적인 분석 대상으로 삼아 분석하였으며, 라틴아메리카의 우생학은 정치적 · 제도적 · 문화적 요인 등이 어우러진 유전 과학의 한 분야로 국가의 정책적 지원과 결부된 사회운동으로 확장되었다고 본다. 스테판은 라틴 아메리카의 우생학은 서구 담론의 단순한 모방이 아니라 독특한 역동성을 갖는 활발한 문화적 과정의 결과라고 주장한다. 특히 라틴아메리카는 민족적 · 문화적 다양성으로 인해 인종주의가 약했고, 종교적 신앙심과 세속적 욕구 사이의 긴장이 존재하던 사회였다. 이런 점에서 라틴 아메리카의 우생학은 다른 나라들과는 구별된다고 본다. Nancy Leys Stepan, *"The Hour of Eugenics": Race, Gender, and Nation in Latin America* (Ithaca:

Cornell University Press, 1991); idem, "Eugenics in Brazil, 1917-1940," Adams (ed.), *The Wellborn Science*, pp. 110-152.

16. Mark B. Adams, "Eugenics in Russia, 1900-1940," *Ibid.*, pp. 153-216.

17. 국내 학계에서 통상 positive/negative eugenics는 적극적/소극적 우생학, 긍정적/부정적 우생학, 그리고 양성적/음성적 우생학 등으로 번역되어 왔다. 그러나 이러한 번역은 그것이 담고 있는 의미를 올바로 전달해 주지 못하고, 오히려 혼동을 야기할 가능성이 많다고 본다. 따라서 이미 가치판단이 전제되어 있는 이러한 용어보다는 별도의 번역된 용어 없이 우수한 형질을 더욱 개선하려는 우생학은 포지티브 우생학(positive eugenics)으로, 우수하지 못한 형질을 제거하려는 우생학은 네거티브 우생학(negative eugenics)으로 부르는 것이 타당하다고 본다.

18. Anne Kerr and Tom Shakespeare, *Genetic Politics: From Eugenics To Genome* (England: New Clarion Press, 2002), pp. 46-61.

19. Jones, *Social Hygiene in Twentieth Century Britain*, Forword & pp. 5-24; Jo Youngran, *op. cit.*, pp. 211-224.

20. George Stocking, "Lamarkianism in American Social Science, 1890-1915," *Journal of the History of Ideas* 23 (1962), pp. 239-256; Kathy J. Cooke, "Duty or Dream? Edwin G. Conklin's Critique of Eugenics and Support for American Individualism," *Journal of the History of Biology* 35(2002), 365-384; idem, "The Limits of Heredity: Nature and Nurture in American Eugenics Before 1915," *Journal of the History of Biology* 31 (1998), pp. 263-278.

21. Daniel Wikler, "Can We Learn From Eugenics?," *Journal of Medical Ethics* 25 (1999), p. 184; Philip J. Pauly, "Essay Review: The Eugenics Industry-Growth or Restruction?," *Journal of the History of Biology* 26 (1993), pp. 137-138; Paul Weindling, "The Survival of Eugenics in 20th-Century Germany," *American Journal of Human Genetics* 52 (1993), pp. 643-649; Sheila Faith Weiss, "The Race Hygiene Movement in Germany," John P. Jackson, JR. (ed.), *Science, Race, and Ethnicity* (Chicago: The University of Chicago Press, 2001), pp. 225-268; Robert N. Proctor, "Nazi Doctors, Racial Medicine, and Human Experimentation," in George J. Annas and Michael J. Grodin (eds.), *The Nazi Doctors and the Nuremberg Code: Human Rights in Human Experimentation* (New York: Oxford University Press, 1992), pp 17-31.

22. Hofstadter, *op. cit.*, pp. 161-169; Bowler, *Evolution*, pp. 291-298; R. J.

Halliday, "Social Darwinism: A Definition," *Victorian Studies* 14 (1971), pp. 389-405; Mike Hawkins, *Social Darwinism in European and American Thought, 1860-1945* (Cambridge: Cambridge University Press, 1997), pp. 216-248; William H. Tucker, *The Science and Politics of Racial Research* (Urbana: University of Illinois Press, 1994), pp. 54-137.

23. Kenneth M. Ludmere, *Genetics and American Society: A Historical Appraisal* (Baltimore: Johns Hopkins University Press, 1972), p. 457.

24. R. Grant Steen, *DNA and Destiny: Nature and Nurture in Human Behavior* (New York: Plenum Press, 1996), p. 32; Jonathan Harwood (ed.), "Genetics, Eugenics and Evolution," *British Journal for the History of Science* 22 (1989), pp. 257-375; Elof Alex Carlson, *The Unfit: A History of a Bad Ideas* (Cold Spring Harbor, NY: Cold Spring Harbor Laboratory Press, 2001).

25. Diane B. Paul, "Eugenics and the Left," *Journal of the History of Ideas* 45 (1984), pp. 567-590; 스페인(Spain)에서는 무정부주의자(Anarchist)도 우생학을 수용했었다. Richard Cleminson, "Eugenics by Name or Nature? The Spanish Anarchist Sex Reform of the 1930s," *History of European Ideas* 18 (1994), pp. 729-740; 구소련 우생학에 대해서는 Amir Weimer, "Nature, Nurture, and Memory in a Socialist' Utopia: Delineating the Soviet Socio-Ethnic Body in the Age of Socialism," *American Historical Review* 104 (1999), pp. 1114-1155; Loren Graham, "Science and Value: The Eugenics Movement in Germany and Russia in the 1920s," *American Historical Review* 82 (1977), pp. 1133-1164; Yuri Slekine, "N. Ia. Marr and the National Origins of Soviet Ethnogenetics," *Slavic Review* 55 (1996), pp. 826-862 등을 참조하라.

26. 장애와 우생학 사이의 관련성에 대해 논의로는 Tom Shakespeare, "Choice and Right: Eugenics, Genetics and Disability Equality," *Disability & Society* 13 (1998), pp. 665-681; Tom Koch, "Disability and Difference: Balancing Social and Physical Constructions," *Journal of Medical Ethics* 27 (2001), pp. 370-376; 기독교와 우생학의 관련성에 대해서는 William W. Bassett, "Eugenics and Religious Law: Christianity," in Warren T. Reich (ed.), *Encyclopedia of Bioethics* (New York: Simon & Schuster Macmillan, 1995; Revised Edition), pp. 779-783; 우생학의 문화적 함의에 대해서는 Dorothy Nelkin and M. Susan Lindee, *The DNA Mystique: The Gene as a Cultural Icon* (New

York: W. H. Freeman and Company, 1995); 성 담론과 연관하여 여성주의적 시각에서 우생학을 다룬 연구로는 Nancy Ordover, American Eugenics (Minneapolis: University of Minnesota Press, 2003)와 Daniela Stehlik, "A Brave New World?: Neo-Eugenics and its Challenge to Differnce," *Violence Against Women* 7 (2001), pp. 370-392를 참조하라.

27. Diane B. Paul, "Is Human Genetics Disguised Eugenics?," in Robert F. Weir, Susan C. Lawrence, and Evan Fales (eds.), *Genes and Human Self-Knowledge: Historical and Philosophical Reflections on Modern Genetics* (Iowa City: University of Iowa Press, 1994), pp. 67-83; idem, *The Politics of Heredity*; Anne Kerr et al., "Eugenics and the New Genetics in Britain: Examining Contemporary Professionals' Accounts," *Science, Technology, & Human Values* 23 (1998), pp. 175-198; Robert N. Proctor, "Genomics and Eugenics: How Fair is the Comparison?" in *Gene Mapping: Using Law and Ethics as Guides* (New York: Oxford University Press, 1992), pp 57-93; Troy Duster, "Eugenics: Ethical Issues," in Stephen G. Post (ed.), *Encyclopedia of Bioethics* (New York: Macmillan, 2004; 3rd Edition), pp. 854-859; idem, *Backdoor to Eugenics* (New York: Routledge, 2003; 2nd Edition).

28. David Gems, "Politically Correct Eugenics," *Theoretical Medicine and Bioethics* 20 (1999), pp. 201-213, 특히 p. 201; Nicholas Agar, "Designing Babies: Morally Permissible Ways to Modify the Human Genome," *Bioethics* 9 (1995), pp. 1-15; John Maynard Smith, "Eugenics and Utopia," *Daedalus* 117 (1998), pp. 73-92; Elof Alex Carlson, *Genes, Radiation, and Society: The Life and Work of H. J. Muller* (Ithaca, NY: Cornell University Press, 1981); idem, *Human Genetics* (Lexington, MA: D.C. Heath & Co., 1984); Julian Huxely, "Eugenics in Evolutionary Perspective," *Perspectives in Biology and Medicine* 6 (1963), pp. 155-187; Richard Lynn, *Eugenics: A Reassessment* (Westport, CT: Praeger, 2001); Glenn McGee, *The Perfect Baby: A Pragmatic Approach to Genetics* (Lanham: Rowman and Littlefield, 1997).

29. David E. W. Fenner, "Negative Eugenics and Ethical Decisions," *Journal of Medical Humanities* 17 (1996), pp. 17-30; Daniel J. Kevles, "Eugenics and the Human Genome Project: Is the Past Prologue?," in Timothy F. Murphy and Marc A. Lappe (eds.), *Justice and the Human Genome Project* (Berkeley:

University of California Press, 1994), pp. 14-29.

30. Justine Burley, *The Genetic Revolution and Human Rights: The Oxford Amnesty Lectures 1998* (New York: Oxford University Press, 1999; 힐러리 퍼트넘 외 지음, 생물학사상연구회 옮김, 『유전자 혁명과 생명윤리』 (서울: 아침이슬, 2004).

31. Philip Kitcher, *The Lives to Come: The Genetic Revolution and Human Possibilities* (New York: Simon & Schuster, 1996); Peter Augustine Lawler, "The Utopian Eugenics of Our Time," *Perspectives on Political Science* 32 (2003), pp. 68-76.

32. Evar M. Neumann-Held, "Can It Be a "Sin" to Understand Disease? On "Genes" and "Eugenics" and an "Unconnected Connection," *Medicine, Health Care and Philosophy* 4 (2001), p. 13.

33. Richard Barnett, "Keywords in the History of Medicine," *The Lancet* 363 (2004), p. 1742.

2장 - 영국의 우생학

1. Pauline M. H. Mazumdar, *Eugenics, Human Genetics and Human Failings: The Eugenics Society, Its Sources and Its Critics in Britain* (New York: Routledge, 1992), pp. 1-2; Richard A. Soloway, *Demography and Degeneration: Eugenics and the Declining Birthrate in Twentieth-Century Britain* (Chapel Hill: University of North Carolina Press, 1990); Donald MacKenzie, "Eugenic in Britain," *Social Studies of Science* 6 (1976), pp. 499-532; Geoffrey R. Searle, *Eugenics and Politics in Britain, 1900-1914* (Leyden: Springer, 1976); idem, "Eugenics and Politics in the 1930s," *Annals of Science* 36 (1979), pp. 159-179; Nancy L. Stepan, *The Idea of Race in Science: Great Britain, 1800-1960* (London: Macmillan, 1982); Dan Stone, "Race in British Eugenics," *European History Quarterly* 31 (2001), pp. 397-425.

2. A. G. Cock, "William Bateson, Mendelism and Biometry," *Journal of the History of Biology* 6 (1973), pp. 1-36; Bernard Norton, "Biology and Philosophy: The Methodological Foundations of Biometry," *Journal of the History of Biology* 8 (1975), pp. 85-93; idem, "The Biometric Defence of Darwinism," *Journal of the History of Biology* 6 (1973), pp. 283-316.

3. Christopher Shaw, "Eliminating the Yahoo: Eugenics, Social Darwinism and Five Fabians," *History of Political Thought* 8 (1987), pp. 521-544; Garland E. Allen, "Genetics, Eugenics, and Class Struggle," *Genetics* 79 (1975), pp. 29-45; idem, "Genetics, Eugenics, and Society: Internalists and Externalists in Contemporary History of Science," *Social Studies of Science* 6 (1976), pp. 105-122; Michael Freeden, *The New Liberalism: An Ideology of Social Reform* (London: Clarendon Press, 1978), pp. 76-116; idem, "Biological and Evolutionary Roots of the New Liberalism in England," *Political Theory* 4 (1976), pp. 471-490; Greta Jones, "Eugenics and Social Policy Between the Wars," *The Historical Journal* 25 (1982), pp. 717-728.

4. Jo Young-Ran, "*Eugenics, Public Health, and the Control of Tuberculosis in the Early Twentieth-Century Britain*," 『한국과학사학회지』 15 (1993), pp. 211-224; 이성숙, 「산아 제한과 페미니즘 – 애니 베상트 사건과 맬서스주의」, 『영국연구』 8 (2002), pp. 33-61; 염운옥, 「우생학과 여성」, 『영국연구』 13 (2005), pp. 89-117; 염운옥, 「20세기 초 잉글랜드의 이혼법 개정과 우생학」, 『역사비평』 64 (2003), pp. 281-302; 염운옥, 「영국의 우생학 운동과 산아 제한 – 강제불임화 수술법에 관한 논의를 중심으로」, 『영국연구』 12 (2004), pp. 235-271.

5. Derek W. Forrest, *Francis Galton: The Life and Work of a Victorian Genius* (New York: Taplinger, 1974); Nicholas Wright Gillham, "Sir Francis Galton and the Birth of Eugenics," *Annual Review of Genetics* 35 (2001), pp. 83-101; idem, *A Life of Sir Francis Galton: From African Exploration to the Birth of Eugenics* (Oxford: Oxford University Press, 2001); John C. Waller, "Gentlemanly Men of Science Sir Francis Galton and the Professionalization of the British Life-Science," *Journal of the History of Biology* 34 (2001), pp. 83-114.

6. Troy Duster, *Backdoor to Eugenics* (New York: Routledge, 2003).

7. 19세기 중후반의 영국의 전반적인 상황에 대해서는 나종일 · 송규범, 『영국의 역사 (하)』 (서울: 한울아카데미, 2005), pp. 625-655를 참조하라.

8. 이제 영국은 '영광스러운 고립(splendid isolation)'을 벗어나 적극적인 팽창의 길로 나아간다. Kenneth O. Morgan 편, 영국사 연구회 옮김, 『옥스포드 영국사』 (서울: 한울, 1994), pp. 545-550.

9. 서정훈, 「19세기 말 영국의 사회진화론자들」, 『학술연구논문집』 (1996), p. 353.

10. E. A. Carlson, *The Unfit: A History of a Bad Ideas* (Cold Spring Harbor, N.Y.:

Cold Spring Harbor Laboratory Press, 2001), pp. 73-91.

11. 최재희, 『영국 노동당 창당기 사회주의 진영의 민주주의관』, 고려대학교 대학원 박사학위논문, 2001, p. 1.

12. 朴又龍, 『영국의 新自由主義와 知識人의 社會改革: 1881-1914』(西江大學校 大學院 博士學位論文, 1994), pp. 13-15.

13. 이영석, 「영국 산업사회의 성립과 노동계급, 1780-1914」, 안병직 외, 『유럽의 산업화와 노동계급』, (서울: 까치, 1997), p. 81 & pp. 88-96.

14. Alastir Reid, "The Division of Labour and Politics in Britain, 1880-1920," in W. J. Mommsen and H. Husung (eds.), *The Development of Trade Unionism in Britain and Germany, 1880-1914* (London: Allen & Unwin, 1985), pp. 327-328.

15. Eric J. Hobsbawm, "The 'New Unionism' in Perspective," in Eric J. Hobsbawm, *Workers: Worlds of Labour* (New York: Pantheon Books, 1984), pp. 152-175.

16. 안영민, 「영국 신조합주의 노동운동과 노동조합의 정치세력화(1889-1900)」, 『江原史學』 19 · 20합집 (2004), p. 448 & p. 463.

17. 朴又龍, 앞의 논문, p. 19.

18. 노동사가들은 1870년대 이후를 영국 노동운동사의 거대한 전환점으로 파악하고 있다. Maurice H. Dobb, 이선근 역, 『자본주의 발전연구』 (서울: 동녘, 1986), p. 364; J. F. C. Harrison, 이영석 옮김, 『영국 민중사』 (서울: 소나무, 1989), p. 325.

19. 朴又龍, 앞의 논문, pp. 24-28.

20. Soloway, *op. cit.*, pp. 10-17.

21. 국가 효율(National Efficiency)은 19세기 말 영국이 쇠퇴하고 있다는 위기의식의 발로로서 당시 영국인들의 희망과 우려를 집약하는 표어였다. 이태숙, 「100년 전의 국가적 표어들: 영국의 "국가효율" 對 일본의 "國粹保存"」, 『영국연구』 창간호 (1997), p. 214.

22. 페이비언 협회(Fabian Society)는 혁명적 방식보다는 점진주의적 개혁을 지향하며, 19세기 말 영국에서 등장한 지적 사회운동 단체로 영국 노동당의 사상적 기초에 영향을 주었다. 朴又龍, 앞의 논문, p. 39.

23. 이태숙, 앞의 논문, p. 217.

24. 문상화, 「진화론: 19세기 영국의 지배담론의 한 양상」, 『영국연구』 5 (2001), p. 25.

25. David J. Galton and Clare J. Galton, "Francis Galton: And Eugenics Today,"

Journal of Medical Ethics 24 (1998), p. 99.

26. 문상화, 앞의 논문, pp. 29-36.

27. Edward Caudill, *Darwinian Myths: The Legends and Misuses of a Theory* (Knoxvill: The University of Tennessee Press, 1997), x vii-ix.

28. Charles Darwin, John W. Burrow, ed., *The Origin of Species: by Mean of Natural Selection or the Preservation of Favoured Races in the Struggle for Life* (New York: Penguin Books, 1968[1st, 1859], p. 458.

29. 이러한 믿음들은 첫째, 점진적인 변화 내지 연속성을 강조하는 진화이론의 논의에 장애로 작용한다는 점, 둘째, 생물학적 종을 비롯한 다양한 생물계의 분류군들이 고정되어 변화하지 않는 것으로 파악됨으로써, 현재의 생물계의 다양성은 단지 창조에 의한 결과로밖에 설명할 수 없다는 점, 셋째, 세계는 신에 의해 설계되었으므로 모든 생명체들이 자신들의 물리적·생물적 환경 속에서 완벽하게 적응할 수 있다는 점, 넷째, 인간의 독특한 위치라는 관념은 다분히 인간 중심적인 사고로 영혼을 지니지 않은 동물과 영혼을 가진 인간은 하나의 개념으로 설명될 수 없다는 점 등과 연관이 있다. 특히 네 번째 사실은 다윈이 『종의 기원』에서 인간에 대한 언급을 회피한 이유였다. Ernst Mayr, *One Long Argument: Charles Darwin and the Genesis of Modern Evolutionary Thought*, 신현철 옮김, 『진화론 논쟁』 (서울: 사이언스 북스), 1998, pp. 55-60.

30. 朴熙柱, 「다윈의 自然選擇 理論에 대한 一考察」, 漢陽大學校 大學院 碩士學位論文, 1987, p. 10; 이밖에 다윈에 끼친 자연목적론의 영향에 대해서는 Walter F. Cannon, "The Bases of Darwin's Achievement: A Revaluation," in *Victorian Studies*, Vol. 5, 1961, pp. 109-132; Robert M. Young, "The Impact of Darwin on Conventional Thought," in Anthony Symondson (ed.), *The Victorian Crisis of Faith* (London: SPCK, 1970), pp. 13-36; Neal C. Gillespie, *Charles Darwin and the Problem of Creation* (Chicago and London: Univ. of Chicago Press, 1979) 등을 참조하라.

31. Darwin, *The Origin of Species*, pp. 16-24.

32. 라마르크의 진화 사상에 대해서는 L. J. Jordanova, *Lamarck* (New York: Unoversity Press, 1984) 참조하라.

33. Darwin, *The Origin of Species*, p. 65; 비글호 항해 이후 다윈의 사고 변화 과정은 F. J. Sulloway, "Darwin's Conversion: The Beagle Voyage and It's Aftermath," *Journal of the History of Biology* 15 (1982), pp. 325-396를 참조하라.

34. Charles Darwin, *Notebook B*, Nos. 38-39, in Paul H. Barrett (ed.), *Metaphysics, Materialism, and the Evolution of Mind: Early Writings of Charles Darwin* (Chicago: Univ. of Chicago Press, 1980), p. 184.

35. Darwin, *The Origin of Species*, pp. 175-176.

36. 다윈은 『종의 기원』 서문에서 이와 같은 「개요」의 결론이 확실한 것이라고 생각했다. Darwin, *The Origin of Species*, p. 65; 『종의 기원』의 초고에 해당하는 이 두편의 글은 다윈 사후(死後) 다윈의 아들에 의해 다음과 같은 제목으로 출판되었다. Francis Darwin (ed.), *The Foundations of the Origin of Species* (Cambridge: Cambridge U.P., 1909).

37. 린네 학회에서 발표된 요지는 Philip Appleman (ed.), *Darwin* (New York: W. W. Norton & Company, 1970), pp. 81-97 참조하라.

38. Ernst Myer, "Darwin and Natural Selection," *American Scientist* 65 (1977), p. 321.

39. Gavin de Beer, *Charles Darwin: Evolution by Natural Selection* (London: Nelson, 1963), pp. 98-100; Peter Vorzimmer, *Darwin, Malthus, and Theory of Natural Selection*, p. 527.

40. Robert M. Young, "Malthus and Evolutionist: The Common Context of Biological and Social Theory," *Past & Present* 43 (1969), pp. 109-111; 엥겔스(F. Engels)도 오이겐 뒤링의 다윈과 맬서스는 무관하다는 주장을 비판하면서, 다윈과 맬서스 간의 지적(知的) 관련성을 논하고 있다. 이에 대해서는 F. Engels, 『오이겐 뒤링씨의 과학변혁』, 최인호 외 번역, 『칼 맑스 · 프리드리히 엥겔스 저작선집』, 제V권 (서울: 박종철출판사, 1994), pp. 73-79.

41. Michael Ruse, "Charles Darwin and Artificial Selection," *Journal of the History of Ideas* 36 (1975), p. 339.

42. Darwin, *The Origin of Species*, p. 68.

43. *Ibid.*, pp. 116-117.

44. Peter J. Bowler, "Malthus, Dawrin, and the Concept of Struggle," *Journal of the History of Ideas* (1976), p. 631.

45. *Ibid.*, pp. 632-634.

46. Himmelfarb, *Victorian Minds*, p. 315 and p. 318.

47. Darwin, *The Origin of Species*, p. 116 & p. 117.

48. *Ibid.*, pp. 153-155: esp. Extinction.

49. *Ibid.*, pp. 130-131.

50. Carl N. Degler, *In Search of Human Nature: The Decline and Revival of Darwinism in American Social Thought* (New York: Oxford U.P., 1991), p. 61.

51. 朴檀, 「Herbert Spencer의 社會思想研究: 社會的 進化論과 土地財産權과의 關係를 中心으로」, 西江大 大學院 碩士學位論文, 1986, p. 21.

52. Herbert Spencer, "A Theory of Population, Deduced from the General Law of Animal Fertility," *Westminster Review* 1 (1852), pp. 389-390.

53. 서정훈, 앞의 논문, pp. 341-349.

54. Herbert Spencer, *Social Statics: Or, the Conditions Essential to Human Happiness Specified, and the First of Them Developed* (New York: Augustus M. Kelley, 1969[1851]).

55. *Ibid.*, p. 103.

56. *Ibid.*, p. 297.

57. Rober L. Carneiro (ed.), "Editor's Introduction," in *The Evolution of Society: Selections from Herbert Spencer's "Principles of Sociology"* (Chicago: University of Chicago Press, 1967), p. 216.

58. *Ibid.*, pp. 58-59.

59. *Ibid.*, p. 216.

60. Richard Hofstadter, *Social Darwinism in American Thought* (New York: George Braziller, 1959), pp. 5-6 & pp. 202-203.

61. Robert C. Bannister, *Social Darwinism: Science and Myth in Anglo-American Social Thought* (Philadelphia: Temple U. P., 1979), p. xii, pp. 8-9, & pp. 164-166 & pp. 180-181.

62. F. Galton, *Hereditary Genius: An Inquiry into Its Laws and Consequences* (London: Macmillan, 1892), p. xxvii.

63. F. Galton, "The Possible Improvement of the Human Breed," F. Galton ed., *Essays in Eugenics* (London: Eugenics Education Society, 1909), pp. 24-26.

64. F. Galton, "Hereditary Talent and Character," *Macmillan's Magazine* 12 (1865), p. 160.

65. Donald Mackenzie, "Karl Pearson and the Professional Middle Class," *Annals of Science* 36 (1979), p. 125; 염운옥, 「우생학과 여성」, pp. 92-93에서 재인용.

66. Searle, *Eugenics and Politics in Britain*, p. 5.

67. 골튼은 초기에는 우량종 육성(vericulture)이란 용어를 사용했었다. 그러다가 골튼은 "출생이 좋은(good in birth)"을 뜻하는 그리스어 εὐγενής(eugene)을 차용하여 우생학이라는 용어를 창안했다. F. Galton, *Inquiries into Human Faculty and Its Development* (London: Macmillan, 1883), p. 17.

68. F. Galton, "Eugenics: Its Definition, Scope and Aims," Galton ed., *Essays in Eugenics*, p. 35.

69. 염운옥, 「우생학과 여성」, p. 94.

70. David J. Galton, "Greek Theories on Eugenics," *Journal of Medical Ethics* 24 (1998), pp. 263-265.

71. Letter From Galton to William Bateson, June 12, 1904, in Karl Pearson, *The Life Letters, and Labours of Francis Galton* ⅢA (Cambridge: Cambridge University Press), p. 312.

72. F. Galton, "The Possible Improvement of the Human Breed," in *Essays in Eugenics*, pp. 24-26.

73. Nicholas W. Gillham, "Sir Francis Galton and The Brith of Eugenics," *Annual Review of Genetics* 35 (2001), p. 87.

74. F. Galton, "Good and Bad Temper in English Families," *Fortnightly Review* 42 (1887), pp. 21-23.

75. Greta Jones, "The Theoretical Foundations of Eugenics," in Robert A. Peel (ed.), *Essays in the History of Eugenics* (London: Chameleon Press, 1998), pp. 3-4.

76. F. Galton, Hereditary Genius, An Inquiry into Its Laws and Consequences (London: Macmillan, 2000[1st Electronic Edition; 1st ed.1869: 2nd ed. 1892]), p. 362 & pp. 272-281.

77. F. Galton, "Statistical Inquiries into the Efficacy of Prayer," Fortnightly Review 12 (1872), p. 130.

78. F. Galton, "Hereditary Talent and Character," Macmillan's Magazine 12 (1865), p. 327.

79. F. Galton, *Memories of My life* (London: Methuen & Co., 1909), p. 22; F. Galton, *The Times*, Dec. 1, 1886, in Karl Pearson, *The Life, Letters and Labours of Francis Galton* Ⅱ (Cambridge: Cambridge University Press, 1924), p. 201.

80. F. Galton, *English Men of Science* (London: Macmillan, 1874), pp. 12-16.

81. F. Galton, "The Possible Improvement of the Human Breed under the Existing Conditions of Law and Sentiment," *Nature* 64 (1901), p. 659.

82. Galton, *Memories of My life*, p. 29 & pp. 287-288.

83. Ruth Schwartz Cowan, "Francis Galton's Contributions to Genetics," *Journal of the History of Biology* 5 (1972), pp. 389-412; 골튼의 반(反)라마르크주의 유전 이론의 헌신에 대해서는 Ruth Schwartz Cowan, "Nature and Nurture: The Interplay of Biology and Politics in the Work of Francis Galton," *Studies in the History of Biology* 1 (1977), pp. 133-208를 참조하라.

84. Galton, *Hereditary Talent and Character*, p. 159 and p. 161.

85. *Ibid.*, p. 163.

86. *Ibid.*, p. 320.

87. *Ibid.*, p. 158.

88. *Ibid.*, p. 319 & pp. 321-322.

89. Galton, *Memories of My life*, p. 304.

90. Galton, *Hereditary Genius*, pp. 26-31.

91. *Ibid.*, pp. 1-2. 선택적인 결혼에 대한 골튼의 주장에 대해서는 F. Galton, "Restricting in Marriage," *Sociological Paper* 2 (1906), pp. 3-13, pp. 14-17, and pp. 49-51을 참조하라.

92. Galton, *Hereditary Genius*, x and p. 22.

93. *Ibid.*, p. 26 & pp. 31-32.

94. Galton, *Hereditary Talent and Character*, p. 318.

95. A. R. Wallace, "Human Selection," *Fortnightly Review* XLVIII (1890), pp. 325-337; idem, "Human Progress, Past and Future," *The Arena* (January 1892), pp. 493-509; idem, *Social Environment and Moral Progress* (New York: Cassell, 1913), pp. 146-147; T. H. Huxley, "Prolegomena to 'Evolution and Ethics'," in *Evolution and Ethics and other Essays* (London: Macmillan, 1894), p. 39.

96. A. R. Wallace, "Interview Fragment," in C. H. Smith (ed.), *Alfred Russel Wallace: An Anthology of His Shorter Writings* (Oxford: Oxford University Press, 1991[1912]), p. 177, Paul, Controlling Human Heredity, p. 36에서 재인용.

97. Charles Darwin, *Descent of Man* (New York: Prometheus Books,

1998[1874, 2nd ed.]), pp. 138-151.

98. Charles Darwin, *Variation in Animals and Plants under Domestication* Vol.2 (London: J. Murray, 1875), 5장, 특히 pp. 456-457 and pp. 486-487.

99. F. Galton, "Letters to the Editor," *Nature* 4 (May 4, 1871), pp. 5-6.

100. F. Galton, "Experiments in Pangenesis, by Breeding from Rabbits of a Pure Variety, into whose Circulation Blood taken from other Varieties had previously largely been Transfuse," *Proceeding of the Royal Society* 19 (1871), p. 395 and p. 402. 이와 관련한 더 자세한 내용은 *Ibid.*, pp. 393-410을 참조하라.

101. F. Galton, "On Blood-Relationship," *Proceedings of the Royal Society* 20 (1872), pp. 394-402, 특히, p. 394 and p. 400.

102. F. Galton, "A Theory of Heredity," *The Contemporary Review* 27 (1875), pp. 80-95, 특히 p. 87, p. 91 and p. 94.

103. Pearson, *The Life, Letters and Labours of Francis Galton* ⅢA, pp. 340-341.

104. Galton, *English Men of Science*, p. 12. 골튼의 천성과 양육에 대한 보다 자세한 분석은 "On men of Science, Their Nature and Their Nurture," *Proceedings of the Royal Institution* 7 (Feb 27, 1874), pp. 227-236과 "The History of Twins, As a Criterion of the Relative Powers of Nature and Nurture," *Fraser's Magazine* 12 (1875), pp. 566-576을 참고하라.

105. F. Galton, "Typical Laws of Heredity," *Proceedings of the Royal Institution* 8 (1877), pp. 282-301.

106. Galton, *Inquiries into the Human Heredity*, p. 17.

107. F. Galton, "Co-Relations and Their Measurements, chiefly from Anthropometric Data," *Proceedings of the Royal Society* 45 (1888), pp. 135-145.

108. F. Galton, *Natural Inheritance* (London: Macmillan, 1889), p. 1.

109. *Ibid.*, pp. 51-70.

110. *Ibid.*, p. 16.

111. 바이스만의 생식질 연속설에 대해서는 Rasmus G. Winther, "August Weismann on Germ Plasm Variation," *Journal of the History of Biology 34* (2001), pp. 517-555 참조; 물론 바이스만의 이론이 등장한 이후에도 여전히 라마르크주의의 영향력은 컸었다. Leonard Darwin, "Environment as a Factor in Evolution," *Eugenics Review* X (1918), pp. 63-70.

112. Ruth Schwartz Cowan, "Francis Galton's Statistical Ideas: The Influence of Eugenics," *Isis* 63 (1972), p. 509-528.

113. Soloway, *op. cit.*, pp. 10-17.

114. 염운옥, 「영국의 우생학 운동과 산아 제한」, pp. 236-237.

115. Kerr and Shakespeare, *op. cit.*, pp. 9-10.

116. F. Galton, "Eugenics, Its Definition, Scope, and Aims," *Sociological Papers* 1 (1905), pp. 45-50 and pp. 78-79.

117. 1901년 이미 70대 후반에 접어든 골튼은 영국 왕립 인류학 연구소의 헉슬리 강연(the Huxley Lecture at the Royal Anthropological Institute of Great Britain and Ireland)에 초청되었다. F. Galton, "The Possible Improvement of the Human Breed under the Existing Conditions of Law and Sentiment," *Nature* 64 (1901), pp. 659-665.

118. Francis Galton Laboratory for National Eugenics, 1907-1945; 제2차 세계대전 이후 이는 골튼 실험실(Galton Laboratory)로 개칭되었다. 골튼 실험실의 목적은 우생학을 과학으로 정착시키는 것이었다. 이 점에서 우생학의 대중화를 선도했던 우생학 교육 협회(Eugenics Education Society)와 구별된다. 골튼 실험실은 영국 우생학 운동의 지적 산실 역할을 했고, 제1차 세계대전 이전에는 개인 기부금으로 운영되었으나 종전후 정부 지원을 받는 연구소로 발전했다

119. Kevles, *In the Name of Eugenics*, p. 590.

120. 소설의 제목은 *Kantsaywhere*였다. Pearson, *The Life, Letters and Labours of Francis Galton* IIIA, pp. 413-425.

121. 당시 우생학 교육 협회에 참여했던 대표적인 인물들로는 생리학자 셰링턴(Sir C. Sherrington), 유전학자 피셔(R. A. Fisher), 홀데인(J. B. S. Haldane), 헉슬리(Julian Huxley), 생물학자 폴튼(Edward Poulton), 시워드(A. C. Seward), 게디스(Patrick Geddes), 심리학자 맥두걸(William McDougall), 버트(Cyril Burt), 스페어맨(Charles Spearman), 의사인 오슬러(Sir William Osler), 모트(Sir Frederick Mott), 지리학자이자 영국 지리학회 책임자인 게이키(Sir Archibald Geikie), 성 연구의 개척자인 엘리스(Havelock Ellis), 그리고 정치가인 밸푸어(Sir Arthur Balfour) 등이 있다.

122. Greta Jones, *Social Hygiene in Twentieth Century Britain* (London: Croom Helm, 1986), p. 15.

123. 내각 수상을 했던 밸푸어(A. J. Balfour)와 체임벌린(Neville Chamberlain)도 우생학 교육 협회의 회원이었고, 1912년 영국에서 개최된 국제 우생학 회의

(International Eugenic Congress)에는 처칠(Winston Churchill)이 부의장으로 참여하기도 했다. 시얼(G. R. Searle)은 우생학에 관여한 그룹을 다섯 가지로 분류한다. 1. 'strong eugenists': 이들은 우생학이 국가적 붕괴와 쇠퇴를 해결할 유일한 수단이라고 간주한다. 피어슨(Karl Pearson), 다윈, 살리비(C. W. Saleeby), 실러(Schiller) 등 대부분 우생학자들이 여기에 속한다. 이들은 생물학적 결정론에 입각해 인간의 행동을 분석하고, 우생학적 용어로 정치를 논한다. 2. 'weak eugenists': 이들은 자신의 정치적 신념을 포기하지 않고 우생학에 흥미를 갖는 그룹이다. 이를테면 20세기 초 우생학에 관심을 가졌던 자유주의적 진보주의자들, 유토피아 사회주의자들, 그리고 채식주의자들이 여기에 속한다. 3. 'medical eugenists': 이들은 단순한 생물학적 원인으로 범죄나 빈곤 같은 사회 문제의 원인을 밝히거나 유전 결정론적 시각을 갖는 이들이다. 이들은 특별한 정치적 신념이 거의 없는 경우이다. 이들은 우생학을 의학이나 공중위생의 한 분야로 인식했다. 4. 'career eugenists': 이들은 유전이나 인구 문제를 연구하는 학자들로 학문적인 관심을 가졌던 이들이다. 5. 단순히 수사학적으로 우생학적 문구나 사상을 수용했던 이들로 웹 부부 같은 존재들이다. G. R. Searle, "Eugenics and Class," in C. Webster (ed.), *Biology, Medicine and Society 1840-1940* (Cambridge, 1981), pp. 239-240.

124. 영국의 우생학 교육 협회는 1907년 젊은 사회 위생 개혁가인 고토(Sybil Gotto)를 중심으로 도덕 교육 리그(Moral Education League)의 구성원들과 우생학 운동의 조직화에 관심 있는 개인들이 모여 설립된 것이다. 의사였던 살리비도 협회 건설에 도움을 주었다. 우생학 교육 협회의 목적은 우생학과 인종적 퇴화를 야기한다고 생각했던 성병, 알코올 중독, 빈곤, 건강, 도덕 등 각종 사회 문제들에 대한 대중적 인식을 고양하고, 우생학적 이상에 따라 책임있는 부모의 역할을 대중들에게 교육하는 것이었다. 구성원들은 저명한 인사들, 대학 교수, 사회 활동가, 생물학자들, 교육받은 중산계급이 대부분이었다. 1913년까지 약 1,000여 명 이상이 가입했다. 협회의 초대 의장은 골튼의 친구였던 변호사 크래칸스로프(Montague Crackanthorpe)였다. 고토가 비서였고, 골튼은 1908년 명예 의장이 되었다. 1908년 다윈의 아들인 레오나드 다윈이 의장이 되어 1929년까지 의장직을 수행했다. 협회는 캐나다, 미국, 호주 등에도 영향을 끼쳤다. 협회는 잠시 골튼 실험실과 제휴하기도 했지만, 협회의 목적은 골튼 실험실의 목적이었던 연구가 아니라 우생학을 사회적·정치적 이데올로기로서 안착시키는 것이었다. 협회 내부에서는 유전의 성격을 둘러싼 두 그룹의 논쟁이 있었다. 그러나 대부분의 과학자들은 피어슨의 생물측정학보다는 멘델주의를 옹호했다. 1909년에는 공식

기관지인 『우생학 리뷰』(the Eugenics Review)를 창간했고, 1968년까지 발행되었다. 초기 협회는 사회적 활동과 로비에 참여했다. 1913년 '영국 정신 결함법 (British Mental Deficiency Act)'의 통과를 위해 로비를 벌였고, 제1회 국제 우생학 회의를 조직하여 1912년 런던에서 개최하였다. 1914년 이래 매년 골튼 강연을 후원했다. 1926년에는 우생학 협회(Eugenics Society)로 개칭되었고, 1930년대에는 피임 연구에 기여했으며, 40년 이상 자발적인 우생학적 불임화 수술의 법제화를 위해 노력했다. 제2차 세계대전 이후 협회는 인공 수정 실험을 긍정하기도 했다. 1989년 골튼 연구소(Galton Institute)로 개칭하여 현재까지 지속되고 있다. 현재 골튼 연구소의 목적은 "인간의 생식, 발생 및 건강에 관여하는 생물학적 · 유전학적 · 경제적 · 문화적 요인에 대한 학제적 연구"를 하는 것이다. Ruth Clifford Engs, *The Eugenics Movement An Encyclopedia* (Westport, Connecticut: Greenwood Press, 2005), pp. 62-63.

125. D. G. Prichard, *Education and the Handicapped 1760-1960* (London: Routledge and Kegan Paul, 1963), p. 133.

126. Anne Kerr and Tom Shakespeare, *Genetic Politics: From Eugenics to Genome* (England: New Clarion Press, 2002), pp. 13-15.

127. *Hansard Parliamentary Debates House of Commons,* 5th series, vol. 255 (1931), cols. 1245-1258, 염운옥, 「영국의 우생학 운동과 산아 제한」, p. 248에서 재인용.

128. 같은 논문, pp. 250-252.

129. 같은 논문, p. 247.

130. 이성숙, 「산아 제한과 페미니즘」, pp. 53-54.

131. 염운옥, 「우생학과 여성」, pp. 95-97 & pp. 114-115.

132. 이성숙, 「산아 제한과 페미니즘」, p. 58; 미국의 산아 제한 운동에서도 이러한 점은 발견된다. 산아 제한 운동과 결부하여 피임운동을 펼쳐 여권운동의 상징처럼 인식되어온 마가렛 생어(Margaret Sanger)를 보라. 그녀의 실천은 우생학적 인종차별주의와 깊은 관련을 맺고 있었다. 사실 그녀가 피임을 강조했던 것은 쓸모없는 인종과 열등한 부적격자들의 출산을 막기 위한 목적에서였다. 생어는 백인 상류층은 산아 제한을 통해 출산율이 떨어지는 데 반해, 빈민가의 열등한 인종들은 오히려 다산하는 경향이 있다는 사실에 우려를 표하며, 이를 막기 위해 빈민가와 흑인 슬럼에 피임약을 무료로 배포했다. 결국 피임 운동은 여성 권익의 실현을 위한 조치였다기보다는 우수한 인종의 자살을 막는 동시에 열등한 인종의 출산을 억제하기 위한 우생학적 조치에 불과했다. 마가렛 생어에 대한 더 자세한 내용은

이남희, 「마가렛 생어(Margaret Sanger)와 미국 산아 제한운동, 1910-1940」 (숙명여자대학교 대학원 석사학위논문, 2006) 참조.

133. Galton, *Hereditary Genius*, pp. 328-329.

134. MacKenzie, *Eugenics in Britain*, pp. 499-532, 특히 p. 520; Dorothy Porter, "Enemies of the Race: Biologism, Environmentalism, and Public Health in Edwardian England," *Victorian Studies* 34 (1991), pp. 159-178.

135. Jo Young-Ran, *op. cit.*, pp. 213-216.

136. Galton, *Hereditary Genius*, pp. xiv-xxvi.

137. Jo Young-Ran, *op. cit.*, pp. 216-219.

138. Searle, *Eugenics and Politics in Britain*, p. 19.

139. Nancy Leys Stepan, *"The Hour of Eugenics": Race, Gender, and Nation in Latin America* (Ithaca: Cornell University Press, 1991), p. 70.

140. 살리비에 대한 더 자세한 내용은 염운옥, 「우생학과 여성」. pp. 108-111을 참조하라.

141. MacKenzie, "Karl Pearson and the Professional Middle Class," *Annals of Science* 36 (1979), pp. 125-143.

142. Jose Harris, *Unemployment and Politics: A Study in English Social Policy, 1886-1914* (Oxford: Clarendon Press, 1972), pp. 29-30.

143. F. Galton, "Recent expedition into the interior of South-Western Africa," *Journal of the Royal Geographical Society* 22 (1852), pp. 140-163.

144. Galton, *Hereditary Genius*, pp. 336-343.

145. *Ibid.*, pp. 4-5 and pp. 164-165.

146. Robert Reid Rentoul, *Race Culture; Or, Race Suicide?* (London: The Walter Scott Publishing Co. Ltd., 1906), pp. 4-4, pp. 19-22, and 164-165.

147. Charles Wicksteed Armstrong, *The Survival of the Unfittest* (London, 1927), Dan Stone, "Race in British Eugenics," *European History Quarterly* 31 (2001), p. 400에서 재인용.

148. Anthony M. Ludovici, *The False Assumptions of 'Democracy'* (London, 1921), p. 114, *Ibid.*, p. 401에서 재인용.

149. William McDougall, "Psychology in the Service of Eugenics," *Eugenics Review* V (1914), pp. 295-308.

150. Michael Freeden, "Eugenics and Progressive Thought: A Study in Ideological Affinity," *The Historical Journal* 22 (1979), pp. 645-671.

151. Kevles, *In the Name of Eugenics*, pp. 122-128; 할데인의 개량적 우생학에 대한 좀 더 자세한 사항은 Mark B. Adams, "Last Judgment: The Visionary Biology of J. B. S. Haldane," *Journal of the History of Biology* 33 (2000), pp. 457-491 을 참조하라.

3장 - 미국의 우생학

1. Mark H. Haller, *Eugenics: Hereditarian Attitudes in American Thought* (New Brunswick, NJ: Rutgers University Press, 1984); Garland E. Allen, "The Social and Economic Origins of Genetic Determinism: A Case History of the American Eugenics Movement, 1900-1940 and Its Lessons for Today," *Genetica* 99 (1997), pp. 77-88; Philip R. Reilly, *The Surgical Solution: A History of Involuntary Sterilization in the United States* (Baltimore: Johns Hopkins University Press, 1991); Nicole Hahn Rafter (ed.), *White Trash: The Eugenic Family Studies, 1877-1919* (Boston: Northeastern University Press, 1988); Edward J. Larson, "Confronting Scientific Authority With Religious Values: Eugenics in American History," in Timothy J. Demy & Gary P. Steward (eds.), *Genetic Engineering: A Christian Response Crucial Considerations for Shaping Life* (Grand Rapids, MI: Kregel Pulibations, 1999), pp. 104-124; idem, "In the Finest, Most Womanly Way: Women in the Southern Eugenics Movement," *American Journal of Legal History* 39 (1995), pp. 119-147; Phillip Thurtle, "Harnessing Heredity in Gilded Age America: Middle Class Mores and Industrial Breeding in a Cultural Context," *Journal of the History of Biology* 35 (2002), pp. 43-78.

2. Elazar Barkan, "Reevaluating Progressive Eugenics: Herbert Spencer Jennings and the 1924 Immigration Legislation," *Journal of the History of Biology* 24 (1991), pp. 91-112; 공중보건과 우생학의 연관에 대해서는 Martin S. Pernick, "Eugenics and Pubilic Health in American History," *American Journal of Public Health* 87 (1997), pp. 1767-1772; Nancy Ordover, *American Eugenics* (Minneapolis: University of Minnesota Press, 2003); Laura Doyle, "The Long Arm of Eugenics," *American Literary History* 16 (2004), pp. 520-535; Johanna Schoen, "Between Choice and Coercion: Women and The Politics of Sterilization in North Carolina, 1929-1975,"

Journal of Women's History 13 (2001), pp. 132-156 참조하라.

3. Barbara Kimmelman, "The American Breeders' Association: Genetics and Eugenics in an Agricultural Context, 1903-1913," *Social Studies of Science* 13 (1983), pp. 163-204; Alan R. Rushton, *Genetics and Medicine in the United States, 1800-1922* (Baltimore: Johns Hopkins University Press, 1994); Charles E. Rosenberg, "Charles B. Davenport and the Irony of American Eugenics," in Charles E. Rosenberg, *No Other Gods: On Science and American Social Thought* (Baltimore: Johns Hopkins University Press, 1976), pp. 89-97; Garland E. Allen, "The Eugenics Record Office, Cold Spring Harbor, 1910-1940: An Essay in Institutional History," *Osiris* 2 (1986), pp. 225-264; Ronald Rainger, "Improving Americans," *Journal of the History of Biology* 34 (2001), pp. 557-564.

4. Martin S. Pernick, *The Black Stork: Eugenics and the Death of "Defective" Babies in American Medicine and Motion Pictures Since 1915* (Oxford: Oxford University Press, 1999).

5. Eric J. Hobsbawm, *The Age of Empire 1875-1914* (New York: Pantheon Books, 1987), p. 254.

6. Robert C. Bannister, *Social Darwinism: Science and Myth in Anglo-American Social Thought* (Philadelphia: Temple U. P., 1979), pp. 3-7.

7. John W. Burrow, *Evolution and Society: A Study in Victorian Social Theory* (Cambridge: Cambridge University Press, 1966), p. 182.

8. Andrew Carnegie, "Wealth," *North American Review* 148 (1889), p. 657.

9. H. Adams, *The Education of Henry Adams: An Autobiography* (Boston, 1961[1907]), p. 232.

10. Bannister, *op. cit.*, xiv.

11. 이형대, 「미국 知性史에서 윌리엄 그레험 섬너의 自然主義 사상과 保守主義」, 『美國史硏究』 4 (1996), pp. 135-164, esp. p. 136.

12. William G. Sumner, *The Challenge of Facts and Other Essays* (New Haven: Yale University Press, 1914), p. 68.

13. William E. Leuchtenburg & Bernard Wishy (eds.), *Social Darwinism: Selected of William Graham Sumner* (England, NJ: Printice-Hall, 1963), p. 3; 섬너가 처음으로 맬서스주의적 논리를 개진한 것은 사회주의를 공격하기 위한 1878년 스크리브너(Scribner)의 연설에서였다. 그는 거기서 이민과 기술이 일시

적으로 인구 압력을 지체시킬 수는 있겠지만, 그럼에도 불구하고 생존경쟁은 피할 수 없는 것이라고 주장했다. Bannister, *op. cit.*, p. 25 and p. 104.

14. William G. Sumner, *Folkways: A Study of Sociological Importance of Usages, Manners, Customs, Mores, and Morals* (New York: Ginn, 1940[1906]), pp. 16-17. 섬너는 제한된 자원 때문에 경쟁이 증가한다는 맬서스 원리를 가족 내부에서의 부모와 자식 관계를 통해 설명하기도 했다. 그는 가족 내부에서 자손의 수가 증가할수록 빈곤의 해로움이 증가할 것이라고 보았다. 좀 더 자세한 내용은 William G. Sumner, "That We Must Have Few Men, If We Want Strong Men," in *What Social Classes Owe to Each Other* (New York: Harper & Bros., 1883), pp. 72-80.

15. Sidney Fine, *Laissez Faire and the General-Welfare State: A Study of Conflict in American Thought 1865-1901* (Ann Arbor: University of Michigan Press, 1956), p. 3.

16. William G. Sumner, "The Concentration of Wealth: Its Economic Justification," *The Independent* (1902), Reprinted in Albert Galloway Keller (ed.), *The Challenge of Facts and Other Essays* (New Haven: Yale University Press, 1914), pp. 81-90, 특히 p. 90.

17. William G. Sumner, "On the Reasons Why Man Is Not Altogether a Brute," in *What Social Classes Owe to Each Other*, pp. 58-71.

18. Sumner, *Folkways.*, pp. 28-30.

19. *Ibid.*, p. 151.

20. *Ibid.*, pp. 154-156.

21. *Ibid.*, p. 178 and p. 646.

22. *Ibid.*, pp. 193-194.

23. William G. Sumner, "The Absurd Effort to Make the World Over," *The Forum* 17 (1894), pp. 92-102, 특히 pp. 97-99.

24. Richard Hofstadter, *Social Darwinism in American Thought* (New York: George Braziller, 1959), p. 63.

25. David A. Hollinger and Charles Capper (eds.), *The American Intellectual Tradition* Vol. II (New York: Oxford University Press, 1989), p. 23.

26. Hofstadter, *op. cit.*, p. 57.

27. 김봉중, 「전환시대의 미국의 지성, 1880-1940: 반(反)사회진화론자들과 그들의

영향을 중심으로」, 『全南史學』, 第11輯, 1997, p. 606.

28. 19세기 말 20세기 초엽 미국의 사회와 문화에 대해서는 이보형, 『미국사개설』 (서울: 일조각, 2005), pp. 194-246을 참조하라. 이와 같은 미국의 19세기 말 상황은 혁신주의의 등장을 가져왔다. 혁신주의 운동의 주체와 목표 등에 대해서는 황혜성, 「미국 혁신주의운동의 선구자들에 관한 연구」, 『미국사연구』 6 (1997), pp. 59-79와 박진빈, 『백색국가건설사』 (서울: 앨피, 2006), pp. 10-27을 참조하라.

29. Carl N. Degler, *In Search of Human Nature : The Decline and Revival of Darwinism in American Social Thought* (N.Y. : Oxford U.P., 1991), p. 42.

30. Edward J. Larson, *Sex, Race, and Science: Eugenics in the Deep South* (Baltimore: Johns Hopkins University Press, 1995), p. 31.

31. *American Breeders Magazine* 4 (1913), p. 177; Barbara Ann Kimmelman, *A Progressive Era Discipline: Genetics at American Agricultural Colleges and Experiment Stations, 1900-1920* (Ph. D. Dissertation, University of Pennsylvania, 1987), p. 21.

32. Howard L. Kaye, *The Social Meaning of Modern Biology* (New Brunswick: Rutgers University Press, 1997), p. 37. 케이는 사회다윈주의, 진화인본주의, 분자생물학, 사회생물학 등을 사회학적 역사학적 시각에서 분석하고 있는데, 케이는 이러한 학문이나 사상이 모두 도덕적 동기를 갖고 시작되었다고 본다. 케이의 책은 최근 번역되었으니, 다음을 참조하라. 하워드 L. 케이, 생물학의 역사와 철학연구 모임, 『현대생물학의 사회적 의미』, 뿌리와 이파리, 2008.

33. Richard Lewontin and Richard Levins, *Dialectical Biologist* (Cambridge: Harvard University Press, 1985), pp. 163-196.

34. R. L. Dugdale, *"The Jukes": A Study in Crime, Pauperism, Disease, and Heredity* (New York: G. P. Putnam's Son, 1877), p. 66 & p. 119.

35. H. E. Jordan, "Heredity as a Factor in the Improvement of Social Condition," *American Breeders Magazine* 2 (1911), pp. 246-254.

36. Edwin G. Conklin, "The Mechanism of Heredity," *Science* 27 (1908), pp. 89-99, 특히 pp. 89-90.

37. Sarah Stage, "Ellen Richards and the Social Significance of the Home Economics Movement," in *Rethingking Home Economics: Women and the History of a Profession*, ed. Sarah Stage and Virginia B. Vincenti (Ithaca: Cornell University Press, 1997), pp. 17-33.

38. Stocking, *Lamarckianism in American Social Science*, p. 251.

39. 박민아 · 김영식, 『프리즘』(서울: 서울대학교 출판부, 2007), pp. 227-232.

40. 박진빈, 앞의 책, pp. 31-65.

41. Edwin Black, *War Against the Weak: Eugenics and America's Campaign to Create a Master Race* (New York/London: Four Walls Eight Windows, 2003), xv-xviii.

42. Charles B. Davenport, "Report of Committee on Eugenics," *The American Breeders Magazine* I (Second Quarter, 1911), pp. 126-129.

43. Philip K. Wilson, "Harry Laughlin's Eugenic Crusade to Control the 'Socially Inadequate' in Progressive Era America," *Patterns of Prejudice* 36 (2002), p. 57.

44. C. B. Davenport and H. H. Laughlin, *How to Make a Eugenical Family Study*, Bulletin No. 13 (New York: ERO, 1915), p. 4.

45. C. B. Davenport, *Heredity in Relation to Eugenics* (New York: Henry Holt, 1911), pp. 66-67, pp. 72-74, and pp. 79-80.

46. A. H. Estabrook and C. B. Davenport, *The Nam Family: A Study in Cacogenics* (Lancaster: New Era, 1912), p. 1.

47. Allen, *The Social and Economic Origins of Genetic Determinism*, pp. 78-79.

48. Kathy J. Cooke, "Duty or Dream? Edwin G. Conklin's Critique of Eugenics and Support for American Individualism," *Journal of the History of Biology* 35 (2002), p. 369.

49. P. Popenoe and R. H. Johnson, *Applied Eugenics* (New York: Macmillan, 1918), p. 149.

50. Kallikak은 그리스어 kalos(beautiful)와 kakos(bad)가 합쳐진 것이다. 칼리칵은 가상으로 만든 존재였다. H. H. Goddard, *The Kallikak Family: A Study in the Heredity of Feeble- mindedness* (New York: Norton, 1923).

51. P. Popenoe, "Feeblemindedness," *Journal of Heredity* 6 (1915), p. 32.

52. Phillip R. Reilly, *The Surgical Solution: A History of Involuntary Sterilization in the United States* (Baltimore: Johns Hopkins University Press, 1991), pp. 80-81.

53. Charles E. Rosenberg, *No Other Gods: On Science and American Social Thought* (Baltimore: Johns Hopkins University Press, 1976), pp. 196-209.

54. Daniel J. Kevles, "Genetics in the United States and Great Britain 1890-1930: A Review with Speculations" in *Biology, Medicine and Society, 1840-*

1940, ed. C. Webster (Cambridge: Cambridge University Press, 2003), pp. 203-212.

55. Charles B. Davenport, "Report of Committee on Eugenics," *The American Breeders Magazine* I (Second Quarter, 1911), pp. 126-129.

56. *The American Breeders Magazine* IV (Fourth Quarter, 1913), p. 177.

57. *The American Breeders Magazine* IV (Second Quarter, 1913), pp. 126-127.

58. "Current Notes," *American Journal of Physical Anthropology* I (1918), p. 264.

59. Donald K. Pickens, *Eugenics and the Progressive* (Nashille, Tenn.: Vanderbilt University Press, 1968), p. 52.

60. Garland E. Allen, "Science Misapplied: The Eugenics Age Revisited," *Technology Review* 99 (1996), p. 24.

61. 여기에는 피셔(Irving Fisher), 캐슬(William E. Castle), 메이어(Adolf Meyer), 톰슨(J. Arthur Thompson), 모건(T. H. Morgan), 벨(Alexander Graham Bell) 등 당시 최고의 생물학자 그룹이 참여했다.

62. Wilson, *op. cit.*, p. 53.

63. Diane B. Paul, *Controlling Human Heredity: 1865 to the Present* (Atlantic Highlands, NJ: Humanities Press International, 1995), pp. 54-57.

64. Wilson, *op. cit.*, pp. 53-54.

65. Marouf Arif Hasian, Jr., *The Rhetoric of Eugenics in Anglo-American Thought* (Athens: The University of Georgia Press, 1996), p. 31.

66. Degler, *op. cit.*, p. 14.

67. Wilson, *op. cit.*, p. 57.

68. Daniel J. Kevles, *In the Name of Eugenics: Genetics and the Uses of Human Heredity* (New York: Knopf, 1995), p. 108.

69. Reilly, *op. cit.*, p. 60.

70. 당시 미국 교육계와 생물학 교과서에서의 우생학 담론에 대해서는 Steven Selden, "Eugenics and the Social Construction of Merit, Race, and Disability," *Journal of the Curriculum Studies* 32 (2000), pp. 235-252; idem, "Biological Determinism and the Normal School Curriculum: Helen Putnam and the NEA Committee on Racial Well-Being, 1910-1922," in W. F. Pinar (ed.), *Contemporary Curriculum Discourses: Twenty Years JCT* (Scottsdale, AZ:

Gorsuch Scarisbrick, 1999), pp. 50-65 참조하라.

71. Hasian, *op. cit.*, pp. 36-37.

72. George W. Hunter, *A Civic Biology: Presented in Problems* (New York: American, 1914), pp. 261-263.

73. Hamilton Cravens, *Triumph of Evolution: American Scientists and the Heredity- Environment Controversy, 1900-1914* (Philadelphia: University of Pennsylvania Press, 1978), p. 53.

74. Wilson, *op. cit.*, p. 61.

75. Robert W. Rydell, *World of Fairs: The Century-of-Progress Expositon* (Chicago: Chicago University Press, 1993), pp. 45-50.

76. AES, *A Eugenics Catechism* (American Eugenics Society, 1926), pp. 2-3, & p. 10.

77. Lester F. Ward, "Eugenics, Euthenics and Eudemics," *American Journal of Sociology* 181 (1913), p. 751.

78. Martin S. Pernick, "Defining the Defective: Eugenics, Aesthetics, and mass Culture in Early Twentieth-Century America," in David T. Mitchell and Sharon L. Snyder, *The Body and Physical Difference: Discourses of Disability* (Ann Arbor: Univ. of Michigan Press, 1997), pp. 89-101.

79. W. L. Champion, "Sterilization of Confirmed Criminals, Idiots, Rapists, Feeble-Minded and Other Defectives," *Journal of the Medical Association of George* 3 (1913), p. 133.

80. S. K hl, *The Nazi Connection: Eugenics, American Racism, and German National Socialism* (New York: Oxford University Press, 1994), pp. 86-88.

81. P. Popenoe, "The German Sterilization Law," *Journal of Heredity* 25 (1934), p. 260.

82. Hasian, *op. cit.*, p. 31.

83. C. B. Davenport, *Heredity in Relation to Eugenics* (New York: Henry Holt, 1911), p. 216 and pp. 218-219.

84. *Ibid.*, pp. 248-249.

85. *Ibid.*, pp. 221-222.

86. 손영호, 「딜링햄위원회의 이민보고서: 내용 분석과 타당성에 대한 논의」, 『미국사연구』 20 (2004), p. 89.

87. Paul, *Controlling Human Heredity*, p. 8.

88. Kevles, *In The Name of Eugenics*, pp. 96-97.

89. 손영호, 앞의 논문, pp. 91-92.

90. Allen, *Science Misapplied*, p. 26.

91. Calvin Coolidge, "Whose Country Is This?," *Good Housekeeping* 72 (1921), p. 14.

92. U. S. House Committee on Immigration and Naturalization, *Analysis of the Metal and Dross in America's Modern Melting Pot*, 67th Congress, 3rd session, 1922, series 7-C, pp. 725-831.

93. Haller, *op. cit.*, p. 155.

94. Barkan, *Reevaluating Progressive Eugenics*, p. 97.

95. Wilson, *op. cit.*, pp. 62-63.

96. Allen, *Science Misapplied*, p. 26.

97. Francis Galton, *Hereditary Genius, An Inquiry into Its Laws and Consequences* (London: Macmillan and Co., 1892(ist, 1869), p. 320.

98. Jesse Spaulding Smith, "Marriage, Sterilization and Commitment Laws Aimed at Decreasing Mental Deficiency," *Journal of Criminal Law* 5 (1914), pp. 364-366.

99. C. B. Davenport and Morris Steggerda, *Race Crossing in Jamaica* (Washington D. C.: Carnegie Institution, 1929), pp. 472-473; William E. Castle, *Genetics and Eugenics* (Cambridge, MA: Harvard University Press, 1920), pp. 265-266.

100. Hofstadter, *op. cit.*, pp. 172-175.

101. Madison Grant, *The Passing of the Great Race* (New York: Charles Scribner's Sons, 1916), pp. 15-16.

102. Degler, *op. cit.*, pp. 44-45.

103. Allen, *Science Misapplied*, p. 27.

104. H. H. Goddard, "Four Hundred Feeble-minded Children Classified by the Binet Method," *Journal of Psycho-Asthenics* 15 (1910), pp. 17-27.

105. Harry H. Laughlin, *Legal, Legislative and Administrative Aspects of Sterilization* - Bulletin No. 10B (Cold Springs Harbor, NY: ERO, 1913), pp. 144-145.

106. Mike Hawkins, *Social Darwinism in European and American Thought, 1860-1945* (Cambridge: Cambridge University Press, 1997), pp. 242-243.

107. Philip R. Reilly, *The Surgical Solution: A History of Involuntary Sterilization in the United States* (Baltimore: Johns Hopkins University Press, 1991), p. 34.

108. Kevles, *In The Name of Eugenics*, p. 100.

109. H. L. Mencken, "Utopia by Sterilization," *American Mercury* 41 (1937), pp.399-407.

110. Cooke, *Duty or Dream?*, p. 369.

111. Abraham Myerson, et al. *Eugenical Sterilization: A Reorientation of the Problem* (New York: Macmillan, 1936), p. 179.

112. Harry H. Laughlin, *Model Eugenical Sterilization Law, Eugenical Sterilization in the United States, A Report of the Psychopathic Laboratory of the Municipal Court of Chicago* (Municipal Court of Chicago, 1922), pp. 446-452 & pp. 454-461.

113. 벅(Carrie Buck)은 버지니아(Virginia)에 거주하는 18세의 소녀로 최고법원 (the Supreme Court)에 의해 정신 장애자로 분류되었다. 정신박약 어머니를 둔 벅은 강간에 의해 정신박약아인 사생아를 낳았다. 결국 3대 모두 정신박약자가 된 것이다. U. S. Supreme Court, "Buck v. Bell," *Supreme Court Reporter* 47 (1927), pp. 584-585.

114. Stephen Jay Gould, "Carrie Buck's Daughter," in *The Flamingo's Smile: Reflection in Natural History* (New York: W. W. Norton, 1985), pp. 306-318.

115. Hawkins, *Social Darwinism*, pp. 242-243.

116. 박진빈, 「끝나지 않은 이야기 – 미국의 우생학 연구」, 『서양사론』 90 (2006), p. 197.

117. Provine, *op. cit.*, pp. 94-96.

118. Garland E. Allen, "Naturalists and Experimentalists: The Genotype and the Phenotype," *Studies in the History of Biology* 3 (1979), pp. 179-209.

119. Fredrick B. Churchill, "Wilhelm Johannsen and the Genotype Concept," *Journal of the History of Biology* 7 (1974), pp. 5-30.

120. Garland E. Allen, *Thomas Hunt Morgan: The Man and His Science* (Princeton: Princeton University Press, 1978), pp. 227-234.

121. Daniel Wikler, "Can We Learn From Eugenics?," *Journal of Medical Ethics* 25 (1999), p. 186.

4장 - 독일의 우생학

1. 독일에서 사용하는 용어인 Rassenhygiene는 영어인 Eugenics보다 훨씬 광범위한 영역을 포괄하는 용어다. 인종위생은 한 집단(a population)의 유전적 질을 개선하기 위한 모든 시도뿐만 아니라 인구(population)의 절대적인 증가를 꾀하려는 모든 조치 또는 수단을 포괄한다. 종종 독일 우생학자들이 Eugenik이라는 용어를 차용해 자신들의 행위를 한정하곤 하지만, 대체로 독일 우생학들은 Rassenhygiene라는 용어를 사용한다. 이 장에서는 인종위생과 우생학이란 용어를 동일한 의미로 혼용한다.

2. Sheila Faith Weiss, "The Race Hygiene Movement in Germany 1904-1945," in Mark B. Adams (ed.), *The Wellborn Science* (Oxford: Oxford University Press, 1990) pp. 9-10; Roland Blach, "Health Reform and Race Hygiene: Adventists and the Biomedical Vision of the Third Reich," *Church History* 65 (1996), pp. 425-440; Susan Bachrach, "In the Name of Public Health-Nazi Racial Hygiene," *The New England Journal of Medicine* 351 (2004), pp. 417-421.

3. T. J. Kalikow, "Konrad Lorenz's Ethological Theory: Explanation and Ideology, 1938-1943," *Journal of the History of Biology* 16 (1983), pp. 39-73; Benno Müller-Hill, "Eugenics: The Science and Religion of the Nazis," in *When Medicine Went Mad: Bioethics and the Holocaust*, Arthur L. Caplan, ed. (Totowa, NJ: Human Press, 1992), pp. 43-52; idem, *Murderous Science: Elimination by Scientific Selection of Jews, Gypsies, and Others, Germany 1933-1945* (Oxford: Oxford University Press, 1988); Robert N. Proctor, *Racial Hygiene: Medicine Under the Nazis* (Cambridge, MA: Harvard University Press, 1988); Götz Aly, Peter Chroust, and Christian Pross, *Cleansing the Fatherland: Nazi Medicine and Racial Hygiene* (Baltimore: Johns Hopkins University Press, 1994); Michael H. Kater, *Doctors Under Hitler* (Chapel Hill, NC: University of North Carolina Press, 1989); Gerwin Strobl, "The Bard of Eugenics: Shakespeare and Racial Activism in the Third Reich," *Journal of Contemporary History* 34 (1999), pp. 323-336.

4. George L. Mosse, *The Crisis of German Ideology: Intellectual Origins of the Third Reich* (New York: Grosset and Dunlap, 1964); idem, *Toward*

the Final Solution: A History of European Racism (London: J. M. Dent and Sons, 1978); Sheila Faith Weiss, *Race Hygiene and National Efficiency: The Eugenics of Wilhelm Schallmayer* (Berkeley: University of California Press, 1987).

5. Sozialdarwinismus라는 용어는 1906년에 독일에서 *Zeitschrift für Sozialwissenschaft* 9 (1906), p. 423에서 스테인메츠(S. R. Steinmetz)가 처음으로 사용하였다.

6. William M. Montgomery, "Germany," in Thomas F. Glick (ed.), *The Comparative Reception of Darwinism* (Austin & London: Univ. of Texas Press, 1974), pp. 81-87.

7. Proctor, Racial Hygiene, pp. 13-14.

8. Richard Weikart, "The Origins of Social Darwinism in Germany 1859-1895," *Journal of the History of Ideas* 54 (1993), p. 471.

9. Donald C. Bellomy, "'Social Darwinism' Revisited," *Perspectives in American History* 1 (1984), p. 41.

10. 켈리는 『다윈의 후예』에서 온건한 사회다원주의와 급진적 사회다원주의를 구분하였다(미국의 경우 이와 같은 구분은 보수주의자들과 개량주의자들의 구분과 상응한다). 전자는 사회유기체론자(Lilienfeld, Schaffle) 또는 투쟁학파(struggle schools)로 불리는 사람들로 사회학자였던 굼브로비츠(Ludwig Gumplowicz)가 대표적이다. 반대로 급진주의자들은 인종위생론자들과 사회주의자들이었다. Alfred Kelly, *The Descent of Darwin: The Popularization of Darwinism in Germany, 1860-1914* (Chapel Hill: University of North Carolina Press, 1981).

11. Proctor, *Racial Hygiene*, p. 15.

12. Niles Holt, "Ernst Haeckel's Monistic Religion," *Journal of the History of Idea* 32 (1971), p. 265.

13. Song Sang-yong, "Haeckel's Monistic Philosophy of Nature,"『哲學研究』11 (1976), pp. 193-197.

14. Montgomery, *op. cit.*, pp. 83-85.

15. Ernst Haeckel, *Naturliche Schopfungsgeschichte* (Berlin, 1868), p. 5, p. 16, and p. 93, Weikart, *op. cit.*, p. 475에서 재인용. 헤켈의 『창조의 자연사』는 동료 학자들에게는 냉담한 반응을 얻었지만, 강단 이외에서는 큰 인기를 끌어 9판까지 나오고, 12개 언어로 번역되기도 했다. 헤켈의 책은 19세기 과학적 유물론의 정점

이 되었다.

16. Charles Darwin, *The Descent of Man* (New York: Prometheus Books, 1998[1874, 2nd ed.]), p. 3.

17. Ernst Haeckel, *Naturliche Schopfungsgeschichte* (Berlin, 1868), pp. 125-129, pp. 226-229 and pp. 218-219, Weikart, *op. cit.*, p. 476에서 재인용.

18. J. P. Rushton, "Race Differences in Behavior: A Review and Evolutionary Analysis," *Personality and Individual Differences* 9 (1988), pp. 1009-1024.

19. Peter J. Bowler, *Evolution: The History of an Idea* (Berkely: Calif. U.P., 1983), pp. 290-291.

20. 헤켈의 일원론에 대해서는 Song Sang-yong, *op. cit.*, pp. 193-209.

21. Richard M. Lerner, *Final Solution: Biology, Prejudice, and Genocide* (Penn.: Pennsylvania State University Press, 1992), pp. 24-25.

22. 1874년 『인류발생론』(*Anthropogenie*)에서 헤켈은 일원론을 과학적 원리와 철학적 원리의 혼합으로 설명했다. 서문에서 헤켈은 새로운 진화 이론은 "과학적 통일성의 성장을 위해 가장 유리한 발전"이었다고 주장했다. 이에 더하여, "통합적인 철학, 또는 일원론은 지극히 사색적이지도 유물론적이지도 않은 것이다. 단지 그것은 반대되는 원리의 조화와 혼합으로 구성되며, 즉 그것은 자연을 전체로서 바라보는 관점인 것이다"라고 언급했다. 또한 헤켈은 과학의 기초는 경험론과 철학의 조화 및 혼합이기 때문에 일원론이 철학적 방법과 경험적 방법 사이의 가교 역할을 한다고 주장했다. 그에게 일원론은 새로운 자연철학이자, 과학의 철학이었다. 그러므로 그에게 일원론은 단순한 다윈주의 또는 범신론 또는 기계론 또는 자연종교가 아니라 모든 체계의 조화였던 것이다. Holt, *op. cit.*, pp. 269-271.

23. G. J. Stein, "The Biological Bases of Ethnocentrism, Racism, and Nationalism in National Socialism," in V. Reynolds et al. (ed.), *The Sociobiology of Ethnocentrism* (London: Croom Helm, 1987), p. 259.

24. E. Haeckel, *The History of Creation; or, The Development of the Earth and Its Inhabitants by the Action of Natural Causes* (New York: Appleton, 1876), p. 434, p. 332, p. 310, and p. 390.

25. Haeckel, *op. cit.*, p. 170; E. Haeckel, *The Wonders of Life* (New York: Harper, 1905), p. 116, pp. 118-119.

26. Haeckel, *History of Creation*, pp. 172-173.

27. Richard J. Evans, *Society and Politics in Wilhelmine Germany* (London: Croom Helm, 1978) pp. 16-22.

28. Richard J. Evans, "Prostitution, State and Society in Imperial Germany," *Past and Present* 70 (1976), pp. 106-108.

29. F. Stern, *The Failure of Illiberalism: Essays on the Political Culture of Modern Germany* (Chicago: Univ. of Chicago Press, 1975), p. 15

30. Paul Weindling, *Health, Race and German Politics Between National Unification and Nazism, 1870-1945* (Cambridge: Cambridge University Press, 1989), p. 135.

31. Paul Weindling, "The Survival of Eugenics in 20th-Century Germany," *American Journal of Human Genetics* 52 (1993), pp. 644-645.

32. H. Friedlander, *The Origins of Nazi Genocide: From Euthanasia to the Final Solution* (Chapel Hill and London: University of North Carolina Press, 1995), p. 7.

33. Weindling, *Health, Race and German Politics Between National Unification and Nazism*, p. 127.

34. Weiss, *The Race Hygiene Movement in Germany 1904-1945*, p. 15.

35. Robert Jay Lifton, *The Nazi Doctors: Medical Killing and the Psychology of Genocide* (New York: Basic Books, 1986), p. 24.

36. Alfred Ploetz, "Die Tuchtigkeit unsrer Rasse und der Schutz der Schwachen," vol.1 in *Grundlinien einer Rassenhygiene* (Berlin, 1895), pp. 116-144, Proctor, *Racial Hygiene*, pp. 15-16에서 재인용.

37. Diane B. Paul, "Eugenics and the Left," *Journal of the History of Ideas* 45 (1984), pp. 570-571.

38. 구소련 우생학에 대해서는 Mark Adams, "From 'Gene Fund' to 'Gene Pool': On the Evolution of Evolutionary Language," *Studies in the History of Biology* 3 (1979), pp. 241-285를 참조하라.

39. Loren Graham, "Science and Value: The Eugenics Movement in Germany and Russia in the 1920s," *American Historical Review* 82 (1977), p. 1137.

40. A. Ploetz, "Begriffie," pp.23-26, Weindling, *Health, Race and German Politics Between National Unification and Nazism*, p. 131에서 재인용.

41. 플뢰츠가 창간한 이 학술지는 학문적으로 존경받는, 국제적으로도 명성이 있는 학술지로 발전했다. 이 잡지는 우생학에 공헌한 세계 최초의 학술지이기도 하다. 이 학술지의 목적은 인종과 사회의 상호작용, 인간 종의 효율성과 건강 증진과 보존을 위한 보건, 그리고 진화 이론과 그것이 어떻게 인종 개선에 관계되는가에 대

한 과학적 연구를 대중화하고 조사하기 위한 것이었다. 1905년 독일 인종위생 협회가 창설되면서 본격적으로 이 학술지는 협회의 목소리를 대변하게 되었다. 초기 수십 년간 이 학술지에는 인류학자, 사회학자, 의사들의 논문이 많이 실렸다. 특히 부적격자의 보호에 필요한 사회경제적 비용에 관한 논문이나 독일 인구의 인종 자살의 잠재적 위험성에 관한 논문들이 주종을 이루었는데, 이 논문들은 인류학이나 사회학적 조사를 바탕에 둔 것들이었다. 제1차 세계대전 이후 바이마르 공화국 시기에는 인구 감소나 적격자인 젊은이들의 손실 등 전쟁의 생물학적 결과에 대한 논문들이 많았다. 나치 시기에는 인간 유전학 분야로 논문 투고가 한정되었고, 제2차 세계대전 종전 직전에는 정신질환의 유전학, 이론적 문제, 그리고 출산율의 통계학 등에 초점이 맞추어졌다. 1944년에 종간되었다. Ruth Clifford Engs, *The Eugenics Movement An Encyclopedia* (Westport, Connecticut: Greenwood Press, 2005), p. 11.

42. A. Ploetz, "Die Begriffie Rasse und Gesellschaft und die davon abgeleiteten Disciplinen," *ARGB* 1 (1904), p. 3, Weindling, *Health, Race and German Politics Between National Unification and Nazism*, pp. 129-130 & p. 136에서 재인용.

43. Engs, *op. cit.*, p. 93.

44. Weiss, *Race Hygiene and National Efficiency*, pp. 42-63.

45. *Ibid.*, pp. 65-73.

46. *Ibid.*, pp. 74-89.

47. Weindling, *Health, Race and German Politics Between National Unification and Nazism*, pp. 135-136.

48. E. V. Tschermark, "Der moderne Stand des Vererbungsproblems," *ARGB* 2 (1905), p. 663.

49. Weindling, *The Survival of Eugenics in 20th-Century Germany*, pp. 644-645.

50. Graham, *Science and Value*, pp. 1152-1153.

51. 인종위생 협회는 1905년 32명에서 1907년 100명으로 회원이 증가했고, 1907년에는 뮌헨과 베를린에 지부가 건설되었다. 특히 베를린 지부는 플뢰츠, 유전학자 바우어(Erwin Baur) 등 당대 최고의 학자들, 의사들, 산업가들, 다른 전공의 권위자들에 의해 주도되었다. 1909년에는 렌츠가 비서, 피셔(E. Fisher)가 회장인 프라이부르크(Freiburg) 지부가 결성되었고, 1910년에는 슈투트가르트(Stuttgart)에 빌헬름 바인베르크(후일 Hardy-Weinberg Law로 유명한)의 주도로 지부

가 결성되었다. 1907년 인종위생 협회는 국제 인종위생 협회(the Internationale Gesellschaft für Rassenhygiene)로 명칭을 바꾸고, 제1차 세계대전 이후 급속하게 팽창했다. 1922년 드레스덴(Dresden), 1923년 키엘(Kiel), 브레멘(Bremen), 그라츠(Graz), 1925년 뷔르템베르크(Württemberg), 비엔나(Vienna), 1926년 뮌스터(Münster), 오스나브뤼크(Osnabrück), 1929년 졸링엔(Solingen), 바르멘-엘버펠트(Barmen-Elberfeld), 부퍼탈(Wuppertal), 남부 실레지아(Lower Silesia), 1930년 레버쿠젠(Leverkusen), 베크타-클로펜부르크(Vechta-Cloppenburg), 콜로뉴(Cologne), 그리고 바덴(the state of Baden) 등에 지부가 결성되었다. 1930년 1,300명의 회원과 16개의 국내 지부, 4개의 오스트리아 지부가 있었으며, 이후 약 10여 개의 지부가 더 건설되었다. Proctor, *Racial Hygiene*, pp. 17-18.

52. Paul Weindling, "Psychiatry and the Holocaust," *Psychological Medicine* 22 (1992), pp. 1-3.

53. R. J. Evans, "The Feminist Movement in Germany 1894-1933," in *Sage Studies in 20th Century History* Vol. 6 (London and Beverly Hills: Sage, 1976), pp. 115-143.

54. Peter Weingart, "German Eugenics between Science and Politics," John P. Jackson (ed.), *Science, Race, and Ethnicity: Readings from Isis and Osiris* (Chicago and London: The University of Chicago Press, 2002), pp. 202-203.

55. G. Hoffmann, "Eugenics in Germany: Society of Race Hygiene Adopts Resolution Calling for Extensive Program of Positive Measures to Check Decline in Birth-Rate," *Journal of Heredity* 5 (1914), pp. 435-436.

56. Weindling, *Health, Race and German Politics Between National Unification and Nazism*, p. 320.

57. *Ibid.*, p. 323.

58. Weiss, *The Race Hygiene Movement in Germany 1904-1945*, pp. 29-30.

59. Proctor, *Racial Hygiene*, pp. 49-50.

60. Allen, *Science Misapplied*, p. 25.

61. Richard M. Lerner, *Final Solution: Biology, Prejudice, and Genocide* (Penn.: Pennsylvania State University Press, 1992), pp. 31-33.

62. Fritz Lenz, "Die Stellung des Nationalsozialismus Zur Rassenhygiene," *Arch. Dass. Ges. - Biol.* 25 (1931), pp. 300-308, on. 308 및 Fritz Lenz, *Die Rasse*

als Wertprinzip: Zur Erneuerung der Ethik, 2nd ed.(Munich: Lehmann, 1933), p. 7, Weingart, *op. cit.*, p. 210에서 재인용.

63. 이 책의 목적은 인종위생의 사회적 권위와 인식론적 정당성을 획득하기 위한 시도였다. 이 책은 크게 다섯 부분으로 되어 있다. 변이와 유전 이론(the theory of variation and heredity, Baur), 인간의 인종적 차이(racial differences in mankind, Fischer), "병원적(病原的)" 유전 요인(morbific heredity factor, Lenz), 방법론(methodology, Lenz), 지적 재능의 유전(the inheritance of intellectual gifts, Lenz). Erwin Baur, Eugen Fischer, and Fritz Lenz, *Grundriss der menschlichen Erblichkeitslehre und Rassenhygiene* (Munich: JF Lehmann, 1921).

64. Weiss, *The Race Hygiene Movement in Germany 1904-1945*, p. 36.

65. Eugen Fischer, "Aufgaben der Anthropologie, menschlichen Erblichkeitslehre und Eugenik," *Naturwissenschaften*, 1926, 32, pp.749-755, Weingart, *op. cit.*, pp. 204-205에서 재인용.

66. Weindling, *The Survival of Eugenics in 20th-Century Germany*, p. 646.

67. Anne Kerr and Tom Shakespeare, *Genetic Politics: from Eugenics to Genome* (Cheltenham: New Clarion Press, 2002), p. 25.

68. 1920년 펠릭스 마이너(Felix Meiner) 출판사에서는 카를 빈딩(Karl Binding, 형법전문가)과 알프레드 호헤(Alfred Hoche, 의학교수)가 쓴 『살 가치가 없는 생명의 제거에 대한 승인(*Die Freigabe der Vernichtung lebensunwerten Lebens*)』이라는 책이 출판되었다. 이 책에서 제시한 '살 가치가 없는 생명'이라는 범주는 유럽의 사법제도에 최초로 등장한 개념으로서 자살은 살아있는 인간이 자신의 실존에 대해 행사하는 주권의 표현이므로 처벌할 수 없다는 논지를 전개하고 있으나, 이는 후일 일반적인 생명에 대한 제거를 면책해 주는 논리적 근거가 되었다. 나치가 보여 준 의학과 정치의 통합도 이 책에서 제시된 '살 가치가 없는 생명'에 대한 제거를 실현한 것에 불과한 것이었다. 이는 아감벤(Giorgio Agamben)이 말한 근대 생명정치의 본질적 특성을 잘 보여 준다고 할 수 있을 것이다.

69. A. Hitler, *Mein Kampf*, trans. R. Manheim (Boston: Houghton Mifflin, 1925, 1927/1943), p. 132 and p. 135.

70. Ernst Rüdin, "Aufgaben und Ziele der Deutschen Gesellschaft für Rassenhygiene," *Arch. Rass. Ges.-Biol.* 28, (1934), pp. 228-231, Weingart, *op. cit.*, p. 211에서 재인용.

71. Daniel Wikler, "Can We Learn From Eugenics?," *Journal of Medical Ethics*

25 (1999), p. 185.

72. Lifton, *op. cit.*, p. 478.

73. Müller-Hill, *Murderous Science*, p. 12.

74. Proctor, *Racial Hygiene*, p. 286.

75. 가장 대표적인 영화는 『나는 고발한다』(I Accuse)였는데, 이 영화는 다발성 경화증(multiple sclerosis)을 가진 아내를 살인한 한 남편의 이야기였다. 이 영화는 베니스 비엔날레에서 수상을 하기도 했고, 시나리오의 원작자인 안과인사 운거(Helmut Unger)는 후일 안락사 프로그램의 구성원이 되었다. Kerr and Shakespeare, *op. cit.*, pp. 25-27.

76. Weindling, *Health, Race and German Politics Between National Unification and Nazism*, pp. 388-393.

77. H. Harmsen, "The German Sterilization Act of 1933: 'Gesetz zur Verhuetung erbkranken Nachwuchses,'" *The Eugenics Review 46* (1955), p. 227.

78. 당시 이 법에 의해 불임화 수술 대상자로 예측된 인원은 유전성 정신박약 (Hereditary feeble mindedness) 200,000명, 정신분열(Schizophrenia) 80,000명, 간질(Epilepsy) 60,000명, 조울증(Manic-depressive psychosis) 20,000명, 중증 신체장애(Serious physical deformities) 20,000명, 유전성 청각장애(Hereditary deafness) 16,000명, 유전성 알코올 중독(Hereditary alcoholism) 10,000명, 유전성 시각장애(Hereditary blindness) 4,000명, 그리고 헌팅턴 무도병(Huntinton's chorea) 600명 등 총 410,600명에 달한다. Cesare Santoro, *Hitler Germany as Seen by a Foreigner* (Berlin: Internationaler Verlag, 1938), p. 126.

79. Proctor, *Racial Hygiene*, pp. 195-196.

80. Lifton, *op. cit.*, p. 448.

81. Friedlander, *op. cit.*, p. 30.

82. H. Gallagher, *By Trust Betraged: Patients, Physicians and the Licence to Kill in the Third Reich* (New York: Vandamere Press, 1995), p. 23.

83. Aubrey Lewis, "German Eugenic Legislation: An Examination of Fact and Theory," *The Eugenics Review 26* (1934), pp. 186-188.

84. Proctor, *Racial Hygiene*, pp. 131-136.

85. John Toland, *Adolf Hitler* (New York: Byzantine Books, 1977), p. 700.

86. Weindling, *Health, Race and German Politics Between National Unification and Nazism*, pp. 393-394.

87. JA Emerson Vermaat, "'Euthanasia' in the Third Reich: Lessons for Today?," *Ethics & Medicine* 18 (2002), p. 22.

88. 나치의 안락사는 1939년 초 발생한 일명 카누어 사건(the Kanuer case)을 계기로 시작된 것이었다. 라이프치히(Leipzig)에 사는 한 아버지는 시각장애와 사지절단인 아이를 낳았고, 이에 이 아이에 대한 안락사를 허용해 줄 것을 요청하는 편지를 히틀러에게 보냈다. 이것이 계기가 되어 안락사 프로그램이 시작되었다. Kerr and Shakespeare, *op. cit.*, p. 29.

89. K. L. Garver and B. Garver, "Eugenics: Past, Present, and the Future," *American Journal of Human Genetics* 49 (1991), pp. 1109-1118.

90. R. Grant Steen, *DNA and Destiny: Nature and Nurture in Human Behavior* (New York: Plenum Press, 1996), p. 38.

91. *Trials of War Criminals*, Vol. 2 (Washington, D.C.: US Government Printing Office, 1949), p. 196.

92. *Trials of War Criminals*, Vol. 1 (Washington, D.C.: US Government Printing Office, 1949), p. 893.

93. Friedlander, *op. cit.*, p. 80.

94. M. Shevell, "Racial Hygiene, Active Euthanasia, and Julius Hallervorden," *Neurology* 42 (1992), pp. 2214-2219.

95. Kerr and Shakespeare, *op. cit.*, pp. 31-32.

96. *Ibid.*, pp. 34-36.

97. Hartmut Hanauske-Abel, "Not a Slippery Slope or Sudden Subversion: German Medicine and National Socialism in 1933," *British Medical Journal* 313 (1996), pp. 1453-1463.

98. Weindling, *The Survival of Eugenics in 20th-Century Germany*, p. 644.

99. M. Burleigh, *Death and Deliverance: 'Euthanasia in Germany 1900-1945* (Cambridge: Cambridge University Press, 1994), p. 97.

100. Weindling, *The Survival of Eugenics in 20th-Century Germany*, p. 646.

보론1 - 우생학 실험: 미국 오네이다(Oneida) 공동체

1. 노이스는 독자적으로 선택적인 결혼을 통한 더 나은 출산 프로그램을 의미하는 stirpiculture라는 용어를 1865년 고안했다. J. H. Noyes, "Stirpiculture," *The Circular*, April 3, 1865.

2. 물론 본격적인 우생학 실험은 근대 통계학과 진화론 등장 이후에야 가능한 것이
   었다. 그럼에도 불구하고 노이스가 비자발적이고 우연한 출산을 막기 위해 과학
   적 조합을 동물처럼 인간 세대에 적용하려 했던 시도는 우생학 역사의 오랜 흐
   름 안에 자리 잡고 있다고 보아야 할 것이다. Diane B. Paul, *Controlling Human
   Heredity:1865 to the Present* (New York: Humanity Books, 1995), p. 5; 플
   라톤은 『국가』에서 교육과 양육 및 공유제에 대해 논하면서 우성 인간의 창조를
   논했다. 플라톤, 박종현 역주, 『국가』 (서울: 서광사, 2007), pp. 265-266 및 pp.
   315-351; 플라톤의 이상은 캄파넬라에 의해 계승되었다. 캄파넬라는 서구적 이상
   향인 『태양의 도시』에서 인간 생식과 공유제, 그리고 생득 형질에 따른 사회적 역
   할에 대해 논한 바 있다. 토마소 캄파넬라, 임명방, 『태양의 도시』 (서울: 이가서,
   2012), pp. 44-63.

3. 오네이다 공동체에 대한 세밀한 연구가 본격화한 것은 최근의 일이다. 1920년대
   이후 후손들이 많은 문서들을 대부분 불태웠기 때문이다. 그러다가 1991년에 이
   르러 시라큐스 대학에 오네이다 공동체 콜렉션이 생기면서, 오네이다 공동체의 생
   활을 알 수 있는 길이 열렸다. 이 연구도 이를 참조했다. 〈https://library.syr.edu/
   digital/guides/o/oneida_comm.htm〉

4. 공동체 설립 이후 태어난 아이는 총 98명이었고, 그 가운데 58명이 우량종 육성
   에 의해 출생하였다. Martin Richards, "Perfecting People: Selective Breeding
   at the Oneida Community (1869-1879) and the Eugenics Movement," *New
   Genetics and Society* 23:1, (2004), p. 48.

5. Edwin Black, *War Against the Weak: Eugenics and America's Campaign
   to Create a Master Race* (New York/London: Four Walls Eight Window,
   2003), p. 21.

6. J. H. Noyes, "Essay on Scientific Propagation," D. Goodman (ed.), *The
   Modern Thinker* 1, 3rd ed., (American News Co., 1870), pp. 97-120
   (Reprint Carl Jay Bajema, *Eugenics Then and Now* (Pennsylvania:
   Dowden, Hutchinson & Ross, Inc. 1976), pp. 54-77. 이하에서는 원문의 쪽
   수를 인용했다.)

7. Martin Richards, *Perfecting People*, p. 63.

8. Spencer Klaw, *Without Sin: The Life and Death of the Oneida Community*
   (New York: Viking Penguin, 1993); Jayme A. Sokolow, *Eros and
   Modernization: Sylvester Graham, Health Reform, and the Origins of
   Victorian Sexuality in America* (NJ: Fairleigh-Dickinson University Press,

1983); Lawrence Forster, *Religion and Sexuality: Three American Communal Experiments of the Nineteenth Century* (New York: Oxford University Press, 1981); 역설적으로 오네이다 공동체의 복혼 제도와 자유로운 성적 관계는 당시 미국의 주류 사회가 가지고 있던 가정, 결혼, 성, 그리고 개인적 자유를 둘러싼 새로운 고민을 창출하는 계기가 되었다고 보는 시각도 있다. Jason Vicker, "That Deep Kind of Discipline of Spirit: Freedom, Power, Family, Marriage, and Sexuality in the Story of John Humphrey Noyes and the Oneida Community," *American Nineteenth Century History* 14:1, (2013), pp. 1-26.

9. Robert David Thomas, *The Man Who Would Be Perfect: John Humphrey Noyes and the Utopian Impulse* (Philadelphia: University of Pennsylvania Press, 1977); 오네이다 공동체를 인간 행복과 번영을 추구하는 유토피아 공동체로서 복지 자본주의를 단위 지역에서 실현하려 했던 공동체로 보는 시각도 있다. Anthony Wonderley, *Oneida Utopia: A Community Searching for Human Happiness and Prosperity* (N.Y.: Cornell University Press, 2017); 이와 관련하여 오네이다 공동체의 식기 사업에 주목한 연구들로는 다음을 참조하라. Maren Lockwood Carden, *Oneida: Utopian Community to Modern Corporation* (Baltimore: Johns Hopkins University Press, 1969) 및 Ellen Wayland-Smith, *Oneida: From Free Love Utopia to the Well-Set Table* (New York: Picador, 2016); 오네이다 공동체는 플라톤의 이상이 미국에서 성공적으로 실현된 것이라는 분석도 있다. Clive Foss, "Plato's American Republic: John Humphrey Noyes and the Perfectionist movement," *History Today* 60:12, (2010), pp. 36-42.

10. 노이스는 1660년대 뉴잉글랜드에 정착했던 초기 퓨리턴의 이상을 새롭게 부흥시키고자 완전주의 신학을 주창했다는 시각이 있다. 노이스는 개인과 사회적 토대 모두를 완전주의에 기초한 것으로 바꾸기 위해 우생학적 원리에 토대를 둔 생식 시스템을 정착시키고자 했다는 것이다. L. Kern, *An Ordered Love: Sex Roles and Sexuality in Victorian Utopias-the Shakers, the Mormons, and the Oneida Community* (Chapel Hill: The University of North Carolina Press, 1981).

11. 대각성 시대는 종교, 건강, 사회 차원의 개혁 운동이 급격하게 발생했던 때를 총칭한다. 미국에서는 식민지 시기 이후, 대략 80-100년 주기로 대각성 운동이 일어났다고 본다. 대각성 시기 일련의 사회 개혁 운동은 전형적으로 종교 재생이나 부흥 운동과 관련하여 시작되었고, 이는 정치, 경제, 교육, 의학, 건강 분야에서 일어난 개혁 운동과 흐름을 같이했다. 대각성은 보통 범죄, 부패, 부도덕이 없는 이상

화된 황금시대로 돌아갈 것을 주장했다. 이 시기 종교 부흥과 사회 개혁에 대해서는 다음을 참조하라. William G. *McLoughlin, Revivals, Awakening, and Reform: An essay on religion and social change in America, 1607-1977* (Chicago: University of Chicago Press, 1978); James C. Whorton, *Crusaders for Fitness: The history of American health reformers* (Princeton: Princeton University Press, 1982); Ronald C. Walters, *American Reformers 1815-1860* (New York: Hill and Wang, 1978).

12. 이보형, 『미국사개설』 (서울: 일조각, 2017), pp. 136-138.

13. 1830년대 미국의 건강 개혁 운동은 당시 막 태동하기 시작한 토착주의 (nativism)와 관련이 있다. 토착주의는 이민자들이 음주, 결핵, 빈곤이 만연되어 있는 존재들이고, 이들의 그런 상태는 후세대에게도 유전될 것이라는 가정 위에서 있었다. 왜냐하면 당시 미국 사회에서 라마르크주의적 유전이 설득력이 있었기 때문이다. 잭슨주의 시대 종교적 대각성의 한 부분으로서 건강과 사회 개혁, 그리고 천년왕국을 지향하는 완전주의는 토착주의의 형성과 발전에 주요한 영향을 미쳤다. 다음을 참조하라. Ray Allen Billington, *The Origins of Nativism in the United States, 1800-1844* (New York: Arno Press, 1974).

14. 리플리는 사회 구성원 각자의 자기실현 기회를 충분히 허용하고, 동등한 여가와 동일한 노동의 분배를 통해 새로운 공동체를 만들려고 했으나, 개인의 자유라는 이상과 공동체 사회의 요구 사이에서 발생한 갈등으로 와해되고 말았다. 손세호 · 이영효 · 김덕호 · 김연진 · 조지형 · 황혜성, 『있는 그대로의 미국사』 (서울: 휴머니스트, 2005), pp. 31-32; 오웬은 1821년 협동마을(village of co-operation)을 제안했고, 1824년 미국으로 건너와 '뉴 하모니'를 건설하려고 했지만 실패했고, 다시 영국으로 돌아가 협동조합 운동을 전개했다. 오웬은 다 알다시피 사회주의라는 용어를 처음으로 사용했던 인물인데, 오웬과 그의 지지자들이 사용했던 사회주의는 협동조합이나 연합을 포괄하는 것이었다. 리플리에게 영향을 주었던 푸리에가 인간 본성의 불변성을 주장하고 자신의 자연스런 본성이 향유되는 사회적 조건을 육성시키려 했다면, 오웬은 원천적으로 인간성을 개조할 수 있는 새로운 환경의 건설을 꿈꾸었기에 공장의 개선과 개혁을 위해 공동체적 삶에 맞는 인간 육성이라는 교육 문제를 가장 중요한 것으로 여겼다. 박주원, 「'뉴 라나크'와 '뉴 하모니' 사이에서 - 오웬의 유토피아 실험에서 정치 이념의 전환」, 『현상과 인식』 (2016, 겨울), pp. 225-287, 특히 pp. 227-229 & pp. 233-234. 노이스는 이 둘의 입장을 절충 또는 종합한 것으로 생각된다.

15. 천년왕국은 유토피아의 종교적 형태라고 할 수 있다. 기본적으로 유토피아주

는 더 좋은 사회 또는 완전 사회에 대한 구체적인 상을 제시하고, 사회의 부분적 개선이나 개혁보다는 사회의 전면적인 재조정과 재구성을 추구한다. 더불어 유토피아주의는 인간의 원죄설을 부인하고, 인간의 무한한 가능성을 신뢰하면서, 인간이 자신의 노력과 조건에 따라, 즉 인간의 힘으로 얼마든지 완전해질 수 있다고 믿는 특징이 있다. 이런 점에서 오네이다 공동체는 현실에서 실제적인 기획을 통해 유토피아 사회를 건설하려 했던 실험적 유토피아 공동체였다고 할 것이다. 19세기의 오웬의 뉴하모니와 푸리에의 팔랑쥬(팔랑스테르), 그리고 셰이커, 20세기의 미국의 웰던 공동체, 이스라엘의 키부츠 공동체, 그리고 현대의 에코토피아 등이 실험적 유토피아 운동에 해당한다. 김영한, 「유토피아주의」, 김영한 · 임지현 편, 『서양의 지적 전통』(서울: 지식산업사, 1998), pp. 15-20.

16. 알비파는 12-13세기 경 프랑스 알비 지역에서 등장한 교파로 물질적인 관심으로부터 벗어나 사랑과 조화를 강조했다고 알려져 있다. 가톨릭에서 이단으로 규정되었다. 노이스의 신학과 이에 따른 구체적인 실험에 대해서는 그의 아들들의 작업을 참고하라. G. W. Noyes, *Religious Experience of John Humphrey Noyes* (New York: Macmillan, 1923); P. Noyes, *My Father's House* (New York: Holt, Rinehart & Winston, 1937).

17. Oneida Community, *First Annual Report of the Oneida Association: Exhibiting Its History, Principles, and Transaction to Jan. 1, 1849* (Oneida, N.Y.: Oneida Reserve, Leonard & Co., printers, 1849/Digital first edition of the Syracuse University Library, 1997/ https://library.syr.edu/digital/collection/f/ FirstAnnualReportOfTheOneidaAssociation/), pp. 1-3.

18. J. H. Noyes, *A History of American Socialism* (New York: Hilary House Publishers, 1870/1961), pp. 615; 노이스는 다른 유토피아 사회주의자들과 달리 하느님의 존재를 확신했던 푸리에에게 더 매력을 느꼈을 가능성이 높다. 푸리에 이론의 모든 토대에는 선과 지혜로서의 하느님이라는 절대적 존재가 있으며, 하느님은 인류를 구원하겠다는 약속을 했고, 인간이 구원을 받기 위해서는 인간의 노력이 제일 중요하다는 생각이 있었다. 푸리에는 유사 과학적인 용어를 자주 사용했고, 세상을 조화롭게 만들라는 하느님의 책무를 자신이 직접 받았다고도 주장했었다. 푸리에가 건설하려 했던 팔랑스테르(Phalanstere)는 예수가 전파했던 지상에서의 하느님의 나라를 완성하는 것이었다. 또한 푸리에에 따르면 하느님의 나라를 지상에서 건설하기 위해서는 열정적 인력이 필요한데, 이는 세 가지의 목적, 즉 오감으로부터 얻는 쾌락, 애정으로 가득찬 관계를 가진 집단, 그리고 열정들, 성경들, 본능들의 메커니즘이 그것이다. 이 가운데서 푸리에는 애정으로 가득 찬 관

계가 예수가 의해 구현되었다고 해석한 바 있다. 예수는 당시 억압받는 성(性)이 었던 여성에 대하여 관대하였다는 것이다. 푸리에는 그 증거로 율법 학자들과 바리사이들에게 잡혀 온 간음을 한 여자를 용서한 일화를 들고 있다. 기존의 도덕적 체계에 따르면 간음은 죄악이지만 그러한 도덕을 부정하는 푸리에에게 간음은 죄악이 아니며 또 다른 사랑의 표현이다. 결국 사랑은 푸리에가 언급한 각종 열정들 중에서 가장 높은 수준에 있게 되며, 그 결과 하느님과의 일치에 도달하여 완전한 행복을 누릴 수 있는 씨앗이 된다는 것이다. 이는 오네이다 공동체의 사랑에 대한 인식 및 복혼 제도와 흡사한 측면이 있다고 판단된다. 변기찬은 오늘날 일부 신흥 종교에서 나타나는 종교적 가르침과 성적 쾌락의 추구가 교묘하게 결합되어 오류를 범하는 일 때문에 푸리에의 주장이 폄훼되고 있다고 본다. 변기찬, 「샤를 푸리에의 저작에 인용된 성경과 메시아주의」, 『교회사 연구』 29 (2007), pp. 284-314, esp. pp. 286-289, pp. 300-302, 그리고 p. 312.

19. 오네이다로 옮긴 뒤, 자체 규약을 만드는 과정에서 자신들의 공동체를 Oneida Association으로 칭하고 있다. 이는 당시 미국에서 건설된 많은 유토피아 공동체 건설에 중요한 모티브를 제공했던 오웬의 사상이 투영된 것으로도 볼 수 있고, 이는 구성원 모두의 동등성에 기초한 공산체제를 지향하고 있음을 살필 수 있는 대목이라고 생각한다. *First Annual Report of the Oneida Association*, p. 1.

20. 사적 재산 포기는 우리가 흔히 아는 공산주의와는 거리가 멀다고 오네이다 구성원들은 스스로 밝히고 있다. 이들은 지상에 이미 신의 왕국이 건설되었고, 지상의 모든 것은 신의 것이므로, 개인 소유는 의미가 없다고 보았다. *First Annual Report of the Oneida Association*, pp. 14-16.

21. 상호 비판주의는 성적 관계를 유지하고 통제하기 위한 조치였다. 이는 과학적 기초 위에서 그들이 추구하는 완전성을 우량종 육성을 통해 이루는 길이라 여겼기 때문이었다. Jason Vicker, *That Deep Kind of Discipline of Spirit*, p. 15.

22. *First Annual Report of the Oneida Association*, pp. 10-14.

23. 노이스는 예수님은 부활할 때 결혼하거나 결혼 생활을 하지 않고, 천국에는 일부일처제도 없으며, 모든 사람이 하나가 되어 완전해질 수 있다고 주장했다. 복혼 제도는 바로 여기서 탄생했다. 이를 정당화하기 위해 노이스는 성경의 다음 구절을 인용했다. "부활이 없다 하는 사두개인들이 그 날에 예수께 와서 물어 가로되 선생님이여 모세가 일렀으되 사람이 만일 자식이 없이 죽으면 그 동생이 그 아내에게 장가들어 형을 위하여 후사를 세울찌니라 하였나이다 우리 중에 칠 형제가 있었는데 맏이 장가 들었다가 죽어 후사가 없으므로 그의 아내를 그 동생에게 끼쳐 두고 그 둘째와 세째로 일곱째까지 그렇게 하다가 최후에 그 여자도 죽었나이다 그

런즉 저희가 다 그를 취하였으니 부활 때에 일곱 중에 뉘 아내가 되리이까 예수께서 대답하여 가라사대 너희가 성경도, 하나님의 능력도 알지 못하는 고로 오해였도다 부활때에는 장가도 아니 가고 시집도 아니 가고 하늘에 있는 천사들과 같으니라."(마태복음 22장, 23-30절) 그리고 "아버지께서 내 안에, 내가 아버지 안에 있는 것 같이 저희도 다 하나가 되어 우리 안에 있게 하사 세상으로 아버지께서 나를 보내신 것을 믿게 하옵소서 내게 주신 영광을 내가 저희에게 주었사오니 이는 우리가 하나가 된 것 같이 저희도 하나가 되게 하려 함이니이다 곧 내가 저희 안에, 아버지께서 내 안에 계셔 저희로 온전함을 이루어 하나가 되게 하려 함은 아버지께서 나를 보내신 것과 또 나를 사랑하심같이 저희도 사랑하신 것을 세상으로 알게 하려 함이로소이다."(요한 복음 17장 21-23절). 성경 구절은 다음을 참고했다. 대한성서공회 편, 『성경전서』(1995), 84번째 판. J. H. Noyes, *A History of American Socialism*, p. 624.

24. *First Annual Report of the Oneida Association*, Proposition 9, pp. 21-22.

25. *Ibid.*, Proposition 11, pp. 23-24

26. *First Annual Report of the Oneida Association*, Proposition 17, p. 28.

27. 노이스는 다음의 성경 구절을 인용하며 이를 정당화했다. "두 사람이 함께 누우면 따뜻하거니와 한 사람이면 어찌 따뜻하랴 한 사람이면 패하겠거니와 두 사람이면 능히 당하나니 삼겹 줄은 쉽게 끊어지지 아니하느니라."(전도서 4장 11-12절) *Ibid.*, Proposition 18, pp. 28-29.

28. *Ibid.*, Proposition 19, p. 30.

29. *Ibid.*, Proposition 20, pp. 33-34.

30. 미국에서 우생학은 기본적으로 섹슈얼리티(sexuality)를 관리하여 도덕적 적합성(fitness)을 지닌 존재들을 출산하고, 이들로 구성된 이상적인 사회 건설을 추구했었다. 섹슈얼리티 관리는 건강한 생식과 자손의 우수한 질과 직접적으로 연관되는 사안이기 때문이었다. 다음을 참조하라. 김호연, 「미국의 우생학(eugenics)과 섹슈얼리티(sexuality) 관리, 1870년대-1910년대」, 『미국사연구』 42 (2015), pp. 79-105.

31. J. H. Noyes, *Male Continence* (Oneida, N.Y.: Office of Oneida Circular, 1872; Syracuse University Library, Digital Edition, 2000. https://library. syr.edu/digital/collection/m/Male Continence/), pp. 3-7.

32. J. H. Noyes, *Male continence*, pp. 10-11.

33. *Ibid.*, pp. 11-13.

34. 당시 일부에서는 남성 사정 억제가 스트레스와 신경 질환을 유발할 수 있다는 비

판이 있었다. 이에 노이스의 아들이자 의사였던 시어도어(Theodore R. Noyes, MD)는 1872년판『과학적 출산에 대한 에세이』에 남성 사정 억제와 신경 질환 (nervous disease)을 비롯한 여러 질병 발생과 이로 인한 사망 사이의 상호 관련성은 입증하기 어렵고, 일반 인구보다 덜 일반적인 사항이라는 점을 피력한 연구 논문을 부록으로 첨부했다. 당시 시어도어는 신경 질환에 걸린 사람들과 죽음에 이른 사람들, 즉 오네이다 공동체에서 태어난 아동부터 이미 성장해서 공동체에 들어온 성인과 노년층 남녀 32사례를 추적 조사했고, 이를 다시 공동체 합류 이전에 신경 질환이 유발해서 공동체 거주 이후 질환이 더 발전한 사람들(그룹 1, 9명), 공동체 합류 이전에 신경 질환이 발생했으나 이후 상태가 변화한 사람들(그룹 2, 8명), 공동체 합류 이후 신경 질환이 발생했으나 공동체의 성적 관계가 아닌 다른 이유에 의해 발생한 사람들(그룹 3, 7명), 공동체에서 죽었으나 공동체 합류 이전에 있었던 질병에 기인한 경우(그룹 4, 2명), 그리고 공동체 합류 이후 성적 기능의 남용과 다른 원인에 의해 발병한 경우(그룹 5, 6명)로 각각 분류하여 오네이다 공동체에서 발생한 정신적 질환 발생 비율 및 사망률을 1860년 미국 인구 센서스 결과 및 뉴잉글랜드와 뉴욕 지역의 그것과 상호 비교하여 자신의 주장을 입증하려 했다. 이 과정에서 시어도어는 적어도 공동체에서 태어난 아동들 가운데 천치나 청각 및 시각 또는 지체 장애는 없었음을 밝히고 있다. J. H. Noyes, *Essay on Scientific Propagation with an Appendix Containing a Health Report of the Oneida Community by Theodore R. Noyes* (1872; Syracuse University Library, Digital Edition, 2000. https://library.syr.edu/digital/collection/e/EssayOnScientificPropagation), pp. 1-37, appendix. esp. pp. 27-37.

35. 남녀가 서로 인터뷰(이들은 직접적인 성교를 인터뷰로 불렀다)를 하기 위해서는 제3자를 통해 정중하게 요청하는 과정을 거쳤고, 이는 무분별한 사리사욕을 제어하기 위함이었다. 그리고 인터뷰는 되도록 짧게, 대략 1시간 또는 2시간 정도를 권장했다. Martin Richards, *Perfecting people*, pp. 51-52.

36. J. H. Noyes, *Scientific Propagation* (1870), pp. 97-98 (플라톤의『국가』, 제5권, 459 a, b, c를 인용하고 있다. 번역은 박종현 역주,『국가』, pp. 336-337을 참조했다.)

37. *Ibid.*, pp. 98-99.

38. *Ibid.*, pp. 99-100.

39. J. H. Noyes, *Scientific Propagation* (1870), pp. 101-102.

40. *Ibid.*, p. 106.

41. *Ibid.*, pp. 107-108.

42. *Ibid.*, p. 108.

43. *Ibid.*, p. 109.

44. *Ibid.*, pp. 114-116.

45. *Ibid.*, p. 117.

46. *Ibid.*, p. 120.

47. 맥기는 1868년에 모였으며, 첫 아이 출산이 1869년이라고 본다. Anita Newcomb McGee, "An Experiment in Human Stirpiculture," *American Anthropologist* 4:4, (1891), p. 319.

48. Hilda Herrick Noyes and George Wallingford Noyes, "The Oneida Community Experiment in Stirpiculture," in C. Davenport et al (eds.), *Eugenics, Genetics, and the Family*, Vol. I (Baltimore: The Williams & Wilkins Co., 1923), p. 376.

49. *Ibid.*, p. 377.

50. Martin Richards, *Perfecting people*, p. 59.

51. Anita Newcomb McGee, *An Experiment in Human Stirpiculture*, p. 322.

52. Alexandra Prince, *Stirpiculture*, pp. 82-84.

53. 맥기가 분석한 보고서는 다음과 같다. Theodore R. Noyes, *Report on the health of children in the Oneida Community, 1878*, Anita Newcomb McGee, *An Experiment in Human Stirpiculture*, pp. 322-323.

54. *Ibid.*, p. 325.

55. 1879년 미국 연방대법원은 몰몬교의 일부다처제를 불법으로 결정했고, 이는 미국 사회에서 일부일처제로 이루어진 가정 내에서 진정한 인간 행복이 이루어질 수 있음을 천명한 것으로 이해할 수 있다. 이런 흐름 속에서 오네이다 공동체의 복혼 역시 강한 사회적 비판을 피해 갈 수 없었을 것이다. Jason Vicker, *That Deep Kind of Discipline of Spirit*, pp. 19-20; 몰몬교에 대해서는 다음을 참조하라. Sarah Barringer Gordon, *The Mormon Question: Polygamy and Constitutional Conflict in Nineteenth-Century America* (Chapel Hill: University of North Carolina Press, 2002).

56. Martin Richards, "A nineteenth-century experiment in human selective breeding," *Nature Review* 5 (2004), p. 478.

57. Clive Foss, *Plato's American Republic*, p. 42.

58. Ruth Clifford Engs, *Clean Living Movements*, p. 78.

59. Anita Newcomb McGee, *An Experiment in Human Stirpiculture*, p. 325.

60. Lester Ward, "Eugenics, Euthenics, and Eudemics," *American Journal of Sociology* 18 (1913), pp. 737-754, esp. p. 739.

61. Martin Richards, *Perfecting people*, pp. 61-63.

62. Mark H. Haller, *Eugenics: Hereditarian Attitudes in the American Thought* (New Brunswick: Rutgers University Press, 1963), pp. 37-38.

63. 당시 발표된 우량종 육성 논문은 다음을 참조하라. Hilda Herrick Noyes, *The Oneida Community Experiment in Stirpiculture*; 오스본의 환영사는 다음을 참조하라. Herny Fairfield Osborn, "The Second International Congress of Eugenics Address of Welcome," *Science* 54 (1921. 10. 7), pp. 311-313.

64. 리차드는 자신들의 재생산 자유를 기꺼이 포기하고, 공동체와 신념을 같이하며 과학의 순교자로서 우량종 육성 실험에 참여한 오네이다 구성원들과 1997년 라엘리안이 만든 Clonaid라는 회사에 동조했던 40,000명의 사람들이 유사하다고 본다. 이런 점에서 그는 오늘날에도 오네이다 공동체 실험은 주체와 형태를 달리하며 계속되고 있다고 주장했다. Martin Richards, *A Nineteenth-century Experiment in Human Selective Breeding*, p. 479.

65. 잘 알다시피 19세기 말 미국 사회의 혼란, 즉 급속한 산업화나 도시화로 인한 사회 문제들, 1870년대 경기침체, 그리고 1890년대 이후 급속한 대규모 이민은 미국에서 우생학이 전파되고 대중화되는 역사적 환경이었다. 20세기에 접어들어 혁신주의 국가 만들기에 집중했던 미국은 우성 인간 창조보다는 네거티브 우생학에 집중하며, 자신들의 이상을 실현하려고 했었다. 결혼 금지법이나 이민 제한법, 그리고 강제 불임화 수술법 등은 그 상징적인 사례들이다. 이에 대해서는 다음을 참조하라. 김호연, 「미국 우생학 운동의 재검토」, 『미국사연구』 26 (2007), pp. 63-96.

보론2 - 코로나바이러스(Covid-19), 인종주의, 그리고 우생학

1. "'쏟아지는' 유럽발 코로나19 인종차별 '후기'," 팜뉴스, 2020. 4. 23. http://www.pharmnews.com/ news/articleView.html?idxno=100363.

2. "프랑스 의사들 "아프리카서 백신 테스트하자"… 더 노골화하는 인종차별," 경향신문, 2020. 4. 5. https://news.v.daum.net/v/20200405165704062

3. "[르포] "우리가 괴물입니까?" 코로나 100일, 대림동 할퀸 혐오," 아시아경제. 2020. 4. 28. https://view.asiae.co.kr/article/2020042810414902197.

4. 이재호, 『낯선 이웃』 (이데아, 2019).

5. 양혜우, 「위계적 인종주의를 태동시킨 이주노동자 정책의 문제와 그 대안」, 『한국

행정학회 학술발표자료집』 (2019. 6), pp. 1337-1348.

6. 찰스 W. 밀즈, 정범진 옮김, 『인종계약』 (아침이슬, 2006), pp. 248-249.

7. [포스트 코로나] 지구화 도시화 금융화 "다 무너진다" | 폴라니사회경제연구소 홍기빈 소장 | 시사자키 정관용입니다 / 2020. 4. 20. https://www.youtube.com/watch?v=AY6zCCt5Swk.

8. 찰스 W. 밀즈, 앞의 책, p. 25 & pp. 252-253.

9. Neil MacMaster, *Racism in Europe 1870-2000* (New York: Palgrave, 2001).

10. 염운옥, 『낙인 찍힌 몸-학인부터 난민까지, 인종화된 몸의 역사』 (돌베개, 2019), p. 22.

11. 권은혜, 「인종의 배반인가 아니면 인종위계에 대한 도전의 승리인가: 인종통과(racial passing)를 시도한 20세기 초 미국의 혼혈인들」, 『미국사연구』 45 (2017), pp. 1-29.

12. 김연진, 「미국 유대인의 인종적 오디세이: 백인, '백인 타자,' 그리고 코케이지언」, 『미국사연구』 21 (2005), pp. 175-204.

13. 조너선 마크스, 고현석 옮김, 『인종주의에 물든 과학』 (이음, 2017), pp. 104-118.

14. 배영수, 「인종주의」, 서울대학교 역사연구소 편, 『역사용어사전』 (서울대학교 출판문화원, 2015), pp. 1424-1430.

15. 크리스티앙 들라캉파뉴, 하정희 역, 『인종차별의 역사』 (2013), pp. 14-15.

16. 나인호, 『증오하는 인간의 탄생』 (역사비평사, 2019), p. 13.

17. G. M. Frederickson, *Racism: A Short History* (Princeton, N.J.: Princeton Univ. Press, 2002).

18. G. Mosse, *Final Solution* (New York: Howard Fertig, 1978), Prologue, ix.

19. 박진빈, 「인종주의의 역사와 오늘의 한국」, 『역사비평』 129 (2019 겨울), pp. 297-298.

20. 염운옥, 앞의 책, pp. 25-26.

21. 찰스 W. 밀즈, 앞의 책, pp. 65-68.

22. 이영효, 「미국 혁명기 노예제 담론」, 『미국사연구』 48 (2018), pp. 105-146; idem, 「버니지아 농장주의 일상생활: 윌리엄 버드 2세(William Byrd Ⅱ)의 삶을 중심으로」, 21 (2005), pp. 1-34; idem, 「미국 '남부' 이미지의 허구와 실제」, 12 (2000), pp. 1-32; idem, 「구남부의 경제와 사회구성」, 4 (1996), pp. 13-36.

23. R. Knox, *The Races of Men: A Fragment* (Miami: Mnemosyne edn, 1969; 1st, 1850).

24. 염운옥, 앞의 책, pp. 26-27.

25. 위의 책, pp. 9-10.

26. 들라캉파뉴, 앞의 책, p. 21.

27. R. Herrnstein & C. Murray, *The Bell Curve* (Free Press: New York, 1994).

28. William H. Tucker, *The Funding of Scientific Racism: Wicliffe Draper and the Pioneer Fund* (Urbana & Chicago: Univ. of Illinois Press, 2002); 김호연, 「미국에서의 과학, 민간단체의 후원, 그리고 이민제한의 삼각동맹-파이오니어 재단의 활동을 중심으로」, 『인문과학 연구』 48 (2016), pp. 199-225.

29. 이반 일리치, 권루시안 옮김, 『과거의 거울에 비추어』 (느린 걸음, 2013).

30. 염운옥, 앞의 책, p. 7.

31. 프란츠 파농, 노서경 옮김, 『검은 피부, 하얀 가면』 (문학동네, 2014), p. 30.

32. 낸시 톰스, 이춘입 옮김, 『세균의 복음』 (푸른역사, 2019).

33. 조르쥬 깡길렘, 여인석 옮김, 『정상적인 것과 병리적인 것』 (인간사랑, 1996).

34. 이라영, 『타락한 저항』 (교유서가, 2019), p. 168 & p. 196.

35. 김지혜, 『선량한 차별주의자』 (창비, 2019), p. 36 & pp. 185-187.

이 책은 다음의 글들을 수정·보완하여 새롭게 구성한 것임을 밝혀 둔다.

1장: 「우생학 연구단편」, *Biowave* 8:12 (2006), BRIC(생물학정보센터), pp. 1-11.

2장: 「19세기 말 영국 우생학의 탄생과 사회적 영향—국가적 효율과 우생학적 건강」, 『이화사학연구』 36 (2008), pp. 233-259.

3장: 「미국 우생학 운동의 형성과 사회적 영향, 1900-1940」, 『미국사연구』 16 (2002), pp. 133-157 및 「미국 우생학 운동의 재검토, 1890년대-1940년대」, 『미국사연구』 26 (2007), pp. 63-96.

4장: 「과학의 정치학, 독일의 인종위생(Rassenhygiene)」, 『강원인문논총』 18 (2007), pp. 29-61.

보론 1: 「미국에서의 우생학 실험: 오네이다 공동체, 1848-1880」, 『미국사연구』 49 (2019. 5), pp. 139-172.

보론 2: 「서구 근대 인종주의가 만들어낸 폭력과 그 아픔에 관한 이야기」, 『역사연구』 38 (2020. 5), pp. 201-221.